데이터로 교육의 질 관리하기 이론과 실천

집필 책임 배상훈

공동 집필 김경언 · 김우성 · 박남기 · 방진섭 · 배상훈 · 변수연 · 송홍준 · 신종호
윤수경 · 이윤선 · 이훈병 · 전재은 · 조은원 · 최옥임 · 한송이 · 황수정

Evidence-based
Education Quality Management
in Higher Education

Concepts and Best Practices

학지사

　대학교육의 책무성, 나아가 대학의 경쟁력 제고와 생존을 위해 교육의 질 관리는 필수적인 과업이 되었다. 특히, 데이터 기반의 의사결정을 지원하는 테크놀로지가 발전함에 따라 실증 자료 분석에 기반한 교육의 질 관리는 대세가 되고 있다. 앞으로 학생 수 감소에 따라 학생 충원을 위한 대학들의 경쟁은 불가피해질 전망이고 대학이 살아남기 위해서는 '잘 가르치는 대학'이 되어야만 한다. 이때 체계적인 교육의 질 관리 시스템을 갖추고 있는지는 '잘 가르치는 대학' 여부를 판가름하는 잣대가 될 것이다.

　최근 미국 대학을 중심으로 발전해 온 '대학기관연구(Institutional research)'가 일부 학자를 중심으로 우리나라에 소개되고, '학습분석(Learning analytics)'이라는 것도 조금씩 알려지고 있다. 하지만 현실적으로 대학기관연구와 학습분석의 의미를 대학의 경영진과 행정가들이 이해하기에 쉽지 않고, 한국 대학의 맥락에서 다소 이질적인 면도 있다.

　반면 '교육의 질 관리'라는 개념은 대학의 기본 사명인 '교육'의 질을 높이고 대학으로 하여금 교육적 책무성을 다하게 한다는 의미에서 누구나 쉽게 받아들일 수 있다. 또한 이것이 무엇을 의미하고 왜 필요한지에 대해서 누구나 '직관적으로' 이해하기 쉽다는 장점도 있다. 정부의 고등교육 정책도 교육의 질 관리를 일관되게 강조하고 있고, 체계적인 교육의 질 관리 시스템 구축 여부는 대부분의 대학 재정지원사업에서 핵심 평가지표로 활용되고 있다. 무엇보다 '학부교육 실태조사(K-NSSE)' 등 대학생의 학습경험과 교육성과를 진단하는 설문조사가 많은 대학에서 매년 수행되고 있어, 이를 통해 종단 자료가 축적되면서 데이터 기반 교육의 질 관리를 위한 여건도 성숙하고 있다.

　하지만 대학 차원에서 교육의 질 관리를 '당위적'으로 받아들이는 것과 이를 '제대로' 하는 것은 다른 문제다. 많은 대학이 대학의 환경과 여건에 맞게 나름대로의 질 관리 체제를 확립하여 운영하고 있지만 만족스러운 성과를 창출하지는 못하고 있다. 특히, 교육의 질 관리를 통해 거둘 수 있는 경영상 이점과 교육적 성과가 단기간에 나타나기 어려운 것도 새로운 질 관리 시스템 구축에 필요한 투자를 이끌어 내는 데 장애 요인이 되고 있다.

이 책의 목적은 '데이터 기반 교육의 질 관리'가 무엇인지를 알기 쉽게 설명하고, 이 분야에서 선도적인 역할을 하는 대학들의 실천 사례를 소개함으로써 앞으로 교육의 질 관리 체제를 도입하려는 대학들에게 도움을 주는 데 있다. 현재 교육의 질 관리를 실천하고 있는 대학들은 한 단계 발전된 시스템을 만들어 대학교육의 혁신을 도모할 수 있고, 새롭게 시작하려는 대학들은 시행착오를 덜 겪으면서 자신의 여건에 맞는 모델과 시스템을 찾는 데 기여할 것이다. 또한 다양한 사례의 축적은 이론적 발달의 토대가 된다는 점에서 이 분야의 학문적 발전에도 기여할 것이다.

이 책에서 제시된 사례들은 2017년 성균관대학교에서 진행되었던 '데이터 기반 교육의 질 관리 워크숍'에서 발표되었던 우수 사례들을 정리한 것이다. 즉, 이 책은 교육의 질 관리 분야에서 대학 간 협력과 공유를 위한 노력의 일환이기도 하다.

앞으로 우리나라 대학들은 매우 역동적이고 험난한 시대를 맞이할 것이다. 대학 공동체가 이를 슬기롭게 극복하기 위해서는 서로 경쟁하기보다 공유와 협력을 통해 상생하는 토대를 만들어 가는 것이 필요하다. 우리는 이 책의 발간이 우리나라 고등교육 토양에서 '공유와 협력을 통한 상생'의 싹을 틔우는 하나의 사례가 될 것으로 믿는다. 또한 우리는 이 책이 대학 간 우수 사례의 공유와 확산을 통해 고등교육의 혁신과 발전을 앞당기는 촉매가 되길 기대한다.

2018년 8월
저자들을 대표하여
성균관대 배 상 훈

제2부
한국 대학 사례

제3부
해외 대학 사례

제**1**부
이론 및 쟁점

제**1**장

데이터 기반 교육의 질 관리: 개념과 성공요인

배상훈, 한송이(성균관대학교)

1. 서론

사회 제도(social institution)로서 대학의 역할은 학생을 가르치고(교육), 세상의 이치와 진리를 밝히며(연구), 대학이 가진 지식과 인적 자원으로 사회 발전(사회봉사)에 기여하는 것이다. 세 가지 역할은 대학이 존재하는 이유이고, 대학이 창출하는 사회적 가치(values)이기도 하다. 셋 중에서 어떤 것이 더 중요하다고 말할 수 없다. 사회 체제론(social system theory) 관점에서 보면, 대학에서 교육, 연구, 사회봉사는 서로 긴밀히 연계될 수밖에 없는 하위 체제(subsystems)이기 때문이다. 즉, 교육을 등한시하고 연구가 활성화되기 어렵고, 사회에 기여하지 않는 교육과 연구는 가치와 의미가 반감될 수밖에 없다.

그럼에도 불구하고 대학이라는 조직의 정체성(identity)이나 지속가능성(substainability) 관점에서 보면, '교육'은 대학의 기본이다. 대학이 교육 활동을 게을리하면 교육기관으로서 정체성이 훼손되고 지속가능하기도 어렵다. 더구나 원하는 모든 사람이 대학에 가는 '고등교육 보편화' 시대가 되면서, 대학의 교육적 역할은 더욱 중요해지고 있다. 또한 지금처럼 학생 수가 줄어드는 상황에서 '제대로 가르치는 것'은 대학의 생존과 발전을 위한 필수적인 요소라 할 수 있다. 무엇보다 우리 사회는 대학을 '고등교육기관(higher education institution)'으로 이해하고 있다. 즉, 대학은 사회 제도이자 하나의 기관으로서 존재한다. 이렇게 볼 때 대학이 교육적 역할과 기능을 제대로 수행하고 있는지 확인하는 것은 매우 중요하다. 이는 곧 대학의 존재 의의와 가치, 정체성을 확인하는 것이기 때문이다. 이때 가장 효과적인 방법은 역시 객관적인 데이터를 활용하는 것이다.

Astin과 Antonio(2012)는 그들의 저서 『대학의 수월성에 대한 평가(Assessment for Excellence)』에서 어느 대학이 훌륭한지(excellence)를 평가하는 데에는 전통적으로 두 가지 관점이 있다고 하였다. 첫째, 자원(resources)을 기반으로 하는 판단이다. 이는 대학이 가지고 있는 인적, 물적 자원의 우수함과 양(정도)에 따라 대학의 우수함을 가늠할 수 있다는 관점이다. 예컨대, 대학이 확보한 재정이 많거나 연구력이 훌륭한 교수를 많이 보유하고 있으면 그 대학은 우수하다는 평가를 받는다. 둘째, 평판(reputation)에 기반을 두고 대학의 우수함을 간접적으로 평가하는 것이다. 평판은 대학 내부 평가도 있지만, 대학 밖 외부 전문가나 전문 기관이 대학의 경쟁력을 살펴보고 내리는 평가에 기반하는 경우가 많다. 언론사 등에 의한 대학평가나 기업의 평판 조사 등이 대표적인 예다. 이 경우 사람들은 외부로부터의 평가결과, 특히 대학평가 순위(ranking) 결과에 따라 대학이 우수한지를 간접적으로 판단하게 된다. 상대적으로 순위가 높은 대학일수록 좋은 대학이라고 인식한다는 것이다. 이러한 두 관점에 따른 평가는 대체로 비슷한 결과를 나타낸다. 우수한 자원을 확보한 대학이 평판이 높고, 평판이 높은 대학에 우수한 자원이 집중되는 현상이 있기 때문이다. Astin과 Antonio는 이상의 두 관점이 한계가 있다고 지적한다. 대학의 우수함을 평가함에 있어 대학이 추구하는 가장 기본적인 목적을 간과하고 있다는 것이다. 그러면서 그들은 대학 관련 연구자와 전문가들에게 새로운 제언을 한다. 대학이 자신이 수행해야 할 핵심 기능, 즉 교육적 기능(talent development)을 제대로 하고 있는지를 살펴봄으로써 대학의 우수성을 평가해야 한다는 것이다. 그들은 대학이 교육기관이라는 점에서 그렇다고 말한다. 즉, 대학의 존재 이유, 사회적 가치, 정체성을 생각할 때, 대학이 교육을 제대로 하고 있는지를 바라보는 것이 중요하고 그 결과를 통해 대학의 우수함 정도를 진단해야 한다는 것이다.

이와 관련하여 최근 국내에서는 '대학기관연구(Institutional Research: IR)'가 부상하고 있다. 대학기관연구란 '대학 행정을 통해 생산되거나 외부에서 획득한 데이터를 체계적으로 연계하고 분석함으로써 의사결정에 도움이 되는 정보를 산출하는 기능'을 말한다(배상훈, 윤수경, 2016: 368). 대학에서 각종 의사결정을 할 때, 총장, 보직 교수 등 특정인의 경험이나 직관에 의존하기보다 객관적인 데이터를 분석해서 나온 결과를 참고하자는 것이다. 물론 여기서 말하는 의사결정에는 대학의 교육 활동은 물론 입학, 재정, 시설 관리 등 다양한 분야의 대학경영 활동이 포함된다.

대학기관연구는 미국 고등교육을 중심으로 발전해 왔다. 일찌감치 학생 수 감소를 경험했던 미국 고등교육에서 학생의 중도 탈락과 잦은 대학 간 이동은 이미 일반적인 현상이 되었다. 따라서 미국 대학들은 생존과 발전을 위해서 보다 과학적이고 객관적인 의사결정이 필요함을 인식하게 되었고, 이는 대학기관연구의 발전으로 이어졌다. 반면 우리나라에서는 이에 대한 학문적 논의와 발전은 더딘 상황이다. 일부 학자를 중심으로 기본 개념과 도입의 필요성 등이 소개되고 있을 뿐이다(예: 박남기, 2015; 배상훈, 윤수경, 2016). 물론 대학기관연구를 실천적으로 적용하는 것도 일부 대학에서 매우 제한적으로 이루어지고 있을 뿐이다.

한편 요즘 학습분석(learning analytics)이라는 개념도 떠오르고 있다. 데이터를 활용해서 대학에서 이루어지는 교수와 학습 활동이 제대로 이루어지고 있는지를 체계적으로 분석하고, 여기서 도출된 정보를 활용해서 교수-학습 활동을 지원하자는 것이다. 그러나 한국 대학의 풍토에서 학습분석도 대학기관연구와 마찬가지로 쉽게 뿌리를 내리지 못하는 상황이다. 이는 대학의 경영진을 비롯한 구성원들이 개념과 의미를 쉽게 이해하지 못하고 있기 때문이다. 또한 대학 차원에서 체계적으로 수행할 일이라기보다는 특정 부서나 학문 영역의 일로 이해하는 경우도 많기 때문이다. 무엇보다 이처럼 학습분석 개념을 이해하기 어렵고 교육이 교수자의 영역으로 한정된다는 인식이 맞물려 대학 차원의 학습분석 도입 필요성에 대한 공감대가 충분히 형성되지 못하고 있다.

이에 반해 '데이터 기반 교육의 질 관리'는 대학의 경영진은 물론 일반적인 대학 구성원이라도 쉽게 받아들이고 지지하는 듯하다. 우선 '교육의 질 관리'를 통해 대학의 교육 활동을 지원하고 이를 통해 대학이 교육적 책무성을 확보한다는 측면에서 명분이 분명하다. 게다가 정부도 고등교육정책이나 대학 재정지원사업을 통해 교육의 질 관리를 일관되게 강조하고 있어서, 대학 외부 환경의 자극도 충분하다. 무엇보다 데이터 기반 교육의 질 관리는 대학기관연구나 학습분석과 비교해서 누구나 그 개념을 '직관적으로' 쉽게 받아들일 수 있다는 장점이 있다. 아울러 데이터 기반 교육의 질 관리는 금융, 의료, 통신 등 사회 각 분야에서 활발하게 논의되는 빅데이터 기반 가치 창출 흐름과도 연계되어 대학이 추진할 활동으로서 타당성을 인정받는 추세다.

최근 대학생을 대상으로 대학 생활, 학습과정, 교육 성과 등을 묻는 설문조사가 많아지고, 자연스럽게 교육의 질 관련 데이터가 대학에 쌓이고 있다. 여기에 교수와 학생들이 학습, 수업, 연구 활동 등을 하면서 생산하는 데이터도 점차 많아지고, 이를 어떻게 활용할 것인지에 대한 논의도 활발해지고 있다. 즉, 대학의 교육 활동과 관련된 양적, 질적 데이터가 다양하게 생산되고, 데이터 기반 활동에 대한 사회적 흐름과 문화도 조성되고 있어서 데이터 기반 교육의 질 관리를 위한 여건이 마련되었다. 그러나 교육의 질 관리를 '당위적'으로 받아들이는 것과 이를 '제대로' 하는 것은 별개의 문제다. 많은 대학들이 시행착오를 겪으면서 대학의 맥락에 맞게 교육의 질 관리 체제를 구축해서 운영하고 있지만 만족스러운 성과를 내지 못하고 있는 상황이다.

바야흐로 대학의 교육적 책무성이 중요한 시대가 되었다. 이를 위해서는 대학이 그동안 간과했던 교육 활동의 효과성을 객관적으로 진단하고 확인할 필요가 있다. 대학이 제공하는 교육 프로그램은 어떠한 교육적 성과를 창출하고 있는지 분석해 보아야 한다. 교수는 학생에게 필요한 내용을 효과적으로 가르치고 있는지 살펴볼 필요가 있다. 직원들은 학생의 성공적인 대학 생활을 위해 행정적인 지원 활동을 제대로 수행하고 있는지도 확인할 필요가 있다. 무엇보다 학생들이 적극적으로 학습 활동에 참여하고 의미 있는 인간관계를 경험하면서, 대학이 의도했던 교육적 성과를 내고 있는지 체계적으로 분석해 볼 필요가 있다. 이상의 모든 활동이 교육의 질 관리에 해당한다. 이와 관련된 데이터를 수집해서 분석하고 그 결과를 바탕으로 개선 방안을 만들어 가는 것이 데이터 기반 교육의 질 관리다.

예를 들어서, 학생들이 얼마나 적극적으로 대학에서 이루어지는 학습 활동에 참여하고 있는지를 진단하는 도구로 '학부교육 실태조사(K-NSSE)'가 있다. 최근 많은 대학들은 이를 교수-학습 개선에 활용하고 있다. 또한 개별 대학 차원에서 캠퍼스 환경이 학생의 성공적인 대학생활을 지원하기 위해 얼마나 잘 구성되어 있는 지를 점검할 수 있는 '잘 가르치는 대학 진단도구(University Environment Evaluation Scale: UEES)'가 개발되고 있다. 이 도구는 대학 캠퍼스의 환경을 학습 지원, 인간 적, 물리적, 문화적 환경으로 나누어 살펴본다는 점에서 매우 체계적이다.

2. 개념

1) 유사 개념 비교: 대학기관연구, 학습분석, 데이터 기반 교육의 질 관리

데이터 기반 교육의 질 관리가 무엇을 의미하는지를 알아보기 위해서는 유사한 목적을 수행하는 다른 활동과 비교해 볼 필요가 있다([그림 1-1] 참고). 특히, 최근 여러 대학에서 관심을 두는 대학기관연구, 학습분석과 개념적으로 비교해 볼 필 요가 있다.

[그림 1-1] 데이터 기반 교육의 질 관리와 유사 개념 비교

우선 대학기관연구는 대학경영 차원에서 이루어지는 다양한 기획과 의사결정 활동을 보다 체계적으로 지원하기 위해 수행하는 일체의 활동을 의미한다(Saupe,

1990). 1950년대 이후 고등교육이 양적으로 확대되고 대학의 책무성에 대한 요구가 분출했던 미국 대학들을 중심으로 도입되었다. 대상 분야는 입학 정책, 등록 관리, 재정 운용, 캠퍼스 문화 및 풍토 조사, 교육 프로그램 성과 및 평가에 이르기까지 방대하고, 각종 연구부터 조사 및 진단까지 방법적으로도 다양하다. 대상 분야가 다양한 만큼 목적도 다양하지만, 각 분야에서 이루어지는 의사결정을 체계적으로 분석하고 지원한다는 면에서 공통점이 있다. 즉, 대학이 자체적으로 생산하거나 외부 기관으로부터 수집한 데이터를 체계적으로 분석해서 대학이 운영하고 있는 각종 제도나 프로그램의 효과성을 검증하고 새로운 대안을 제시하기 위한 활동으로도 이해되고 있다(Knight, 2014). 최근 데이터 분석 기술이 날로 발전하면서 대학기관연구도 고도화되고 있다. 대학의 주요 활동에 대한 성과 평가 및 보고서 작성에서 나아가 미래 예측과 경영 지원으로 초점이 옮겨지고 있다.

대학기관연구가 대학의 경영과 관련된 제반 활동에 대한 것이라면 학습분석(learning analytics)은 주로 교수–학습 활동에 초점을 둔다. 학습분석을 수행하는 사람은 학습자와 학습 맥락에 대한 데이터를 측정하거나 관련된 자료를 수집하여 분석하고, 분석 결과를 활용하여 교수 및 학습 활동을 개선해 가는 일련의 활동을 한다(Siemens & Long, 2011). 즉, 학습분석의 목적은 학생의 학습과 학습 환경을 체계적으로 이해하고, 학습 활동을 최적화하여 교육 성과를 극대화하는 것이다. 여기서 학습 활동을 최적화한다는 것은 학생이 적극적으로 학습에 참여하도록 유도하는 것부터 학습과정에 대한 정보를 수집해서 향후 성과를 예측하는 것까지 다양한 활동이 포함된다. 물론 학업 역량이 부족하거나 성과가 미흡한 학생들을 확인하고 이들이 이를 효과적으로 극복할 수 있는 방안을 제시하며, 필요한 지원을 하는 것도 학습분석 활동에 포함된다.

마지막으로, 데이터 기반 교육의 질 관리는 대학에서 이루어지는 교육 활동에 대한 자료를 수집하고 분석하여 이를 개선하는 제반 활동을 의미한다. 궁극적인 목적은 교수, 학생, 직원 등 대학 구성원이 맡은 역할을 제대로 수행하고 있는지 그리고 대학 차원에서 제공하는 교육 제도와 프로그램이 의도했던 목적을 달성하고 있는지를 확인하여 대학의 교육적 책무성을 확보하는 것이다. 이러한 활동은 대학 스스로 여러 조사, 분석 및 연구 활동을 통해 수행할 수 있지만, 정부나 대학 평가 전문기관 등 외부 주체에 의해서도 이루어진다. 물론 교육의 질 관리가 추구하는 목적에 비추어 볼 때, 대학 스스로 이러한 활동을 수행할 의지와 역량을 확보하는 것이 중요하다. 데이터 기반 교육의 질 관리 활동은 논리적으로 다음의 단계를 거쳐 진행된다. 첫째, 객관적인 자료를 수집하는 것이다. 여기에는 학생 개인의 배경 및 특성(투입 요소), 대학이 교육적 기능을 수행하기 위해 제공하는 각종 교육 제도와 프로그램(환경 요소), 학생의 핵심역량, 학업 성취(성과 요인) 등 다양한 자료가 포함된다. 이때 자료는 양적 자료만 의미하는 것이 아니라 질적 자료도 포괄한다. 많은 대학들이 대학의 행정 시스템이나 설문조사 등으로 확보되는 양적 자료에만 주로 의존해서 교육의 질 관리를 하는 경향이 있다. 하지만 학생의 학습 및 대학생활 경험은 그들이 대학의 게시판, 과제물 등에 여러 형태로 남기는 글이나 대화 등 비정형의 질적 자료에서 알 수 있는 경우도 많다. 둘째, 수집된 데이터를 과학적인 방법을 활용해서 분석하는 것이다. 이때, 앞서 수집한 데이터를 서로 연계하여 분석하는 것이 중요하다. 즉, 어떠한 환경이 제공되었을 때, 어떠한 교육 성과가 도출되는지를 분석하는 것이다. 이러한 분석 결과는 대학에서 이루어지는 각종 교육 활동을 개선하는 데 효과적으로 쓰일 수 있는 가치 있는 정보(valuable information)를 생산한다. 셋째, 분석 결과로 만들어진 정보를 대학의 관련 조직이나 구성원에게 제공한다. 즉, 데이터 기반 교육의 질 관리의 궁극적인 목적을 달성하기 위해서는 수집한 데이터를 분석하여 생산된 정보가 대학 당국이나 관련 교육 주체에게 환류가 되어야 한다. 마지막으로 정보가 관련 주체에게 제공되어, 실제로 대학의 정책 및 제도, 교육 프로그램, 기타 교육 활동을 효과적으로 개선하는 활동까지 이루어질 때 교육의 질 관리가 성공적으로 이루어졌다고 할 수 있다. 즉, 데이터 기반 교육의 질 관리 활동은 대학이 교육적 기능을 수행하는 것과 관련된 중요한 의사결정이 효과적으로 이루어지도록 도와주는 제반의 노력이라 할 수 있다.

　대학기관연구, 학습분석, 데이터 기반 교육의 질 관리가 가지는 공통점은 다음과 같다. 첫째, 데이터의 수집과 분석을 수반한다. 둘째, 비록 분야와 대상이 다를지라도 무엇인가를 개선하려는 목적을 가지고 있다. 세 가지 활동 모두 핵심적으로 대학의 교육 활동을 대상으로 하고 있지만, 대상 분야 및 영역에서 있어서는 차이가 있다. 대학기관연구가 대학경영과 관련된 제반 활동을 포괄하는 가장 큰 거시적 개념이라면, 데이터 기반 교육의 질 관리는 대학에서 이루어지는 활동 중에서도 교육 활동에 초점을 둔다. 학습분석은 교수 활동까지도 포괄하겠지만 대체로 학습자의 학습 활동이 주로 분석하는 미시적 개념인 반면, 교육의 질 관리는 교수-학습 활동을 넘어 교육과 관련된 대학의 제반 제도 및 프로그램까지 포함한다는 면에서 좀 더 확장된 개념이라 하겠다.

2) 개념적 범위

데이터 기반 교육의 질 관리는 데이터의 수집, 분석 및 활용을 통해서 이루어지는 교육의 질 관리 활동이다. 그러나 교육의 질 관리는 대학에서 교육 활동이 제대로 이루어지도록 도와주는 제반의 노력과 활동을 의미하며, 반드시 데이터의 수집과 분석을 수반하는 것은 아니다. 즉, 교육의 질 관리는 교육 활동과 관련된 데이터를 분석하고 평가하는 활동에서 나아가 대학의 교육 활동과 관련된 투입, 과정, 산출의 제반 과정을 대상으로 하는 포괄적 개념이다. 예를 들어, 심리 상담, 학습 멘토링 등 학생 지원 시스템을 정비하고 고도화하며, 역량 기반의 비교과 프로그램들을 확대하고 내실화하는 것이 포함된다. 플립 클래스(flipped class) 운영, 온라인 교육 프로그램 제공 등 첨단 에듀테크를 바탕으로 교수-학습을 지원하고, 학생별로 학습과정과 성과를 체계적으로 기록하는 e-포트폴리오 시스템을 구축하는 등 대학에서 이루어지는 많은 활동들이 모두 교육의 질 관리 활동이라고 할 수 있다.

데이터 기반 교육의 질 관리는 '데이터'를 수집하고 분석함으로써 이루어지는 교육의 질 관리 활동이다. 여기서 수집하는 데이터는 학생의 배경(inputs), 학습과정(environments), 교육성과(outcomes)에 이르기까지 다양하고, 정규 수업부터 비교과 프로그램에 이르기까지 총체적인 대학 경험을 포괄한다. 최근에는 진로, 취업, 창업과 관련된 데이터까지 수집하고 분석함으로써 이러한 활동이 제대로 이루어지도록 지원하고 있다. 더욱 심화되는 대학의 국제화 흐름에 맞추어 외국인 학생들에 대한 데이터베이스 구축과 활용도 포함된다. 요컨대, 데이터 기반 교육의 질 관리는 교육의 질 관리 중에서 주로 데이터를 수집하고 분석해서 정보를 생산하는 활동을 의미하고, 데이터는 앞서 제시한 바와 같이 양적, 질적 데이터 모두를 포함한다. 개념적 위계 구조는 다음과 같이 정리해 볼 수 있다([그림 1-2] 참고).

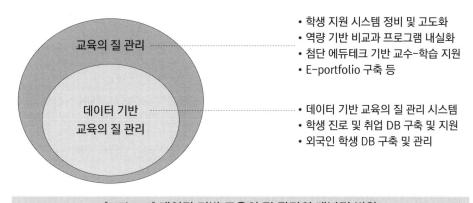

[그림 1-2] 데이터 기반 교육의 질 관리의 개념적 범위

3. 데이터 기반 교육의 질 관리를 위해 고려할 문제들

대학에서 데이터 기반 교육의 질 관리가 효과적으로 이루어지기 위해서는 [그림 1-3]에 제시된 여섯 가지의 영역을 고려할 필요가 있다. 구체적으로 좋은 진단도 구와 데이터 수집 시스템, 분석 역량, 정보의 제공, 정보보호 시스템, 대학 구성원 의 지원과 공감대 형성을 말한다.

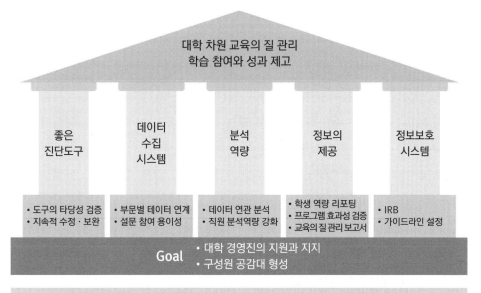

[그림 1-3] 효과적인 데이터 기반 교육의 질 관리를 위한 핵심 영역

첫째, 데이터 기반 교육의 질 관리를 위한 첫 단계는 가치가 있는 정보를 생산할 수 있는 데이터를 수집할 수 있도록 좋은 진단도구를 확보하는 것이다. 우선 데이터 기반 교육의 질 관리에 활용할 수 있는 많은 데이터는 학생, 교수, 직원 등 교육 주체들이 대학에서 교수-학습 활동 또는 대학 행정을 하면서 자연스럽게 만들어진다. 예컨대, 학생이 도서관에서 책을 빌리거나 교수와 상담을 할 때, 또는 수강 신청을 하고 수업을 듣는 과정에서도 데이터가 생산된다. 입학 담당자가 입학 업무를 처리하면서 데이터가 만들어지고, 교무팀 관계자도 같은 학생을 대상으로 성적 처리 데이터를 산출한다. 이와 관련하여 Astin과 Antonio(2012)는 대학이 의도적으로 제공하는 환경적 요인이 학생의 교육성과에 미치는 영향을 분석하기 위한 개념적 틀로 I(inputs)-E(environments)-O(outcomes) 모델을 제시하였다. 이 모델에 따르면, 학생의 인구학적 배경, 학습자 특성, 사전 성취 수준(고교 내신), 입학 유형 등은 투입 요소(inputs)다. 이러한 특성은 이미 결정되어 있거나 개인의 심리적 요인으로 쉽게 바꾸기 어렵다. 반면 대학이 어떠한 교육적 목적을 가지고 의도적으로 제공하는 교육 제도나 프로그램 등은 환경 요소(environments)에 해당한다. 이는 대학이 이른바 대학 효과(college effects)를 갖기 위하여 적극적으로 개입할 수 있는 부분이며, 효과성 분석의 대상이 된다. 마지막으로 학생이 대학 생활을 통해 성취한 성과로 학점, 역량 수준, 취업 여부 등이 있다. 이는 대학교육의 성과를 보여 주는 산출 요소(outcomes)다. Astin과 Antonio(2012)는 대학 효과를 확인하기 위해서는 투입 요소(학생 특성)를 고려한 상황에서, 환경 요소(대학 정책, 제도, 프로그램 등)가 산출 요소(성적, 역량 수준, 중도탈락 여부 등)에 미치는 영향을 분석해야 한다고 하였다.

한편 대학이 특별히 확인하고 진단하려는 것이 있다면 이와 관련된 데이터를 수집할 수 있는 적절한 진단도구를 활용해야 하는 경우가 있다. 학생들이 학습과정에서 만들어 내거나 대학에서 이루어지는 입학, 학사, 교무 행정 등을 통해 자연스럽게 생성되는 데이터는 대학이 보다 구체적으로 파악하고자 하는 내용이나 영역을 타당성 있게 보여 주지 못하는 한계가 있다. 예컨대, 대학이 학생들의 창의성, 리더십 수준을 파악하고 매년 추적하고 싶지만 이를 위해서는 별도의 진단 또는 조사 도구를 개발하여 의도적으로 데이터를 수집해야 한다. 성균관대학교의 성균핵심역량진단도구(SCCA)는 대학이 교육을 통해 길러내려는 핵심역량을 사전에 규정하고, 이를 객관적이고 과학적인 방법으로 측정하기 위하여 개발한 도구다. 성균관대학교는 SCCA 도구를 활용해서 매년 전체 대학생을 대상으로 핵심역량을 측정하고 추세를 분석하여 대학의 교육 계획에 반영한다. 한국직업능력개발원이 주관하는 대학생 핵심역량진단도구(K-CESA)도 마찬가지다. 이러한 진단도구를 개발하기 위해서는 대학에 관련 역량과 진단도구의 개발 및 활용에 대한 지식이 충분히 있어야 한다. 특히, 매년 데이터를 수집하여 데이터베이스를 구축하고자 하는 경우, 기준이 되는 첫해에 진단도구를 잘 만들어야 한다. 만약 대학이 관련 분야의 전문가를 보유하고 있지 않다면, 외부 전문가에게 의뢰하는 것도 방법이 될 수 있다. 아울러 같은 필요를 느끼는 동료 대학들과 협력하여 진단도구 또는 설문 조사를 개발하고 함께 활용하는 것도 좋은 방법이다.

둘째, 데이터를 효과적으로 수집할 수 있는 체제가 마련되어 있어야 한다. 또한 대학의 여러 행정 기관과 부서에서 생산되는 데이터를 연계할 수 있는 정보 시스템을 구축할 필요도 있다. 대학 효과를 분석하기 위해서는 여러 학생 데이터를 연결하여 분석하는 것이 필요하다. 예를 들어, 입학처에서는 입학과 관련한 데이터가 생성된다. 교무처에서는 학생 등록, 교수-학습 활동, 비교과 프로그램 참여 등에 대한 데이터가 모이고, 교수학습지원센터(CTL)에서는 학습 멘토링이나 튜터링 등에 대한 자료가 만들어진다. 이러한 데이터를 하나로 묶어 분석을 수행할 수 있다면, 대학생의 학습과정과 성과를 보다 체계적으로 진단하고, 특정 제도나 프로그램의 효과성을 객관적으로 확인할 수 있게 된다. 예컨대, 대학이 예산과 인력을 투입하여 창의성 프로그램을 운영한다면, 프로그램 참여자에게 어떤 효과가 있는지를 확인하고 싶을 것이다. 이 경우 많은 대학들이 프로그램 종료 전에 만족도를 확인하는 수준의 설문을 실시하고, 이를 통해 프로그램의 효과성을 측정하려는 경향이 있다. 물론 만족도도 좋은 성과지표가 될 수 있다. 하지만 보다 직접적으로 창의성 프로그램의 효과성을 분석하기 위해서는 참여 학생들을 대상으로 프로그램 참여 전후로 창의성을 진단하여 프로그램 참여 효과를 분석해야 할 것이다. 나아가 프로그램 참여의 효과를 성적 등 다른 성과 변인과 연계하여 분석할 수 있고, 학생의 성별, 입학 유형, 학년 등 개인 특성에 따라 참여 효과에 차이가 있는지도 분석할 수 있을 것이다. 이를 위해서는 프로그램 운영 부서와 학점 담당 부서, 효과성 검증 부서 등이 학생별 데이터를 공유하고 관련 데이터를 함께 수집해서 활용하는 시스템이 마련될 필요가 있다.

한편 대학이 별도의 진단도구를 활용해서 의도적으로 자료를 수집하고자 하는 경우, 일반적으로 학생들이 대학의 정보 시스템에 접속하여 조사에 응답하도록 하는 방법을 쓴다. 하지만 이 경우 학생들이 대학의 시스템에 반드시 접속해야 하는 번거로움이 있다. 이러한 점을 극복하기 위해 일부 대학들은 모바일을 통해서 통학 시간이나 본인이 편안한 시간에 자유롭게 접속해서 관련 진단 및 조사에 참여토록 하는 방법을 적용하고 있다. 이 경우 서베이몽키(www.surveymonkey.com)나 구글 설문(docs.google.com) 등 상업적으로 개발된 온라인 설문 시스템을 활용하기도 한다. 물론 이러한 방법으로 수집한 데이터는 대학의 정보 시스템에 쌓인 데이터와 통합해야 하는 별도의 작업이 필요하다. 이와 관련하여 일부 대학에서는 새롭게 정보화 전략계획(Information Strategic Planning: ISP)을 수립하면서, 학생별 데이터의 수집 및 통합을 용이하게 하는 체제를 갖추려고 노력하기도 한다.

셋째, 데이터가 수집되었다면, 이를 과학적으로 분석할 수 있는 분석 역량을 갖추고 있어야 한다. 많은 대학들이 택하는 방법은 분석 역량이 있는 전문가 1~2명을 채용하고 분석과 관련된 일을 맡기는 것이다. 그러나 소수의 인원이 대학이 원하는 모든 분석을 즉시 해 내기 어렵다. 또한 데이터가 생산된 맥락, 분석 결과가 어디에 어떻게 쓰일 것인지에 대한 이해와 지식이 부족해서 합목적적인 분석을 수행하기 어렵다는 문제도 있다. 따라서 가장 바람직한 방법은 데이터를 직접 생산하고 활용하는 사람들이 최소한의 분석 역량을 갖추도록 하는 것이다. 즉, 관련 업무를 직접 수행하는 직원들이 대학 차원에서 수집된 데이터를 자신의 업무 맥락에서 목적에 따라 분석하고, 분석 결과를 활용해서 업무를 개선하는 질 관리 체제가 가장 효과적이다. 물론 범 대학 차원에서 다양한 출처를 가진 데이터를 논리적으로 연계하여 분석하고, 어떤 경우에는 보다 고급 통계 분석 기술을 사용해야 될 경우도 있다. 이 경우에는 소수의 분석 전문가를 별도로 채용하고 관련 부서를 운영하는 것도 필요하다. 요즘 많은 대학에서 교육의 질 관리 센터, 효과성 센터, IR 센터 등을 만드는 것도 이러한 이유일 것이다.

넷째, 데이터 기반 교육의 질 관리는 데이터를 분석하는 것에서 그치는 것이 아니라, 분석 결과를 관련 주체에게 제공하여 대학의 정책, 제도, 프로그램과 교수, 학생, 직원 등의 인식과 행동에 어떠한 개선이 이루어짐으로써 완성된다. 많은 대학들이 이 부분을 소홀히 하는 경우가 있다. 분석을 위한 분석에 그칠 뿐이고, 분석 결과가 관계자에게 전달되어 어떠한 변화를 불러일으키는 새로운 가치를 창출하는 사례가 많지 않은 실정이다. 데이터 기반 교육의 질 관리를 위해서는 많은 예산, 인력, 행정력이 투입되어야 하는 만큼, 그 결과를 활용하여 관련 분야에서 변화와 혁신이 일어나도록 하는 데 주의를 기울여야 할 것이다. 한편 대부분의 경우 데이터의 분석 결과를 제공하거나 보고하는 대상을 총장, 학장, 처장 등 보직 교수와 법인으로 한정하여 생각한다. 이는 데이터 기반 교육의 질 관리가 대학 경영진의 의사결정을 돕는 시스템이라는 관점에만 사로잡혀 있기 때문이다. 물론 대학의 운영을 총괄하고 책임지는 위치에 있거나, 관련 정책을 결정하는 의사결정자들에게 정보를 제공하는 것은 타당하다. 그러나 학생 또한 데이터 기반 교육의 질 관리 체제를 통해 산출한 정보를 제공받아야 하는 대상임을 잊어서는 안 될 것이다. 학생도 엄연한 교육에 참여하는 주체이고, 궁극적으로 변화가 일어나는 대상이다. 또한 학생들은 매 순간 수강신청, 도서 대출, 상담 여부, 교환학생이나 인턴 참여 여부 등 교육과 관련하여 다양한 의사결정을 내리는 의사결정자이기도 하다. 학생을 대상으로 다양한 설문이 실시되고 분석이 이루어지고 있음에도 불구하고, 정작 학생들은 자신에 대한 분석 결과를 제공받지 못하는 것이 현실이다. 이렇게 볼 때, 학생의 학습과정 및 경험과 대학 생활에 대한 데이터를 분석하고 그 결과를 제공함으로써 학생들이 등록, 수강 신청, 기타 학습 활동 등을 보다 효과적으로 수행할 수 있도록 안내하는 것도 데이터 기반 교육의 질 관리의 핵심 활동이 되어야 한다. 다음으로 데이터 기반 교육의 질 관리 체제가 도움을 주어야 하는 중요한 주체는 대학에서 교육 제도나 프로그램을 실질적으로 운영하는 담당자다. 대학은 교육목표를 설정하고 이를 달성하고자 교육 제도나 프로그램을 운영한다. 특히, 교육 프로그램이 완료되면 당초 의도했던 목적이 제대로 달성되었는지, 의도하지 않은 결과가 나타났는지, 교육 프로그램은 효과적으로 진행되었는지 등을 다시 살펴보는 과정이 필요하다. 이때 객관적인 데이터와 과학적인 방법을 통해서 이를 확인하는 활동이 바로 데이터 기반 교육의 질 관리다. 마지막으로, 생성된 정보는 대학교육을 전반적으로 책임지는 대학 본부에 제공되어야 한다. 특히, 여러 해에 걸쳐 수집하고 분석한 종단 데이터 분석 보고서는 대학 차원에서 자신이 수행하는 교육의 강점과 문제점을 파악하게 하고, 교육과 관련된 전략적 의사결정을 가능하게 한다.

다섯째, 개인정보보호가 중요하다. 오늘날 개인정보의 보호는 효과적인 조직 운영 못지않은 중요한 사회적 가치다. 실제로 데이터 기반 교육의 질 관리를 하려면 학생이나 교수 등 주요 교육 주체로부터 의도적으로 또는 의도하지 않게 개인정보와 자료를 수집해야만 한다. 이렇게 수집된 개인정보가 타인에게 제공되거나 공개됨으로써 자료 제공자에게 부정적 영향을 미치게 된다면, 교육의 질 관리라는 대의(大意)에도 불구하고 윤리적 문제에 직면하게 된다. 그러므로 데이터 기반 교육의 질 관리 체제를 구축하고 운영하는 주체는 반드시 정보보호 전문가의 협조를 구해야 할 것이다. 또한 대학 차원에서 생명윤리위원회(Institutional Review Board: IRB)를 운영해서 인간을 대상으로 하는 모든 연구에 대하여 연구계획, 데이터 수집, 처리, 보관 방법 등에 대하여 심의를 받도록 할 수 있다. 이를 적절히 활용하는 것도 좋은 방법이 될 것이다. 물론 대학 차원에서 다양한 데이터의 분석, 저장, 공개와 관련하여 별도의 정보보호 가이드라인을 만들어서 운영할 필요도 있다.

마지막으로, 대학 경영진의 지지와 지원을 포함한 구성원들의 공감대 형성이 매우 중요하다. 데이터 기반 교육의 질 관리 체제는 단기간에 뚜렷하고 눈에 띄는 성과를 보여 주기 어렵다. 게다가 초기에 시스템을 구축하기 위해서는 상당한 수준의 인적(분석 전문가 고용), 물적(사무 공간의 확보), 재정적(정보 시스템의 구축) 투자를 수반하고, 지속적인 지원이 필요하다. 따라서 대학 경영진의 전폭적인 지지가 필요하다. 또한 대학 경영진의 강력한 지지가 확보되지 않으면, 대학의 여러 부서에 산재한 데이터를 모으기 어렵고, 직원들이 대학 내부 또는 외부 연수 등을 통하여 통계 및 분석 역량을 기를 수 있도록 지원하는 것도 어렵다. 한편 대학 경영진이 강한 의지를 갖고 있다 하더라도 대학 구성원의 공감대가 형성되지 않으면 데이터 기반 교육의 질 관리 활동은 형식화되기 쉽다. 왜냐하면 데이터를 수집하는 대상이 대학 구성원이고, 생산된 정보를 통해서 행동, 태도, 업무 수행 관행을 변화해야 할 주체도 대학의 구성원이기 때문이다.

4. 대학 차원에서 데이터 기반 교육의 질 관리 체제 구축 절차

앞서 데이터 기반 교육의 질 관리 체제를 구축하기 위해 고려할 사항이 무엇인지를 살펴보았다. 여기에서는 개별 대학 차원에서 데이터 기반 교육의 질 관리 체제를 새롭게 구축하고자 할 때 따라야 할 단계를 제시하고자 한다([그림 1-4] 참고).

[그림 1-4] 데이터 기반 교육의 질 관리 구축 절차

첫째, 가장 중요하고 최우선적으로 생각해 보아야 할 사항은 우리가 무엇을 위해서 이러한 제도를 마련하려고 노력을 기울이는지 분명히 하는 것이다. 즉, 데이터 기반 교육의 질 관리를 통해 달성하려는 목적을 정하는 것이다. 우리가 교육의 질 관리 시스템을 구축하려는 이유는 단순히 정부 재정지원사업이 요구하기 때문인 것만은 아닐 것이다. 이렇게 볼 때 결국 '목표의 정립' 단계는 대학 차원에서 잘 가르치는 대학이 되기 위해서 해결할 문제들을 찾는 단계다. 중도탈락 학생을 예방하기 위해 무엇을 고려해야 하는가. 입학 유형별로 시간이 지남에 따라 학업 성취가 달라지는가. 1학년 입학 후 학년이 올라감에 따라 학생들의 역량 수준은 변하는가. 교수와 학생들의 상호작용은 학년에 따라 바뀌고 있는가. 학기가 시작된

후 매 월별로 학생들이 관심을 두는 것은 무엇인가. 새롭게 도입한 프로그램이 원하는 목적을 달성하고 있는가. 이러한 질문들이 교육의 질 관리 체제를 통해 답을 찾으려는 문제이자 목표가 될 수 있다.

이를 결정하기 위해서는 대학의 교육 주체들이 모여서 함께 숙의할 필요가 있다. 이렇게 볼 때, 데이터 기반 교육의 질 관리 시스템 구축은 대학 차원의 중장기 교육 발전 계획과 맞물려 있다. 대학의 교육 발전 계획이 제시하는 교육 비전과 목표, 이를 위한 제도와 프로그램이 당초 의도했던 성과를 창출하고 있는지를 확인하는 것이 데이터 기반 교육의 질 관리이기 때문이다. 따라서 시간이 걸리더라도 이 단계에 많은 시간을 할애하고 대학 차원에서 의견을 모을 필요가 있다. 교육적으로 의미가 있고 대학의 지속가능한 발전을 위해 규명하거나 해결할 문제를 탐색해야 하기 때문이다. 이 단계에서 문제와 목표를 분명히 하는 것은 대학 차원의 전체적인 질 관리 방향성과 전략을 결정할 것이다.

두 번째는 앞서 도출한 대학 차원의 목표에 대해서 대학 구성원들이 이해하고 동의하는 '공감대 형성' 단계다. 비록 첫 단계에서 질 관리 시스템을 구축하는 목적이 주요 의사결정권자나 본부 주도로 설정되었다 하더라도 대학 구성원들이 이에 협조하고 지지하지 않으면, 모든 활동은 단지 문서에 의한 형식적 활동에 그치게 될 뿐 실질적인 변화를 도모하기는 어렵다. 아마도 이 과정은 가장 어렵고 시간이 오래 걸릴 수 있으며, 대학의 여건과 맥락을 고려한 진정한 리더십이 필요한 순간이다. 또한 대학에서 교육을 중심으로 변화를 이끌어 가는 전략도 필요한 단계다. 앞으로 대학이 이러한 유형의 논의를 대학 공동체답고 민주적인 방식으로 해 내고, 집단적으로 방향을 결정하는 역량을 갖출 때 지속가능한 발전을 보장할 수 있을 것이다.

셋째, '인프라 구축'은 질 관리 활동을 수행할 조직, 부서를 만들고, 적절한 인원을 배치하며, 필요한 재정을 지원하는 단계다. 최근 많은 대학들이 교육성과관리센터, 효과성센터, 데이터 분석센터 등 이러한 활동을 전담하는 기관을 설치하고 있다. 그런데 일부 대학에서는 왜 이러한 활동을 해야 하는지에 대한 충분한 이해와 공감대가 없이 단순히 유행을 좇아 또는 의사결정자의 지시에 따라 우선 전담 부서를 설치하고 인원을 배치하는 일부터 시작한다. 이러한 접근으로는 지속가능한 질 관리 시스템을 만들기 어렵다. 한편 교육의 질 관리 전담 부서를 설치하는 경우, 해당 조직을 어디 소속으로 할 것인지도 이슈다. 만약 대학의 교육발전 계획과 연동하여 성과를 점검하고, 객관적 평가를 바탕으로 개선 방안을 도출하는 데 초점을 둔다면 기획처 소관으로 하는 것이 타당할 수 있다. 반면 교수-학습 활동에 대한 조사, 분석, 개선을 강조한다면 이를 관장하는 교무처 산하에 둘 수도 있다. 대학 차원에서 강력한 추진 의사가 있고, 범 대학 차원의 데이터 수집과 연계를 생각한다면 총장 직속기관으로 전담 부서를 둘 수도 있을 것이다.

한편 대학에서 교육의 질 관리를 성공적으로 수행하려면 업무를 담당하는 직원의 분석 역량이 중요하다. 이들이 데이터의 가치를 이해하고 자신이 수행하는 과업을 개선하기 위한 수단으로 데이터의 분석이 중요하다는 것을 체감하지 않는다면, 이상의 모든 활동은 형식적으로 이루어지거나 일시적인 유행에 그칠 가능성이 크다. 즉, 분석 결과가 교육 제도와 프로그램의 실질적인 변화와 개선으로 이어지기 어렵다. 이렇게 볼 때, 교육의 질 관리를 위한 최고의 인프라는 직원의 역량이다.

넷째, '데이터 거버넌스 구축' 단계다. 데이터를 기반으로 하는 교육의 질 관리 활동을 전담할 조직이 구성되면, 여러 기관과 부서에 산재한 데이터를 모으거나 연계하는 시스템을 마련할 필요가 있다. 이때 누가 대학의 데이터 시스템에 접근할 수 있고, 데이터의 구조 및 내용을 변경할 수 있는 권한과 책임을 가지는지를 명확히 해야 한다. 이러한 절차와 규정을 데이터 거버넌스라고 한다. 특히, 인사이동이 자주 이루어지는 경우 수시로 데이터 거버넌스를 업데이트해서 권한을 가진 사람만이 접속하고 작업을 할 수 있도록 해야 할 것이다. 과거 업무 담당자가 현재까지 접속 권한을 가지고 있거나, 조직을 떠난 사람이 여전히 데이터에 대한 접근 권한을 가지고 있는 경우 정보보호의 면에서 심각한 문제를 야기할 수도 있다.

다섯째, 대학의 여러 기관과 부서에서 과업 수행에 따라 자연적으로 또는 어떤 목적을 가지고 의도적으로 생산하는 데이터를 함께 공유하고 연계하는 시스템을 구축하는 단계다. 즉, 데이터의 유통과 공유를 위한 '데이터 커뮤니케이션 체제'를 확립하는 것이다. 일반적으로 대학의 각 부서는 각자의 방식으로 데이터를 수집하고 축적한다. 그러나 다른 구조와 형태로 수집된 데이터는 하나로 묶어서 분석하기 어려워 데이터 차원의 시너지를 발휘하기 어렵다. 따라서 대학 차원에서 수집하는 데이터는 가급적 내용, 형식, 구조를 표준화하는 것이 필요하다. 이렇게 되면, 대학의 각 기관 및 부서가 데이터를 주고받는 데이터 커뮤니케이션이 용이하게 되고 보다 많은 가치를 창출하게 될 것이다. 이러한 시스템을 갖추기 위해서는 대학 경영진의 강력한 데이터 리더십이 요구된다. 대학도 다른 사회 조직과 마찬가지로 데이터를 공유하지 않는 데이터 이기주의가 있기 때문이다. 따라서 대학의 경영진은 대학 내에서 이루어지는 데이터의 공유와 연계가 대학 전반에 가져오는 긍정적인 효과에 대해 큰 그림을 제시하고 이를 강력히 추진해 나가야 한다.

마지막으로, 데이터의 분석 결과로 산출된 정보를 관련 부서와 담당자에게 환류하여 의사결정이나 개선이 이루어지는 '환류 및 개선' 단계다. 특히, 분석 단계에서 분석 전문가와 일선 행정부서는 분석 요구를 중심으로 하는 의사소통이 이루어질 필요가 있다. 대학에도 각 부서가 다른 부서와 담을 쌓고 교류하지 않는 사일로 효과(silo effect)가 있다는 점에서 이러한 시스템의 구축이 쉽지 않은 게 사실이다. 이 또한 대학 경영진의 데이터 리더십이 필요한 이유다. 한편 객관적인 분석을 통해 산출된 정보는 관련 업무나 과업을 수행하는 담당자들에게 읽기 쉬운 방법으로 제공되어야 한다. 아무리 의미가 있는 분석이 이루어졌다 하더라도 이를 활용할 담당자에게 전달되지 않는다면 그동안의 노력은 수포로 돌아갈 것이다. 앞서 제시한 바와 같이, 데이터 기반 교육의 질 관리를 통해 만들어진 정보를 제공받는 주체는 대학 경영진부터 교수, 직원, 학생까지 모두 포함된다. 이때 교육의 질 관리 전담 부서는 각 대상별 수요에 부응하는 맞춤형 보고서를 제작할 수 있는 역량을 갖추고 있어야 할 것이다. 그러나 질 관리 전담 부서가 이러한 역량을 처음부터 갖기는 쉽지 않다. 관련 부서는 어떠한 정보가 필요한지에 대하여 구체적인 요구를 할 수 있어야 하고, 데이터의 분석 과정에서 참여하고 협조하는 것이 필요하다.

5. 결론

대학에서 교육의 질 관리는 선택이 아닌 필수인 시대가 되었다. 특히, 학령인구가 감소하고 대학 간 경쟁이 심화되는 시대를 맞아, 잘 가르치는 대학이 되지 않고서는 생존하기 어렵다. 이때 보다 효과적인 교육의 질 관리 활동이 이루어지려면 현상을 객관적으로 보여 주는 데이터를 수집해서 분석하는 활동이 필요하다. 즉, 대학 차원에서 체계적인 조사, 연구, 분석 및 개선이 필요한 현상이나 활동을 가장 잘 드러내는 데이터를 수집하고 분석하여야 한다. 대학 차원에서 이러한 활동을 촉진하기 위해서는 역시 대학 경영진의 이해와 지지가 우선되어야 한다. 즉, '데이터 리더십(data leadership)'이 발휘되어야 한다. 데이터 리더십이란 데이터가 주는 의미와 가치를 이해하고, 조직 차원에서 데이터의 수집, 분석, 환류가 제대로 이루어질 수 있도록 시원하고 유도하는 리더십을 의미한다. 여기에는 데이터 기반 교육의 질 관리를 통해서 궁극적으로 달성하고자 하는 비전과 목표를 제시하는 것, 대학의 여러 행정부서 간 데이터를 공유하게 하는 것, 이러한 활동이 실질적으로 이루어지도록 인적, 물적 자원을 지원하는 것, 데이터 분석 결과를 대학경영에 적극적으로 활용하는 것 등이 포함된다. 다시 말하면 대학 경영진이 데이터 기반 교육의 질 관리의 목표와 이점을 명확히 이해하고 이를 실천하려는 강력한 의지가 있을 때, 즉 데이터 리더십이 발휘될 때 데이터 기반 교육의 질 관리는 진정한 성과를 거둘 수 있다.

데이터 기반 교육의 질 관리가 체계적으로 이루어지려면 대학에서 많은 전문가들이 참여하고 협력해야 한다. 특히, 네 분야 전문가들의 참여가 중요하다. 그들은 교육 전문가, 분석 전문가, 정보보호 전문가, 정보통신 전문가다. 첫째, 데이터 기반 교육의 질 관리를 효과적으로 추진하기 위해서는 교육 전문가가 필요하다. 교육 전문가는 대학 경영진과 구성원들에게 무엇을 왜 분석해야 하는지를 제시할 수 있어야 한다. 많은 경우 '데이터 기반'이라는 말 때문에 통계적 분석 역량을 갖춘 분석 전문가가 중요하다고 생각할 수 있다. 하지만 교육의 질 관리를 통해 무엇을 분석하고 어떠한 개선과 성과를 이루고자 하는지를 정립하는 것이 가장 중요할 것이다. 따라서 데이터 기반 교육의 질 관리 체제를 구축하는 모든 과정에 교육 전문가의 적극적인 참여는 필수적이다. 둘째, 분석 전문가다. 비록 행정 부서의 담당 직원들이 기초적인 분석을 수행하는 역량을 갖추고 있다 하더라도, 여러 부서에 걸친 분석과 고급 통계 기술이 필요한 경우가 있기 때문이다. 유능한 분석 전문가가 있으면 다양하고 복잡한 문제를 효과적으로 규명할 수 있는 방법을 찾을 수 있다. 또한 이러한 분석 방법론적 지식은 대학 차원에서 데이터를 수집하고 연계하는 시스템을 설계하는 과정에도 유용하게 쓰임으로써 보다 효과적이고 체계적인 질 관리 활동이 이루어질 수 있도록 한다. 셋째, 데이터의 수집과 분석을 위한 시스템을 구축하고 운영하는 모든 단계에 정보보호 전문가가 참여하여야 한다. 데이터 기반 교육의 질 관리 활동과 관련하여 개인정보보호는 선택이 아닌 필수 사항이다. 주지하다시피, 대학에서 교육의 질 관리를 위한 활동을 수행하려면 많은 비용과 제도적 노력이 필요하다. 이때 개인정보보호를 위한 노력을 체계적으로 기울이지 않는다면, 혹은 한 건이라도 개인정보보호 관련 이슈가 제기되면 그동안의 투자와 노력은 모두 물거품이 되기 십상이다. 특히, 학생과 관련된 개인정보의 보호에 각별한 주의와 관리가 필요하다. 넷째, 데이터 기반 교육의 질 관리 시스템은 대학의 정보통신 체제와 연계되어 있을 때 시너지 효과를 낼 수 있다. 많은 대학들이 정보화 전략 계획(ISP)을 수립하는데, 이는 산재한 데이터를 수집하고, 축적하며, 연계하여 분석하는 작업을 효과적으로 수행할 수 있도록 지원하는 역할을 한다. 따라서 대학의 정보 담당자와 IT 관련 정보 전문가의 협조는 필수적이다.

데이터 기반 교육의 질 관리는 데이터를 수집하고, 분석해서, 정보를 제공하는 것 그 자체가 목적은 아니다. 대학이 많은 투자와 노력을 기울여 데이터를 모으고 분석해서 교육의 질을 관리하려는 궁극적인 이유는 학생들에게 제대로 된 교육을 제공하고 그들이 성공적인 대학생활을 할 수 있도록 지원하는 데 있다. 예를 들어, 교육 관련 데이터의 분석을 통해 도출된 정보를 교무처에 제공하고 향후 교육과정 지침에 반영할 수 있다. 교육 프로그램의 효과성에 대한 정보는 그동안 관행적으로 제공하던 교육 프로그램과 서비스의 질을 개선하는 데 쓰일 수 있다. 좋은 정보를 제공함으로써 교수와 직원들이 자신의 교수 및 지원 활동을 되돌아보게 할 수도 있다. 데이터의 분석을 통해서 앞으로 어려움에 처할 가능성이 높은 학생을 찾아 미리 도움을 제공할 수도 있다. 아울러 관련 데이터를 제공함으로써 대학은 학생을, 학생은 대학을 이해할 수 있도록 도울 수도 있다. 교육의 질 관리는 결국 학생이 효과적으로 학습하고, 긍정적이고 균형적인 인간관계를 경험하며, 성공적인 대학 생활을 영위하게 도움으로써 그들이 더욱 성장하고 발달할 수 있도록 하는 데 있음을 명심해야 할 것이다.

참고문헌

박남기(2015). 우리나라 대학경영에서의 빅데이터(Big Data) 활용 가능성과 한계. 대학교육, 188, 17-23.

배상훈, 윤수경(2016). 한국대학에서 대학기관연구(Institutional Research) 도입 관련 쟁점과 시사점. 아시아교육연구, 17(2), 367-395.

Astin, A. W., & Antonio, A. L. (2012). *Assessment for Excellence: The Philosophy and Practice of Assessment and Evaluation in Higher Education* (2nd ed.). Maryland: Rowman & Littlefield Publishers.

Knight, W. (2014). *Leadership and management in institutional research*. Tallahassee, FL: The Association for Institutional Research.

Saupe, J. L. (1990). *The Functions of Institutional Research* (2nd ed.). Tallahassee, FL: The Association for Institutional Research.

Siemens, G., & Long, P. (2011). Penetrating the fog: Analytics in learning and education. *EDUCAUSE review, 46*(5), 30.

제2장

고등교육의 질 제고를 위한 이론적 질 관리 모형

변수연(부산외국어대학교)

1. 서론

전 세계적으로 고등교육의 질 제고 문제는 고등교육의 대중화 및 보편화 현상의 확대로 말미암아 1980년대 이후 사회적 문제로 활발하게 논의되어 왔고, 우리나라에서도 1990년대 이후 교육정책의 주요 영역으로 다루어져 왔다. 특히, 1990년대에 이루어진 대학 설립 준칙주의의 여파로 고등교육시장의 공급이 급증한 상황에서 2010년대 후반부터 심화되고 있는 학령인구의 감소는 고등교육 시장의 구조조정과 질 관리를 동시에 해결해야 하는 어려운 상황을 초래하고 있다. 즉, 현재의 고등교육 정책은 대학의 질적 경쟁력 강화를 위한 경제·사회 발전의 기반 확보, 고등교육 시장의 수요·공급 간 균형 유지, 고등교육과 노동시장 간의 유기적 연결 강화 등 복잡하게 맞물려 있는 어려운 문제들을 동시에 해결해야 하는 상황이다.

이에 우리 정부는 2010년대 초반부터 대학구조개혁과 대학평가를 추진하면서 대학교육의 질적 향상을 꾀하는 한편, 다양한 대학 재정지원사업을 통해 경쟁력 있는 대학들에 대한 선별적 지원을 강화해 왔다. 이러한 두 가지 방식의 정책이 대학들에 상당한 압력과 부작용을 초래하고 있는 것도 사실이지만 지난 70년 동안 우리나라 고등교육 역사 속에서 대학들의 가장 역동적이면서 가시적인 변화를 촉진하고 있는 것 역시 부인할 수 없는 점이다.

고등교육의 질 제고라는 어려운 정책을 운영함에 있어 가장 중요한 것은 대학과 국가의 경쟁력 제고라는 궁극적인 목표 달성에 효과적이면서 정부와 대학 사이의 공감대 형성과 양자 간 협력적 역할 배분을 유도할 수 있는 타당한 평가 제도 및 기준을 확립하는 일일 것이다. 고등교육 질 관리의 역사가 우리보다 긴 영국이나 미국에서도 이 문제는 부단히 논의되고 개선되고 있는 어려운 이슈 중 하나다 (Harvey, 2005; Singh, 2010; El-Khawas, 2013).

이에 이 장에서는 국내외 우수사례 연구를 통해 우리나라 고등교육의 맥락에 맞고 선행연구가 주장하는 보다 자율적이고 효과적이며 장기적으로 지속가능한 고등교육 질 제고 방법의 구체적인 예를 제안하고자 한다. 우리보다 앞서서 고등교육 질 제고 정책을 추진해 온 국가들의 제도 구성과 변천 과정을 이해함으로써 이 분야의 국제적 트렌드를 이해하고, 국내 사례 대학들의 질 제고 우수 사례에 대한 비교 분석을 통해 우리 대학들의 맥락에 적합하면서도 국제적 경쟁력 강화를 꾀할 수 있는 질 평가 및 제고 모형을 제안한다.

2. 고등교육의 질과 질 제고

1) 고등교육의 질 개념

1980년대부터 1990년 후반까지 미국과 유럽에서는 국가의 공적 자금으로 운영되던 대학들이 납세자들에 대한 책무성(accountability)을 보여야 한다는 요구와 고등교육을 투입과 산출 요소로 구성된 경제 시스템의 하나로 이해하는 시각이 결합되면서 대학의 질과 성과를 측정하려는 다양한 방법이 시도되기 시작했다 (Ramsden, 1991).

미국, 호주, 그리고 서유럽 국가들은 앞 다투어 고등교육기관들의 질 관리를 위한 정부 기구나 전문가 기구[1]를 설립했고, 교육의 질 보장, 질 제고(quality enhancement), 질 평가(quality assessment), 외부 평가(external evalutation) 등의 단어들이 교육 정책 분야에 도입되었다.

　그러나 고등교육의 교육의 질이 과연 무엇이며, 특히 외부자가 그것을 어떻게 평가하거나 강화할 것이냐는 문제는 불분명한 개념 정의와 그것을 둘러싼 담론들의 혼란스러운 분화를 초래했고, 그 혼란은 지금도 지속되고 있다(Barnett, 1994; Warn & Tranter, 2001; Nightingale & O'Neil, 1994; Lengnick-Hall & Sanders, 1997; Marshall, 1998). 고등교육의 질을 한 마디로 명확하고 간결하게 정의할 수 없는 것은 관련된 여러 연구 흐름들, 즉, 대학 효과(college impact)나 대학 경험(college experience), 학생 참여(student engagement) 등에 대한 연구들이 다루는 다양한 주제에서도 확인할 수 있다. Astin(1993)의 투입-환경(과정)-산출 이론(I-E-O 이론)이나 Tinto(1987)의 중도 탈락 이론, Pascarella(1985)의 학생 변화 이론 등은 고등교육의 질을 대학생이 대학 내에서 경험하는 모든 지적, 사회적 활동의 수준과 그것에 영향을 끼치는 대학교육 환경의 품질로 가정하고 있다고 볼 수 있다.

　이와 같은 대학 효과 이론들의 관점에서 볼 때 고등교육의 질에 대한 학문적 탐색은 투입-환경(과정)-산출 요소 중 주로 환경 요소와 산출 요소의 양적·질적 수준을 중심으로 발전되어 왔다. 1980년대 초의 고등교육의 질 제고에 대한 사회적 논의는 주로 '교육에 사용되는 인적·물적 자원의 수량화'에 집중함으로써 정상적인 고등교육 환경의 최소 기준 준수를 강조하였다. 그러나 교육의 질을 취업률이나 교수 업적 등과 같은 학생과 교원의 성과, 즉 산출을 통해 간접적으로 평가하는 노력도 동시에 발전되어 왔다(Ramsden, 1991).

　보다 최근에는 위의 투입과 산출이라는 두 가지 접근에서 탈피한 소위 '과정적 접근'을 통한 고등교육의 질 탐색이 시도되고 있다. 즉, 대학의 각종 자원이 대학의 교육 프로그램과 상호작용을 하면서 대학생의 인지적·사회적 발달과 가치관 및 태도 변화로 이어진다고 보고 이 과정을 이해하려는 입장인 것이다(이은실,

---

1) 이러한 전문적 인증기구로서 미국의 CHEA(Council for Higher Education Accreditation), 호주의 AUQA(The Australian Universities Quality Agency), 영국의 QAA(Quality Assurance Agency for Higher Education) 등을 들 수 있다.

2001). 최근의 대학 효과나 학생 경험을 연구한 연구자들(Pascarella & Terenzini, 1991)이나 대학의 우수 교육 제도(practices)들의 내용과 효과를 분석한 연구자들 (Chickering & Gamson, 1987), 그리고 학생 참여 자체를 대학교육의 성과로 보는 연구자들(Astin, 1985; Kuh, 2001) 등은 큰 틀에서 볼 때 고등교육의 질에 대한 과정적 접근 방식을 취하고 있다.

이처럼 과거에는 강의실 수나 졸업생의 취업률 등 고등교육의 투입과 산출지표에 제한되었던 고등교육의 '질(quality)' 개념이 최근에 와서는 보다 다면적인 개념으로 이해되고 있다. 즉, 대학생의 대학 경험, 다양한 영역의 발달과 변화 등에 영향을 끼치는 캠퍼스의 다양한 교육 환경이 곧 고등교육의 질이라는 대학과 고등교육 정책운영자들 사이에 폭넓은 공감을 얻어가고 있다는 것이다. 때문에 풍부한 교육 자원의 확보, 구체적인 학생 성과의 정도, 우수한 교육 환경이 학생 성과로 이어지는 과정 등에 대한 연구가 최근 수십 년간 활발히 이루어지고 있다.

2) '고등교육 질 제고'에 대한 관점

고등교육의 '질 제고(quality enhancement) 혹은 질 보장(quality assurance)'이란 대학 내부의 노력 및 외부 기관의 평가와 안내를 통해 교육의 질을 일정 수준 이상으로 유지하거나 향상시키는 활동을 뜻한다. 고등교육 질 제고의 방법은 그 목적과 성격에 따라 매우 다양하게 확대되어 왔다. Barnett(1994)은 고등교육 질 제고의 다양한 방법들을 크게 목적과 방법의 두 축으로 나누어 [그림 2-1]과 같이 표현하면서 고등교육 질 제고 방법이 자기 계몽적 목적으로 대학의 자율적 방식으로 운영되던 성격에서 점점 더 외부의 평가 목적과 기술적 측면을 강조하는 방향(점선 화살표의 방향)으로 변천되고 있다고 주장하였다.

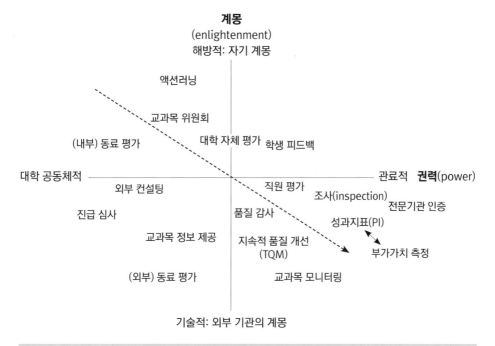

[그림 2-1] 고등교육 질 평가의 변화 패턴

출처: Barnett (1994), p. 177.

고등교육의 질 관리에 대한 전통적인 관점은 학문적 자율성을 보장받는 자율적 공동체인 대학이 자정능력을 발휘해 스스로 부단히 교육의 질을 개선해 나가는 것이 적절하다는 것이었다. 1985년에 발행된 영국의 Lindop 보고서는 (대학에 대한) 외부 평가 시스템은 영국 대학의 학문적 표준을 지키는 데 있어 중요하고 또 가장 적게 사용된 방법이지만, 학문적 표준을 지키는 최선의 방법은 외부 기관의 인증이나 감독이 아닌 자정 능력이 있는 학문공동체로서의 대학의 성숙이라고 주장하였다(Lindop, 1985).

그러나 1980년대 말부터 서유럽 국가들에서는 국가가 대학의 질 관리를 공공정책의 한 분야로 이해하고 이를 적극적으로 주도하려는 태도가 확산되어 왔다(El-Khawas, 2013). 질 관리에 대한 이러한 관점은 질 관리를 주로 책무성 혹은 감독(control)과 연결 지어 이해하고 있다. 오늘날에 와서도 대다수의 국가들은 정부 주도형 고등교육 질 관리 시스템을 구축하거나 질 평가 및 감독의 전문성을 갖춘 독립된 기관들을 통해 고등교육 질 관리 시장에 참여하고 있다.

특히, 21세기 들어 고등교육 분야에도 국제화 추세가 급격히 확산됨에 따라 각 국의 고등교육 질 관리 전문기관들의 국제적 네트워크들이 우후죽순처럼 결성되어 주요국들의 질 관리 시스템이 차츰 표준화되고 있는 추세다. 일례로 1991년에 결성된 국제 고등교육 질 보장 기구 네트워크(International Network of Quality Assurance Agencies in Higher Education)는 현재 250개의 회원기구를 보유하고 있다(El-Khawas, 2013).

이와 같은 추세에 대해 대학들도 기관의 '경쟁력(competitiveness)'을 키우기 위해 보다 선제적이며 적극적인 질 관리 제도를 마련하기 위해 노력하고 있다. 대학들은 공적 자금은 물론 입학 자원을 놓고도 치열한 경쟁을 하는 관계에 있기 때문에 효과적인 질 관리 방법에 대한 모방과 확산이 매우 빠른 속도로 일어나고 있다. 대학의 재무 및 경영 건전성이나 학생들의 교육의 질 향상을 나타내는 다양한 성과지표나 종합적 품질 관리 등이 그 대표적인 예라 할 수 있다.

이러한 성과지표의 하나로 고등교육의 질을 학업 성취도나 학생 만족도 등의 학생들의 경험 정도나 평가에서 찾는 관점도 1990년대 이후 서구 대학들 사이에 빠르게 확산되어 왔다. 영국이 가장 먼저 '강의 경험 설문(Course Experience Questionnaire)'을 개발해 영국과 유럽 대학들에서 시행하자 미국에서도 비슷한 시도가 뒤따랐다(Wilson, Lizzio, & Ramsden, 1997). 미국에서는 학생들에 대한 대학의 영향력을 측정하려는 대학 효과(college impact) 연구가 1980년대부터 활성화되기 시작해 Astin(1993)의 I-E-O(input-environment-output) 이론의 관점에서 다양한 대학생 학습 경험 조사도구가 개발되었다. 1979년에 시작된 대학 경험 조사도구(College Students Experiences Questionnaire: CSEQ)와 2000년부터 미국과 캐나다 대학 다수가 시행하고 있는 대학생 학습 참여(National Survey of Student Engagement: NSSE)가 그 대표적인 예라 할 수 있다(신현석, 변수연, 박해경, 2012).

3) 고등교육 질 제고의 영역과 방법

상술한 고등교육의 질 제고 관점의 분화는 고등교육의 질에 대한 개념을 자원의 계량화에서 과정적 접근으로 발전시키는 데 기여하였으나 동시에 외부의 평가 및 인증에 지나친 의존함으로써 소기의 목적을 달성하는 데 있어서는 상당한 한계를 노정하고 있다는 비판을 받고 있다. Harvey와 Newton(2004)은 고등교육 질 제고를 위한 외부 평가의 대표적인 접근방식을 인증(accreditation), 감사(quality audit), 평가(assessment), 외부 조사(external examination) 등으로 나눌 수 있으나, 각각의 접근방식의 목표나 공략 대상이 불분명하게 정의될 때가 많다고 주장하였다.

즉, 인증이나 평가의 대상이 대학 전체인지(경영 효율성 중심), 구체적인 프로그램인지(교육 효과성 중심), 아니면 학습자 혹은 프로그램이나 대학의 산출물인지 등이 불분명하며, 각각의 접근방식과 관련한 정치적·사회적 요구도 제각각일 때가 많다는 것이다. Harvey와 Newton(2004)과 같은 연구자들은 대학의 책무성이나 대학에 대한 정부의 관리감독, 대학의 정책 이행 방법 등에 대한 고등교육의 질 제고 문제를 불투명하거나 지나치게 정치적인 방식으로 해결하려 할 때 마치 축구 경기의 질을 경기장의 크기나 감독의 학력, 팀 선수 구성표 등을 바탕으로 평가하는 우스꽝스러운 상황을 초래할 수 있다고 지적한다. 이와 같은 문제를 해결하기 위해 Harvey와 Newton(2004)은 [그림 2-2]와 같이 고등교육 질 제고의 접근 방식을 정부의 감독보다는 대학들의 자기 규제, 지속적 질 강화, 연구 기반(연구결과를 토대로 한 의사결정)으로 설정하고, 질 관리의 목표 역시 교육과 연구라는 대학의 두 가지 기능을 강화하는 것으로 명확화하는 것을 제안하였다. 이들은 질 관리의 주요 영역으로 학생의 학습 경험과 학습을 위한 인프라 시설, 그리고 그와 관련된 대학 조직의 여러 프로세스로 설정하였고, 구체적인 방법으로는 데이터(evidence) 기반 의사결정과 신뢰할 만한 내외부 평가 수행, 대학의 발전계획 분석, 교수-학습 전략의 분석, 학생 설문조사 결과 분석 등 다섯 개를 제안하였다.

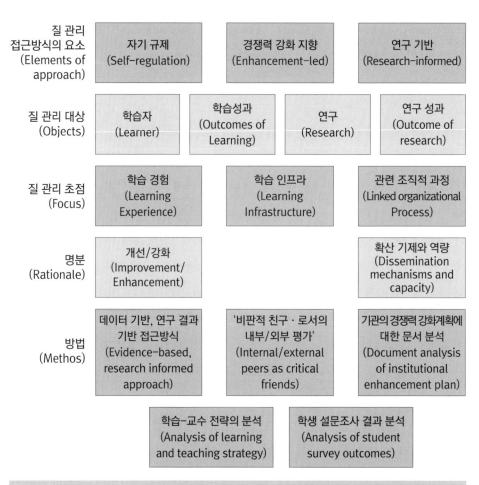

[그림 2-2] 고등교육 질 제고의 접근 방식

출처: Harvey & Newton (2004).

국내 연구 중에서는 최정윤, 정진철, 이정미(2009)가 주요국의 질 평가 접근법을 비교 분석한 후 우리나라 대학의 현실에 맞는 대학의 질적 수준 평가지표를 〈표 2-1〉과 같이 제안한 바 있다. 이들은 투입과 산출 요소는 교육통계 등의 정량적 지표로, 과정 요소는 학습 참여나 만족도 등의 학생 설문조사를 통해 그 질적 수준을 측정할 것을 제안하였다. 이들이 제시한 고등교육의 질 영역은 Astin(1993)이 제안한 투입-환경(과정)-산출의 세 영역을 기본으로 하여 투입은 기관의 목표와 인적·물적 자원, 환경(과정)은 교육과정과 학습 활동, 산출은 교육 산출과 연구 산출 등 총 일곱 개로 구성되어 있다.

⟨표 2-1⟩ 대학의 질적 수준 평가지표

영역	항목	지표	측정도구
투입	기관 목표 목표 및 발전전략	정성평가	동료평가 결과
투입	인적 자원 학생, 교수, 직원	• 신입생 수능성적, 충원율, 재학생 등 　록률 • 전임교원 1인당 학생수 등 교원 관련 　교육통계 • 행정직원 1인당 학생수	교육통계
투입	물적 자원 재정, 시설	• 등록금 대비 장학금 환원율, 학생 1인 　당 교육비 등 재정·시설 관련 교육 　통계 자료	교육통계
과정	교육 과정 교과과정, 수업, 평가 및 피드백, 학습 지원 체제	• 교과과정의 취업 도움 정도 • 산업체 연계 교육과정 개설 현황 • 개설 강좌 중 외국어·국제화 강의 　강좌수/비율 • 수업 중 고차원 능력 강조 • 교수의 강의 능력 • 적절한 평가와 충실한 피드백 • 학습·진로 지원 프로그램·서비스 　우수성	학생 설문조사 교육통계 교육부 조사
과정	학습 활동 학습량, 수업 참여, 교육적 경험	• 학생의 자체 평가	학생 설문조사
산출	교육 산출 재학생 만족도, 학습 성과	• 재학생의 대학교육 만족도 및 스스로 　인지한 학습 성과, 객관적 학습 성과	학생 설문조사 표준화 평가 결과
산출	교육 산출 취업 성과	• 졸업생 순수 취업률, 정규직 취업률, 　평균 임금 등	교육통계 및 고용정보원 조사
산출	연구 산출 연구 실적, 산학협력 실적	• 전임교원의 논문 실적 지표 • 산업체 공동 연구, 기술 이전, 특허 　출원 및 등록 실적	교육통계 학술연구재단 조사 결과

출처: 최정윤, 정진철, 이정미(2009), p. 49.

최정윤, 정진철, 이정미(2009)가 제시한 고등교육 질적 수준 평가지표는 우리나라 대학들의 교육 및 연구 활동의 투입과 환경(과정), 산출의 여러 요소들을 다양한 정보원을 통해 평가할 뿐만 아니라 각 시점의 수준을 단순 측정 및 비교하는 것이 아니라 교육의 부가가치적 효과를 확인하려는 보다 적극적인 질 제고의 접근방식을 취하고 있다. 그러나 이들이 제시하는 지표의 수가 여전히 매우 방대하고 본질적으로 이전의 대학종합평가[2] 지표와 크게 다르지 않다. 뿐만 아니라 고등교육의 다양한 요소를 측정하여 대학 간의 비교를 하려는 목적으로 활용될 뿐이지, 질 제고를 위한 대학들의 노력이나 그 구체적인 과정을 모니터링하고 안내하여 지속적인 질 강화를 촉진하는 질 관리 정책 수단으로 사용되는 데는 분명한 한계를 보이고 있다.

따라서 대학의 질 관리가 개별 대학들의 질 제고를 목표로 하여 교육과 연구의 본질적인 측면의 질 향상으로 이어지기 위해서는 '과정' 영역의 산출 요소(예를 들어, 교육과정에 대한 학생들의 평가나 만족도)들에만 천착할 것이 아니라 Harvey와 Newton(2004)의 제안대로 교육과 연구의 질 향상을 위한 과정 그 자체(데이터 기반 교육의 질 관리 과정과 같은)에 대한 점검과 정성적 평가가 수반되어야 할 것이다. 이와 같은 시각은 고등교육의 질 제고 문제는 단순히 정교한 지표 개발과 그것을 이용한 정확한 질 측정과 비교로 해결할 수 있는 것이 아니라, 기관적 경쟁력, 즉 교육의 효과성과 효율성을 향상시키고자 하는 대학들의 다양한 질 제고 노력(제도나 프로그램 등 소위 best practices)과 그것의 제도화(institutionalization) 과정, 그리고 그것의 확산과 응용, 발전 등으로 이어지는, 고등교육 분야 전체의 중장기적인 질 제고 분석 모형을 통해서 소기의 목표를 달성할 수 있을 것이라는 점을 시사하고 있다.

---

2) 대학종합평가는 1994년부터 2006년까지 한국대학교육협의회(이하 대교협)가 진행한 대학기관인증평가제도다. 2011년부터는 대교협 부설기관이 한국대학평가원이 「고등교육법」 제11조와 「고등교육기관의 평가인증 등에 관한 규정」(2008. 12. 제정) 등 관련 법령에 근거하여 정부가 인정한 평가기관으로서 희망하는 대학들에 대해 '대학기관인증제'를 진행하고 있다.

3. 국내외의 통합적 고등교육 질 제고 제도

　지금까지 고등교육 질 제고 영역에서는 미국, 영국, 호주 등의 국가가 가장 선진적인 질 제고 시스템 및 분석 모형을 구성하여 사용하고 있는 것으로 인정받고 있다(채재은, 이병식, 2007). 그러나 이들 국가에서도 최근에 강화되고 있는 국가 주도형, 국제적 표준화를 지향하는 질 제고 정책은 대학의 학문적 자율성과 기관적 고유성을 침해하여 대학이 제 기능을 발휘하는 것을 오히려 방해하고 있다는 비판을 받고 있다(Singh, 2010). 또한 고등교육의 다양한 측면의 질을 평가한다는 정부 관련 및 민간 기관들과 각종 인증제의 수가 급증하면서 이에 부응해야 하는 대학들의 부담이 크게 늘어나고 각종 질 제고 제도의 공신력을 의심하는 상황마저 발생하고 있다는 것이다.

　이러한 상황에서 캐나다의 브리티시컬럼비아 주가 2013년부터 준비 중에 있는 통합적인 고등교육 질 제고 틀(framework)은 국가 차원의 고등교육 질 제고 정책을 유기적이며 통합적인 방식으로 운영하는 이상적인 방법을 제안하고 있다. 캐나다 브리티시컬럼비아 주는 2013년에 발행한 녹서『브리티시컬럼비아 주 고등교육 질 제고 프레임워크(Quality Assurance Framework British Columbia)』에서 EQA(Education Quality Assurance)나 SABC(Student Aid BC) 등 산발적으로 운영되어 왔던 각종 고등교육 질 제고 제도를 [그림 2-3]과 같은 통합적인 질 제고 프레임워크로 통합시킬 것이라는 계획을 발표하였다.

　대학의 '성숙도(maturity)'를 교육의 질로 정의하고 성숙도가 높은 기관에 더 많은 인증과 자율권을 부여하는 것이 이 제도의 핵심 논리다. 이 제도에 따르면 브리티시컬럼비아 주의 고등교육기관들은 프로그램의 질, 교수와 직원, 대학 거버넌스, 혁신과 변화 경영, 이해 당사자, 지속가능성, 학생 등 총 일곱 가지 영역에서의 성숙도를 평가받고 [그림 2-3]과 같이 5개 단계 중 하나로 분류된다. 최우수 질 관리 제도를 운영할 정도로 성숙되었다고 평가되는 5단계부터 질적 성숙이 시작되었다고 평가되는 3단계 대학들은 내국인 학생뿐만 아니라 외국인 학생들도 모집할 수 있고 EQA나 SABC 등과 같은 국내 대학 인증 브랜드나 장학금 혜택을 단계에 따라 차별적으로 부여받게 된다.

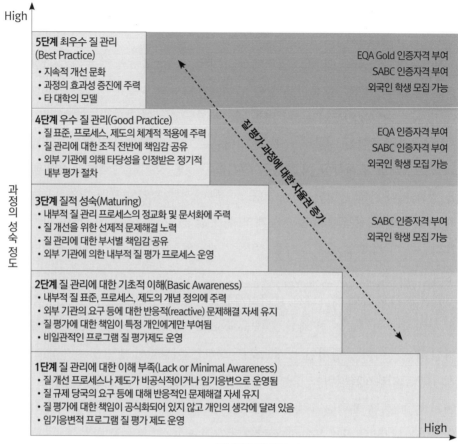

[그림 2-3] 캐나다 브리티시컬럼비아 주가 추진 중인 새로운 질 보장 프레임워크

출처: B.C. Government (2013), p. 22.

　이와 같은 질 제고 프레임워크는 질 보장과 관련한 7개 영역의 평가를 단순히 계량화된 지표의 비교에만 의존하지 않고 ① 질 관리 프로세스의 체계화 및 정교화 정도, ② 질 개선 문제에 대한 구성원들의 태도와 노력 정도(임기응변식이냐 공식화된 프로토콜에 따라 선제적으로 대응하느냐), ③ 질 관리 프로세스 운영의 책임감의 공유 정도(개인의 의지에 의존하느냐 대학 조직 전체에 균일하게 공유되어 조직문화로 작용하고 있는가), ④ 교육 프로그램 질 평가에 대한 내부 평가의 타당성과 공신력 정도 등 주로 질 관리 과정의 효율성과 효과성, 목적과의 적합성 등을 기준으로 진행할 수 있도록 할 예정이다. 이와 같은 프레임워크는 각종 질 평가제도, 즉 우리나라의 경우 외국인 학생 유치관리 역량 인증제나 대학기관인증평가, 혹은 일정 수준의 여건이나 자격을 갖추어야 참여할 수 있는 정부의 재정지원사업 등을 활용하여 국가 전체의 고등교육 질 관리 시스템을 구성하는 좋은 예를 제시하고 있다.

사실 우리 정부가 2015년부터 추진 중인 3단계 대학구조개혁방안도 이와 유사한 접근방식을 취하고 있다. 우리 정부는 1990년대 말부터 대학종합평가와 한국대학교육협의회의 각종 대학평가제도 등의 기초적인 질 제고 제도들을 운영해 왔고, 2011년부터는 대학의 경쟁력 제고와 함께 학령인구 급감으로 인한 고등교육 분야의 수요공급의 불균형 문제를 해소하기 위해 대학구조개혁을 추진하고 있다.

우리 정부는 1단계 대학구조개혁평가에서 2014년부터 전체 대학들을 평가지표의 수준에 따라 A에서 E까지의 5등급으로 나누어 평가하고 등급별로 입학 정원의 차등적 감축, 정부 재정지원사업 참여 제한, 국가장학금 미지급, 학자금 대출 제한, 지속적 퇴출 유도 등의 구조개혁조치를 차등적으로 적용하는 방법으로 운영되었다(김성열, 오범호, 2014). 2018년부터 시작될 대학 기본역량 진단(안)은 상위 60%의 자율개선대학과 역량강화대학, 재정지원제한대학 등 세 범주로 평가하여 차등적인 지원을 제공할 계획이다. 이러한 대학평가 계획의 기본 틀은 캐나다 브리티시컬럼비아 주의 접근방식과 매우 유사해 보인다.

그럼에도 불구하고 우리나라의 현행 대학평가는 기존의 투입과 산출 요소에 치중한 정량적 평가지표에 여전히 좌우되고 있다. 대학 기본역량 진단은 정량지표 중심이었던 1주기 대학구조개혁평가에서 진일보하여 여러 평가 영역에서 정성평가의 요소들을 확대하였지만, Harvey와 Newton(2004)을 비롯한 선행연구들이 주장하는 바와 같이 대학 스스로의 자기 규제와 경쟁력 강화 프로세스의 형성 및 체계화를 유도할 수 있는 과정적 측면에 대한 정성적 평가와 최우수 질 관리 사례 확산 등의 요소는 여전히 부족한 실정이다. 따라서 대학의 질 관리가 '지표 관리'가 아닌 본질적인 질 개선 프로세스의 확립으로 이어지기 위해서는 대학구조개혁을 포함한 국가 수준의 질 제고 정책들이 대학 간 비교평가를 넘어서 대학 자신을 위한 생산적인 압력이자 동기 부여, 타당한 방향 제시 등을 할 수 있는 평가 기준과 평가 요소들을 충분히 포함하고 있어야 할 것이다.

4. 고등교육 질 제고 분석 모형의 적용

1) Harvey와 Newton(2004)의 고등교육 질 관리 모형의 확대

상술한 선행연구와 국내외 사례들을 간단히 비교한 결과를 토대로 하여 본 연구는 고등교육의 질 제고 제도의 과정적 측면에 주목하여 현재의 대학구조개혁을 비롯한 질 제고 정책에 포함되어야 하는 정성적 요소가 무엇인지를 규명해 낼 수 있는 분석 모형을 제시하고자 한다. [그림 2-4]는 대학의 자율적이며 지속가능한 질 관리를 위해 Harvey와 Newton(2004)이 제안한 다섯 가지 질 관리 방법과 캐나다 브리티시컬럼비아 주가 계획 중인 질 관리 성숙 모델의 핵심 사항 네 가지를 비교해 본 결과다. 이 그림에서 나타나는 바와 같이 Harvey와 Newton(2004)의 다섯 가지 질 관리 방법은 성숙한 질 관리 프로세스가 가지게 되는 네 가지 요소와 내용상 밀접하게 연관되어 있다.

데이터 기반 질 관리와 '비판적 친구(critical friends)'로서의 내·외부 평가는 단어의 의미 그대로 '내부 질 관리 프로세스의 체계화 및 확립'과 '외부의 인정을 받는 내부 질 평가 제도 확립'에 해당된다. 대학의 지속적 질 강화 계획과 학습-교수 전략 분석은 질 관리에 대한 책임감의 조직 내 확산과 질 개선 문화의 정착과 깊은 연관관계에 있다. 즉, 대학 리더십이 체계적인 질 강화 계획을 수립하고 운영해야만 이 두 가지 결과를 얻을 수 있으며, 무엇보다 학습과 교수 활동의 전략 분석이 원활하게 이루어져야 대학의 질 관리가 하나의 조직 문화로 정착되고 교직원과 학생에게까지 질 관리에 대한 책임감이 공유될 수 있을 것이다. 특히, 대학 교육의 다양한 질적 측면에 대한 학생 설문조사는 질 관리의 성숙도를 교육 수요자인 학생의 관점에서 평가하고 새롭게 해석하는 유용한 방법이 될 것이다.

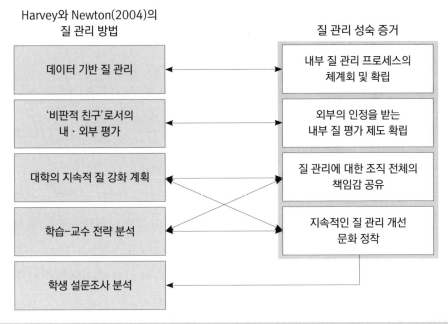

[그림 2-4] Harvey와 Newton(2004)의 질 관리 방법과
캐나다 브리티시컬럼비아 주 질 관리 성숙 모델과의 관계

출처: B. C. Government (2013).

　Harvey와 Newton(2004)의 다섯 가지 질 관리 방법을 우리 정부가 추진하고 있는 대학구조개혁 평가지표와 비교해 보면 이를 고등교육 질 제고의 개념적 틀(conceptual framework)로 사용하기에 적합하다는 점을 다시 한번 확인할 수 있다. [그림 2-5]에 제시한 Harvey와 Newton(2004)의 다섯 가지 질 관리 방법과 우리 정부의 대학구조개혁 1, 2단계 평가지표 간의 연관성을 볼 때 오히려 2단계 평가지표들은 이 다섯 개의 질 관리 방법에 다 포함되어 있는 반면, 1단계 평가지표(A~C등급 대학들은 1단계 평가만 받고 있는 상황에서)들은 매우 일부만이 포함되어 있다. 충원율, 취업률 등의 다양한 교육성과지표들은 그 자체로는 산출지표에 해당하지만 이러한 데이터들을 외부 평가에만 사용하는 것이 아니라 교양과 전공교육 시스템 개선에 환류하는 방법들을 개발한다면 데이터 기반의 질 관리를 실천하는 것이라 볼 수 있다. '비판적 친구'로서의 내·외부 평가는 교양교육과 전공교육과정에 대한 자체 평가 및 외부 기관(한국기초교양교육원이나 공학인증평가원 등)의 평가 및 컨설팅을 정기적으로 시행하는 경우에 해당된다. 이는 보통에서 최우수 등급의 평가를 받는 A에서 C등급 대학들에 대한 교육의 질 평가에서 선행연구들이 강조하는 과정적 측면에 대한 정성적 평가가 매우 소극적으로 반영되어 있음을 시사하고 있다. 따라서 Harvey와 Newton(2004)의 다섯 가지 질 관리 방법은 현재의 정량지표 중심의 우리의 질 관리 제도가 간과하고 있는 질 제고 우수 방안의 발견과 비교 분석에 유용하고 타당한 개념적 틀이라 볼 수 있다.

2) 대학에 대한 고등교육 질 관리 모형의 적용

[그림 2-5]는 이러한 두 가지 질 관리 방법에 대한 분석틀을 바탕으로 국내 대학에서 수립할 수 있는 질 관리 업무의 모형 예다. 부산외국어대학교는 [그림 2-5]와 같이 대학 교육의 질 관리 영역을 다섯 가지로 구분하여 이를 핵심역량 기반 교육과정(NOMAD 역량교육 시스템)[3])에 대해 시행하고 있다. 이 중 질 관리 전담 부서(교육평가혁신센터와 같은)의 설립과 내·외부 평가, 중장기 발전 계획 등의 조직 전체의 교육의 질 향상 계획 등은 이미 국내 여러 대학들에서 보편화되어 있다고 보인다. 그러나 이러한 질 관리 전담 부서가 정기적으로 수집해야 하는 데이터가 어디까지인지, 그것을 행정부서와 교육부서의 서비스에 어떠한 방법으로 환류시키고 그 성과를 또 어떻게 확인할 것인지 등은 여전히 개별 대학들의 탐색의 몫으로 남겨져 있다. 대학들이 다양한 영역에서의 시행착오를 극복하여 지속가능한 교육의 질 관리와 환류 시스템 모델을 도출하기까지 대학과 정부의 인내와 지속적 노력이 필요하다 할 것이다.

---

3) 부산외국어대학교는 2015년부터 학부교육 선도대학 지원사업(ACE 사업)을 추진하면서 5개 핵심역량(도전, 융합, 혁신, 나눔, 확장) 기반 교육과정을 중심으로 한 NOMAD 역량교육 시스템을 단계적으로 구축하여 운영하고 있다.

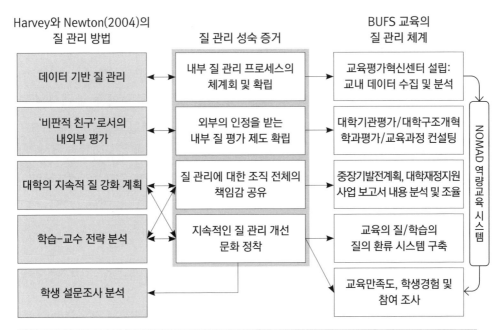

[그림 2-5] Harvey와 Newton(2004)의 질 관리 방법과
캐나다 브리티시컬럼비아 주 질 관리 성숙 모델에 바탕을 둔 국내 대학의 질 관리 모형

출처: B. C. Government (2013).

5. 결론

고등교육의 질 관리는 이제 더 이상 생소한 개념이 아니다. 대중화 단계를 넘어서 보편화 단계로 접어든 지 오래인 전 세계의 고등교육은 이제 양적 확대를 그치고 질적 강화/심화의 단계로 나아가야 한다. 그러한 질적 향상을 누가 판단하고 어떤 기준으로 판단할 것인지에 대해서도 급격한 변화가 진행 중이다. 과거에는 주로 정부가 대학의 교육여건 중심으로 시행하던 질 관리 체계가 이제는 대학의 구성원, 특히 교육 소비자라 할 수 있는 학생 중심으로 혁신되고 있다.

그러나 이러한 격변 속에서 고등교육의 주체인 대학은 질 관리의 주도권을 정부나 소비자에게 속수무책으로 맡겨 버릴 수는 없다. 대학의 외적 책무성을 요구하는 정부나 소비자로서의 질 높은 교육 경험을 원하는 학생 모두 대학에서의 교육이라는 활동의 최종 상품(end product)만을 놓고 평가할 수밖에 없기 때문이다. 교육이라는 활동이자 경험을 기획하고 구성하는 것은 여전히 대학의 몫이며, 그렇기 때문에 대학은 교육의 질 관리를 외부의 요구에 이끌려 '어쩔 수 없이' 하는 것이 아니라 적극적이고 체계적으로, 그리고 지속적으로 수행해야 한다. 이와 같이 대학이 교육의 질 개선을 조직의 최우선 목표로 삼고 부단히 노력할 때 대학은 교육이라는 고도의 휴먼 서비스를 사회에 제공할 수 있는 독특한 학문공동체 조직으로서 생존할 수 있을 것이다. 4차 산업혁명은 사회의 요구에 수동적으로 혹은 대중적으로 반응하는 구시대의 대학은 더 이상 필요로 하지 않을 것이기 때문이다.

참고문헌

김성열, 오범호(2014). 합리적 대학 구조개혁 평가모형 설계를 위한 제안: 시뮬레이션 결과를 중심으로. 교육정치학연구, 21(4), 49-68.

신현석, 변수연, 박해경(2012). 대학생 학습과정 조사도구의 비교·분석 연구. 교육방법연구, 24(1), 229-256.

이은실(2001). 대학교육의 질(Quality) 탐색을 위한 접근: 사례분석. 기독교교육정보, 3, 239-259.

채재은, 이병식(2007). 고등교육 질 보장(Quality Assurance) 접근 방법에 대한 비교 연구. 교육과학연구, 38(1), 215-235.

최정윤, 정진철, 이정미(2009). 주요국의 질 평가 접근법 비교분석에 기초한 대학의 질적 수준 평가 지표 개발. 비교교육연구, 19, 25-58.

Astin, W. A. (1985). *Achieving educational excellence: A critical assessment of priorities and practices in higher education*. San Francisco: Jossey-Bass.

Astin, A. W. (1993). *What Matters in College?: Four Critical Years Revisited* (Vol. 1). San Francisco: Jossey-Bass.

Barnett, R. (1994). Power, enlightenment and quality evaluation. European *Journal of Education, 29*(2), 165-179.

British Columbia Government (2013). *Quality Assurance Framework British Columbia. Green paper* (March, 2013). Victoria, BC: Queen's Printer.

Chickering, A. W., & Gamson, Z. F. (1987). Seven principles for good practice in undergraduate education. *AAHE Bulletin, 3*, 7.

El-Khawas, E. (2013). Quality assurance as a policy instrument: What's ahead? *Quality in Higher Education, 19*(2), 248-257.

Harvey, L. (2005). A history and ciritique of quality evaluation in the UK. *Quality Assurance in Education, 13*(4), 263-276.

Harvey, L., & Newton, J. (2004). Transforming quality evaluation. *Quality in Higher Education, 10*(2), 149-165.

Kuh, G. D. (2001). The National Survey of Student Engagement: Conceptual framework and overview of psychometric properties. Bloomington, IN: *Indiana University Center for Postsecondary Research*, 1-26.

Lengnick-Hall, C. A., & Sanders, M. M. (1997). Designing effective learning systems for management education. *Academy of Management Journal, 40*, 1334-1368.

Lindop, N. (1985). "Academic Validation in Public Sector Higher Education." Report of the Committee of Enquiry. (London: HMSO).

Marshall, S. J. (1998). 'Professional development and quality in higher education institutions of the 21st century', *Australian Journal of Education, 42*(3), 321-334.

Nightingale, P., & O'Neil, M. (1994). *Achieving Quality Learning in Higher Education*. London: Kogan Page.

Pascarella, E. T. (1985). College environmental influences on learning and cognitive development: A critical review and synthesis. *Higher Education: Handbook of Theory and Research, 1*(1), 1-61.

Pascarella, E. T., & Terenzini, P. T. (1991). *How College Affects Students*. San Francisco, CA: Jossey-Bass.

Ramsden, P. (1991). A performance indicator of teaching quality in higher education: The course experience questionnaire. *Studies in Higher Education, 16*(2), 129-150.

Singh, M. (2010). Quality assurance in higher education: Which pasts to build on, what futures to contemplate? *Quality in Higher Education, 16*(2), 189-194.

Tinto, V. (1987). *Leaving College: Rethinking the Causes and Cures of Student Attrition*. Chicago, IL: University of Chicago Press.

Warn, J., & Tranter, P. (2001). Measuring quality in higher education: A competency approach. *Quality in Higher Education, 7*(3), 191-198.

Wilson, K. L., Lizzio, A., & Ramsden, P. (1997). The development, validation and application of the Course Experience Questionnaire(CEQ). *Studies in Higher Education, 22*(1), 33-52.

제**3**장

우리나라 대학경영에서의 빅데이터 활용가능성과 한계*

박남기(광주교육대학교)

1. 서론

우리나라만이 아니라 세계적으로 빅데이터라는 말이 유행처럼 번지고 있다. 최근에 한국을 방문한 대만 타이중교육대학 총장도 빅데이터가 대만 고등교육계의 핫이슈가 되고 있다고 했다. 이렇게 세계 각국의 대학들까지도 빅데이터에 관심을 갖는 이유는 그만큼 매력적이고 기대가 크기 때문일 것이다.

하지만 그 용어 자체가 낯설고 대학경영에의 활용가능성에 대해서는 더욱 생소하다. 이 장에서는 대학경영의 관점에서 빅데이터 활용가능성과 한계를 밝히고 간략한 미래 전망도 제시한다. 연구자로서의 관점, 대학경영 경험 등을 토대로 등록생 경영에 초점을 맞추어 소개한다.

---

*이 원고는 한국대학교육협의회의 고등교육 전문지 '대학교육 188호(pp. 17-23)'에 게재된 내용임을 밝힙니다(magazine.kcue.or.kr).

2. 대학경영에서 빅데이터 활용가능성과 한계

1) 대학경영에서의 빅데이터 범위

빅데이터는 한마디로 정의하면 디지털 환경에서 발생한 방대한 규모의 데이터, 그리고 그 데이터로부터 가치를 추출하고 결과를 분석하는 기술을 의미한다. 통상적으로 사용되는 데이터 수집 및 관리, 처리 소프트웨어의 수용 한계를 넘어서는 크기의 데이터를 말하는 것으로 그 크기가 끊임없이 변화하는 것이 특징이다(위키백과). 빅데이터라는 말이 유행을 타다 보니 빅데이터란 용어가 남용되고, 그로 인해 빅데이터란 말을 쓰기에 적합한 양이나 성격도 가지지 않은 데이터와 소셜분석, 통계분석, 검색기술 등까지도 빅데이터란 단어로 포장되어 혼란을 주고 있다는 비판이 대두되고 있다(위키백과). 이러한 용어 남용 비판에도 불구하고 빅데이터라는 용어의 유행으로 인해 대학들이 데이터에 기반한 대학경영에 관심을 갖기 시작하여 대학경영에는 긍정적인 영향을 미친 것 또한 사실이다.

대학경영에 직간접적으로 활용될 수 있는 교육 빅데이터의 예로는 사회통계, 교육통계, 나이스 데이터, 대학정보공계 시스템 내의 데이터, 수능 데이터, 에듀파인 학교 회계 시스템 등을 들 수 있을 것이다. 대학이 의무적으로 자체평가를 하고 관련 데이터를 대학정보공시센터에 탑재·공개하도록 하고 있는데, 이 또한 대학경영에 있어서 아주 의미 있는 빅데이터의 예가 될 수 있다. 이러한 빅데이터는 신뢰도 검증도 잘되고 있지 않은 설문조사 결과보다는 대학경영에 훨씬 더 의미 있는 자료로 전환될 수 있을 것이다.

대학경영에서 활용할 수 있는 데이터의 가능성과 한계를 이야기하고자 하는 이 글의 목적에 따라 빅데이터라는 용어를 앞에서 예로 든 명실상부한 빅데이터뿐만 아니라 대학기관연구(Institutional Research)에서 대학경영에 도움을 주기 위해 축적·분석하고 있는 대학 내부 데이터 등 다양한 데이터까지 포괄하는 넓은 의미로 사용하고자 한다. 빅데이터의 의미를 디지털 환경에서 발생하고 있는 거대한 데이터라는 가장 좁은 의미로서의 빅데이터로 한정할 경우에는 지금 당장으로서는 개별 대학의 입장에서 비용 대비 투자 수익이 별로 높지 않을 것이다. 하지만 넓은 의미에서의 빅데이터 활용은 대학경영을 위해 크게 기여할 것으로 기대된다.

2) 대학경영과 빅데이터 활용: 등록생 경영 사례

대학의 역할은 교육, 연구, 봉사로 나뉜다. 이 각각의 성과를 높이기 위해 여러 유형의 빅데이터를 활용할 수 있다. 여기서는 그중 가장 핵심인 학생교육 분야, 즉 등록생 경영에 초점을 맞추어 빅데이터 활용의 가능성과 한계를 살펴보고자 한다. 이를 위해 먼저 우리가 늘 관심을 갖고 벤치마킹을 하는 미국 대학과 우리 대학의 상황을 비교하여 등록생 경영에서의 빅데이터의 역할을 살펴보고, 이어서 대학 등록생 경영에서의 빅데이터 활용 예를 들어보겠다.

(1) 등록생 경영의 의미

대학경영에서 가장 중요한 것은 학생 교육이다. 학생 교육과 관련하여 생각해야 할 것은 대학이 생각하는 수준(지적 수준뿐만 아니라 신체적·정신적 수준)을 가진 학생이 자신의 대학을 지원하도록 유도하고, 지원한 학생 중에서 가장 적합한 학생을 선발하며, 합격한 학생들이 대학에서 원하는 수준의 교육을 받을 수 있도록 교육시키는 것이다. 나아가 졸업한 후에는 원하는 직업을 갖고 대학 발전에 기여할 수 있는 동문이 되도록 하는 것까지가 학생 교육과 관련하여 대학이 관심을 가져야 할 영역이다. 이 모든 것을 가리켜 등록생 경영(Enrollment Management)이라고 한다.

(2) 미국 대학과 비교한 우리나라 대학 상황의 특성

빅데이터 활용을 이해하기 위해서는 이를 활용하고 있는 미국의 사례를 우리와 비교해 볼 필요가 있다. 미국 대학들은 학생들의 SAT 성적이 나오면 SAT 기관으로부터 자기 대학에 지원할 만한 학생들의 주소 등이 담긴 정보를 구입한 후, 그 학생들에게 대학 홍보물을 보내어 자기 대학에 지원하도록 유도한다. 한 학생이 보통 10여 개 이상의 대학으로부터 이러한 홍보물을 받게 된다. 물론 학생들 스스로가 희망하는 대학을 조사하여 지원하기도 한다. 우리의 경우에는 교육과정평가원이 수능 응시자의 성적뿐만 아니라 기타 다양한 데이터를 축적하여 가지고 있지만 개별 대학들이 신입생 확보 목적으로 개별 학생의 데이터 공개를 요청하거나 활용할 수는 없다.

또 하나 큰 차이는 우리의 경우 정확하게 정원이 정해져 있기 때문에 정원 이상으로 합격시킬 수가 없지만 미국의 일반 대학들은 보통 자신들이 원하는 신입생의 2배 이상을 합격시킨다. 대부분 학생들은 여러 대학으로부터 동시에 합격 통지를 받게 되므로 장학금, 집에서의 거리, 대학의 이념과 명성 등 여러 요소를 따지며 최종 등록할 학교를 정하게 된다. 따라서 대학의 입장에서는 최종적으로 자기 대학에 등록할 학생들을 합격시키는 것이 중요하다. 이때 지금까지 축적시켜 놓은 합격생의 배경 특성, 최종 등록생 배경 특성, 합격 후 등록하지 않은 학생들의 배경 특성, 장학금이 등록에 미치는 영향 등의 데이터는 향후 어떤 학생을 합격시킬 때 그 학생의 등록 여부를 예상할 수 있는 중요한 예측 자료가 되고, 대학은 그 예측 자료에 근거하여 유사한 실력을 갖고 있다면 등록 확률이 높은 학생을 합격시키게 된다.

우리의 경우에는 전형 요소별로 점수화하여 총점 순으로 정원만큼만 합격을 시키고 예비 합격자도 총점 순으로 발표하게 된다. 설령 등록하지 않을 것 같더라도 상대평가 결과에 따라 순위별로 합격을 시켜야 하기 때문에 미국 대학 등록생 경영 과정에서 중시하는 여러 가지 데이터가 우리나라 대학에는 별 의미가 없는 데이터가 된다.

등록생 경영과 관련한 또 다른 차이는 유사 대학의 숫자다. 미국의 경우에는 유사한 수준의 대학, 즉 대체재 역할을 하는 대학이 아주 많기 때문에 그러한 부류의 대학끼리 보다 나은 학생을 유치하기 위해 치열한 경쟁을 벌여야 한다. 그러나 우리의 경우에는 대학의 서열이 거의 명확하고, 대체재 역할을 할 경쟁 대학이 그리 많은 상황이 아니어서 데이터를 활용한 신입생 확보가 미칠 수 있는 영향력의 범위가 미국만큼 크지는 않다. 이는 우리나라 대학들이 대학기관연구나 빅데이터에 근거한 대학경영에 상대적으로 낮은 관심을 보이는 이유이기도 하다.

(3) 한국 대학 등록생 경영과 빅데이터

1998년 『대학자율화를 대비한 대학정원관리론』이라는 책을 출판했었는데 이 책이 바로 등록생 경영에 관한 책이다. 이 책은 1990년대 중반에 시작된 대학정원 자율화와 일련의 정책(학생 감소 예상, 대학설립준칙주의, 대학원대학) 발표에 발맞추어 대학이 이러한 시대 변화에 대응하도록 만들어진 책이다. 대학정원 자율화 정책은 대학총정원제 도입인 제1단계에서 중단되었고, 대신 대학설립준칙주의와 대학원대학 등의 제도만 도입되어 학생은 감소함에도 불구하고 대학만 급증하는 사태를 가져왔다. 이로 인해 최근 우리 대학들은 정부 주도의 대학구조개혁에 직면하게 되었다.

졸업생 급감 상황에서 대학이 더욱 늘어나자 일부 대학은 신입생 선발이 아니라 모집에 급급한 처지로 내몰렸다. 이러한 상황에서 대학이 활용할 수 있는 데이터는 자기 대학 지원자의 배경에 관한 자료다. 모집 단위별로 역대 신입생의 출신 고등학교별 인원 변화, 지원 동기, 연령별·성별 구성비 변화뿐만 아니라 대학 지원 문의자, 그리고 합격 후 등록 포기자를 대상으로 하는 자료 축적도 중요하다. 문의자나 등록 포기자를 대상으로 설문조사를 하여 자료를 수집하고 축적하는 것은 상당히 어렵다. 대신 이들이 대학에 문의하고 등록을 포기하는 과정 중에 생성되는 여러 가지 흔적들이 요즈음 말하는 빅데이터로 남아 있게 되므로 이를 토대로 데이터를 재구성하여 원하는 것을 추출하여 사용하면 된다. 물론 이는 많은 경비를 필요로 하므로 비용 편익 분석을 통해 데이터 분석 시행 여부를 결정해야 할 것이다.

다음으로 중요한 것은 등록한 학생들의 교육 경험의 질 제고를 위한 노력이다. 기본적으로는 사회통계 및 교육통계를 기반으로 하여 미래 수요에 맞춘 학과 개설, 직업에 부합하는 교육과정 개설 및 운영과 필요한 교수 확보가 중요하다. 이러한 운영이 성과를 거두는지 확인하기 위해 대학들은 교육 프로그램 및 대학 생활 만족도 조사를 지속적으로 수행하고 있다. 이 결과로 만들어진 데이터는 학생들이 원하는 교육 경험을 제공하기 위해 중요하다. 하지만 최근 진행되는 강의평가의 경우에는 응답률을 높이기 위해 성적 확인 전에 필수적으로 하도록 하고 있어서 평가 신뢰도가 높지 않다. 학생들이 응답하기 위해 접속한 과정에서 발생하는 많은 데이터는 응답의 신뢰도를 확보하는 데 활용할 수 있을 것이다. 가령 학생이 강좌당 강의평가에 사용한 시간, 서술형 질문에 응답한 비율 및 소요 시간, 이러한 데이터의 성별, 연령별, 전공별 등 학생 배경별 추이 등도 빅데이터로서 의미가 있을 것이다. 그리고 문항별 변별도는 강의평가 문항 수정의 근거 자료로 활용할 수 있을 것이다.

강의평가와 관련하여 각 대학에서 나타나고 있는 현상은 강의평가 평균점이 지속적으로 높아지고 있다는 것이다. 평균점만 가지고 보면 대학 강의의 질이 높아지고, 만족도 또한 높아지는 것으로 이해할 수 있는데 학생들과 면담을 해 보면 반드시 그렇지는 않다. 강의평가 결과뿐만이 아니라 강의 평가 활동 과정에서 만들어지고 있는 다양한 정보를 잘 분석하면 보다 신뢰로운 응답을 유도하기 위한 유인제도를 마련할 수도 있을 것이다. 가령 학생들이 각종 설문이나 강의평가 응답 시 신뢰로운 응답자의 보편 응답 패턴을 유지하도록 유도하고 그러한 기준에 부합할 때에는 포인트를 주어, 그 포인트를 가지고 교내의 각종 편의시설 활용 또는 심지어 등록금 지불에도 활용할 수 있도록 한다면 적은 금액을 가지고 원하는 자료를 확보할 수 있을 것이다. 이러한 유인 제도는 기왕 실시하는 강의평가를 포함하여 학교가 필요로 하는 학생 경험에 관한 데이터를 수집할 때 학생들이 추가 자료 수집에 대해 자발적으로 성실하게 임하도록 하는 데도 활용할 수 있다.

학생 확보와 함께 중요한 것은 탈락률을 낮추는 것이다. 중도 탈락한 학생들의 특성에 대한 자료를 축적하면 중도 탈락률을 낮추는 데 도움을 받을 수 있다. 전자강의실이 확대되면서 학생들의 출결점검을 전자학생증으로 하는 대학이 늘고 있다. 어떤 학생의 결석이 일주일 동안 이어지면 이유를 알아보도록 하는 연락이 지도교수에게 갈 수 있도록 하고, 만일 2주일간 이어진다면 지도교수가 해당 학생과 면담을 하도록 통지가 가고, 면담 결과를 가지고 대학 관련 부서와 협의할 수 있도록 하는 체제를 갖추는 것이 가능하다. 대학 측의 이러한 적극적인 관심은 탈락 가능 학생을 사전에 파악하여 도움을 주고, 학생들의 소외감을 줄여 주며, 대학에 대한 애착 정도를 높여 주어 탈락률만 낮추는 것이 아니라 대학교육 만족도와 교육 결과를 높이게 될 것이다.

많은 대학들이 이러한 시스템을 갖추어 놓고 별 실익이 없다면 활용을 하지 않는데, 그 이유는 이러한 학생들의 활동이 갖고 있는 빅데이터로서의 가치를 충분히 인식하지 못하기 때문이거나 데이터가 하는 이야기를 들을 필요를 별로 느끼지 못하기 때문일 것이다. 신용카드와 교통가드 기능까지 겸비하고 있는 대학 학생증은 매일매일 학생들의 삶에 대한 아주 많은 정보를 생산하기 때문에 학생들을 이해하고 학생들의 대학생활의 질과 만족도를 높여 주기 위한 빅데이터로서의 정보를 추출하는 데 크게 기여할 수 있을 것이다.

보다 성공적인 등록생 경영을 위해서는 자기 대학과 경쟁관계에 있는 유사한 대학의 학생 배경에 관한 자료, 학생 유치를 위한 프로그램, 대학교육 만족도 제고 프로그램 등 타 대학 등록생 경영에 대한 자료도 확보하여 비교 검토할 필요가 있다. 이는 개별 대학의 노력으로 가능한 것이 아니라 국가 차원에서 시스템을 잘 갖추어 주어야 가능하다. 다행히 우리나라는 미국 오바마 대통령도 시도했지만 뜻을 이루지 못한 대학정보공시제를 도입하여 시행하고 있기 때문에 이를 조금만 더 잘 가꾸어 간다면 대학경영에 도움을 주는 아주 훌륭한 빅데이터의 역할을 하게 될 것이다.

이러한 빅데이터는 대학에서 학생들이 하는 경험의 질과 교육의 질을 높이고 학생들의 만족도를 높이기 위한 정책 및 제도 확립을 위한 하나의 보조 자료다. 이러한 자료를 통해 등록생 경영이 성과를 거둔다면 구성원의 등록생 경영을 위한 헌신과 사기는 오르게 될 것이다. 고등교육연수원에서 등록생 경영 연수 프로그램을 운영할 때 "친인척과 친구의 자녀뿐만 아니라 자신의 자녀에게도 그 성적이라면 다른 대학보다는 자신이 근무하는 대학에 진학하도록 권장하고 싶다면 그 대학의 등록생 경영은 성공한 것이다."라는 이야기를 했던 기억이 난다.

3) 빅데이터 활용 시대 대비

'빅데이터 경영'이 주목받으면서 데이터 품질을 높이고 방대한 데이터의 처리를 돕는 데이터 통합(Data Integration)의 중요성이 부각되고 있다(위키백과). 대학이 축적하고 있는 다양한 데이터가 빅데이터로서의 역할을 할 수 있도록 하기 위해서는 대학이 생산하고 있는 데이터도 데이터 통합에 필요한 최소한의 요건은 갖추도록 해야 할 것이다.

대규모 대학의 경우에는 각 분야별로 생성·축적하고 있는 데이터를 동일 대학 내의 다른 부서에게마저 공개하지 않아 활용이 불가능한 경우도 있다고 한다. 각 부서 활동 과정에서 생산되고 있는 다양한 데이터의 통합을 미리 고려한다면 그 대학은 빅데이터 시대에 상대적으로 앞서가게 될 것이다.

빅데이터 활용과 관련하여 제기되고 있는 가장 큰 문제점은 사생활 침해와 보안이다. 빅데이터는 수많은 개인들의 수많은 정보의 집합이다 보니 개인들의 사적인 정보까지 수집하여 관리함으로써 사생활을 침해할 수 있으며, 보안이 뚫릴 경우 정보가 유출되는 사태가 발생할 수 있다. 대학에서 빅데이터를 수집·분석할 경우 사생활 침해와 보안에 각별히 유의하지 않는다면 오히려 대학경영에 독이 될 수도 있을 것이다.

3. 결론: 빅데이터 기반 대학경영의 미래

빅데이터 분석 기법이 점차 발달하고 분석 비용도 크게 낮아지고 있어서 대학교육의 질과 만족도를 높이기 위해 학생과 교수, 직원들이 매일 축적해 가고 있는 빅데이터로부터 유용한 자료를 추출하고 이를 활용하는 사례가 차츰 증가할 것으로 기대된다. 물론 일반 기업체와는 달리 대학경영에서 빅데이터 활용의 절박성이나 효과는 당분간 그리 크지 않을 것으로 예상된다.

대학경영에서 빅데이터를 활용하고자 할 때 밥 루츠(Bob Lutz, 2012)의 이야기도 한 번쯤은 되새겨 볼 필요가 있다. 그는 『빈 카운터스: 숫자와 데이터로 기업을 망치는 사람들』이라는 책에서 최상의 제품과 서비스를 만들어 내야 할 기업이 '빈 카운터스'에 휘둘려 숫자놀음에 빠지면 반드시 몰락한다고 경고하고 있다. 여기서 빈 카운터스란 '콩 세는 사람', 모든 문제를 숫자와 데이터로 바라보면서 제품과 서비스 혁신을 어렵게 만드는 재무, 회계 전문가를 냉소적으로 일컫는 말이다. 그는 기업의 진짜 인재는 MBA 출신의 빈 카운터스가 아니라 최고를 만든다는 자부심으로 가득한 '현장 전문가'라고 강조하면서 현란한 숫자와 데이터로 현혹하는 빈 카운터스에 휘둘리지 말라고 경고한다.

구조개혁 소용돌이 속에서 어느 대학을 구할 사람은 빈 카운터스가 아니라 대학경영에 오랫동안 참여해 온 직원과 교수들일지 모른다. 밥 루츠의 표현을 빌면 학생이 원하고 우리 사회가 필요로 하는 최고의 인재가 되도록 만들겠다는 목표만 밀고 나간다면 대학의 성공은 저절로 따라올 것이다. 뛰어난 인재를 양성해야만 성공할 수 있고 뛰어난 인재를 만들겠다는 전략은 오직 졸업생의 대학교육 경험의 질과 졸업생의 성취에 대한 열정에서 나온다. 온갖 수치와 도표에 의존하다가는 대학경영자는 나아갈 방향을 잃게 될 수도 있다.

숫자와 데이터를 잘 활용하지 않거나 아예 무시하는 대학경영 풍토가 더 우세한 것이 우리의 현실이다. 그러함에도 불구하고 밥 루츠의 경고를 굳이 소개하는 이유는 빅데이터 전문가들의 현란한 숫자와 데이터에 잠시 현혹되었다가 실망한 후 빅데이터의 진정한 가치를 무시하거나 활용하지도 못한 채 다시 직관에만 의존해 대학을 경영하는 사태를 예방하기 위해서다. 급변하고 있는 대학 주변 상황 속에서 데이터에 근거한 대학경영이 기본임은 잊지 말아야 한다. 이러한 기본을 무시하면 과거에 비해 대학이 위기를 맞이할 가능성은 더욱 높아진다. 기본기가 튼튼해야 응용도 가능하다. 대학 경영자들이 빅데이터에 환상을 갖는 것 못지않게 이를 무시하고 직관에만 의존하는 것도 문제다. 제공된 빅데이터 분석 결과를 차분한 마음으로 들여다보며 그 안에서 의미를 찾아 활용가능성을 검토한 후 자신의 경험과 직관까지 활용하여 대학경영 방향을 결정하는 것, 그것이 바로 대학 최고 경영자가 취해야 할 모습이다.

참고문헌

박남기(1998). 대학정원관리론. 서울: 교육과학사.

박남기(2015). What can institutional research do to support campus leadership and better management: Challenges and responses of institutional research in Korea. 성균관대학교 대학교육혁신센터, The 1st International Conference on Higher Education & Innovation(101-145). 세미나 자료집.

밥 루츠(2012). 빈 카운터스: 숫자와 데이터로 기업을 망치는 사람들(홍대운 역). 서울: 비즈니스 북스.

위키백과 http://ko.wikipedia.org/wiki/%EB%B9%85_%EB%8D%B0%EC%9D%B4%ED%84%B0

제**4**장

고등교육에서 학습분석의 적용과 실천

신종호(아주대학교)

1. 서론

테크놀로지의 발달과 활용으로 역동적이고도 다양한 데이터가 급격히 증가함에 따라 데이터의 가치와 유용성이 강조되고 있다. 이에 고등교육 분야에서도 교육의 질을 높이기 위한 방편으로 데이터 활용을 모색하고 있다. 교육현장에서 발생하는 데이터는 특정 학생에게 개별화된 맞춤형 학습을 제공하는 것은 물론 교육방법, 교육정책, 교육체제 등에서 최적의 전략을 수립하는 데 활용할 수 있으리라는 기대 때문이다(최제영, 박충식, 최광선, 정의석, 김성진, 유인식, 2012). 이에 학습분석(Learning Analytics), 교육 데이터 마이닝(Educational Data Mining), 교육기관분석(Academic Analytics) 등 교육 데이터 관련 연구 분야가 부상하고 있다(Daniel, 2017). 이 중 학습분석은 고등교육 분야에 가장 폭넓게 적용될 것으로 기대되는 첨단 기술 혹은 접근 방법 중 하나로 규정될 정도로 국내외 학계와 교육 현장에서 높은 관심을 받고 있다(Johnson et al., 2011; Johnson, Adams, & Cummins, 2012).

현재 우리나라 대학은 학령인구 감소, 교육의 질에 대한 책무성 증가, 대학구조 개혁 요구 등 급격한 변화와 혁신의 요구에 직면해 있다. 대학이 이러한 위기를 돌파하기 위해서는 새로운 사고방식, 새로운 행동방식, 교육의 효과를 평가하고 입증할 수 있는 새로운 방식을 통해 교육의 질을 향상시키고자 하는 노력이 필요하다. 학습분석은 대학 교육의 질 향상을 위한 새로운 접근 방식으로 현재 대학이 접한 문제점을 극복하고 해결할 수 있는 하나의 훌륭한 대안이 될 수 있다. 학습(learning)은 학습자, 교수자, 교육 매체(콘텐츠, 시스템 등)들과의 상호작용의 산물로, 학습분석을 통해 학습과정 중에 발생되는 다양한 학습 데이터를 분석하고 활용함으로써 학습 환경을 개선할 수 있기 때문이다(한국교육학술정보원, 2015). 구체적으로 학습자가 교육용 소프트웨어를 사용할 때, 인터넷에서 정보 검색을 할 때, 지식을 온라인에서 공유할 때 생겨나는 데이터들을 통해 얻을 수 있는 학습자나 학습과정에 대한 정보들은 학습과 교육행정, 정책에 효과적으로 사용할 수 있다(윤승원, 김동호, 김나리, 천종필, 2017).

대학교육의 질을 향상시키기 위한 새로운 방식으로 학습분석을 교육 현장에 적용하고 실천하기 위해서는 이에 대한 기본적인 이해가 필요하다. 따라서 이 장에서는 학습분석에 관한 전반적인 이해를 제공하기 위한 목적으로 학습분석의 개념 및 구성요소, 고등교육에서의 활용 현황과 고려사항 등 고등교육에서 학습분석의 적용과 실천을 위해 필요한 내용을 종합적으로 살펴보고자 한다.

2. 학습분석

1) 학습분석 개념

학습분석은 많은 학문 분야(예를 들어, 교육학, 학습과학, 심리학, 웹 과학, 컴퓨터 과학)의 교차점에 위치하고 있고, 여러 관련 분야[예를 들어, 교육기관 분석, 교육 데이터 마이닝, 행동연구, 추천 시스템, 개별화된 적응 학습(personalized adaptive learning)]에서 차용한 여러 기존 기술(예를 들어, 정보 검색, 통계, 시각화, 기계 학습, 인공지능)을 사용하고 있다(한국교육학술정보원, 2015; Chatti, Dychhoff, Schroeder, & Thus, 2012). 이러한 학습분석에 대해서 다양한 개념 정의가 존재하는데 이를 정리하면 〈표 4-1〉과 같다.

꿈 〈표 4-1〉 학습분석에 대한 개념 정의

이름(기관)	개념 정의
Campbell & Oblinger (2007)	의사결정을 위하여 조직의 데이터를 수집, 평가, 분석, 보고하는 과정
Siemens & Long (2011)	학습과 학습이 일어난 환경의 이해와 최적화를 목적으로 학습자와 학습자의 맥락에 대한 데이터를 측정, 수집, 분석, 보고하는 것
Elias (2011)	데이터 마이닝 결과를 활용하여 교수 학습적 처방을 가함으로써 학습성과를 통제하는 단계까지를 포함하는 학문적 접근
Siemens (2010)	정보와 사회적 연결성을 탐색하고, 학습에 대하여 예측하고 조언하기 위하여 지능적 데이터, 학습자 생산 데이터, 분석 모델의 활용
EDUCAUSE (2010)	학생의 과정과 성과를 예측하기 위한 모델과 데이터의 활용, 그리고 정보에 따라 행동을 취할 수 있는 능력
Larusson & White (2014)	교육에 관련된 행동을 평가하기 위해 축적된 데이터를 수집, 분석, 응용하는 것
Pardo & Teasley (2014)	교육에 관련된 데이터에서 의미가 있으면서도 동시에 실행 가능한 정책을 수립할 수 있도록 돕는 패턴을 발견하는 것
Johnson et al. (2016)	학습자 프로파일링을 위해 웹 분석 기술을 교육 분야에서 응용한 기술이며 온라인 학습 활동 중에서 개별 학생의 상세 정보를 수집하고 분석하는 프로세스

　Chatti 등(2012)이 지적한 바와 같이, 이러한 개념 정의들은 세부적으로는 다를지라도 학습분석은 시스템을 통한 데이터 분석의 자동화에 국한하지 않으며, 교육목적을 달성하고 교육 문제를 해결하기 위하여 데이터를 유용하고 실제적인 행동(action)으로 전환시키는 것에 역점을 둔다는 공통점을 가지고 있다. 즉, 학습분석은 학습자와 학습 관련 데이터를 수집하여 학습의 진행 정도를 평가하며(monitoring & evaluation), 향후 학습자의 수행을 예측하고(prediction), 그에 따라 학생들의 학습과정을 중재하고(intervention) 피드백을 제공하며, 개별 학생들에게 적합한 학습 콘텐츠를 제공할 수 있도록 학습자와 관련된 광범위한 데이터에 대한 교수자의 해석과 결정을 지원하는 데 그 목적이 있다고 할 수 있다(신종호, 최재

원, 고욱, 2015).

　학습분석의 개넘은 교육 데이터 마이닝(Educational Data mining), 교육기관분석(Academic Analytics)의 비교를 통해 보다 쉽게 이해할 수 있다. 교육 데이터 마이닝과 학습분석은 교육과 학습에 유용한 정보와 지식 발견이라는 공통적인 목표를 가지고 있지만 데이터 활용에서의 관점에 차이가 있다(윤승원 외, 2017). 교육 데이터 마이닝은 교육 환경에서 여러 종류의 데이터를 수집하여 다양한 분석 방법을 통해 현상의 원인과 관계를 규명하려는 것을 주된 목표로 하고 있다(Huebner, 2013). 따라서 교육 데이터 마이닝은 학습 관련 빅데이터로부터 가치를 추출하고자 하는 기술적(technical) 도전에 주로 집중한다(Ferguson, 2012; Siemens & Long, 2011). 반면 학습분석은 학습 측면을 강화하는 것에 주로 집중하여, 학습에 연관된 데이터를 반복적으로 모으고 분석하여 학습자들의 학업 향상에 적절한 처방(prescription)을 제공하는 것을 목표로 한다. 이에 학습분석은 데이터의 자동화된 처리 과정보다는 데이터 해석과 적용에 초점을 맞추어 데이터에서 도출된 지식이 교수–학습의 실제 적용에 어떤 식으로 기여할 수 있을지를 탐구한다(Baker & Siemens, 2014).

　교육기관분석과 학습분석은 서로 구분되면서도 매우 밀접한 관계를 맺고 있다. 교육기관분석은 "대학의 운영 및 재정적 의사결정을 지원하기 위하여 필요한 데이터를 제공하기 위한 과정"으로 정의된다(Goldstein & Katz, 2005; van Barneveld, Arnold & Campbell, 2012). 이처럼 교육기관분석이라는 용어는 고등교육기관의 운영과 재정적인 의사결정을 지원하기 위하여 어떻게 데이터를 수집하고 분석하고 이용하는지에 대한 연구의 관점에서 기술하기 위하여 사용되었다(Goldstein & Katz, 2005). 이러한 점에서 교육기관분석은 비즈니스 인텔리전스(BI)의 교육적 응용 분야라고 할 수 있으며, 대학 연구(Institutional Research)와 유사한 영역이라고 할 수 있다. 학습분석과 교육기관분석은 분석 목적, 분석 수준과 분석 수혜자를 확인함으로써 구분할 수 있다. Siemens와 Long(2011)에 따르면 학습분석이 개별 교실과 실천적 교육과정에서 학생들의 학습을 향상시키기 위해 교수자를 참여시키고자 하는 노력이라면, 교육기관분석은 학습에 직접적으로 집중하는 것이 아니라 학생의 학업 진행(progress), 지속(retention), 이수(completion)에 보다 집중하는 총체적인 학생 지원 과정(application)이라 할 수 있다. 또 학습분석은 전적으로 학습과정에 집중한다는 점에서 보다 구체성을 갖고 있으며, 교과목과 학과 수준에 집중하고 학습자와 교수자에게 이익을 준다(Siemens & Long, 2011). 반면 교육기관 분석은 교육기관 이상의 수준에 집중하며, 학교 수준에서 투자자(또는 재단), 행정 가, 마케팅 측면에서, 지역적 수준에서는 투자자와 행정가들에게, 전국 또는 국제 적 수준에서는 정부와 교육 당국에 유익하다(Ferguson, 2012).

〈표 4-2〉 학습분석과 교육기관분석의 비교

분석 유형	분석의 수준이나 목적	수혜자
학습분석	• 개인 수준: 다른 동료들의 학습목표, 학습 자원, 학습습관과 관련된 개인의 성과에 대한 분석 • 교과목 수준: 소셜 네트워크, 개념적 개발, 담론 분석, '지능화된 교육과정'	학습자, 교육자, 교직원
	• 학과 수준: 예측 모델링과 성공/실패의 패턴	학습자, 교육자
교육기관 분석	• 교육기관: 학습자 프로필, 학문적 성과, 지식의 흐름, 자원 배치	행정가, 투자자(재단), 마케팅
	• 지역(주/지방): 시스템, 품질, 표준 간의 비교	투자자, 행정가
	• 국가/국제적 수준	국가 정보, UNESCO, OECD

출처: Siemens et al., (2011).

지금까지 교육 데이터 마이닝, 학습분석, 교육기관분석에 대하여 개념적으로 구분하였으나, 실천의 측면에서 이러한 개념 구분은 무의미할 수 있다. 학습분석과 교육기관분석을 위해서는 다양한 교육 데이터 마이닝 기법이 적용될 것이며, 학습분석은 교육기관분석에서의 의사결정을 위한 중요한 일부로 작용하기 때문이다.

2) 학습분석의 단계

학습분석에는 기술적 분석(descriptive analysis), 예측적 분석(predictive analysis),

처방적 분석(prescriptive analysis)의 세 가지 접근 방법이 있다. 기술적 분석은 가장 간단한 분석으로 기존의 데이터를 요약 설명하는 단계다. 예측적 분석은 통계 모델과 데이터 마이닝을 통해서 기존 데이터를 분석해 앞으로 일어날 학습 결과를 예측한다. 처방적 분석은 예측된 결과에 따라 적절한 지원 방법을 제공한다(윤승원 외, 2017). 이러한 접근 방법에 따른 학습분석 실천에서의 주요 주제는 다양한 요인(예를 들어, 학업 성과, 학생 참여, 자기주도학습 기술)에 영향을 미치는 지표와 예측 변수의 개발, 데이터를 탐색하고 해석하며 행동 개선을 촉진할 수 있는 시각화(visualization)의 활용, 학습 환경을 조성하기 위한 중재(intervention)의 도출 등 세 가지로 요약할 수 있다(Gašević, Dawson, & Pardo, 2016).

학습분석 과정(process)도 많은 이론에 근거해 다양한 모델들이 제시되고 있다. 이러한 모델들은 일반적으로 데이터 추출, 데이터 저장, 데이터 분석, 분석 결과의 시각화, 미래 행동의 예측, 결과의 적용으로 이루어지는 순환 과정을 거치며 지속적으로 가치 향상을 꾀하는 모델이다. Campbell과 Oblinger(2007)는 학습분석의 과정을 교육적 맥락에서의 수집(capture), 보고(report), 예측(predict), 행동(act), 개선(refine) 등 분석의 5단계(five step of analytics)로 구분하였다. Elias(2011)는 분석의 5단계와 함께 지식 연속성(Knowledge continuum), 웹 분석 목적(web analytics objectives), 수집 애플리케이션 모델(collective application model) 등 4개의 분석 프레임워크와 모델의 공통 요소를 기반으로 학습분석의 과정을 선택(select), 수집(capture), 종합 및 보고(aggregate & report), 예측(predict), 활용(use), 개선(refine), 공유(share)의 7단계로 정의 내리고 있다.

3) 학습분석의 요소

학습분석은 기본적으로 분석을 위한 다양하고 폭넓은 데이터와 기술을 필요로 한다. 또, 데이터 기반의 분석을 통해 행정가, 교수자, 학습자와 같은 다양한 이해관계자들에게 영향을 미칠 수 있다. 그리고 지금까지 다양한 목적을 위하여 다양한 접근 방법을 활용하여 실천되어 왔다(Wong, 2017). 이에 비추어 학습분석은 분석 대상(What), 이해관계자(Who), 분석 목적(Why), 분석 방법(How)의 네 가지 요소로 구분할 수 있다(Chatti et al., 2012; Chatti et al., 2014).

(1) 분석 대상(What?): 어떤 종류의 데이터를 수집하고 관리하고 이용하는가

학습분석은 데이터 기반 접근이므로 교육성과 향상을 위해 활용할 수 있는 데이터의 양이 많고 다양할수록 보다 효과적일 수 있다(신종호, 최재원, 고육, 2015). 따라서 이러한 데이터들은 교육과 관련된 모든 영역과 환경(행정/운영, 교육 활동과 콘텐츠, 교수자/학습자, 개인 배경, 취업 등)으로 범위와 깊이를 확장할 수 있다. 다시 말해 교육 데이터는 다양한 정보원(source)에서 발생하며, 전통적인 데이터(학생 기록, 설문조사 등)를 포함하여 학습관리 시스템(Learning Management System, 이하 LMS), 온라인 강의 플랫폼, 소셜 네트워크와 같은 상호작용적 시스템(transactional system)에서 발생하는 새로운 유형의 데이터 모두를 활용한다(Zilvinskis, Willis, & Borden, 2017).

학습분석을 위해 활용할 수 있는 교육 분야 데이터는 [그림 4-1]과 같이 크게 다섯 가지 유형으로 분류할 수 있다(IMS Global Learning Consortium, 2013). 학습 플랫폼을 통해 발생하는 학습 활동 데이터, 디지털 콘텐츠가 발생시키는 학습 콘텐츠 데이터, 학습자 또는 교수자의 프로파일 중에서 발생하는 프로파일 데이터, 학습자의 경력과 네트워크에 대한 커리어 데이터, 교육기관에서 교육 프로그램을 운영하면서 발생하는 운영 데이터 등이다.

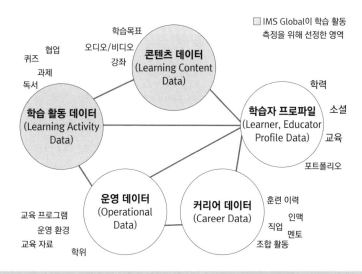

[그림 4-1] 교육 분야 데이터 모델(edu graph)

출처: IMS Global Learning Consortium (2013), p. 2.

또, 학습분석을 위한 데이터의 출처는 중앙 집중형 교육 시스템과 분산된 학습 환경 등 두 가지 대형 범주로 구분할 수 있다(Chatti et al., 2012; Chatti et al., 2014). 중앙 집중형 교육 시스템은 읽기, 쓰기, 학습 자료에 대한 접속과 업로드, 시험 응시와 같은 학생 활동에 대한 대규모 로그 데이터와 상호작용 데이터가 축적되어 있는 LMS가 대표적이다(Romero & Ventura, 2010). LMS에서의 데이터 분석은 주로 학습자가 학습 활동의 결과로 시스템상에 남긴 로그 데이터를 통하여 이루어진다. 로그 데이터는 단순히 학습자의 학습 시작과 끝에 관한 정보뿐만 아니라 특정 학습 활동에 어느 정도 시간을 투자하였는지, 어떤 순서로 학습하였는지, 학습의 내용은 무엇이었는지를 직접 파악할 수 있게 한다. 특히, LMS 상에서 온라인 토론, 상호작용 퀴즈, 과제 제출, 체크 리스트, 동영상 학습 등 다양한 학습 활동이 이루어진다는 점을 고려해 볼 때 학습분석에 활용할 수 있는 학습 관련 데이터의 양은 실로 방대하다고 할 수 있다(윤승원 외, 2017). 분산된 학습 환경은 LMS 외부에서 만들어지는 데이터로 학습분석을 위해 활용할 수 있는 또 다른 데이터 유형이다. 누구나 손쉽게 콘텐츠를 생산하고 저장하고 공유할 수 있는 기술과 도구들이 보급됨에 따라 막대한 양의 데이터가 다양한 학습 시스템과 환경에서 만들어지고 있다. 이메일, 문자 메시지, 소셜 네트워크, MOOC와 같이 폭넓게 이용되고 있는 다양한 테크놀로지들은 데이터의 양과 종류를 보다 광범위하게, 데이터 마이닝을 보다 쉽게 만들어 준다(Siemens & Long, 2011). 학습자가 스스로 학습을 조절하고 제어할 수 있는 개별화 학습 환경(personalized learning environment)은 LMS 이외의 다양한 출처로부터 데이터를 수집하는 개방되고 분산된 학습 환경이다. 학습분석의 사용 목적이 적응 학습(adaptive learning)을 시스템상으로 구현하고, 궁극에는 성공적인 개별 학습을 실현하는 것이라고 할 때(윤승원 외, 2017), 학습분석에서 소비자 생산 콘텐츠의 증가와 함께 분산된 정보원에서 발생한 데이터를 활용하는 것은 점점 더 중요해지고 있다.

(2) 이해관계자(Who?): 누가 분석의 대상인가

학습분석의 적용은 학습분석 활동에 대한 서로 다른 관점, 목적, 기대를 가진 학생, 교사, 튜터/멘토, 교육기관의 행정가나 의사결정자, 연구자들, 시스템 설계자에 따라 지향점이 다를 수 있다. UNESCO 보고서(Shum, 2012)에서는 [그림 4-2]

와 같이 분석 대상을 다루는 데이터의 단위에 따라 개인 또는 집단 수준(Micro-level analytics), 기관 수준(Meso-level analytics), 지역/국가/세계 수준(Macro-level analytics)으로 구분하고 각각의 분석 수준에 따른 효과를 설명하고 있다.

[그림 4-2] 분석 수준(Micro, Meso, Macro) 간 융합 개념도

출처: 한국교육학술정보원(2013), p. 20.

마이크로 수준 분석은 개별 학습자나 그룹의 학습 활동 데이터를 추적하고 해석하는 데 이용된다. 이 데이터들은 학습분석에서 가장 미세하고 세밀한 데이터로 분류되며, 학습자의 이해 수준을 진단하기 위해 온·오프라인에 존재하는 가능한 모든 데이터를 수집한다. 이를 통해 위험 수준에 있는 학습자를 식별하고 교육과정을 완료할 수 있도록 동기를 부여하며, 학습 습관을 진단하여 개선방안을 권고하고 최적화된 학습 경로 및 콘텐츠를 제공할 수 있다. 메소 수준 분석은 기관 수준의 분석으로 데이터베이스의 자료와 수집 가능한 비정형 데이터들을 수집·분석해서 교육기관의 워크 플로우를 재설계하고 교육 서비스 고객의 이탈을 미리 진단하거나 미래 서비스를 준비하는 목적으로 수행된다. 이질적인 분석의 조합을 통해서 복잡한 문제들에 대한 이해 정도를 개선하며, 다양한 변수들이 미치는 영향을 잘 이해하고 의사결정 과정에 도움을 받을 수 있고, 최신 정보를 활용하여 도전이 되는 상황에 대한 즉각적인 대응책 마련이 가능하다. 매크로 수준 분석은 개인, 기관 수준의 데이터들을 축적해서 지역, 국가, 세계 수준 등 거시적인 분석을 수행하는 것이다. 예를 들면, 지역이나 국가의 교육과정 목표가 달성되고 있는지를 수집된 데이터들을 이용해서 진단할 수 있다. 분석을 통해 거시적인 트렌드를 발견하여 메소나 마이크로 수준에서의 개별 분석으로 환류할 수 있다(한국교육학술정보원, 2013).

학습분석은 학습과정에 중점을 두지만 그 결과는 모든 이해관계자들에게 유익하다. Romero와 Ventura(2010)는 목적, 편익, 관점에 따라 이해관계자를 학습자, 교수자, 연구자, 교육기관 등 네 그룹으로 구분하였다. 학습자들은 분석을 통해 자신의 성적을 향상시킬 수 있는 방법이나 개인적인 학습 환경을 만들어 가는 방법에 대하여 관심을 가진다. 즉, 학습분석을 통해 학습자들의 학습성과 향상을 위하여 적응적 피드백, 추천, 요구에 대한 응답을 지원할 수 있다. 교수자들은 분석을 통해 수업의 효과성을 증가시킬 수 있는 방법, 또는 학생들의 요구에 맞추어 수업 자료를 맞춤화할 수 있도록 자신들을 어떻게 지원해 줄 수 있는지에 대하여 관심을 가진다. 학습분석을 통해 교수자들은 학생들의 학습과정을 이해하고, 교수 방법과 성과를 성찰하고 사회적·인지적·행동적 측면을 이해할 수 있다. 연구자들은 서로 다른 환경에서의 학습 효과에 대한 평가와 문제에 적합한 데이터 마이닝 기법을 활용하고, 교육기관은 분석을 통해 교육기관의 자원과 교육적 제공을 평가할 수 있다. 즉, 의사결정을 지원하고, 위험에 처할 수 있는 잠재적 학생들을 알아내고, 학생들의 성공적인 대학생활(학업 지속 및 졸업)을 향상시키기 위해(Campbell, DeBlois, & Oblinger, 2007; Campbell & Oblinger, 2007), 학생 모집 정책을 개발하고, 교과목 계획을 조정하고, 고용 요구(hiring needs)를 결정하고 또는 재정적인 의사결정을 돕기 위하여 분석 도구를 활용할 수 있다. 국제표준화기구인 ISO의 교육기술분과위원회(ISO/IEC JTC 1/SC36)는 학습분석 기술을 전담할 워킹 그룹을 신설하면서 이해관계자에 따른 집단별 기대사항을 제시하였는데 이를 정리하면 〈표 4-3〉과 같다.

〈표 4-3〉 이해관계자별 학습분석을 통한 기대사항

이해관계자	이해관계자의 기대사항
학습자 관점	• 학습 활동과 진도를 측정하여 학습 지원 • 감정, 동기, 준비 상태를 측정하여 학습 지원 • (학습장애 등) 개인의 필요와 (매체) 선호 등을 사전에 파악하여 학습 환경 구성 • 학습 활동과 평가를 통해 개선된 피드백 제공 • 정상적인 학습과정을 완료할 수 있을지에 대한 사전 예측을 통해 조기 경보 제공 • 개인화된 학습 경로 생성 및 학습 자원 제공
교수자 관점	• 학습자와 그룹 활동 및 진도를 측정하여 정확한 이해 도모 • 개별 학습자의 필요와 행동에 대한 맞춤형 대응 및 조언 제공 • 학습 참여 부진 학생과 그룹을 조기에 발견 • 학업 수행 능력을 측정할 수 있는 방법과 기회 확대 • 개인과 그룹에 대한 학습 결과를 직관적으로 표현하는 시각화된 정보 활용 • 사실을 기반으로 한 개선된 학습 경험과 자원을 설계
교육기관 관점	• 학급 및 그룹의 활동 및 결과에 대한 효과성 측정 • 기관에서 제공한 학습 환경의 효과성 및 타당성에 대한 모니터링 및 측정 데이터 제공 • 재등록률 제고를 위한 전략수립용 기초 자료 제공 • 교육과정 만족도 제고를 위한 전략 수립용 기초 자료 제공 • 교육과정 설계를 지원하기 위한 데이터 제공

(3) 학습분석의 목적(why): 왜 데이터를 분석하는가

학습분석은 이해관계자의 관점에 따라 수많은 목적을 가지고 있다. Chatti 등 (2012)은 학습분석의 가능한 목적으로 이해관계자의 관점에 따라 모니터링, 분석, 예측, 중재, 튜터링/멘토링, 평가, 피드백, 적응, 개인화, 추천, 성찰을 제안하였다. 윤승원 등(2017)은 예측분석, 구조분석, 관계분석, 시각화, 텍스트 마이닝 등 다섯 가지 적용 패턴에 따라 학습분석의 목적을 제시하였다. UNESCO Institute for Information Technologies in Education에서 발행한 보고서(Shum, 2012)는 주요한 학습분석 활용 방안으로 학습 플랫폼 분석 대시보드(Analytics Dashboard), 예측분석(Predictive Analytics), 적응형 학습분석(Adaptive Learning Analytics), 소셜 네트워크 분석(Social Network Analytics), 담화분석(Discourse Analytics) 등 다섯 가지 예시를 제시하였고, 한국교육학술정보원(2013)은 국내 상황에 맞게 예시들을 〈표 4-4〉와 같이 재해석하였다.

🖧 〈표 4-4〉 학습분석 기술 활용 예시

기술 활용 분야	내용
분석 대시보드 (Analytics Dashboard)	학습관리 시스템(LMS)의 로그 데이터, 다양하게 사전에 설정된 변수들 간의 상관관계 등을 종합적으로 분석하여 개인 사용자 또는 교수자, 집단에게 이해하기 쉽게 시각화하여 제공
예측분석 (Predictive Analytics)	인구 통계적 수치나 과거 성취도와 같은 정적인 데이터와 LMS의 로그인 패턴, 온라인 토론 참여 정도 등과 같은 동적인 데이터의 패턴을 이용해서 사용자의 학습성과를 미리 분석하고 위험 단계의 궤적에 근접한 학습자에게 경고 메시지를 전달하고 평균이나 우수 단계로 진입하기 위한 활동 궤적을 안내
적응형 학습분석 (Adaptive Learning Analytics)	특정한 주제에 대한 학습자의 이해 정도를 측정해서 세부적인 피드백을 제공하고, 후속조치로서 관련된 디지털 자원을 학습자에게 제공하는 모델
소셜 네트워크 분석 (Social Network Analytics)	학생들이 어떻게 관계망을 형성하고 유지하는지에 대한 이해를 돕기 위해 이용되며 LMS에서의 토론, 게시판 등의 활동 분석을 통해 학생들의 관계망을 분석하고 학습자의 개인적 관계 설정이나 그룹의 구조를 파악하여 적절한 교육 개입에 활용
담화분석 (Discourse Analytics)	구문 분석 기술을 활용, 에세이나 토론 등의 글의 평가, 학생들의 학습 이해도를 평가하고 분석

학습분석에서 예측분석은 가장 오랫동안 연구되어 온 분야이며 현재까지도 끊임없이 발전적으로 논의되고 있다(Romero, Lopez, Luna, & Ventura, 2013). 이는 예측분석이 교육정책 수립, 실시간 학습 중재와 관련하여 효과적이고 실제적으로 활용가능할 뿐만 아니라 예측을 위한 통계, 데이터 마이닝 기술 등 기존 이론이 잘 정립되어 있기 때문이라 할 수 있다(신종호, 최재원, 고욱, 2015). 이러한 예측분석의 결과물은 보통 학생 지원을 담당하고 있는 교직원들을 위한 대시보드

(dashboard)나 경고 시스템(alert system)들이다. 이러한 시스템들은 실시간으로(일간 또는 주간) 위험에 빠질 가능성이 있는 학생의 속성을 규명하여, 교직원들이 그러한 학생들을 지원하기 위해 사전 중재 활동(일반적으로 이메일이나 문자를 통해)을 할 수 있도록 지원한다.

적용 학습은 상세한 개별 학습자 데이터를 바탕으로 학습수행과 진행에 따라 학습자의 필요 사항을 고려하며 적절한 수준의 교수 자료와 학습 지원을 제공하는 정교화된 컴퓨터 기반의 학습 형태를 말한다(윤승원 외, 2017). 그리고 적응형 학습분석은 능동적인 학습을 장려하고, 학습 능력이 떨어지는 학생들을 식별하고, 학습 완성도에 영향을 미치는 요소를 평가함으로써 학습자들을 논리적이고 적절한 학습경로에 올려놓는 것을 목표로 하고 있다(Adams Becker et al., 2017). 따라서 소프트웨어와 트래킹 애플리케이션에 의해 학습 활동이 모니터링되는 하이브리드 및 온라인 학습 환경에 보다 적합하다(Johnson et al., 2016). 적응형 학습분석이 실행되기 위해서는 정밀한 분석을 위해 복잡한 인공지능형 알고리즘 개발이 선행되어야 하고 분석 결과에 대응할 수 있는 다양하고 풍부한 교육 콘텐츠가 필요하다. 따라서 앞으로 해결해야 할 문제가 많을 것으로 예상되지만 현재 빅데이터 기반 인공지능 기술이 매우 빠른 속도로 발전하고 있으므로 향후 비약적인 발전을 기대할 수 있다(신종호, 최재원, 고욱, 2015). 실제 NMC Horizon Report-2016 고등교육 에디션에서 적응형 학습 기술을 1년 이내에 도입될 수 있는 중요한 기술로 제시한 이후 초기 단계이지만 상당한 성장세를 보이고 있다(Adams Becker et al., 2017; Johnson et al., 2016). 외국의 경우 적응형 학습을 설계하기 위하여 대학 간 컨소시엄을 구성하고 출판사와 디지털 학습 기업과 협력하여 연구를 수행하고 있다. 예를 들어, 미국 피어슨(pearson) 출판사는 마이랩앤드매스터링(MyLab & Mastering)을, 맥그로힐(McGraw-Hill) 출판사는 알렉스(ALEKS) 적응 학습 기술서비스를 제공하고 있으며, 애리조나 주립대학교는 수학 능력 향상을 위한 적응학습 플랫폼을 활용하고 있다(Johnson et al., 2016).

(4) 분석 방법(How?): 어떻게 데이터 분석을 수행할 것인가

학습분석은 분석 목적에 따라 교육 데이터 셋에 숨겨진 흥미로운 패턴을 발견하기 위하여 다양한 기법을 적용한다. 학습분석의 결과를 이용자에게 친숙한 시각적 형태로 보여 주어 교육 데이터의 분석과 해석을 촉진시킬 수 있는 시각화를 위해서는 차트, 산포도, 3D 표현, 지도 등 네 가지 기법을 사용할 수 있다. 예측 연구에서는 기존의 통계 분석 방법에서 널리 연구되어 온 분류분석(classification), 회귀분석(regression) 혹은 의사결정나무 분석(decision tree), 서포트 벡터 머신(support vector machine) 등 새로운 데이터 마이닝 기법들이 사용되고 있다. 데이터 안에 내재된 구조를 발견하는 구조분석에서는 군집분석(clustering), 요인분석(factor analysis), 네트워크 분석(social network analysis) 등 기존에 널리 쓰여 오던 통계 기법 등을 복합적으로 사용할 수 있다. 데이터를 통하여 변수들 간의 관계를 파악하는 관계 분석을 위해서는 연관분석(association rule mining), 상관분석(correlation mining), 순차분석(sequentila pattern mining), 인과분석(causal analysis)이 대표적이다(윤승원 외, 2017). 특히, 기계학습(machine learning)과 인공지능(artificial intelligence)은 향후 학습분석을 위해 활용할 수 있는 핵심 기술이 될 것이다.

이처럼 분석 과제의 목적에 따라 서로 다른 기법이 활용될 수 있지만 분석 기법에 관한 폭넓은 지식을 보유하지 않아도 학습자, 교사, 교육기관이 그들의 분석 목적을 달성할 수 있는 이용가능하고 유용한 학습분석 시스템을 설계하고 개발하는 것이 필요하다. 효과적인 분석 툴은 분석과 행동(action) 사이의 시간 프레임을 최소화하는 것이기 때문이다. 분석 방법에 관한 또 다른 측면에서 Chatti, Dychhoff, Schroeder와 Thus(2012)는 오늘날의 학습 환경은 보다 복잡해지고 있기 때문에 학습분석의 목적을 위하여 혼합 방법이 보다 필수적이 될 것이라고 주장한다. 즉, 연구 결과의 강건함(robustness)을 향상시키기 위하여 서로 다른 양적 방법을 통합할 뿐만 아니라 '왜' 무언가를 관찰했는가에 대한 질문에 답하기 위해 인터뷰 기법이나 포커스 그룹과 같은 질적 방법의 사용이 필요하다는 것이다. 양적 방법과 데이터 마이닝 기법은 데이터에서 일어나는 경향성, 상관관계, 연결성, 군집이나 구조를 보여 준다면, 질적 방법은 이유에 대한 추가적 정보를 제공할 수 있기 때문이다.

3. 고등교육과 학습분석

1) 고등교육에서의 학습분석의 활용

(1) 학습분석의 기대효과

　최근 많은 국내외 대학들이 학생들의 학업 진행에 대한 결과물을 확인하고, 미래 행동을 예측하고, 초기 단계에 잠재적 문제점을 인지하기 위하여 학습분석의 활용을 시도하고 있다. 최근까지 대학에서의 학습분석 적용 사례를 통해 경험적으로 입증된 다양한 이해관계자들의 혜택을 정리하면 다음과 같다(Wong, 2017).

　첫째, 학습분석의 활용을 통해 학생 재등록률을 향상시킬 수 있다. 학생들의 학습과 학업지속에 대한 면밀한 모니터링을 통해, 바람직하지 않은 학습 행동과 감정 상태를 탐색할 수 있으며, 위험에 처해 있는 학생들을 조기에 확인할 수 있다. 예측 모델을 개발할 수 있으며, 중도탈락이나 재등록에 영향을 미치는 요인들을 규명할 수 있다. 교수자들은 상담, 학습 자료의 추천, 개별 학습 계획의 수립과 같은 별도의 지원이 필요한 학생들에게 적절한 지원을 제공하고 즉각적인 후속조치 행동을 취할 수 있다. 이를 통해 학생들의 재등록률뿐만 아니라 성취 수준도 향상시킬 수 있다.

　둘째, 학습분석의 활용은 방대한 양의 데이터에서 생성한 분석 결과를 교육기관에 제공함으로써 정보에 근거한 의사결정을 지원한다. 예를 들어, 교과목 선호도, 학습 자료의 유형과 빈도에 대한 정보에 기초하여 교육자원 배치 및 교과목 개발에 대한 계획을 수행할 수 있다.

　셋째, 학습분석은 LMS나 다른 플랫폼에 통합함으로써 효율성을 향상시킬 수 있다. 플랫폼에 학습분석을 통합하면 교수자는 피드백을 제공하고 학생들을 지원하기 위하여 온라인에서 다양한 종류의 정보에 접근할 수 있다. 또, 통합된 플랫폼 내에서 학생들의 학습과정에 대한 분석과 피드백을 교수자, 학생, 학부모에게 자동적이며 효율적으로 전달할 수 있다.

　넷째, 학습분석을 활용하여 학생들의 학습 행동에 대해 이해할 수 있다. 다양한 출처로부터 수집된 데이터 분석을 통해 교육기관과 교수자들은 학생들의 자원 이용, 학습 행동 및 특징, 학습 결과 간의 관계를 이해할 수 있다. 이러한 이해를 통해 학습 향상을 위하여 보다 효과적인 교수 설계가 가능하며, 적용된 교수법에 대해서도 효과성을 평가할 수 있다. 또 교육과정과 학습 자료를 학생들의 선호와 요구에 맞추어 설계하여 제공할 수 있다.

다섯째, 학습분석을 통해 학생들에게 개별화된 학습 지원을 제공할 수 있다. 학생들이 통찰을 통해 보다 개별적이고 참여적인 학습경험을 만들어 갈 수 있도록 학습 특징과 패턴에 관한 데이터를 학생들에게 제공할 수 있다. 그리고 수업이 진행되는 과정에서 이러한 데이터를 통해 학생들의 성찰과 개선을 촉진할 수 있다. 구체적으로 만약 학업 성과가 특정한 기준보다 낮으면 조기 경보를 자동으로 생성하여 학생들에게 보낼 수 있다. 아울러 학습하는 과정에서 학생들이 개별화된 학습 활동에 보다 잘 참여할 수 있도록 학생들을 이끌어 나갈 수 있다.

마지막으로, 학습분석을 활용하여 교수자들은 학생들의 학습과정에 관한 전체적이며 최신의 정보를 획득할 수 있어서 적시에 피드백과 개별화된 중재를 제공할 수 있다. 학생들은 그들에게 제공되는 개별화된 피드백을 통해 학습자 커뮤니티에서의 소속감을 향상시킬 수 있다. 예를 들어, 소셜 네트워크 분석은 교수자가 학습 커뮤니티의 발달을 이해하고, 주요 토론에서의 성과가 나쁘거나 고립되어 있는 학생들을 규명하여, 토론이 진행될 때 실시간으로 중재를 제공할 수 있다.

(2) 대학에서의 학습분석 적용 사례

학습분석의 기대효과는 학습분석을 적용하고 있는 대표적인 대학 사례들을 통해 살펴볼 수 있다. 학습분석의 적용 중 가장 유명하고 대표적인 연구 사례는 퍼듀 대학교(Purdue University)의 코스 시그널(Course Signal)이다. 코스 시그널은 학생과 교수자들을 위하여 코스에서의 성공이나 낙제와 관련된 위험 정도에 대해 조기 경보(early warning alert)를 제공하는 것이 목적이기 때문에 본질적으로 예측 모델이다. 코스 시그널을 활용하여 학생들은 자신의 낙제 위험도를 미리 알 수 있는데, 이러한 정보는 학생의 LMS에서 신호등 아이콘으로 표시되거나 이메일, 모바일 문자 메시지를 통해 공지된다. 교수는 이러한 학생에게 즉각적이고 적절한 교육적 개입을 할 수 있다. 코스 시그널의 실제적인 효과는 학생들의 학습성과와 학생의 대학 재등록률(retention) 향상에 기여한 것으로 보고되었다. Arnold와 Pistilli의 연구(2012)에 의하면 동일한 과목에서 코스 시그널을 활용한 학기와 사용하지 않은 학기를 비교하면, 코스 시그널을 사용한 학기에서 A, B학점의 비율이 사용하지 않은 학기보다 10.37% 증가하였고 D, F학점은 6.41% 감소하였다고 보고하고 있다. 또한 코스 시그널 개발팀은 2007년부터 코스 시그널을 이용한 수업에 참가한 학생들과 사용하지 않는 학생들 간의 재등록률을 비교하였는데, 코스 시그널을 이용하지 않은 학생들의 재등록률이 80%대인 것에 비해 코스 시그널을 활용한 학생들은 90% 이상을 유지하였다고 보고하였다.

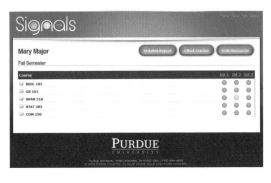

[그림 4-3] 퍼듀 대학교의 코스 시그널 화면

출처: http://www.purdue.edu/uns/x/2009b/090827ArnoldSignals.html

　교육의 질 향상을 위하여 다양한 데이터 분석 시스템을 개발하고 적용을 시도하는 또 다른 대표적인 대학은 미시건 대학교(University of Michigan)다. 미시건 대학교는 위험군 학생들을 대상으로 적시에 중재를 제공할 수 있도록 지원하는 조기경보 시스템 'Student explorer', 학생들의 약점을 진단하는 'Problem Roulette', 종합적인 학습 현황 정보를 제공하는 'Academic Reporting Tools', 학생의 배경 및 학습 특성에 따라 자동으로 학습에 대한 맞춤형 조언을 제공하는 'E²Coach(Electronic Expert Coach)' 등 다양한 데이터 분석 도구를 적용하고 있다.

그중 E²Coach는 500명 이상의 대단위로 진행되는 1학년 기초과학(기초물리, 화학, 통계, 생물 등) 수업에서 발생하는 문제점에 대응하기 위한 목적으로 개별 연구팀에서 처음 고안한 시스템이다. E²Coach는 공중 보건 분야의 동기 이론과 행동 변화 연구 성과를 교육에 응용하여 개발되었다. 학생의 배경 정보(이름, 전공, 학업목표 등)와 학습 데이터(학습 활동, 성적 등)와 같은 학습자 데이터와 코칭 팀의 행동 모델을 기반으로 개인화된 맞춤형 학습 지도 메시지 및 학습과정 데이터를 시각화하여 개별학생들에게 제공한다. 학생들은 E²Coach를 활용하여 대단위 수업에서 개별화된 지원을 받고, 모범 사례를 배우고, 흥미 영역에서의 기회를 발견하고 일반적인 함정을 피할 수 있다. 이러한 점에서 E²Coach는 퍼듀 대학교의 코스 시그널이 직관적이기는 하지만 충분한 통찰이나 중재를 제공하지 못한다는 한계를 넘어선 시스템으로 평가받고 있다(Gašević, Dawson, & Pardo, 2016). 실제 E²Coach를 통해 개인화된 피드백을 받은 학생들의 성적등급이 향상되었다고 보고되고 있으며(Wright et al., 2014), 이러한 성과에 힘입어 E²Coach는 다양한 과목으로 확대되어 15,000명 이상의 학생들이 지원을 받고 있다.

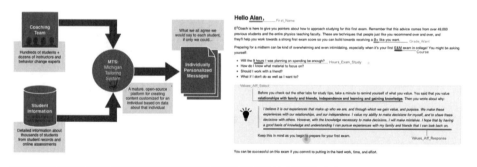

[그림 4-4] 미시간 대학교의 E²Coach 화면

출처: https://er.educause.edu/articles/2013/12/e2coach-tailoring-support-for-students-in-introductory-stem-courses

조지아 주립대학교(Georgia State University)는 낮은 학업성과나 중도포기와 관련된 문제들을 규명하기 위해 10년간의 데이터(학생 정보, 성적, 졸업률 등)를 분석하여 800개 이상의 학업부진 위험 요인을 추출하여 학생 상담 과정에 활용하고 있다. GPS(Graduation and Progression Success) 시스템이라 불리는 조기경보 시스템은 매일 밤 3만 명 이상의 학생들의 성적과 기록을 업데이트하고, 예측 기준에 근거하여 위험에 이를 수 있는 학생들의 정보를 상담자들에게 통보해 준다. 이러한 GPS를 활용하여 2017년까지 20만 명 이상의 상담이 이루어졌으며, 이를 통해 신입생의 학업 지속률이 5% 증가하였다(AGB, 2017).

애리조나 주립대학교(Arizona State University)는 학생들의 전공 선택 및 수강과목 선택에 도움을 주기 위해 교육 데이터를 활용한 e-Advisor 시스템을 제공하고 있다. e-Advisor를 통해 학생이 온라인 수업을 수강할 경우 시험 점수 및 클릭 경로 등의 정보를 이용하여 학생 개개인의 학습성과를 모니터링하고 학생의 이해도에 따라 맞춤형 수업내용을 제안하고 총체적인 학습 진도를 관리해 준다. 또한 학생들의 학습 시간, 학습 참여, 문제풀이 등 데이터를 수집하여 개별적으로 분석하고 학생의 수준별 학습 자료 및 학습과정을 제공하는 적응형 학습 플랫폼(adaptive learning platform)을 제공하고 있다. 2011년부터 Pearson, Knewton, Cengage Learning 등 출판사 및 교육기업들과 협력하여 맞춤형 학습 자료 및 적응형 학습 분석 모델 개발을 꾸준히 추진하고 있으며, 최근 수학 외 다른 과목으로도 확대 적용 중이다. 최근 연구에 의하면 한 학기 동안 적응형 코스웨어를 사용한 학생들의 학습 성공률은 76%에서 94%로 증가했고, 낙오 비율은 15%에서 1.5%로 감소했다고 보고하고 있다(Adams Becker et al., 2017).

해외 대학들이 기관 차원에서 학습분석의 실천을 위해 전문 연구인력과 다양한 재정 지원, 대학 및 유관 기관과의 협력을 통해 다각적인 시도를 하고 있는 것에 비해 아직 국내 대학들은 초기 단계라고 할 수 있다. 대학 차원에서 학습분석의 실천을 모색하는 대학 중 하나는 아주대학교다. 아주대학교는 학습분석의 실천에 관한 전체적인 방향과 전략을 담은 데이터 기반 교수학습지원체계인 ATLAS(Ajou Teaching & Learning Analytics System) 계획을 수립하고 실천 중에 있다. 우선적으로 학교에서 발생하는 모든 데이터를 통합적으로 수집·관리·분석할 수 있는 시스템인 '데이터 통합 수집관리 시스템'을 구축하였다. 그리고 데이터를 활용하여 교육 문제를 선정하고 해결 방안을 연구하고 개발할 수 있도록 교수학습개발센터 내에 전담 조직 및 인력도 구성하였다. 현재 교수자와 학습자가 교과목에서 이루어지는 활동에 대한 전반적인 사항들을 인식할 수 있도록 정보를 시각화하여 제시하는 대시보드(dashboard) 애플리케이션을 개발하고, 이를 LMS에 통합하여 제공하고 있다. 또한 신입생을 대상으로 학습부진, 학업 포기 가능성 있는 학생을 입학 전에 선제적으로 탐지할 수 있는 예측 모델을 개발하고, 이를 바탕으로 조기 중재(early intervention) 프로그램 'ASAP(Ajou Special Aid Program)'을 운영하고 있다.

2) 대학에서의 학습분석 실천을 위한 고려사항

수많은 경험적 연구를 통해 학습분석의 활용이 가져올 이익이 제시됨에도 불구하고 아직까지 국내외적으로 대학 차원의 학습분석 채택과 실천이 초기 단계([그림 4-5] 학습분석 정교화 모델의 5단계 중 '인식'과 '실험' 단계)에 머물러 있는 것은(권숙진, 한재훈, 신종호, 2016; Colvin et al., 2015) 학습분석의 실천과정에서 수반되는 다양하고 복잡한 고려 사항에 기인한 것이라고 할 수 있다.

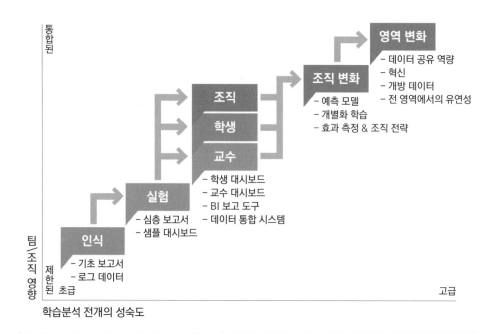

[그림 4-5] 학습분석 정교화 모델

출처: Siemens, Dawson, & Lynch (2013), p. 27.

대학에서 학습분석을 실천하게 위해서는 가능한 많은, 다양한, 역동적인 데이터를 측정하고, 수집하고, 분석하고, 보고할 수 있는 전문지식과 기술, 교육기관의 제도 및 정책적 지원 역량, 법적 및 윤리적 문제에 대한 고려가 필요하다.

(1) 학습분석의 비전

학습분석의 성공적인 적용과 실천은 노력과 비용, 교육 문화의 변화 없이는 가능하지 않다(Bienkowski, Feng, & Means, 2012). 학습분석의 실천을 위해 많은 투자와 변화를 요구한다는 것은 교육기관 차원에서 학습분석을 실천하고자 할 때 신중한 판단과 철저한 계획이 필요하다는 것을 의미한다. 우선적으로 학습분석이 실패하지 않기 위해서는 학습분석을 통해 달성하고자 하는 명확한 비전이 필요하다. 그러한 비전은 대학의 우선순위와 밀접하게 연계하여 수립되어야 하며, 특히, 지속적인 재논의를 통하여 왜 그 방향으로 학습분석이 개발되어야 하는 이유를 명확히 해야 한다(Ferguson, & Clow, 2017). 이러한 비전은 학습분석 적용과 실천의 성공을 판단하고 부족한 자원을 어디에 배치하는 것이 최선인지 결정할 수 있는 기준을 제공할 수 있기 때문이다(Zilvinskis, Willis, & Borden, 2017).

(2) 인프라 구축

학습분석의 실천을 위한 인프라 구축에 대한 설계와 준비도 필요하다. 학습분석을 위해 수집 및 저장해야 할 데이터의 양이 폭발적으로 증가할 것이므로 이에 대한 하드웨어적인 대비가 요구된다. 특히, 학사정보 시스템, LMS와 같이 기존의 데이터 시스템들을 통합하기 위해서는 고비용이 수반될 수 있음을 고려해야 한다. 또한 보다 정교하고 강건한 학습분석 모델을 구축하기 위해서는 학습 데이터가 발생하는 다양한 데이터 정보원에 관한 고려도 필요하다. 현재 학습이 이루어지는 교수-학습 환경을 고려하여 다양하고 역동적인 데이터 수집이 가능하도록 모바일 학습 환경과 LMS 외부(페이스북, 트위터, 블로그 등)에서 이루어지는 학습자들의 행동 데이터를 수집하고, 물리적 세상의 데이터(도서관 이용, 학습 지원, 상담, 취업 및 진로 등)를 연결할 수 있는 관점으로 추진되어야 한다. 즉, 스마트기기와 함께 비형식적 학습과 관련된 활동 데이터를 통합할 수 있는 관점에서 시스템을 고려해야 한다.

(3) 협력체계 구축

분산되어 있는 데이터 정보원에서 필요로 하는 데이터를 적시, 적소에 사용하기 위해서는 대학 내 부서 간 협력적 행정 체계 구축도 필요하다. 대학은 다양한 종류의 프로그램, 과정, 성과를 수반하기 때문에 본질적으로 복잡한 환경이다. 그리고 학습분석을 실천하기 위해서는 다양하고 새로운 사고의 방법을 종합적으로 접근해야 한다. 따라서 영역 전문가로서의 교수자, 정보 제공자, 최종 이용자 외에도 학습분석의 개발은 교수학습센터, 학생지원센터, 대학연구(Institution Research), 정보 테크놀로지 부서 같은 여러 부서 간 유기적인 협력과 참여를 필요로 한다(Zilvinskis et al., 2017).

학습분석을 위한 체계적인 데이터 활용이 가능해지면 결국 데이터 분석 역량에 따라 학습분석의 활용 효과는 달라질 수 있다. 학습분석은 교육학, 심리학, 컴퓨터공학, 데이터 마이닝 등 다양한 학문 융합을 통해 연구하고 관리하여야 한다. 학습분석은 데이터의 보관 및 보안 등 하드웨어적 업무 외에 데이터 분석, 정밀한 예측 모델 연구, 수업 방식과 전공에 맞는 맞춤형 학습분석 활용 방법 등 분석 유형과 영역에 대한 이해가 필요할 뿐만 아니라 다양한 분야에서의 지속적인 연구와 개선의 노력이 필요하다. 따라서 학습분석 적용 시스템의 개발, 유지, 확산, 목적에 따라 다양한 전문지식과 배경을 가진 전문가들로 학습분석 전담 팀을 구성하여야 한다.

(4) 교수 참여

학습분석 시스템을 개발해도 교수들이 사용하지 않거나 또는 사용한다고 해도 의사결정 지원 기능을 이용하지 않으면 개발의 의미가 없다. 즉, 학습분석이 최대의 효과를 갖기 위해서는 교수진의 참여가 필수적이다(Cambell et al., 2007). 이를 위해서는 우선적으로 데이터를 활용한 중재적 활동이 학생들의 학습 효과 및 학습성취를 향상시킬 수 있다는 교수들의 신뢰를 구축할 필요가 있다. 또, 교수들이 수업의 질을 향상시키기 위하여 알고자 하는 것이 무엇인지에 대한 요구분석도 실시되어야 한다.

(5) 법적 · 윤리적 이슈에 대한 고려

학습분석으로 인해 나타날 수 있는 부정적 효과도 고려해야 한다. Dringus (2012)는 학습분석은 반드시 의미 있는 데이터를 취득해야 하고, 투명성을 가져야 하고, 훌륭한 알고리즘을 생산해 내야 하고, 데이터의 효과적인 사용을 이끌어 내야 하고, 과정과 실천을 공유해야 한다고 강조하였다. 만약 이러한 최소한의 요구 조건에 대한 처리가 없으면 학습분석은 부정적일 수 있다는 것이다. 학습분석은 학생들의 학습성과 향상을 목적으로 데이터를 수집하여 분석하고 이를 다양한 목적으로 활용하려 시도힌다. 그러나 학습분석 실천의 과정에서 다양한 법적 · 윤리적 우려들을 불러일으킬 수 있다. 따라서 교수진이나 교육기관이 일부 학생 데이터를 이용하기 전에 다루어야 할 필요가 있는 법적이고 윤리적 이슈에 대한 고려가 필요하다(Campbell et al., 2007; Greller & Drachsler, 2012). 또 데이터의 소유권과 데이터 접속 권한에 관한 이슈도 고려해야 한다(Campbell et al., 2007; Greller & Drachsler, 2012). 이러한 문제를 해결하기 위해서는 대학에서의 제도적인 뒷받침이 필요하므로 상향식 접근법과 하향식 접근법을 동시에 병행하는 것이 바람직하다. 학교의 의사결정권자에게 학습분석의 효용성에 대해 충분히 이해시켜 정책 수립 및 추진에 있어서 뒷받침을 받아야 하며, 동시에 데이터의 제공자인 학생들이 학습분석 시스템을 통해 개인의 학습성과 향상 등 성공적인 대학생활에 도움이 될 수 있다는 인식을 심어 주는 것이 중요하다.

4. 결론

학습분석은 기존의 교육 환경을 획기적으로 개선하고 대학 운영 및 교수–학습의 효과성과 효율성을 높일 수 있다는 면에서 상당히 매력적인 기술이고 구체적인 실천적 행위임은 분명하다. 실제 학습분석이 대학에서 자원 배치, 학생 성공, 재정과 같은 전략적 분야에서 매우 유용하다는 것이 입증되어 왔다(Leitenr, Khalil, & Ebner, 2017). 이에 많은 대학들이 데이터를 활용하여 보다 지능적이면서 개별화된 학습 개선이나 교육 문제 해결을 시도할 것으로 예상된다. 학습분석을 실천하기 위해서는 시스템 구축과 통합, 전문인력의 구성과 육성, 법적 · 제도적 지원 등

장기적인 투자와 변화가 필요하다. 따라서 학습분석의 실천은 일련의 과정과 지속적인 투자로서 개념화되어야 한다. 학습분석은 작은 규모에서도 수행될 수 있으므로 초기에는 작은 수준에서 데이터 활용을 모색하고 다양한 성공 사례와 활용 모델을 교육기관의 맥락에 맞추어 적용하려는 노력이 현명할 수 있다. 이를 통해 대학교육의 질 향상을 위해 데이터 활용이 필요하고 효과적이라는 것에 대해 구성원들이 공감하고 동의하며, 불신이나 거부감 없이 학습분석 결과를 적용하고 활용하는 문화를 수립할 수 있을 것이다.

참고문헌

권숙진, 한재훈, 신종호(2016). 대학 교수학습개발 전문가의 학습분석 인식 연구. 교육연구논총, 37(2), 127-155.

신종호, 최재원, 고욱(2015). 대학교육에서 학습분석 적용에 관한 탐색적 연구: 교수자의 관점을 중심으로. 교육공학연구, 31(2), 159-188.

윤승원, 김동호, 김나리, 천종필(2017). 교육과 학습에서 빅데이터. 서울: 커뮤니케이션북스.

최제영, 박충식, 최광선, 정의석, 김성진, 유인식(2012). 스마트교육에서 발생하는 교육 빅데이터 활용방안. 한국지능정보시스템학회 학술대회논문집, 144-148.

한국교육학술정보원(2013). 표준화 이슈리포트: 학습분석 기술 활용 가능성 및 전망. 연구자료 RM 2013-15. 한국교육학술정보원.

한국교육학술정보원(2015). 이슈리포트: 링크드 데이터 기반 학습분석 플랫폼 구축 전략. 연구자료 RM2015-4. 한국교육학술정보원.

Adams Becker, S., Cummins, M., Davis, A., Freeman, A., Hall Giesinger, C., & Ananthanarayanan, V. (2017). *NMC horizon report: 2017 higher education edition*. Austin, Texas: The New Media Consortium.

AGB (2017). Case Study: Georgia state university. https://www.agb.org/sites/default/files/u27335/casestudy_innovation_gsu.pdf. (accessed 2 February 2018)

Arnold, K. E., & Pistilli, M. D. (2012). Course signals at Purdue: Using learning analytics to increase student success. In *proceedings of the 2nd International Conference on Learning Analytics and Knowledge* (pp. 267-270). ACM.

Atif, A., Richards, D., Bilgin, A., & Marrone, M. (2013). Learning analytics in higher education: a summary of tools and approaches. In *ASCILITE—Australian Society for Computers in Learning in Tertiary Education Annual Conference* (pp. 68–72). Australasian Society for Computers in Learning in Tertiary Education.

Baker, R., & Siemens, G. (2014). Educational data mining and learning analytics. In K. Sawyer (Ed.), *Cambridge Handbook of the learning Sciences* (2nd ed.), pp. 253–274.

Bienkowski, M., Feng, M., & Means, B. (2012). Enhancing teaching and learning through educational data mining and learning analytics: An issue brief. US Department of Education, Office of Educational Technology, 1–57.

Campbell, J. P., & Oblinger, D. G. (2007). "Academic analytics", EDUCAUSE, available at: https://net.educause.edu/ir/library/pdf/PUB6101.pdf (accessed 28 December 2016).

Campbell, J. P., DeBlois, P. B., & Oblinger, D. G. (2007). Academic analytics: A new tool for a new era. *EDUCAUSE review, 42*(4), 40.

Chatti, M. A., Dyckhoff, A. L., Schroeder, U., & Thüs, H. (2012). A reference model for learning analytics. *International Journal of Technology Enhanced Learning, 4*(5), 318–331.

Chatti, M. A., Lukarov, V., Thüs, H., Muslim, A., Yousef, A. M. F., Wahid, U., Greven, C., Chakrabarti, A., & Schroeder, U. (2014). Learning Analytics: Challenges and Future Research Directions. eleed, Iss. 10. http://eleed.campussource.de/archive/10/4035

Colvin, C., Rogers, T., Wade, A., Dawson, S., Gašević, D., Buckingham Shum, S., ··· Fisher, J. (2015). *Student retention and learning analytics: A snapshot of Australian practices and a framework for advancement* (Research Report). Canberra, Australia: Office of Learning and Teaching, Australian Government.

Daniel, D. (2017). *Big data in higher education: The big picture. In Big Data and Learning Analytics in Higher Education* (pp. 19–28). Springer International Publishing.

Drachsler, H., & Greller, W. (2012). The pulse of learning analytics understandings and expectations from the stakeholders. In *Proceedings of the 2nd international conference on learning analytics and knowledge* (pp. 120–129). ACM.

Dringus, L. P. (2012). Learning analytics considered harmful. *Journal of Asynchronous*

---

90 제4장 고등교육에서 학습분석의 적용과 실천

Learning Networks, 16(3), 87–100.

Educause. (2010). Things you should know about analytics, EDUCAUSE 7 things you should know series. Retrieved July 10, 2018 from http://library.educause.edu/~/media/files/library/2010/4/eli7059-pdf.pdf.

Elias, T. (2011). Learning Analytics: Definitions, Processes, Potential. http://www.learninganalytics.net/LearningAnalyticsDefinitionsProcessesPotential.pdf.

Ferguson, R. (2012). Learning analytics-drivers, developments and challenges. *International Journal of Technology Enhanced Learning, 4*(5), 304–317.

Ferguson, R., & Clow, D. (2017). Learning Analytics: Avoiding Failure. *Educause Review Online, 31*.

Gašević, D., Dawson, S., & Pardo, A. (2016). "How do we start? State and directions of learning analytics adoption", International Council for Open and Distance Education, https://icde.memberclicks.net/assets/RESOURCES/dragan_la_report%20cc%20licence.pdf(accessed 23 November 2017).

Goldstein, P. J., & Katz, R. N. (2005). *Academic analytics: The uses of management information and technology in higher education* (Vol. 8, pp. 1–12). Educause.

Greller, W., & Drachsler, H. (2012). Translating learning into numbers: A generic framework for learning analytics. *Educational Technology & Society, 15*(3), 42–57.

Huebner, R. A. (2013). A Survey of Educational Data-Mining Research. *Research in higher education journal, 19*.

IMS Global Learning Consortium (2013). Learning measurement for analytics whitepaper. Retrieved from http://www.imsglobal.org/IMSLearningAnalyticsWP.pdf.

Johnson, L., Adams, S., & Cummins, M. (2012). *The NMC horizon report: 2012 Higher education edition*. Austin, Texas: The New Media Consortium.

Johnson, L., Adams, S., Cummins, M., Estrada, V., Freeman, A., & Hall, C. (2016). NMC horizon report: 2016 higher education edition. Austin, Texas: The New Media Consortium.

Johnson, L., Smith, R., Willis, H., Levine, A., & Haywood, K. (2011). *The 2011 Horizon Report*. Austin, Texas: The New Media Consortium.

Larusson, A. J., & White, B. (2014). *Learning analytics: From research to practice*. Springer.

Leitner, P., Khalil, M., & Ebner, M. (2017). Learning Analytics in Higher Education—A Literature Review. In *Learning Analytics: Fundaments, Applications, and Trends* (pp. 1−23). Springer International Publishing.

Pardo, A., & Teasley, S. (2014). Learning analytics research, theory and practice: widening the discipline. *Journal of Learning Analytics, 1*(3), 4−6.

Romero, C., & Ventura, S. (2010). Educational data mining-a review of the state of the art. Systems, Man, and Cybernetics, Part C−Applications and Reviews, *IEEE Transactions on, 40*(6), 601−618.

Romero, C., López, M. I., Luna, J. M., & Ventura, S. (2013). Predicting students' final performance from participation in on-line discussion forums. *Computers & Education, 68,* 458−472.

Shum, S. B. (2012). Learning analytics [policy brief]. Moscow, RU: United Nations Educational, Scientific and Cultural Organization UNESCO Institute for Information Technologies in Education.

Siemens, G. (2010). What are Learning Analytics? *Retrieved February 10,* 2012, from http://www.elearnspace.org/blog/2010/08/25/what-are-learning-analytics/

Siemens, G., & Long, P. (2011). Penetrating the fog-Analytics in learning and education. *Educause Review, 46*(5), 30−32.

Siemens, G., Dawson, S., & Lynch, G. (2013). *Improving the quality and productivity of the higher education sector−Policy and Strategy for Systems-Level Deployment of Learning Analytics.* Canberra, ACT: Society for Learning Analytics Research for the Australian Office for Learning and Teaching.

Siemens, G., Gasevic, D., Haythornthwaite, C., Dawson, S., Shum, S. B., Ferguson, R., ... & Baker, R. S. J. D. (2011). *Open Learning Analytics: an integrated & modularized platform* (Doctoral dissertation, Open University Press).

Van Barneveld, A., Arnold, K. E., & Campbell, J. P. (2012). Analytics in higher education: Establishing a common language. *EDUCAUSE learning initiative, 1*(1), 1−11.

Wong, B. T. M. (2017). Learning analytics in higher education: an analysis of case studies. *Asian Association of Open Universities Journal, 12*(1), 21−40.

Wright, M. C., McKay, T., Hershock, C., Miller, K., & Tritz, J. (2014). Better Than Expected: Using Learning Analytics to Promote Student Success in Gateway

Science. *Change: The Magazine of Higher Learning, 46*(1), 28–34. https://doi.org/
10.1080/00091383.2014.867209

Zilvinskis, J., Willis, J., & Borden, V. M. H. (2017). An Overview of Learning Analytics.
New Directions for Higher Education, 179, 9–17.

제5장

한국 대학에서 대학기관연구 도입 관련 쟁점과 시사점[*]

배상훈, 윤수경(성균관대학교)

1. 서론

위인(偉人)의 경험과 직관이 위대한 발견과 판단을 낳는 경우가 있다. 하지만 데이터를 분석해서 산출한 정보가 미래 예측과 문제해결에 보다 효과적일 수 있다는 것도 주지의 사실이다. 특히, 최근에는 대규모 데이터는 물론 비정형 데이터까지 실시간으로 수집하고 분석할 수 있는 도구가 발달하고, 이를 지원하는 인터넷 환경이 조성됨에 따라 데이터 기반 의사결정은 시대적 흐름이 되고 있다. 이러한 경향은 특히 비즈니스 세계에서 두드러진다. 많은 기업들이 마케팅, 문제해결, 전략 수립에 데이터 분석 결과를 활용하고 있다. 최근에는 정부 등 공적 영역과 언론 부문까지 데이터를 활용한 전략적 의사결정이 도입되고 있다(고한석, 2013; 신동희, 2014). 이제 대학의 경영에서도 데이터의 활용은 예외가 아닐 것이다.

오늘날 세계의 대학들은 환경의 질적 변화를 맞고 있다. 정부는 재정 지원을 줄이고, 선택과 집중의 원리에 따라 우수한 대학에 지원을 집중한다. 정보공시를 통

---

*이 원고는 서울대학교 교육연구소에서 발행하는 '아시아교육연구 제17권 2호(pp. 367-395)'에 게재된 내용임을 밝힙니다.

해 소비자의 선택권을 확대하는 제도를 운영한다. 이러한 고등교육의 민영화 현상(Privatization)은 전 세계적인 흐름이다(Carnoy, 2000). 여기에 국경을 넘는 학생 이동이 증가하고, 대학 간 경쟁이 전 세계로 확대되는 고등교육의 세계화도 가속화하고 있다(Stromquist & Monkman, 2000). 고등교육의 책무성에 대한 요구가 거세지고, 교육의 질 관리는 핵심 과업이 되었다(Astin & Antonio, 2012). 우리나라의 대학들은 여기에 학생 수의 급격한 감소라는 위기까지 겪음에 따라 이제 대학의 효율적 경영과 질적 경쟁력 제고는 최우선 과제가 되고 있다(유현숙, 임후남, 이정미, 최정윤, 서영인, 권기석, 이필남, 2011; 이정미, 김민희, 나민주, 임후남, 2012).

민영화, 세계화, 대학교육 책무성 및 교육의 질 보장이라는 시대적 요구와 흐름을 맞아, 대학 사회에서도 데이터에 기반을 둔 전략적 의사결정과 효율적 대학경영에 대한 관심이 확대되고 있다. 그 중심에는 대학기관연구(Institutional Research)가 있다. 대학기관연구란 "대학 차원의 전략계획 수립, 정책개발 및 의사결정을 지원하는 일체의 활동(Saupe, 1990)"을 의미한다. 구체적으로 대학 행정을 통해 생산되거나 외부에서 획득한 데이터를 체계적으로 연계하고 분석함으로써 의사결정에 도움이 되는 정보를 산출하는 기능을 의미한다. 또한 이러한 정보를 바탕으로 정책과 프로그램의 효과성을 검증하고, 새로운 대안을 제시하는 역할까지 담당한다(Knight, 2014). 이는 비록 미국 대학들을 중심으로 발전했지만, 최근에는 유럽, 중국, 일본 등에서도 관심이 증가하는 추세다.

최근 우리나라에서도 데이터 기반 교육의 질 관리는 대학 사회에서 화두가 되고 있다(참고: 제6차, 제7차 ACE 포럼 자료집). 학부교육 선도대학 지원사업(ACE 사업), 대학 특성화 사업(CK 사업), 산학협력 선도대학 육성사업(LINC 사업) 등 재정지원 사업에서 교육의 질 관리 체제가 평가지표로 제시되는 이유도 있지만, 본질적으로는 대학교육의 책무성에 대한 사회적 요구가 분출하고 대학들은 이를 생존의 차원에서 받아들이기 때문이다. 이러한 맥락에서 한국의 대학에서도 대학기관연구에 대한 관심이 증가하고 있다(신현석, 전재은, 유은지, 최지혜, 강민수, 김어진, 2015). 학습과정과 교육성과에 관한 자료를 수집하고 분석하여 대학교육의 효과성을 검증하는 부서를 만들고, 이를 위해 전문가를 채용하고 있다. 최고 수준의 데이터 분석 역량과 교육적 전문성을 갖춘 인재를 보유하고, 효율적 운영을 추구하는 대학에서 이러한 움직임이 일어나는 것은 자연스러운 일이다. 이제 우리나라 대학에서도 객관적인 자료와 정보에 기반을 둔 전략적 의사결정, 교육의 질 관리, 효율적 대학경영이 필요하다는 인식은 점차 확대되는 추세에 있다(배상훈, 윤수경, 2015).

그러나 아직까지 우리나라에서 대학기관연구의 도입과 관련된 문제와 쟁점을 폭넓게 고찰한 연구는 제한적으로 이루어지고 있다. 관련 선행연구들은 주로 미국 대학기관연구를 중심으로 시사점을 제시한 연구(장덕호, 2015; 신현석 외, 2015), 대학 조직의 의사결정 모형을 문헌 분석으로 탐색한 연구(김명한, 1993; 이형행, 1990), 대학에서 이루어진 의사결정에 대한 사례 연구(배동인, 1998), 대학에서의 의사결정 구조 및 거버넌스의 현황을 분석한 연구(강인수, 2001; 박동기, 2008; 송지광, 2005; 변기용, 강현선, 권소연, 2011) 등이다.[1]

하지만 미국의 고등교육을 배경으로 발달된 제도를 문화와 풍토가 다른 한국의 대학에 도입하려면, 이 과정에서 어떠한 문제가 발생할 수 있고 그 원인은 무엇인지를 미리 예측하고 대비할 필요가 있다. 특히 미국의 문화 및 풍토를 토대로 발전해 온 대학기관연구가 다른 나라에서는 어떤 양상을 보이며 발전하는지, 한국적 맥락에서 우리 대학들이 이 제도를 도입할 경우 발생할 수 있는 쟁점과 시사점은 무엇인지를 확인할 필요가 있다. 본 연구는 이러한 문제의식과 필요성을 가지고 수행되었다.

본 연구의 목적은 두 가지다. 첫째, 1950년대 이후 미국의 대학들을 중심으로 발전해 왔고, 오늘날 여러 나라의 대학들이 도입하려 하거나 운영 중인 대학기관연구의 특징에 대해 살펴보았다. 구체적으로 대학기관연구의 개념과 역사적 발전과정, 대학에서의 역할 및 기능, 국내외 관련 동향을 살펴보았다. 둘째, 우리나라 대학들이 대학기관연구를 도입함에 있어 고려해야 할 사항과 예상되는 쟁점이 무엇인지를 살펴보고, 대학기관연구의 적용가능성을 탐색해 보았다. 전문가 대상 설문조사와 좌담회를 통해 대학기관연구의 목적과 취지를 확인하였고, 이를 도입하는 과정에서 예상되는 문제와 쟁점을 도출하고자 하였다. 다음으로 대학 현장

---

[1] 미국의 경우, 「New Directions for Institutional Research」와 같은 학회지를 중심으로 1974년부터 현재에 이르기까지 대학에서 이루어지는 의사결정 과정에 대학기관연구가 어떠한 도움을 주고, 이를 위해 무엇이 필요한지 등에 대한 연구와 분석이 이루어지고 있으며, 효과적인 의사결정을 위한 대학기관연구 모델까지 다양하게 제시하고 있다.

의 행정가들까지 참여하는 좌담회에서 이루어진 논의와 관련 문헌의 분석을 토대로 우리나라 대학들이 대학기관연구를 도입함에 있어 고려하여야 할 정책적 시사점을 제시하였다.

2. 이론적 배경

1) 대학기관연구

(1) 개념 및 역사적 발전

대학기관연구(Institutional Research)란 대학에서 이루어지는 다양한 기획 및 정책 개발 그리고 이와 관련된 의사결정을 체계적으로 지원하기 위한 일체의 활동을 의미한다(Saupe, 1990). 이러한 활동은 매우 다양하지만, 대체로 대학 자체연구, 조사 활동, 연구위원회 및 관련 부서(research committees or bureaus) 설치와 연구 수행의 형태로 수렴된다(Reichard, 2012). 대학 자체연구(college self-study)란 대학이 기관 차원에서 당면하고 있는 환경이나 문제에 대하여 연구를 수행하는 것을 의미하고, 조사(surveys)는 내부 또는 외부 전문가 집단이 교수나 학생 등 대학 구성원을 대상으로 설문 등을 통해 자료를 수집하고 분석하여 정보를 생산하는 활동을 말한다. 가장 적극적인 대학기관연구는 대학에 관련 부서를 설치하고 대학의 교육, 연구 및 기타 경영 활동을 효과적으로 수행하기 위한 대안과 정보를 제시하는 것이다. 이는 고등교육 정책 동향의 파악 및 대학의 대응 방안에 대한 연구의 수행까지 포함한다.

한편 대학기관연구를 통해 달성하려는 과업은 이를 담당하는 인력에게 요구되는 역량이나 지식이 무엇인지를 살펴봄으로써 이해할 수 있다. Terenzini(1993)는 이를 기술적·분석적 지식(technical, analytical intelligence), 이슈에 대한 지식(issue intelligence), 맥락적 지식(contextual intelligence) 등 세 가지로 유형화하였다. 우선 기술적·분석적 지식은 대학기관연구 담당자에게 요구되는 기본적인 역량으로 자료 조사 및 분석, 컴퓨팅과 같은 도구적 차원의 지식과 역량을 의미한다. 주로 대학에서 이루어지는 기본적인 활동(예: 입학, 등록, 학위 수여, 재정 등)을 보여 주는 객관적 통계 자료를 가공하고 생산하는 데 쓰인다. 둘째, 이슈에 대한 지식은 대학이 당면하고 있는 구체적인 문제(예: 학생의 다양성 정도, 자원 배분의 우선순위, 교육 프로그램의 질 평가 등)에 대한 이해의 정도를 의미한다. 여기에는 이러한 문제와 관련되거나 핵심 인물이 누구인지를 파악해 내는 역량도 포함된다. 마지막으로, 맥락적 지식은 대학의 여건과 환경을 객관적으로 이해하는 능력을 의미한다. 대학의 역사, 문화, 풍토, 종교적 맥락, 대학 구성원들의 인구통계학적 특성 등 대학 자체에 대한 이해와 함께 지역사회, 정책 동향 등 외부 환경에 대한 이해를 포함한다.

한편, Howard와 Borland Jr.(2001)는 Terenzini(1993)가 제시한 세 가지 층위의 지식과 관련하여 대학기관연구의 효과적인 의사결정 단계를 세 단계로 제시한다. 그들에 따르면, 의사결정 단계는 ① 최소한의 효과적인 의사결정 지원(least effective decision support), ② 좀 더 효과적인 의사결정 지원(more effective decision support), ③ 가장 효과적인 의사결정 지원(Best effective decision support)으로 나뉜다. 먼저 '최소한의 효과적인 의사결정 지원' 단계는 '무엇을 발견하였는가?'라는 질문에 맥락화되지 않은 답을 제시하는 것이며 '기술적 지식'이 적용된다. 대학기관 연구자에게 맥락화되지 않은 데이터와 정보를 기대한다면, 대학기관 연구자는 조직이나 의사결정자의 맥락에 대해 인지할 필요가 없으며, 의사결정권자와 조직적으로 낮은 정도의 근접성을 가지게 된다. 한편 '좀 더 효과적인 의사결정 지원' 단계는 조직의 구조와 과정 및 맥락 아래서 '무엇을 의미하는가?'에 대한 답을 줄 수 있는 맥락화된 데이터가 제공되는 경우다. 이를 위해서는 Terenzini(1993)가 제시한 '이슈에 대한 지식'이 필요하다. 즉, 대학기관 연구자들은 조직의 맥락 속에서 데이터를 다루고, 정기적으로 의사결정자와 소통하고 근접하여 이전 단계보다 나은 의사결정 지원을 하게 된다. 마지막으로, '가장 효과적인 의사결정 지원' 단계는 '그래서 무엇을?'에 대한 답이 가능한 단계다. 이 경우에는 조직 구조와 과정을 물론 의사결정자의 가치를 반영된 정보가 생산된다. 여기서 대학기관 연구자에게 요청되는 지식은 '맥락적 지식'이며, 대학기관 연구자는 의사결정자와 근접한 상황에서 보다 자주, 직접적으로 소통하게 된다.

대학기관연구는 미국을 중심으로 발전해 왔다. 특히, 1950년대와 1960년대에 걸쳐 급격히 성장하였는데, 이 시기에 고등교육이 급격히 팽창하고 대학교육의 책무성에 대한 사회적 요구가 확대됨에 따라 실증적 분석의 필요성에 대한 사회적 공감대가 형성되었기 때문이다(Reichard, 2012). 이 시기에 대학기관연구 부서들이 본격적으로 설치되기 시작했는데, 1955년에 10개에 그쳤던 것이 1964년에는 115개로 대폭 늘어났다(Swing, 2015). 미국은 50개 주에 4,700여 개의 대학이 있으며, 대부분의 대학에서 대학기관연구를 실시하고 있다(McLaughlin, Howard, & Bramblett, 2015). 미국에서 대학기관연구의 정체성에 대하여는 두 가지 관점이 존재한다. 하나는 학문 차원의 탐구와 연구(research)로 생각하는 것이고, 다른 하나는 대학 행정 및 경영의 효율화를 위한 실질적인 활동(practices)으로 이해하는 것이다. 대학기관연구가 발전하면서, 강조점은 순수한 이론적 연구에서 구체적인 의사결정을 지원하는 실천적 자료의 생산과 대안 제시로 점차 이동하고 있다(Taylor, Hanlon, & Yorke, 2013).

미국의 대학기관연구 담당자들은 전문가로서 정체성을 가진 집단을 지향하며 성장하고 있다. 이와 관련하여 활발한 활동을 펼치는 집단이 1965년에 출범한 '대학기관연구협회(Association for Institutional Research: AIR)'이며, 약 1,500개 기관에서 4,000명의 회원이 참여하고 있다. 세계적으로는 38개국에서 약 200여 명의 국제 회원도 가입하고 있으며(AIR 사무총장 Randy Swing 이메일 자료, 2014년 12월 9일), 여러 나라에서 대학기관연구 관련 단체가 발전하는 데에도 기여하였다. 하지만 미국 밖에서 대학기관연구는 아직 충분히 성숙했다고 보기 어렵다(Taylor, Hanlon, & Yorke, 2013). 예컨대, 유럽의 경우, EAIR(European Association for Institutional Research)이 설립되었지만 최근까지도 '대학기관연구'라는 용어가 활발히 사용되고 있지는 않다(Huisman, Hoekstra, & Yorke, 2015).

(2) 대학에서 역할과 기능

대학기관연구의 역할과 기능은 고등교육 환경의 변화, 대학 구성원의 요구 다변화, 자료의 처리 및 분석 방법과 소프트웨어의 발전과 함께 다양하게 진화하고 있다. Volkwein(1999)은 특히 대학기관연구 담당자가 가진 행정적 역할(대학 내 행정 부서로서 활동)과 전문가로서 역할(객관적인 연구를 보다 강조하는 학문적 활동)에 주목하였다. 나아가 이를 대학기관연구의 목적 및 대상과 연계하여, 대학기관연구의 역할과 기능을 네 가지 유형으로 분류하였다. 최종적으로 Serban(2002)이 제시

한 지식 관리자로서 역할을 추가하여, 대학기관연구가 가지는 특성을 [그림 5-1]
과 같이 다섯 가지로 제시하였다(Volkwein, 2008).

　첫째, 정보의 공식적 생산자(information authority)로서 대학기관연구는 대학 내
부의 행정적 차원(administrative, institutional)의 역할을 의미한다. 주로 대학 규
모, 학생, 직원, 활동 등 각종 현황에 대한 객관적 정보를 팩트북(FactBook) 등
의 형태로 만들어 제공하는 기능을 수행한다. 이러한 역할을 수행하는 경우,
Terenzini(1993)가 제시한 기술적 지식이 요구된다. 둘째, 정책 분석가(policy
analyst)로서의 대학기관연구는 대학 내부에서 전문적 역할(academic, professional)
을 수행하는 경우를 말한다. 대학의 발전 계획, 재정 운용 계획, 정책 변경, 구조
개혁 등과 관련된 정책 문제를 연구하고 분석하는 컨설턴트의 역할을 담당한다.
대학기관연구 담당자가 이러한 역할을 수행하기 위해서는 분석적 지식과 이슈에
대한 지식이 필요하다. 셋째, 대학의 공보 담당자(spin doctor)로서 대학기관연구
는 외부적·행정적 측면에서 대학의 우수성을 보여 주는 통계나 사례를 대외적
으로 제공하는 역할을 담당한다. 학생과 학부모를 대상으로 하는 홍보 자료, 기금
모금 및 정부의 지원을 얻기 위한 대학성과 자료 등을 제작하는 것이 여기에 속한
다. 넷째, 학자 또는 연구자(scholar & researcher)로서 대학기관연구는 대학이 책
무성을 보여 주는 차원에서 전문적으로 수행하는 역할을 의미한다. 즉, 대학이 제
시한 비전과 목표의 달성 정도, 대학교육의 효과성 등과 관련된 증거를 과학적으
로 조사하고 분석하여 제시하는 기능을 말한다. 이는 대학교육 성과 보고서, 자
체평가 보고서, 프로그램 평가인증 등의 형태로 제작된다. 다섯째, 지식 관리자
(knowledge manager)로서 대학기관연구는 대학에서 생산되는 각종 자료들을 체
계적으로 연계하여 보관하는 데이터베이스를 구축하고, 이를 공유하여 가치 있는
정보의 생산을 유도하는 역할을 수행하는 것이다. 오늘날 빅데이터 시대를 맞아
데이터 사이언스가 발전하면서 이러한 역할에 대한 기대가 높아지고 있다.

　Volkwein(2011)은 대학기관연구의 주요 기능을 세 가지로 제시하였다. 첫째는
대학기관 보고서 작성 및 정책 분석이고, 둘째는 전략계획, 등록관리, 재정운영 등
에 필요한 의사결정 지원이며, 셋째는 대학성과의 측정, 프로그램 평가인증, 교육
효과성 검증 등이 있다. 오늘날 대학기관연구는 대학성과의 측정 및 평가, 보고서
작성, 대학생 조사 등에서 대학성과에 대한 장기적 관점의 진단과 측정, 전략경영

지원으로 중심축이 이동하는 추세다(Calderon & Mathies, 2013). 이는 다양한 이해관계자의 의사결정을 지원해야 하는 복합적인 환경에 놓여 있는 대학 조직의 맥락에서 대학기관연구는 의사결정 과정에서 불확실성을 감소시킬 수 있는 정보를 제공하는 실용적인 기능을 가져야 한다는 것으로 이해될 수 있다. 또한 대학기관연구 담당자들은 양적 분석 외에 질적 데이터와 정보의 분석을 통해 조직의 맥락, 구조, 의사결정자의 가치를 파악하여 의사결정에 활용하는 기능까지 수행한다(Howard & Borland, Jr., 2001).

		목적과 대상	
		형성적, 내부적 (formative, internal), 개선 목적(for improvement)	종합적, 외부적 (summative, external), 책무성 목적(for accountability)

조직에서 역할과 문화
(organiza-
tional role
and culture)
	행정적 · 기관적	• 목적: 기관 활동의 설명
		• 역할: 권위적 정보 생산자
		  (information authority)
			• 목적: 우수 사례 제시
			• 역할: 공보 담당자
			  (spin doctor)

	학문적 · 전문적	• 목적: 정책 대안의 분석
		• 역할: 정책 분석가
		  (policy analyst)
			• 목적: 효과성의 공정한 검증
			• 역할: 학자 및 연구자
			  (scholar & researcher)

	기술	• 목적: 자료를 정보와 지식으로 전환, 정보 생산과 관리를 위한 협력, 지식 창출 및 공유의 촉진 • 역할: 지식 관리자(knowledge manager)	

[그림 5-1] 대학기관연구의 다섯 가지 측면

출처: Volkwein, J. F. (2008). *The foundations and evolution of institutional research*, p. 18.

2) 국제 동향 및 선행연구

유럽의 대학들은 대체로 국립대학이며, 고등교육은 국가가 책임지는 영역으로 인식되어 왔다(Ritzen, 2010). 그러나 최근 각국 정부는 교육 및 연구의 성과를 보여 주는 지표를 통하여 책무성을 평가하고, 대학 간의 경쟁을 유도하는 방향으로 시장 기반(market-oriented) 고등교육 개혁을 추진하고 있다. 또한 고등교육의 세계화로 학생의 이동이 심화됨에 따라 유럽 대학들도 이질적인 학생 집단을 가르쳐야 하는 도전에 직면하고, 정부 지원의 감소로 새로운 재원을 찾아야 하는 상황을 맞이하고 있다(Mathies & Välimaa, 2013). 이러한 환경의 변화는 유럽의 대학들이 대학경영의 효율성과 외적 홍보에 보다 관심을 갖도록 하였고, 이로 인해 대학기관연구도 점점 더 가시화되었다. 그러나 미국 사례와 비교하여 아직 대학기관연구라고 명명할 수 있을 정도의 발전은 이루어지고 있지 않다. 오히려 미국에서 통용되는 대학기관연구 성격의 업무들이 이미 상당 부분 대학의 기획처(academic planning offices)와 같은 부서에서 다른 이름으로 수행되고 있는 실정이다. 또한 유럽의 대학에서 대학기관연구의 기능을 수행하는 담당자들은 미국과 달리 전문성과 경력의 개발을 포함하는 전문직으로 빌진하고 있지 않다. 관련 업무 수행자들은 매우 다양한 부서에서 일하고 있으며, 스스로를 대학기관연구 전문가로 명명하는 경우도 드물다. 따라서 유럽 대학기관연구협회(European Association for Institutional Research: EAIR)에서는 연구자, 행정가, 정책가 등 다양한 그룹이 참여하여 대학기관연구의 가치와 전문성을 지속적으로 강조하는 방향으로 발전하고 있다(Huisman, Hoekstra, & Yorke, 2015).

일본[2]에서 대학기관연구는 1990년대부터 나타났다. 일본 고등교육은 국공립대학과 사립대학이 혼재되어 있으며, 사립대학들도 국공립대학과 마찬가지로 정부의 지원을 받고 있다. 일본 경제는 1992년 거품 경제가 붕괴한 이후, 약 20년 동안 침체되었고 정부의 공공 분야에 대한 지원도 줄어들었다. 따라서 고등교육 분야에서도 민영화(privatization)가 진행되었고, 정부는 효율적이고 효과적인 대학경영을 요청하고 있다. 이러한 변화 속에서 일본의 대학들도 대학기관연구의 필요성을 직시하기 시작했지만, 아직 자료의 수집, 관리, 분석 수준에 머무르고 있으며, 대학의 정책 형성 및 의사결정에 대한 지원 기능은 부족한 것으로 나타났다.[3] 국립대학의 경우, 대학기관연구 관련 부서는 대학의 개선이나 혁신을 위한 일을 수행하기보다는 책무성 및 정부 재정지원 확보와 연계된 평가인증 업무에 중점을 두고 있다. 또한 국립대학에서 등록금 수준, 교수 충원, 입학 정원 등을 결정함에

---

2) Funamori, M. (2013)의 보고서를 주로 요약하였다.

3) 일본 사립대학의 대학기관연구 부서의 72.7%는 데이터 관리 및 데이터 제공 기능을 하고 있으며, 50.5%이 데이터 분석을, 그리고 45.4%가 데이터 분석을 토대로 한 대학 개혁 계획을 지원하고 있는 것으로 나타났다(Okada & Oki, 2009; Funamori, 2013: 230 재인용).

있어 자율성이 충분히 보장되지 않아 이에 대한 연구는 거의 수행되고 있지 않다. 사립대학의 경우도 주로 교수학습센터라는 이름을 사용하고 있으며, 대학 차원의 정책 형성 및 의사결정 과정에 대한 참여는 미흡한 실정이다. 반면 학생 등록금에 재정 수입을 주로 의존하고 있는 사립대학에서 등록 관리는 필수적인 이슈로, 관련한 업무를 입학 부서 또는 재정 관리 부서에서 담당하고 있다. 한편 대부분의 일본 대학들은 학생 지원 차원에서 만족도 조사 등을 실시하고, 기숙사 질 관리도 학생 관련 이슈로 다루어지고 있다. Funamori(2013)는 일본 대학들도 세계화 물결 속에 경쟁력을 갖추고 발전하기 위해서는 대학 차원의 발전 전략 수립과 효율적 경영이 요구되며, 대학기관연구 부서들이 이를 적극적으로 지원해야 한다고 밝히고 있다.

중국의 경우,[4] 고등교육의 대중화와 학생 등록률의 증가[5]로 대학의 경영이 전통적인 경험적 경영에서 데이터에 기반을 둔 과학적 경영으로 이동하고 있다. 또한 대학 자율성 강화, 대학교육에 대한 투명성과 책무성 요구 확대, 고등교육 세계화에 따른 대학 경쟁력 확보 정책, 데이터 기반 대학경영과 고등교육 연구 추세 등 고등교육 환경이 변화함에 따라 중국 대학에서도 대학기관연구에 대한 관심이 증가하고 있다. Zhang과 Chen(2012)에 따르면, 중국 대학에서의 대학기관연구는 대학 기관의 전략적 의사결정 지원, 중장기 전략 계획 지원, 교수-학습의 평가 및 교원의 학문적 생산성 평가, 대학 자체에 대한 내적 경영 컨설팅, 다른 대학에 대한 외적 경영 컨설팅의 역할을 수행하고 있다. 그러나 국가 차원의 고등교육 통합 데이터베이스가 없으며, 대학 차원에서도 통합 데이터베이스는 거의 드물고 대중에 공개되지 않는 상황이다. 따라서 중국에서의 대학기관연구는 주로 사례 연구, 캠퍼스 이슈 연구를 중심으로 이루어지고 있을 뿐이다. 2010년에는 중국 AIR을 중심으로 미국의 고등교육 통합 데이터베이스(IPEDS)와 같은 국가 차원의 고등교육 데이터베이스 시스템 구축이 정부에 건의되었고, 중국 정부는 분리된 고등교육 데이터베이스를 통합하려는 노력을 하고 있다. Zhang과 Chen(2012)는 향후 고

---

4) Zhang, J., & Chen, M. (2012)의 보고서를 주로 요약하였다.
5) 중국의 경우, 대학 취학 연령 중 고등교육 등록비율은 1998년 9.8%, 2003년 17%, 2010년 26.5%로 성장하고 있다.

등교육 데이터베이스 및 정보 시스템 구축, 사례 연구를 통한 심층적인 캠퍼스 이슈 분석, 대학기관연구 담당자들의 훈련이 핵심 이슈라고 밝히고 있다. 이와 같이 대학기관연구는 미국에서 태동하였으나, 이 제도를 도입한 유럽, 일본, 중국 대학들은 각국의 상황과 맥락에 따라 다양한 형태로 대학기관연구를 실시하고 있음을 알 수 있다.

3) 국내 동향 및 선행연구

선진국과 마찬가지로 우리나라 대학에서도 데이터에 기반을 둔 전략적 의사결정, 교육의 질 관리, 효율적 대학경영 등에 대한 관심이 점차 확대되고 있다. 특히, 미국 대학에서 활발히 이루어지고 있는 대학기관연구에 대한 정책적·학문적 관심이 증가하고 있다. 하지만 실천적 관점에서 볼 때, 아직까지 국내 대학에서는 선진국 대학에서 수행하고 있는 대학기관연구를 제대로 수행하는 별도의 공식 조직 내지 기능을 찾아보기 어렵다(장덕호, 2015). 신현석 등(2015) 또한 국내 대학에서 미국의 대학기관연구와 유사한 업무 또는 활동은 찾아볼 수 있지만, 주체가 교내 여러 부서에 산재해 있으며 미국 대학기관연구 부서와 같이 체계적인 기능을 전담하는 부서를 찾아보기는 어렵다고 보고하였다. 장덕호(2015)는 국내 3개 대학(대규모 사립대학, 대규모 국립대학, 소규모 학부중심대학)에 대하여 대학기관연구의 수행 사례를 분석하였다. 그 결과, 주로 대학 전반의 운영에 대한 평가, 제도 개선, 정보 관리, 의사결정 지원, 이러한 기능을 수행하기 위한 각종 연구 등의 기능이 본부의 여러 행정부서와 위원회 등에 혼재하고 있음을 발견하였다. 또한 대학기관연구에 기대되는 역할도 각종 정부 재정지원사업의 수주를 위한 준비, 성과지표 중심의 대학평가에 따른 단기적 관점의 보고서 작성 등에 치중되어 대학 전체의 경영을 조망하는 객관적인 데이터의 생산과 전략적인 정보 관리는 소홀하게 이루어지고 있다고 분석하였다.

우리나라에서 대학기관연구와 관련한 학술적 연구는 주로 문헌 분석을 통해 미국의 대학기관연구에 대한 현황 및 운영 사례를 소개하거나, 국내 일부 대학의 사례를 조사하여 비교하고 시사점을 제시하는 수준에 머무르고 있다(장덕호, 2015; 신혁석 외, 2015). 본 연구는 여기서 더 나아가 대학기관연구 관련 기능을 수행하는 국내 대학 담당자를 대상으로 한 설문조사와 전문가 좌담회를 통해 대학기관연구에 대한 국내 실무자의 관점과 인식을 분석하고자 하였다. 또한 국내외 대학기관연구 전문가들이 참여하는 전문가 회의를 통해 국내 대학에 대학기관연구를 도입할 경우에 발생할 것으로 예상되는 문제점을 분석하고, 한국 대학의 맥락에서 이를 극복할 수 있는 방안과 대학기관연구의 바람직한 발전 방향을 제시하고자 하였다.

3. 연구 방법

본 연구의 목적을 달성하기 위하여 문헌 분석, 대학기관연구 관련 교수 및 대학 행정가 대상 설문조사, 대학기관연구 전문가 좌담회를 병행하였다. 문헌 분석에는 국내·외 대학기관연구 관련 문헌, 학술대회 자료집, 학위 논문, 관련 웹 사이트 자료 등이 활용되었고, 이를 통해 대학기관연구의 개념, 역할 및 기능, 세계적 동향을 탐색하였다.

대학기관연구를 도입함에 있어 고려할 사항과 예상되는 쟁점을 탐색하기 위하여 설문조사를 실시하였다. 설문조사의 문항은 미국 대학기관연구협회(Association for Institutional Research: AIR)의 지원으로 수행된 대학기관연구 관련 연구[6]의 설문 문항을 연구자들이 한국 대학의 맥락과 본 연구의 취지에 맞게 수정하여 개발하였고, 국내 대학기관연구 전문가 좌담회(Focus Group)를 통하여 타당도를 확인하였다. 설문조사는 국내 대학에서 열렸던 대학기관연구 관련 국제 콘퍼런스에 참여한 전국 85개 대학의 교수 및 대학 관계자를 대상으로 이루어졌다. 최종적으로 71명의 자료가 수집되었으며, 불성실한 응답을 제외한 62명의 자료가 분석되었다. 비록 응답자 수가 많지는 않으나, 응답자들이 대학기관연구에 대한 이론 전문가이거나 대학에서 관련 업무를 수행하고 있는 교수, 연구원, 직원이라는 점에서 본 연구에 유용한 정보를 제공하였다. 즉, 설문조사의 결과를 통하여 대학기관연구에 대한 일반 동향과 국내 관계자들의 인식 및 쟁점을 확인할 수 있었다. 또한 응답

---

6) 참고: Swing, R. (2015).

자의 소속 기관별 분포와 특성은 〈표 5-1〉과 같다.[7]

　대학기관연구를 우리나라 대학에 도입하는 과정에서 고려할 사항이나 예상되는 쟁점과 향후 전망을 탐색하기 위하여 세 번의 전문가 좌담회를 개최하였다(〈표 5-1〉 참조). 제1회 좌담회에는 대학기관연구 관련 국제 콘퍼런스에 참여했던 국내외 전문가 8명이 참여하였고, 제2회 좌담회에는 대학기관연구의 도입을 계획하고 있는 수도권 대학의 관련 업무 담당 직원과 연구원 등 6명이 참여하였다. 마지막으로 제3회 좌담회에는 대상을 넓혀서 동 대학의 주요 부서 과장급 직원 13명이 참여하였다. 참석자들의 동의를 얻어 토론 내용은 녹음 또는 기록되었고, 연구 목적에 부합하는 발언 내용을 발췌하여 분석하였다. 분석 결과는 국내 대학의 대학기관연구 부서에 근무하는 교육학 박사 1인의 의견을 수렴하여 재확인하였다.

　위의 과정을 통해 도출된 대학기관연구의 국내 대학 도입과 관련한 주요 쟁점별로 설문조사 결과, 좌담회 결과, 관련 이론 및 문헌을 종합적으로 검토하고 분석하였으며, 정책적 시사점을 도출하였다.

〈표 5-1〉 설문응답자 특성

구분		빈도수	비율(%)
설립 유형	국공립	9	14.75
	사립	52	85.25
소재지	수도권	33	53.23
	비수도권	29	46.77
대학 규모	대규모(학부 재학생 1만 명 이상)	28	45.16
	중규모(학부 재학생 5천~1만 명)	24	38.71
	소규모(학부 재학생 5천 명 이하)	10	16.13
직급	교수	28	45.16
	연구원	10	16.13
	대학 직원 등	24	38.71
총계		62	100.00

---

7) 설문조사 자료는 문헌연구 및 좌담회를 기반으로 수행된 질적 연구를 보완하고, 연구 결과의 해석을 위한 추가적인 자료로 활용되었다.

〈표 5-2〉전문가 좌담회 참석 대상

구분		참석자 특성
1차 좌담회 (2015. 2. 4.)	미국	• 미국 대학기관연구협회(AIR) 사무총장 • 미국 A대학교 고등교육연구센터 센터장(대학기관연구 전공) • 미국 B대학교 대학기관연구 부서 부서장 • 미국 A대학교 고등교육 전공 교수(대학기관연구 전공)
	국내	• C대학 교수(전직 대학 총장 및 대학기관연구 관련 도서 저자) • D대학 교수(전직 부총장) • E대학 교수(대학기관연구 전공 교수) • F대학 연구원(대학기관연구 관련 센터 선임 연구원)
2차 좌담회 (2015. 4. 6.)		• G대학 연구원(대학기관연구 담당 부서 박사 2, 석사 1) • G대학 직원(기획, 예산 관련 부서 팀장급 1, 과장급 2)
3차 좌담회 (2015. 4. 21.)		• G대학 직원(기획, 예산, 교무, 취업 지원, 입학, 국제교류, 발전기금, 연구 지원, 정보통신 부서 과장급 9명) • G대학 연구원(대학기관연구 담당 부서 박사 2, 석사 1) • G대학 법인(과장급 1명)

4. 대학기관연구 도입 관련 쟁점과 정책적 시사점

1) 대학 실무자와 전문가 사이의 대학기관연구에 대한 이해와 인식의 괴리

대학기관연구의 도입과 관련된 첫 번째 쟁점은 전문가들과 대학의 실무자들 사이에서 대학기관연구에 대한 이해와 인식에 있어 차이가 있다는 점이다. 대학 관계자를 대상으로 한 설문조사 결과, 대부분 대학기관연구가 매우 필요하다 (75.81%)는 인식을 하고 있는 것으로 나타났다. 하지만 전문가 좌담회에 따르면, 대학 실무자들은 대학에서 데이터 기반 의사결정과 교육의 질 관리, 즉 대학기관연구가 필요하다고 인식하고 있지만, 이러한 기능이 '이미 대학에서 하고 있는 일' 이라는 반응을 보였다. 즉, 우리나라 대학에서 대학기관연구는 이미 하고 있는 일

이며 새로울 것이 없다는 것이다. 단지 '대학기관연구'라는 용어가 보편화되지 않
았을 뿐이라는 것이다.

> "한국에서 IR은 새로운 개념이 아니라는 점을 말씀 드리고 싶습니다.
> 모든 총장님들은 IR 없이 결정을 내릴 수가 없습니다. 우리에게 없는 것
> 은 단지 IR 센터뿐이었습니다. …… 저는 기획 및 연구 부총장에게 IR 핵
> 심 인력과 같은 역할을 해 줄 것을 요청하였습니다. 그가 모든 분석 업
> 무를 할 수는 없기 때문에, 데이터 분석과 수집에 최고인 대학 교수님들
> 을 확인하였습니다.…… 모든 대학교는 자체적인 IR을 했기 때문에 이
> 는 새로울 것이 없는 개념입니다……." (국내 C대학, 전 총장)

> "그거 이미 우리가 다 하고 있는 일이에요. (가지고 있는 학생 만족도
> 자료를 보여 주며) 우리는 이런 자료를 만들어서 학생의 만족도를 다각
> 적으로 파악하고 교무위원회에 보고하고, 교무 행정과 교육의 질 관리
> 정책에도 잘 반영하고 있습니다." (국내 G대학, 교무행정 담당 과장)

그러나 대학기관연구에 보다 전문적인 지식과 깊은 이해를 가진 전문가들은 다
소 다른 견해를 제시하였다. 이와 관련하여 미국 대학의 전문가가 대학기관연구
의 기능과 관련하여 설명하는 바는 우리에게 시사하는 바가 크다.

> "실제로 한다고는 하지만 국내 대학들에서 이루어지는 데이터 수집과
> 분석은 부서 간 소통 없이 단일 부서에서 행정적 차원에서 이루어지는
> 경우가 대부분이고. 분석도 이미 일어난 일에 대한 기초적인 기술통계
> 수준의 자료 정리에 그치는 경우가 대부분인 것 같습니다. 데이터도 대
> 학 전체 데이터가 아니고, 분석도 초보적 수준에서 현황을 보여 주는 정
> 도로 보입니다. 아직 실제 미래 예측, 연관 분석 등이 이루어지고 있다고
> 보기는 어렵습니다." (국내 G대학, 대학기관연구 부서 박사급 연구원)

> "현재는 저를 포함한 4명의 직원들이 일하고 있으며, 한 명 더 찾고 있

는 중입니다. 수준 높은 연구 중심 대학은 7~10명까지 보유하는 것이 일반적입니다. 우리는 최근 수석 데이터 과학자, 설문조사 관리자, 데이터관리자, 그리고 IR 분석가를 영입하였습니다. 앞으로 외부 설문조사 및 마케팅 연구에 수요가 있어 채용할 계획입니다. 향후 채용 인력은 더 많은 정성적 정보를 생성하고 조사를 진행할 계획입니다." (미국 B대학, 대학기관연구 부서 부서장)

이상을 종합하면, 현재 대학의 실무 담당자들이 가지고 있는 대학기관연구의 개념과 범위에 대한 이해는 앞으로 이를 본격적으로 도입하는 과정에서 장애 요인이 될 수 있음을 보여 준다. 국내 대학에서도 대학기관연구가 진행되고 있다고 말하는 사람들은 Terenzini(1993)가 제시한 관련 지식 중에서 낮은 수준의 기술적·분석적 지식과 소속 부서 및 현재의 과업에 국한된 지식을 가지고 업무를 수행하고 있다고도 할 수 있다. 또한 대학 차원의 거시적 환경을 분석하고, 대안을 제시하는 맥락에 관한 지식(contextual intelligence)은 그다지 많이 활용하고 있지 않음을 볼 수 있다. 또 Volkwein(2008)이 제시한 대학기관연구의 기능을 적용하면, 대학과 관련된 정보를 생산하여 행정적으로 제공하는 '정보 생산자(information authority)' 역할과 이를 홍보하는 '공보 담당자(spin doctor)'의 수준에 머무르는 경향이 있음을 알 수 있다.

이와 같이 새로운 제도의 도입과 관련하여 대학 실무자들이 보여 준 막연한 불신과 회의적 시각은 '역사적 제도주의' 및 '경로의존성'의 관점에서 해석할 수 있다. 신제도주의자들(정정길, 최종원, 이시원, 2010; Powell & DiMaggio, 1991; Tyack & Cuban, 1995)은 기존 제도가 오랫동안 축적되어 온 역사의 산물이며, 놀라울 정도로 현상을 유지하려는 속성을 가지고 있어 외부로부터의 충격과 요구에도 쉽게 변화하지 않는 속성이 있다고 주장한다. 즉, '경로의존성(path independence)'이 있어 미국 대학 등에서 적극적으로 활용되고 있는 대학기관연구를 도입하는 것이 바람직하다고 인식하더라도 국내 대학의 구성원들이 암묵적으로 합의하고 있는 기존의 방식과 행동 양식을 바꾸는 것이 쉽지 않다는 것이다. 마찬가지로 문화이론가들(Hofstede, 1980; Schein, 2004; Scott, 1998)도 다른 문화를 기반으로 발전되어 온 제도를 도입하는 경우, 이를 받아들이는 주체의 문화와 충돌 가능성을 고려하여야 한다고 제언한다. 서로 다른 문화가 만날 경우, 시너지보다는 갈등을 일으키는 경우가 많다는 것이다. 대표적인 사례가 오늘날 대학기관연구와 유사한 대학 자체평가 제도다. 연구자들에 따르면(이석열, 2011; 이석열, 이호섭, 2014), 새롭게 도입된 자체평가 제도가 맥락적 분석과 대안의 제시보다는 기존 통계의 평면적 분석에 머무르는 경향이 있고, 이러한 관행은 대학 사회에서 어느 정도 보편적인 형태로 자리 잡고 있어 쉽게 변하지 않는다는 것이다.

한편 우리나라 대학의 경우 미국과 달리 학생 선발과 등록금 책정 등에 있어서 충분한 자율권을 누리지 못하고 관련 법령 및 정부 정책에 따른 규제를 받고 있는 상황이다. 이는 데이터 분석과 예측을 기반으로 하는 학생 등록 관리(enrollment management)와 재정 운영 관련 자율성이 작다는 것을 의미한다. 일본의 경우, 비록 국립대학은 우리와 유사하게 등록금 책정, 교수충원, 입학정원 등에 있어 자율권이 제한적이어서 관련 연구가 거의 수행되고 있지 않지만, 사립대학의 경우에는 등록 관리가 중요한 업무로 수행되고 있다. 하지만 우리나라에서는 사립대학도 등록금과 학생 모집이 여러 모로 규제를 받고 있어, 현 시점에서 이 분야를 다루는 대학기관연구의 도입은 쉽지 않을 전망이다.

2) 권위적 대학 문화와 데이터 기반 의사결정 시스템 간의 충돌 가능성

두 번째 쟁점은 대학기관연구가 목적으로 하는 데이터 기반 의사결정 시스템과 최고 의사결정권자의 판단 및 의지를 중시하는 한국 대학의 문화가 충돌할 수 있다는 것이다. 이를 뒷받침하듯이 '우리나라 대학에서 대학기관연구가 도입되기 위하여 무엇이 필요한가'라는 질문에 대하여 다수의 응답자들이 '총장의 의지(38.71%)'라고 답하였다. 즉, 총장이 대학기관연구의 가치와 필요성을 정확히 인식하고 지원하는 것이야말로 대학기관연구의 도입을 위한 중요한 전제가 된다는 것이다. 하지만 데이터 분석 결과에 기반한 의사결정은 대학 총장의 의지와 판단에 따른 의사결정을 약화하는 결과를 초래할 수도 있다. 따라서 우리나라 대학 총장들이 대학기관연구의 취지를 충분히 이해하고 전폭적으로 지원할 것인지에 대해서는 단언하기 어렵다.

이러한 쟁점은 우리나라 대학의 총장 선출 방식 및 임기의 문제와 관련되어 있다. 현재 국내 대학의 약 85%에 해당하는 사립대학의 총장 임기는「사립학교법」규정(제53조)에 따라 4년을 초과할 수 없다. 물론 중임을 할 수는 있지만, 202개 대학 중에서 총장이 10년 이상 재임하고 있는 대학은 23개에 불과하고, 대부분 설립자 또는 설립자의 가족인 경우가 많다(동아일보, 2015. 3. 11.). 국립대학의 경우도 총장 임기는 대부분 4년이며, 연임 규정은 대학마다 차이가 있지만 관행적으로 단임에 그치는 경우가 많다. 게다가 대학의 의사결정 과정에서 참여하는 학장 및 주요 보직자들의 임기는 더욱 짧아 2년에 불과하다. 이에 따라 총장이나 주요 보직자들은 재임 기간 동안 업적을 쌓기 위해 자신의 의지와 판단대로 대학을 경영하고자 하는 욕구를 가지기 쉽다. 그러나 미국 대학기관연구협회(AIR) 사무총장인 Randy Swing은 전문가 좌담회에서 대학기관연구는 '(데이터의 수집에서 분석에 이르기까지) 장시간에 걸쳐 천천히 진행되어야 할 연구'이고 "이를 순식간에 진행할 수는 없다."라고 말함으로써 우리 대학에서 대학기관연구의 도입이 쉽지 않음을 보여 주었다.

선거에 의한 총장 선출 제도 역시 두 번째 쟁점과 관련이 있다. 선거로 선출된 총장은 대학 사회의 권력 구조와 정치적 역동성을 고려할 수밖에 없고(강원근, 2011), 대학경영과 관련된 의사결정에 있어 객관적인 데이터와 정보 못지않게 정치적 고려와 판단을 중시할 수 있기 때문이다. 미국 대학과 우리 대학의 의사결정 문화의 차이는 전문가 좌담회에 참석한 국내 대학의 팀장급 직원과 미국 대학의 전문가의 사례에서도 드러나고 있다.

> "대개 총장은 4년 안에, 보직 교수들은 2년 동안 성과를 올려야 하지 않습니까. 아무래도 데이터 분석 전문가들을 고용하고 데이터 수집시키고 인프라 깔고 분석하기보다는 우선적으로 자기의 경험과 직관에 의존해서 결정을 내리게 마련이에요. 우리가 뭘 분석해서 올려도…… 의사결정 다이내믹은 따로 있다고 봐야 하고……." (국내 G대학, 교무행정 담당 과장)

> "(대학의) 정치적 환경에서 우리는 균형을 유지하고 명료해야 하며, 해당 이해관계의 실체를 파악해야 합니다. 우리는 꼭 필요한 경우가 아

니라면, 한쪽에 치우치는 정보를 제공하지 않아야 합니다." (미국 A대
학, 대학기관연구 전공 교수)

이상에 나타난 국내 사례대학의 경우를 일반화하기는 어렵지만, 아직까지 한국
대학에서는 대학경영과 의사결정 과정에서 최고 의사결정권자가 큰 영향을 미치
고 있음을 부인하기 어렵다. 반면 미국의 경우, 비록 대학에서 이루어지는 의사결
정이 정치적 과정을 겪는다 하더라도 대학기관 연구자는 보다 합리적인 의사결정
을 지원하기 위해 객관적이고 공정한 정보를 제공하려고 노력하고 있음을 볼 수
있다.

이 쟁점은 대학조직 이론 측면에서 해석해 볼 수 있다. 박엘리사(2012)에 따르
면, 미국 대학들은 대체로 Isherwood와 Hoy(1973)가 제시한 교육조직 유형 중 전
문화된 분업 구조를 가진 전문가 유형(Professional type)에 해당하고, 조직의 의
사결정이 관료적 권위나 통제보다는 구성원의 자율성과 전문성에 기반을 둔다.
반면 그는 우리나라 대학들은 높은 관료성과 낮은 전문성을 가진 권위적 유형
(Authoritarian type)에서 높은 관료성과 높은 전문성을 가진 베버 유형(Weberian
type)으로 전환하고 있는 중이라고 진단하였다. 그러나 아직도 많은 국내 대학들
이 권위적 유형에 머물고 있고, 대학경영에서 설립자, 법인, 총장의 의지가 적지
않은 영향을 미친다. 요컨대, 짧은 총장 임기와 성과에 대한 압력, 높은 관료성과
낮은 전문성을 가진 권위적 유형의 조직 특성을 볼 때, 자율성과 전문성의 풍토에
서 발전해 온 대학기관연구의 도입과 전격적인 적용은 그리 쉽지 않은 과제일 수
있다.

3) 대학기관연구의 수행 주체: 담당 인력 및 조직 편제

세 번째 쟁점은 대학기관연구를 새로운 전담 조직에 맡길 것인지, 아니면 기존
부서 조직이 담당하도록 할 것인지의 문제다. 이는 대학기관연구를 누가 담당할
것인가와 관련이 있다. 설문조사 결과, 응답자들은 대학기관연구가 데이터 분석
전문가(67.74%)나 고등교육 전공 연구자(56.45%)에 의해 수행되는 것이 가장 적합
하다고 생각하고 있었다. 반면 직원들이 직접 수행해야 할 업무(35.48%)라고 생각

하는 빈도는 가장 낮았다.

이 쟁점은 구체적으로 대학기관연구를 신규 전문가를 채용하여 맡길 것인지 아니면 기존 현업 부서 직원들이 역량을 길러 직접 수행하도록 할 것인지의 문제로 귀결된다. 그리고 이는 대학기관연구에 있어 효율성을 중시하는지 아니면 지속가능성이 중요한지의 문제와 관련이 있다. 이에 대하여 미국의 대학기관연구 전문가들은 다음과 같이 제언하고 있다.

> "내 · 외부에서 전문인력을 조달하는 것은 단기적으로는 좋은 해결책이라고 할 수 있습니다만 …… 궁극적으로 해당 부서에 있는 사람들이 그러한 직무를 수행하기 위해 전문가가 될 필요가 있습니다. 그렇지 않으면 중요한 것을 많이 놓치는 우를 범하게 됩니다." (미국 대학기관연구협회 사무총장)

한편, 대학기관연구를 담당한 부서의 형태도 쟁점이다. 이는 대학에서 대학기관연구의 기능을 집중화하여 독자적 전담 조직을 둘 것인지, 아니면 이를 분산시켜 각 행정부서와 기관이 나누어 담당하도록 할 것인지의 문제이며, 대학의 정책 의지 및 방향에 달려 있다. 이는 전문가 좌담회에서 미국 대학 전문가가 언급한 사례에서 드러난다.

> "(대학기관연구 수행 기능 집중 또는 분산 질문에 대하여) 서로 상이한 것들이 연관되어 있는 상황인데, 이를 하나의 오피스에 모두 담을 것인지 혹은 여러 범위에 따라 분산시킬 것인지에 달려 있습니다. 데이터 관리, 데이터 소멸, 분석가에 의한 데이터 해석, 애플리케이션 피드백 등 대학이 보다 체계적으로 IR 기능을 수행하기 위해서 대학의 역량이 얼마나 되고 요구가 무엇인지를 우선 파악해야 합니다." (미국 A대학, 대학기관연구 전공 교수)

이와 관련하여 미국 대학을 살펴보면, 대학기관연구를 수행하는 전담 조직을 설치한 경우가 많고, 부서의 형태는 다양하다. Volkwein(2008)은 조직 규모, 중앙집권 정도를 기준으로 다음과 같이 네 가지의 형태로 유형화하였다. 우선 소규모 조직(Craft Structure)은 조직 규모가 상대적으로 작고 분권화된 형태로, 박사학위 없는 1~2명의 인원이 일상적인 보고서 작업을 주로 담당하는 경우다. 두 번째로, 특별 조직(Adhocracy)은 조직 규모는 작으나 중앙집권적인 형태로 2~3명의 인력으로 구성되어 있고, 수평적 위계 구조, 단순한 조직 구성, 작고 전문화된 조직의 특성을 가진다. 교무 행정, 경영·회계, 학생 지원 등 대학의 특정 기능에 초점을 두고 활동한다. 세 번째로, 전문 관료 조직(Professional bureaucracy)은 상대적으로 조직 규모가 크고 중앙집권적인 형태의 부서로 대학기관연구의 활동들이 하나의 부서에 집중되어 있는 경우를 말한다. 박사학위를 가지고 수년의 경력을 가진 4명 이상의 전문가들로 구성된 경우가 많으며, 위계적 조직 구조와 업무 분장을 가지고 있다. 마지막으로, 다수의 정교한 조직(Elaborate profusion)은 상대적으로 조직 규모는 크지만, 조직이 분권화되어 캠퍼스에 산재된 경우를 말한다.

　향후 한국의 대학들이 대학기관연구를 도입할 경우, 어떠한 형태의 부서를 둘 것인지, 그리고 교내 어떤 조직의 산하에 둘 것인지는 개별 대학의 조직 특성, 의사결정 구조 및 문화와 관련이 있을 것으로 전망된다.[8] 대학 차원에서 보면 대학의 역사적 배경, 조직 문화, 구성원의 조직에 대한 태도와 행태 등이 복합적으로 작용하여 조직 특성과 문화를 형성한다는 점에서 제도의 도입 과정에서 이를 충분히 고려할 필요가 있다. 예컨대, 대학 조직이 이완결합 체제(Weick, 1976)의 성격을 많이 가지고 있으면, 대학기관연구 부서는 다수의 정교한 조직의 형태로 나타날 가능성이 높고, 관료적 형태와 의사결정 구조(Mintzberg, 1979)를 가지고 있으면 전문 관료조직 형태의 대학기관연구 부서를 둘 가능성이 있다는 것이다.

4) 대학 차원의 통합 데이터 관리 체제 구축과 부서 간 자료 공유의 어려움

　대학 수준의 데이터 관리 시스템 구축과 관련 부서 간 데이터 공유도 쟁점으

---

8) 설문조사에 따르면, 대학 관계자들은 대학기관연구 부서의 위치를 주로 총장 직속(45.16%) 또는 기획처 소속(46.77%)이 바람직하다고 응답하였다.

로 분석되었다. 이는 대학기관연구를 도입하는 과정에서 데이터의 활용을 강조하는지, 아니면 데이터의 보안을 고려할 것인지와 관련이 있다. Hosch(2015)는 대학기관연구가 대학에 산재한 데이터를 하나로 모으는 데이터 웨어하우스(Data Warehouse) 구축부터 시작된다고 하였다. 이 과정에서 데이터 관리, 질 보증, 데이터 변경 권한이 누구에게 있는지를 공식적으로 규정하는 것이 데이터 관리 체제(Data Governance)다. Hosch(2015)는 효과적인 대학기관연구를 위해서는 수집된 데이터의 질을 보증하는 시스템을 만들고, 관련 부서들이 보관된 데이터를 갱신하고 필요한 부서가 데이터를 활용할 수 있도록 하는 데이터 소통(Data Communication) 체제의 구축까지 필요하다고 제시하고 있다.

우리나라 대학에서 대학기관연구에 적용할 수 있는 자료는 크게 학사행정 자료(입시, 학적, 교과, 수업, 성적, 등록, 장학, 교직, 졸업, 취업, 학생 지원, 국제교류, 교육인증), 일반행정 자료(교원인사, 직원인사, 급여, 예산, 회계, 구매, 자산, 시설, 총무, 복리후생, 기획, 홍보, 발전기금, 병무), 연구행정 자료(연구과제 연구비, 연구소, 교원업적, 학술 활동, 지식재산권)로 구분할 수 있다. 일부 대학은 업무 효율화를 위하여 대학통합정보 시스템을 활용하고 있지만, 대부분은 담당 부서에서 필요한 자료를 분산적으로 생산하고 활용하고 있는 실정이다(이광수, 2011).

대학기관연구를 위해 데이터의 관리 및 소통 체제를 만드는 것은 쉬운 일이 아니다. 특히, 데이터를 다른 부서와 공유하지 않으려는 이기주의(Silo Effect)를 극복하기 어렵다(고한석, 2013). 실제로 부서 간 자료를 공유하는 시스템을 구축하는 작업을 시도하였던 대학의 과장급 직원은 다음과 같이 어려움을 토로하였다.

> "부서 간 정보를 공유해서 사용하면 바람직한 줄 알지만, 이래저래 핑계 대고 자료를 안 내놓습니다.…… 입학처는 입학생 데이터는 학교에서 제일 보안이 필요하다고 하고, 상담 센터도 자료의 공유를 꺼려 합니다. 또 연구 지원 담당은 이미 부서 내에 데이터 관리 시스템을 만들어 활용하고 있기 때문에 별 필요성을 못 느낀다고…… 괜히 나섰다가 윗분 바뀌고 하면…… 크게 벌이지 않는 것이……" (국내 G대학, 기획 담당 과장)

한편 대학 실무자들은 인프라 구축 비용에 대하여도 우려하고 있었다. 대학 의사결정권자의 지지 없이는 대규모 비용과 인력이 투입되는 사업을 추진하기 어렵다는 것이다. 또한 그들은 개인정보보호와 관련하여 학생 자료를 공유하는 것에 대하여 불안감을 표출하였다.

　　"데이터 분석이야, 외부나 내부 전문기관에 의뢰해서 분석하면 되지만, 부서 간 정보를 총괄해서 정보 보안 장벽을 허물 때 생기는 문제와 정보 공개에 대한 보안 문제를 해결할 담당자를 지정하는 것이 프로젝트 성패를 좌우할 겁니다. 특히, 각 정보값 중에서 키 밸류(Key value)에 대한 정보 보안 대책이 필요합니다." (국내 G대학, 정보통신 담당 과장)

　　"회의를 해 보면 부처 담당자들은 데이터 공유와 분석을 이해하지만 누구도 자기가 자기 부서의 밸류(value)를 수집하는 담당자가 되길 원치 않은 것 같아요. 게다가 향후 업무량이나 데이터 분석에 필요한 역량에 대한 부담감 때문에 나서서 의견을 내려고 하지 않습니다." (국내 G대학, 대학기관연구 부서 박사급 연구원)

　부서 간 데이터의 공유 문제는 대학 조직이 갖는 관료제 특성과 무관하지 않다. 대학이 가지고 있는 관료제적 특성의 하나인 분업과 전문화는 자칫 부서 이기주의로 나타나기 쉽고, 이는 통합적 데이터 관리 체제 구축과 데이터의 공유를 어렵게 하는 요인으로 작용할 수 있다. 미국 A대학의 대학기관연구 전공 교수는 전문가 좌담회에서 "문제는 어떻게 협동해야 하느냐이고, 협력의 구심점은 누구인가"라고 하였다. 그는 또한 이는 "대학기관연구 오피스의 문제라기보다 대학의 전략 계획과 이니셔티브의 문제이며, 대학 문화의 문제"라고 하였다.

5) 대학기관연구 담당 조직의 역할과 고객의 범위에 대한 이해

　마지막으로 국내 대학들이 대학기관연구를 담당할 조직을 신설하고 인력을 배치할 경우, 해당 조직이 어떠한 역할을 수행해야 하는지 그리고 생산된 자료와 정보를 누구에게 보고하고 누구의 의사결정을 지원하는 데 중점을 둘 것인지도 쟁점이다. 이와 관련하여 미국 대학기관연구협회의 조사에 따르면(Swing, 2015), 대학기관연구 담당자들은 '대학생의 학업적 성공을 지원하기 위한 연구 및 분석'과 '대학 차원의 의무적 정보 제공(compliance reporting)'의 역할을 가장 많이 수행하고, 다음으로 대학 또는 프로그램의 인증평가 지원, 대학에서 이루어지는 의사결정을 지원하기 위한 연구, 대학의 전략계획 수립 지원, 대학 내 정보와 자료의 수집, 대학 자체평가 실시, 학업성과 측정의 순이었다.

반면 한국 대학의 담당자를 대상으로 한 설문조사에서는 대학기관연구의 담당 역할로 '대학생의 학업적 성공을 지원하기 위한 연구와 분석(75.81%)', '대학에서 이루어지는 의사결정을 지원하기 위한 연구 활동(74.19%)', '대학의 전략계획 수립 지원(69.35%)' 등이 중요하다고 인식하고 있었다. 또 국내 전문가들은 대학정보공시 등 의무적 정보제공 활동과 자체평가 보고서 작성에 대해 상대적으로 낮은 우선순위를 두고 있었다. 이는 우리나라 대학에서 자체평가의 목적에 대한 이해가 충분하지 않고, 업무 담당자들도 대학 자체평가 업무를 여러 업무 중 하나로 인식하는 경향이 있다는 이석열(2011)의 연구 결과와도 일관된다. 이처럼 대학기관연구 담당 조직이 중점을 두는 목적과 역할은 각국의 고등교육 환경 및 발전 과정에 따라 상이할 수밖에 없다(Hossler, 2015). 향후 우리나라에서도 대학기관연구의 목적, 역할 및 기능에 대한 대학 사회와 전문가들의 합의가 필요할 것으로 보인다.

다음 쟁점은 대학기관연구 담당자가 누구의 의사결정을 돕는가다. 즉, 대학기관연구를 통해 지원할 고객이 누구인가다. 박엘리사(2012)에 따르면, 우리나라의 대학은 권위적 조직(Authoritarian type)에서 베버 유형(Weberian type)으로 진화하고 있으며, 아직도 많은 대학에서 대학경영이나 의사결정 과정에 설립자, 법인 또는 총장의 의지가 영향을 미치고 있다. 이를 반영하듯이, 우리나라의 대학기관연구 전문가와 담당자들은 대학기관연구가 가장 우선적으로 지원할 대상을 총장 등 대학 경영진(77.42%), 보직 교수(72.58%), 교수(45.16%)의 순서로 이해하고 있었다. 여기서 주목해야 할 점은 대학 관계자들이 명목상으로는 '대학생의 학업적 성공을 지원하기 위한 연구와 분석'을 대학기관연구의 최우선 과업으로 제시하고 있지만, 실제로는 학생을 대학기관연구가 지원할 중요한 대상으로 여기고 있지 않다는 점이다. 다시 말해 국내 대학들은 아직 학생들을 대학기관연구의 직접적인 고객으로 생각하지 않고, 대학 총장 및 보직 교수 등을 주요 지원 대상으로 이해하고 있다. 이와 관련하여 미국 대학기관연구협회 사무총장이 전문가 좌담회에서 제시한 바는 우리에게 적지 않은 시사점을 준다.

> "원래 IR은 총장에게 보고하도록 고안되었습니다. 그때는 총장이 실제로 커리큘럼을 구성하고 교수진도 임명을 하면서 캠퍼스를 실제로 운영할 때의 일입니다. 요즘과 같은 대규모의 캠퍼스에는 더 이상 해당사항이 아니며…… 이전에는 상부에서 결정했던 사항들을 학과장과 부서장이 결정하는 추세입니다.…… 우리가 지원해야 하는 문제나 의사결정권자가 달라진 것입니다.…… 미래에는 고등교육의 변화를 이끄는 자가학생들과 의사결정권자이고, IR이 학생들까지도 의사결정권자로 간주해야 한다고 봅니다." (미국 대학기관연구협회 사무총장)

이상에서 본 바와 같이, 오늘날 미국 대학들은 대학기관연구를 통해 지원하는 대상을 총장, 학장, 학과장, 부서장, 그리고 중앙정부, 주정부, 연방정부, 학부모와 학생에게까지 확대하고 있으며, 이들을 대학에서의 의사결정 주체로 인식하고 있다. 예컨대, Arizona University, Austin Peay State University 등은 이미 학생 개인에게 학업성과 및 적성에 맞는 전공과 진로를 추천해 주고, 이와 관련된 과목도 안내해 주는 강의 추천 시스템을 개발하여 활용하고 있다(권영옥, 2013). 즉, 대학기관연구를 통한 결과물이 학생의 강의 선택과 전공 및 진로 결정과 같은 의사결정까지 지원하고 있는 것이다. 이는 향후 우리나라에서도 대학기관연구가 지원할 대상을 교육 수요자인 학생까지 포함하여 폭넓게 고려할 필요가 있음을 보여 준다.

5. 결론 및 제언

본 연구는 미국 대학들을 중심으로 발전해 온 대학기관연구에 대하여 개념과 역사적 발전과정, 대학에서 역할 및 기능, 국내외 동향을 살펴보았다. 또 이를 국내 대학에 도입하는 과정에서 예상되는 쟁점을 분석하고, 관련 이론과 연계하여 우리 대학에 주는 시사점을 살펴보았다. 국내에서 관련 문헌이 충분하지 않은 가운데 해외 문헌과 선행 연구를 탐색하였고, 대학기관연구 전문가들을 대상으로 실시한 설문조사와 전문가 좌담회 결과를 종합적으로 분석하였다. 본 연구의 결과에 따르면, 대학기관연구를 국내 대학에 도입함에 있어 다음과 같은 쟁점이 있을 수 있으며, 이에 대해 관련 이론 및 문헌과 전문가들의 의견을 바탕으로 정책적 시사점을 제시하였다.

첫 번째 쟁점은 전문가들과 대학의 실무자들 사이에서 대학기관연구의 목적과 범위에 대한 이해와 인식의 차이가 있을 수 있다는 점이다. 대학 실무자들은 한편으로는 대학기관연구의 도입이 필요하다고 인식하고 있었지만, 다른 한편으로는 이러한 기능이 '이미 대학에서 하고 있는 일'이라는 반응을 보였다. 그러나 전문가들에 따르면, 실제로 우리나라 대학에서 이루어지는 관련 업무들은 높은 수준의 분석적 지식과 이슈에 관한 지식을 토대로 데이터를 분석하고 정책 대안을 제안하는 정책 분석가 역할과 대학교육의 성과를 과학적인 방법으로 진단하는 연구자의 기능에는 미흡하다. 특히, 대학에서 생산되는 데이터와 정보를 연계하고 관리하며, 필요한 부서에 제공하는 지식 관리자의 역할을 수행하는 경우는 매우 제한적이다. 즉, '낮은 수준'의 대학기관연구가 수행되고 있었다. 미국과 일본의 경우에도 대학의 형태 등에 따라 대학기관연구가 '낮은 수준'부터 '높은 수준'에 이르기까지 다양한 양상으로 나타나고 있는 것으로 나타났다. 본 연구의 결과는 향후 국내 내학들이 대학기관연구를 석용함에 있어 우선 대학기관연구의 개념과 역할에 대한 이해가 선행되어야 함을 보여 준다. 또 대학기관연구에 대한 이해에 기반하여 대학의 특성에 따라 대학기관연구를 어느 수준까지 수행할 것인지에 대해서는 대학 자체적으로 결정해야 할 것이다. 하지만 역사적 제도주의가 설명하는 바와 같이, 우리 대학이 가진 어느 정도 구조화된 기존의 의사결정 제도, 관행 및 인식을 바꾸는 것이 쉽지 않을 수 있다. 이에 한국 대학에서 대학기관연구가 정책 분석가 또는 연구자의 역할을 수행하는 데에는 한계가 있을 수 있다.

둘째, 국내 대학의 맥락에서 볼 때, 대학기관연구가 목적으로 하는 데이터 기반 의사결정 시스템과 최고 의사결정권자의 판단을 중시하는 한국 대학의 의사결정 문화의 충돌 가능성도 쟁점으로 제시되었다. 다시 말해 우리나라의 대학 조직은 높은 관료성과 낮은 전문성을 가진 권위적 유형을 띠는 경우가 많아(박엘리사,

2012), 전문가적인 분석과 판단을 중시하는 대학기관연구의 취지와 상충할 가능성이 있다는 것이다. 또한 선거를 통해 선출된 총장이 대학 사회의 권력구조와 정치적 역동성을 고려한 의사결정을 할 수 있다는 점에도 주목할 필요가 있다(강원근, 2011). 이러한 문화와 풍토를 고려할 때, 대학 총장이 대학기관연구의 가치와 필요성을 정확히 인식하고 지원하는 것이야말로 대학기관연구의 도입에 있어 중요한 전제가 될 것이다.

셋째, 대학기관연구를 수행하는 주체를 새로운 전담 조직에 맡길 것인지 아니면 기존 부서가 담당할 것인지도 쟁점으로 나타났다. 미국의 경우, 대학기관연구 부서는 교무행정 조직(47.5%), 총장 직속 부서(23.9%), 재정회계 관련 부서, 기획평가 및 효과성 부서(7.6%) 등의 순으로 대학기관에 위치해 있는 것으로 나타났다(AIR, 2008: 2). 유럽의 경우, 대학의 기획처 등에서 업무를 담당하고 있으며, 일본의 사립대학들은 주로 교수학습센터에서 역할을 하고 있는 것으로 나타났다. 이에 한국 또한 향후 대학기관연구를 도입함에 있어 개별 대학에서 어떠한 형태의 대학기관연구 부서를 둘 것인지는 해당 대학의 조직적 특성과 의사결정 문화에 영향을 받을 것으로 전망된다.

넷째, 대학 수준에서 데이터를 통합 관리하는 시스템을 만들고, 관련 부서들이 각자 생산한 데이터를 얼마나 적극적으로 공유할 것인지도 쟁점으로 제시되었다. 이 문제는 대학기관연구의 도입과 관련하여 대학 구성원들이 데이터의 활용을 강조할 것인지, 아니면 데이터의 보안에 초점을 둘 것인지와 관련이 있을 것으로 보인다. 특히, 부서 간 데이터 공유는 대학 조직이 얼마나 관료제적 특성을 가지는지에 달려 있을 것이다.

마지막 쟁점은 대학기관연구를 도입할 경우 어떠한 정보를 생산하고 누구를 고객으로 할 것인가와 관련되어 있다. 본 연구의 조사에 따르면, 우리 대학의 담당자들은 미국과 달리 대학 관련 정보제공 활동 및 자체평가 보고서 작성 등에 대하여 낮은 우선순위를 두고 있었다. 이는 이석열(2011)이 지적한 바와 같이, 우리 대학의 경우 일반적으로 대학 자체평가의 중요성에 대한 인식이 낮고 전문성도 부족한 것에서 기인하는 것으로 보인다. 대학기관연구의 고객과 관련하여, 우리 대학의 담당자들은 총장, 보직 교수, 교수까지를 지원 대상으로 인식하고 있었지만, 미국의 경우는 학생까지를 지원할 고객에 포함하고 있다는 점에서 차이가 있었다. 향후, 대학교육의 질 관리와 학생 만족도가 중요해지는 환경에서 이제 학생들도 대학기관연구가 지원할 중요한 대상으로 생각하는 문화가 정립될 필요가 있다.

이상에서 제시한 쟁점과 관련하여, 미국 대학의 경우 대학기관연구가 오랜 역사 속에서 연구되고 지식이 축적되어 적극적으로 수행되고 있는 반면, 우리나라에서는 아직 초보적 단계에 놓여 있다. 따라서 후속 연구에서는 본 연구가 제시한 쟁점별로 심도 있는 이해와 대안의 제시를 위한 심층적인 분석이 이루어질 필요가 있다. 국내외 대학의 대학기관연구 사례에 대한 비교 연구도 필요하다. 본 연구는 국내 대학의 실무 담당자의 인식을 조사하였지만, 후속 연구에서는 의사결정자를 대상으로 하는 인식 조사와 질적 연구가 수행될 필요가 있고, 이를 통해 한국 대학의 맥락에서 대학기관연구 발전에 대한 심도 있는 분석과 논의가 이루어져야 할 것이다.

우리나라 대학들은 고등교육의 보편화, 민영화, 세계화의 시대 속에서 질 보장에 대한 사회의 요구, 재정적 압박, 학생 유치의 어려움에 당면해 있다. 대학이 제공하는 교육에 대한 책무성을 다하고 글로벌 수준에서 경쟁력을 갖추기 위해서는 보다 효율적인 대학경영과 전략적인 의사결정이 어느 때보다 필요한 때다. 이는 각 대학이 현실을 직시하고 문제를 정확히 진단하며 미래 지향적 대안을 모색하는 것과 연계되어 있다. 이러한 문제의식을 가지고 출발한 것이 대학기관연구이며, 오늘날 세계 여러 지역의 많은 대학들에서 관심이 증가하고 있다. 그러나 앞서 살펴본 바와 같이, 미국석 토양에서 발전해 온 대학기관연구를 우리나라 대학에 접목시키는 과정에서 적지 않은 장애와 문제점이 있을 것으로 생각된다. 대학기관연구 도입을 위해서는 대학의 의사결정 문화와 제도가 바뀌어야 하고, 기초적인 인프라를 구축하기 위해 많은 비용과 투자가 수반되며, 이를 장기적 안목에서 해야 한다. 나아가 학생까지 대학의 중요한 의사결정 주체로 바라보는 혁신적인 마인드도 필요하다.

본 연구가 밝힌 바와 같이 새로운 제도를 도입함에 있어, 여러 장애와 문제점이 예상됨에도 대학기관연구에 주목하는 것은 이제 우리나라 대학들도 다른 사회 조직과 마찬가지로 객관적인 자료와 정보를 바탕으로 전략적이고 합리적인 의사결정을 해야만 경쟁력을 높이고 생존할 수 있는 시대를 살고 있기 때문이다. 아울러 데이터 기반 전략적 의사결정은 우리 대학들이 실제 데이터 분석 결과에 기반을 둔 의사결정이 갖는 의미와 중요성을 제대로 인식하는 것부터 시작할 것이다.

참고문헌

강원근(2011). 국립대학 총장선출의 정치학. 한국교육정치학회 제31차 학술대회 자료집, 20-48.

강인수(2001). 대학의사결정구조의 현황과 문제점. 한국교육정치학회, 8(1), 1-27.

계명대대학교 ACE 사업추진단(2013). 제6차 ACE 포럼 자료집.

고한석(2013). 빅데이터, 승리의 과학. 서울: 이지스퍼블리싱.

권영옥(2013). 빅데이터를 활용한 맞춤형 교육 서비스 활성화 방안 연구. 지능정보연구, 19(2), 87-100.

김명한(1993). 대학조직의 의사결정모형에 관한 연구. 고등교육연구, 5(1), 137-158.

박동기(2008). 한국사립대학의 의사결정구조에 관한 연구. 석사학위논문, 배재대학교.

박엘리사(2012). 세계 우수대학 총장선출 제도. 교육정치학연구, 19(1), 29-57.

배동인(1998). 대학에서의 의사결정과정의 합리성 진단: 한 조직사회학적 사례연구. 사회과학연구, 37, 254-271.

배상훈, 윤수경(2015). 데이터 기반의 전략적 의사결정과 책무성 제고: 미국 대학들의 대학기관연구(Institutional Research) 사례. 대학교육, 188, 24-31.

변기용, 강현선, 권소연(2011). 국립대학 학내 거버넌스의 변천과정 분석. 한국교육학연구, 17(1), 121-155.

송지광(2005). 한국 대학의 거버넌스 체계 개선방향. 교육행정학연구, 23(3), 353-378.

신동희(2014). 빅데이터와 언론. 서울: 커뮤니케이션북스.

신현석, 전재은, 유은지, 최지혜, 강민수, 김어진(2015). 미국 대학기관연구(Institutional Research) 사례분석 및 시사점: 연구중심대학을 중심으로. 교육문제연구, 28(2), 201-229.

유현숙, 임후남, 이정미, 최정윤, 서영인, 권기석, 이필남(2011). 고등교육 미래비전 2040. 서울: 한국교육개발원.

이광수(2011). 고등교육기관 통합정보시스템 구축을 위한 성공모형에 관한 연구. 박사학위논문, 성균관대학교.

이석열(2011). 대학 자체평가보고서 내용 분석과 시사점 탐색. 교육종합연구, 9(3), 207-227.

이석열, 이호섭(2014). 대학 자체평가보고서에 기초한 평가시스템 분석. 한국교육정치학회,

21(3), 93-117.

이정미, 김민희, 나민주, 임후남(2012). 고등교육 선진화를 위한 재정지원 방향과 과제. 서울: 한국교육개발원.

이형행(1990). 대학에서의 의사결정 참여의 범위와 한계. 연세교육연구, 3(3), 45-59.

장덕호(2015). 미국 대학기관연구(Institutional Research)의 발전과 대학조직 관리에의 시사점. 비교교육연구, 25(3), 255-284.

전북대학교 ACE사업추진단(2014). 제7차 ACE 포럼 자료집.

정정길, 최종원, 이시원(2010). 정책학원론. 서울: 대명출판사.

AIR (2008). AIR Survey Fact, e-AIR. http://admin.airweb.org/eAIR/Documents/670.pdf.

Astin, A. W., & Antonio, A. L. (2012). *Assessment for Excellence: The Philosophy and Practice of Assessment and Evaluation in Higher Education* (2nd ed.). Maryland: Rowman & Littlefield Publishers.

Calderon, A., & Mathies, C. (2013). Institutional Research in the Future: Challenges Sithin Higher Education and the Need for Excellence in Professional Practice. *New Direction for Institutional Research, 157*, 77-91.

Carnoy, M. (2000). Globalization and education reform, In N. P. Stromquist & K. Monkman (Eds.), *Globalization and education: Integration and contestation across cultures*. Lanham, ML: Rowman & Littlefield Publishers.

Funamori, M. (2013). Institutional research in a university without regular institutional management: The case of Japanese national universities. 2013 Second IIAI International Conference on Advanced Applied Informatics. Japan.

Hofstede, G. (1980). Culture and organization. *International Studies of Management & Organization, 10*, 15-42.

Hosch, B. J. (2015). Reconstructing Institutional Research for 21st Century Needs: A Case Study of Stony Brook University. 제1회 고등교육혁신 국제 컨퍼런스 자료집(pp. 75-97). 서울: 성균관대학교 대학교육혁신센터.

Hossler, D. (2015). Tertiary Education Data: Guiding University and Government Policies. 제1회 고등교육혁신 국제 컨퍼런스 자료집(pp. 35-42). 서울: 성균관대학교 대학교육혁신센터.

Howard, R. D., & Borland, Jr., K. W. (2001). Balancing Qualitative and Quantitative Information for Effective decision Support. *New Directions for Higher Education,*

112, 109-115.

Huisman, J., Hoekstra, P., & Yorke, M. (2015). Institutional Research in Europe A View from the European Association for Institutional Research. In K. L. Webber., & A. J. Calderon (Eds.), *Institutional Research and Planning in Higher Education: Global Contexts and Theme*. Taylor and Francis. Kindle Edition.

Isherwood, G. B., & Hoy, W. K. (1973). Bureaucracy, powerlessness and teacher work values. *Journal if Educational Administration. 11*, 124-137.

Knight, W. (2014). *Leadership and management in institutional research*. Tallahassee, FL: Association of Institutional Research.

Mathies, C., & Välimaa, J. (2013). Is there a need for a European institutional research? *Tertiary Education and Management, 19*(1), 85-96.

McLaughlin, G. W., Howard, R. D., & Bramblett, S. (2015). Institutional Research and Planning in Higher Education in the United States and Canada. In K. L. Webber., & A. J. Calderon (Eds.), *Institutional Research and Planning in Higher Education: Global Contexts and Theme*. Taylor and Francis. Kindle Edition.

Mintzberg, H. (1979). *The Structuring of Organizations*. Englewood Cliffs, NJ: Prentice-Hall.

Powell, W. W., & DiMaggio, P. J. (1991). *The new institutionalism in organizational analysis*. Chicago: The University of Chicago Press.

Reichard, D. J. (2012). The History of Institutional Research. In R. Howard, G. McLaughlin., & W. Knight (Eds.), *The Handbook of Institutional Research* (pp. 3-21), San Francisco: Jossey-Bass.

Ritzen, Y. (2010). *A chance for European university*. 윤희원(역). 유럽의 대학: 어디로 갈 것인가. 서울: 서울대학교출판문화원. (원서 출판 2012).

Saupe, J. L. (1990). *The Functions of Institutional Research* (2nd ed.). Tallahassee, FL: The Association for Institutional Research. Available at http://www.airweb.org/p.asp? page=85.

Schein, E. (2004). *Organizational culture and leadership* (3rd ed.) San Francisco: Jossey-Bass.

Scott, W. R. (1998). *Organization: Rational, natural, and open systems* (4th ed.). Upper Saddle River, NJ: Courier.

Serban, A. M. (2002). Knowledge management: Building a competitive advantage in higher education. *New Directions for Institutional Research, 113*, 105-111.

Stromquist, N., & Monkman, K. (2000). *Globalization and education: Integration and contestation across cultures*. Lanham, ML: Rowman & Littefield Publishers.

Swing, R. (2015). The Context and Conditions for Institutional Research as Decision-Support. 제1회 고등교육 국제 컨퍼런스 자료집(pp. 19-32). 서울: 성균관대학교 대학교육혁신센터.

Taylor, J., Hanlon, M., & Yorke, M. (2013). The Evolution and Practice of Institutional Research. *New Direction for Institutional Research, 157*, 59-76.

Terenzini, P. T. (1993). On the nature of institutional research and the knowledge and skills it requires. *Research in Higher Education, 34*, 1-10.

Tyack, D., & Cuban, L. (1995). *Tinkering toward utopia: A century of public school reform*. Cambridge, MA: Harvard University Press.

Volkwein, J. F. (1999). What is institutional research all about? A critical and comprehensive assessment of the profession. *New Directions for Institutional Research, 104*, 9-19.

Volkwein, J. F. (2008). Institutional research: More than just data. *New Directions for Higher Education, 141*, 5-20.

Volkwein, J. F. (2011). Gaining Ground: The Role of Institutional Research in Assessing Student Outcomes and Demonstrating Institutional Effectiveness. National Institute for Learnig Outcomes Assessment. http://learningoutcomesassessment.org/documents/Volkwein_000.pdf.

Weick, K. E. (1976). Educational Organizations as Loosely Coupled System. *Administrative Science Quarterly, 21*, 1-19.

Zhang, J., & Chen, M. (2012). The history, role and characteristics of IR in China. Paper presented at the 37th CAIR Annual Conference, November 7-9, 2012. Orange County, CA.

http://news.donga.com/3/all/20150311/70055535/1(동아일보(2015. 3. 11.) [한국의 대학총장] 공학전공 62세 男교수 산학협력 날개 달고 대세로.

제2부
한국 대학 사례

제**6**장

대학 인성교육 프로그램의 질 관리 시스템 운영 성과와 과제: 서울여자대학교 사례

이윤선(서울여자대학교)

1. 배경

2000년대 초반부터 고등교육의 세계화 및 국제화 흐름에 따라 국내 대학에 국제적 기준을 적용해야 할 필요성이 대두되었고(엄준용, 최보윤, 2007), 대학교육의 질이 국가 발전뿐만 아니라 국제적 경쟁력을 결정짓는 핵심 요인이라는 인식이 보편화됨에 따라 대학교육의 질 관리에 대한 관심이 높아지게 되었다(강만수, 박상규, 2011). 또한 최근 저출산으로 인한 학령인구 감소로 대학의 양적 성장이 어려워지고, 4차 산업혁명시대의 도래와 함께 사회적 요구가 급변하고 있는 상황에서 대학 교육과정(curriculum) 개혁과 질적 관리가 무엇보다 중요해지고 있는 시점이다(신현석, 변수연, 전재은, 2016).

서울여자대학교(SWU)도 이러한 변화 속에서 지난 수년간 시대적 도전에 직면하였고, 학부교육의 질 관리 및 개선에 대한 필요성을 강조하기 시작하였다. 서울여자대학교는 먼저 교육 질 관리를 위한 시스템 구축에 관심을 가지게 되었고, 고등교육 질 관리에 대한 정의 및 방법적 이해를 기반으로 두 번의 전환기를 거쳐 교육 질 관리 시스템을 구축하여 안정화시키는 과정에 있다. 첫 번째 출발은 2010년 학부교육 선진화사업 일환으로 교육 질 관리를 위해 교수, 학생 포트폴리오 기반

SWU CQI[+] 시스템을 도입하면서 시작되었다. SWU CQI[+] 시스템 기반 교육 질 관리는 학생과 교수 대상 평가가 주를 이루었고, 교육의 투입 및 환경요소를 제외한 교육과정과 산출물 중심의 평가를 통해 교육의 질을 관리하였다. 수집된 데이터도 양적 자료가 대부분이었고 소수의 질적 자료가 평가에 활용되는 실정이었다. 분석된 평가결과는 학생과 교수에게 전달되어 학습역량 및 교수역량 향상에는 기여하였으나, 교육평가의 주요 목적 중 하나인 정책수립자와 의사결정자에게 피드백이 직접적으로 제공되어야 한다는 취지(Stufflebeam, Madaus, & Kellaghan, 2012)를 달성하지 못했다. 이러한 문제점을 보완하기 위해 서울여자대학교는 2016년 SWU-PROACT[+] 시스템을 개발하여 교육 질 관리를 위한 두 번째 전환기를 맞이하였다. SWU-PROACT[+] 시스템은 평가 대상을 학생과 교수뿐만 아니라 직원, 정책, 제도, 자원으로 확대하였고, 산출물 중심의 평가요소에서 상황, 투입, 환경, 과정, 결과요소를 모두 포함하는 교육 질 관리 시스템으로 전환하였다. 평가 결과에 대한 정보 공유 대상도 확대하여 평가 결과가 정책수립에 직접적으로 반영될 수 있도록 선순환적인 질 관리 시스템을 구축하여 현재까지 활용하고 있다.

2. 서울여자대학교 교육 질 관리 시스템 SWU-PROACT[+]

서울여자대학교 인성교육 질 관리 시스템은 대학 전체 교육 질 관리 시스템인 SWU-PROACT[+]와 동일한 구성요소를 가지고 있고, 각 구성요소별 세부 내용은 인성교육에 적합하게 세분화하여 사용하고 있다. 따라서 인성교육 프로그램의 질 관리 시스템을 소개하기 앞서 대학 차원 교육 질 관리 시스템의 구성요소와 각 요소별 주요 내용을 이해하는 것이 선수되어야 한다.

SWU-PROACT[+]는 PLUS(+)형 인재[1])를 양성하기 위해 투입-과정-산출의 기

---

1) 서울여자대학교 인재상인 공동체 가치를 실현하는 PLUS(+)형 인재는 창의적 전문성을 갖춘 인재, 인성과 소양을 지닌 인재, 봉사와 실천을 하는 인재를 의미한다. PLUS형 인재가 갖추어야 할 다섯 가지 핵심역량은 공동체 가치, 의사소통 능력, 통합적 사고력, 글로벌 경쟁력, 창의적 기획력이다.

본 틀을 기반으로 교육 전반 활동을 관리하는 서울여자대학교 교육 질 관리 시스 템이다. SWU-PROACT+는 대학 1세대 교육 질 관리 시스템 CQI+와 서울여자대 학교 바름인성교육 질 관리를 위해 자체적으로 개발된 CIPP 모형(Stufflebeam) 기 반 인성교육 성과관리 모형을 통합한 시스템이다. 내부 전문가들이 CQI+와 인성 교육 성과관리 모형의 한계점을 개선하고, 교육 및 서비스 질 관리 시스템의 특성 과 핵심요소를 분석(Astin & Antonio, 2012; ISO, 2000)하여 개발한 개선 모델이다. SWU-PROACT+ 시스템은 5개의 구성요소를 가지고 있고, 각 구성요소는 세부 평가요소를 포함하고 있다. [그림 6-1]에 제시된 바와 같이, SWU-PROACT+의 5개 구성요소는 P(Policy, 정책지원) → R(Resources, 자원공급) → O(Oversee, 모니터링) → AC(Assessment & Control, 평가 및 제어) → T(Transfeed, 결과활용)이다.

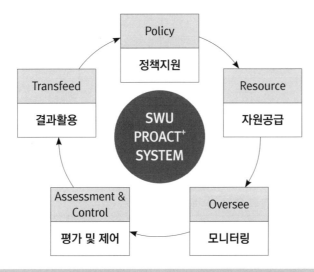

[그림 6-1] SWU-PROACT+ 시스템 구성요소

SWU-PROACT+ 시스템의 두드러진 특성은 교육내용별로 개발되어 사용될 수 있다는 것이다. 예를 들면, SWU-PROACT+ 시스템은 대학자율 역량강화 지원 사업(ACE+), 수도권 대학 특성화 사업(CK-Ⅱ), 인성교육, 여성공학인재 양성사업 (WE-UP), 소프트웨어 중심대학 사업 등에서 사업별 특성과 요구에 따라 독립적 으로 활용되고 있다. 또한 여러 분야로 나뉘어 운영되는 SWU-PROACT+ 시스템 은 필요에 따라 소단위/중단위/대단위로 분리 또는 통합될 수 있는 융통성을 가지고 있으므로 운영 및 관리에 어려움을 최소화하였다. 다음은 SWU-PROACT$^+$ 시스템의 구성요소별 특징과 하위 평가요소에 대한 구체적인 설명이다.

1) SWU-PROACT$^+$ 시스템의 P(Policy, 정책지원)

정책지원 영역은 교육의 질을 관리하고 향상시키기 위한 정책수립, 행정운영(운영책임 및 의지 포함), 문서화를 포함하며, SWU-PROACT$^+$ 시스템의 자원공급, 모니터링, 평가 및 제어, 결과활용의 결과에 따라 교육 질 관리에 필요한 요구사항에 지속적으로 반응한다. 정책지원 영역은 대학의 중장기 발전계획이 수립되어 실행되고 있는지, 발전계획은 실현가능하고 우리 대학에 적합한지, 정책은 구성원의 요구를 반영하고 있는지, 모든 실행절차 및 방법은 문서화되어 있는지를 평가한다. 이러한 요소는 〈표 6-1〉에 제시된 구체적인 평가 및 개선 체크리스트를 통해 확인된다. 평가 및 개선 체크리스트는 교육을 담당하는 학과 또는 부서에서 자체점검을 목적으로 사용되기도 하고, 대학 본부 차원에서 교육과정 또는 조직을 평가하여 교육의 질을 관리하는 목적으로도 활용될 수도 있다. 평가 및 개선 체크리스트는 실행 여부만을 평가하는 것이 아니라 해당 요소를 측정 또는 평가하는 근거 데이터 및 자료의 타당성을 동시에 검증한다.

〈표 6-1〉 정책지원 영역 평가 및 개선 체크리스트

[정책수립]
☐ 교육목표, 교육방향, 인재상, 핵심역량이 수립되어 있다.
☐ 교육목표, 교육방향, 인재상, 핵심역량은 우리 대학에 적합하다.
☐ 교육목표, 교육방향, 인재상, 핵심역량은 실현가능하다.
☐ 교육목표, 교육방향, 인재상, 핵심역량은 구성원의 요구를 반영하고 있다.
☐ 교육목표, 교육방향, 인재상, 핵심역량은 R(자원분석), O(모니터링), AC(산출평가) 결과를 토대로 지속적으로 개선되고 있다.

[행정운영]
☐ 교육목표, 교육방향, 인재상, 핵심역량을 수행하기에 적합한 행정조직을 구비하고 있다.
☐ 교육 및 행정 책임자들은 책임감을 가지고 교육목표, 교육방향, 인재상, 핵심역량을 수행하고 있다.

❏ 교육 및 행정 책임자들은 교육목표, 교육방향, 인재상, 핵심역량을 수행하고자 하는 의지를 가지고 있다.

[문서화]

❏ 교육목표, 교육방향, 인재상, 핵심역량을 기획, 운영, 관리하기 위한 문서를 가지고 있다.

❏ 교육 질 관리 목표 및 절차에 대한 매뉴얼이 작성되어 있다.

❏ 교육 질 평가 결과에 따라 매뉴얼은 지속적으로 수정 · 보완되고 있다.

❏ 교육 질 관리를 위한 기본 요소와 출처가 제시되어 있다.

❏ 문서기록 및 관리방안이 제시되어 있다.

2) SWU-PROACT⁺ 시스템의 R(Resources, 자원공급)

자원공급 영역은 교육의 수월성을 확보하기 위해 제공되는 인적 · 물적 자원을 평가한다. 구체적으로, 인적 자원(교수자, 교육조교, 행정직원, 보직교수)에 대한 평가요소는 교육 프로그램을 운영하기 위해 적절한 인적 자원 투입 정도, 인적 자원에게 요구되는 역량함양 정도, 인적 자원의 역량강화를 위한 지속적인 훈련 여부를 포함한다. 물적 자원에 대한 평가는 교육이 진행되는 데 필요한 교육 서비스, 운영조직, 공간, 예산의 제공 정도에 초점을 맞추어 진행한다. 〈표 6-2〉는 자원공급 영역에 해당하는 평가 및 개선 체크리스트를 제시하고 있다.

〈표 6-2〉 자원공급 영역 평가 및 개선 체크리스트

[자원공급]

❏ (인적 자원) 교육의 질에 영향을 미치는 인적 자원의 수가 적합하다.

❏ (인적 자원) 교육의 질에 영향을 미치는 인적 자원은 요구되는 역량을 가지고 있다.

❏ (인적 자원) 교육의 질에 영향을 미치는 인적 자원에게 지속적인 교육훈련이 제공되고 있다.

❏ (물적 자원) 교육의 질 관리를 위해 필요한 물적 자원(교육 서비스, 공간, 예산, 조직)이 확보되어 있다.

❏ (물적 자원) 교육의 질 관리를 위한 업무환경이 조성되어 있다.

3) SWU-PROACT$^+$ 시스템의 O(Oversee, 모니터링)

모니터링 영역은 교육이 진행되는 과정에 대한 평가에 초점을 맞춘다. 〈표 6-3〉
에 제시된 것과 같이, 교육 질 관리를 위한 모니터링 계획과 방법의 제시 여부를
확인하고, 교육 진행과정에서 일어나는 교수자와 학습자 간의 상호작용 정도를
평가한다. 또한, 교수-학습방법과 교육 진행과정에서 수집한 학생들의 활동 자료
를 분석하여 교육 지원 체제의 적합성을 평가한다. 모니터링 영역에서는 학생들
의 요구를 반영할 수 있는 의사소통 시스템 구축 여부도 함께 평가한다.

〈표 6-3〉 모니터링 영역 평가 및 개선 체크리스트

[모니터링]
□ 교육 질 관리를 위한 모니터링 방법이 계획되어 있다.
□ 교육 진행과정을 기록하는 방법(포트폴리오, 강의녹화 등)이 제시되어 있다.
□ 교육 진행과정에서 나타나는 교수자-학습자 간 상호작용을 평가하는 방법이 제시
　되어 있다.
□ 교수-학습방법을 개발하여 활용하고 있다.
□ 교육 질 관리를 위해 교육과정 내 학생들의 교육 활동 과정을 분석한다.
□ 교육 질을 높이기 위해 학생의 요구를 반영하는 의사소통 시스템이 구축되어 있다.
□ 학생의 요구를 수집하고 분석하여 교육과정을 개선한다.

4) SWU-PROACT$^+$ 시스템의 AC(Assessment & Control, 평가 및 제어)

평가 및 제어 영역은 교육 산출평가를 담당하는 영역으로 교육의 효과성 검증이
주로 이루어진다. 교육의 효과성 검증은 교육 결과를 직접적으로 이해할 수 있는
지표분석과 효과성 검증을 위한 데이터 수집 및 분석 방법에 대한 평가를 모두 포
함하고 양적, 질적 자료의 균형 있는 수집과 관련 분야 타 데이터와의 연계성을 동
시에 평가한다. 또한, 효과성 검증 결과를 세부적으로 검토하여 교육목표 달성도
와 학생들의 학습역량 향상도를 평가한다(〈표 6-4〉 참조).

〈표 6-4〉 평가 및 제어 영역 평가 및 개선 체크리스트

[평가 및 제어]

❏ 교육 효과성을 검증하기 위해 교육목표에 적절한 방법이 제시되어 있다.

❏ 교육 효과성을 검증하기 위한 측정도구가 제시되어 있다.

❏ 교육 효과성은 다각적인 방법으로 검증되고 있다.

❏ 교육 효과성을 확인할 수 있는 데이터가 수집되고 있다.

❏ 교육 효과성을 확인할 수 있는 데이터는 반복적으로 측정할 수 있다.

❏ 교육 효과성을 확인하기 위해 수집되는 데이터는 교수자와 학습자로부터 수집되고 있다.

❏ 교육 효과성 검증 결과는 관련 분야 타 데이터와 연계되어 해석되고 있다.

❏ 교육 효과성 검증 결과를 분석하여 교수자와 학습자의 역량강화가 이루어졌는지 확인한다.

---

5) SWU-PROACT⁺ 시스템의 T(Transfeed, 결과활용)

결과활용 영역은 SWU-PROACT⁺ 시스템의 마지막 단계로 분석된 결과가 교육에 다시 적용되어 교육의 질을 개선하고 있는지를 확인한다(〈표 6-5〉 참조). 교육에 대한 긍정적인 결과와 부정적인 결과를 동시에 확인하고 부정적인 결과의 경우 원인과 개선안을 제시하는지 확인한다. 평가 결과가 교육 개선에 직접적으로 반영되어야 함을 강조하기 위해 정책결정자에게 결과와 개선방안이 전달되는지를 평가요소로 설정하였다. 결과활용 절차는 궁극적으로 미래에 대한 예측과 문제예방을 위해 사용될 수 있는지를 점검하는 것으로 마무리된다.

〈표 6-5〉 결과활용 영역 평가 및 개선 체크리스트

[결과활용]

❏ 평가 결과를 활용한 교육 프로그램 개선방법이 제시되어 있다.

❏ 교수자와 학습자의 요구사항이 교육목표 및 방향에 반영되고 있다.

❏ 교육프로그램이 지속적으로 개선되고 있다.

❏ 교육의 목표와 적합성이 낮고 학생들의 불만이 높은 교육내용에 대한 원인을 파악한다.

❏ 교육 결과와 개선방법은 정책결정자에게 전달되고 있다.

❏ 교육 결과를 활용하여 미래에 발생하는 문제를 예측하고 예방할 수 있다.

---

3. SWU-PROACT⁺ 시스템을 적용한 인성교육 질 관리 사례

앞서 제시한 SWU-PROACT⁺ 시스템의 기본 구성요소와 평가요소를 기반으로 이 장에서는 SWU-PROACT⁺ 시스템이 인성교육 분야에 어떻게 적용되고 있는지를 설명하고자 한다. [그림 6-2]는 인성교육 분야에서 SWU-PROACT⁺ 시스템의 구성요소와 평가요소를 간략히 제시하였고, 각 구성요소별 평가요소와 근거 자료를 [그림 6-2]와 같이 제시한다.

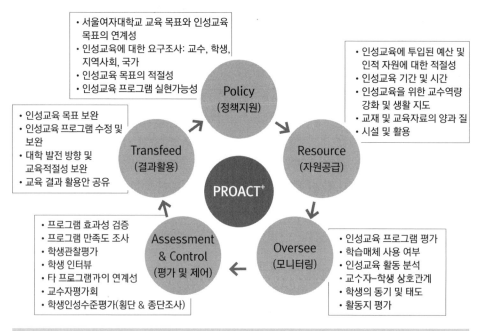

[그림 6-2] 인성교육 질 관리 시스템 SWU-PROACT⁺

1) P(Policy, 정책지원) 평가

대학 차원의 SWU-PROACT⁺ 시스템을 인성교육 취지에 맞게 평가 및 개선 체크리스트를 조정하고, 영역별 평가 및 개선 체크리스트의 실행 여부 및 근거 자료를 점검한다. 인성교육의 질 관리를 위해 필요한 정책지원평가는 〈표 6-6〉과 같이 인성교육 목표 및 방법의 수립 여부와 제시된 인성교육 목표 및 방법과 대학 차원의 교육목표, 교육방향, 인재상, 핵심역량의 연계성을 통해 진행된다. 더불어, 인성교육 목표수립에 교내 구성원(교수, 학생, 지원)의 요구가 반영되고 있는지를 평가한다. 제시된 평가 예시는 서울여자대학교에서 인성교육을 수행하고 있는 부서가 자체적으로 평가한 것이 아니라 별도의 평가 전담 부서에서 평가한 내용이다.

〈표 6-6〉 인성교육 질 관리를 위한 정책관리 영역(정책수립) 평가 예시

[정책수립 영역 평가 예시]

☑ 인성교육 목표 및 방향이 수립되어 있다.

☑ 인성교육 목표 및 방향은 우리 대학 교육목표, 교육방향, 인재상, 핵심역량과 연계되어 있다.

☑ 인성교육 목표 및 방향은 실현가능하다.

　　근거자료 바롬인성교육 목표는 '글로벌시민소양을 갖추고 공동체 화합을 이끄는 실천형 인재 양성'임. 바롬인성교육 목표는 [그림 6-3]에 제시된 것과 같이 서울여자대학교 중장기 발전계획에 제시된 교육목적, 교육목표 및 인재상과 인성교육의 목표 및 방향과 연계성을 보임(예: 인성교육 목표는 대학 인재상의 인성과 소양을 갖춘 인재와 봉사와 실천을 하는 인재를 양성하는 데 직접적으로 영향을 미치고 핵심역량의 공동체 가치, 의사소통 능력, 글로벌 경쟁력을 함양하는 데 기여할 수 있으므로 대학 차원의 교육방향과 부합하는 것으로 평가함).

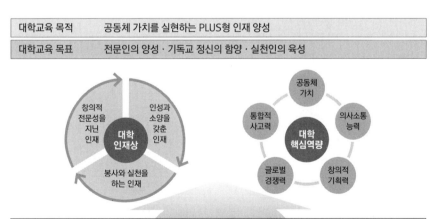

| 대학교육 목적 | 공동체 가치를 실현하는 PLUS형 인재 양성 |
| 대학교육 목표 | 전문인의 양성 · 기독교 정신의 함양 · 실천인의 육성 |

| 인성교육 목표 | 글로벌시민소양을 갖추고 공동체 화합을 이끄는 실천형 인재 양성 |
| 인성교육 방법 | 공동체생활교육 · 학생중심 활동 · TPBL(Team Project(& Problem)-based Learning) |

[그림 6-3] 인성교육 목표 및 방향의 적합성

☑ 인성교육 목표 및 방향은 구성원의 요구를 반영하고 있다.
　근거자료 교수 대상 요구조사: 인성교육의 필요성, 인성교육 내용의 타당성, 인성교육 방법에 대한 의견 수렴
　근거자료 학생 대상 요구조사: 학생대표 대상 포커스 그룹 인터뷰를 통해 인성교육에 대한 학생들의 의견을 조사
☑ 인성교육 목표 및 방향은 R(자원분석), O(모니터링), AC(산출평가) 결과를 토대로 지속적으로 개선되고 있다.
　근거자료 T(결과활용) 영역과 연결하여 설명함

정책지원 평가 영역에서는 정책수립에 관련된 평가 이외에 효율적인 인성교육 운영조직과 인성교육 책임자들의 수행 능력 및 의지와 인성교육의 질 관리를 위한 문서가 제대로 기록되고 있는지를 평가한다. 〈표 6-7〉은 행정운영과 문서화에 대한 평가 근거와 예시를 설명하고 있다.

〈표 6-7〉 인성교육 질 관리를 위한 정책관리 영역(행정운영, 문서화) 평가 예시

[행정운영 영역 예시]
☑ 인성교육 목표를 달성하기에 적합한 행정조직을 구비하고 있다.
　근거자료 바롬인성교육원에서 인성교육을 담당함
☑ 행정 책임자들은 책임감을 가지고 인성교육을 수행하고 있다.
☑ 인성교육 관련 행정 책임자들은 인성교육 목표 및 교육방향을 수행하고자 하는 의지를 가지고 있다.
　근거자료 기획처에서 진행하는 조직평가와 교무처에서 진행하는 인사평가에서 관리하고 있음

[문서화 영역 예시]
☑ 인성교육 목표 및 교육방향을 기획, 운영, 관리하기 위한 문서를 가지고 있다.
☑ 인성교육 질 관리 목표 및 절차에 대한 매뉴얼이 작성되어 있다.
☑ 문서기록 및 관리방안이 제시되어 있다.
　근거자료 교육을 질을 관리하기 위해 [그림 6-4]와 같이 표준화된 매뉴얼을 개발하여 사용하고 있음

[그림 6-4] 매뉴얼 예시

2) R(Resources, 자원공급) 평가

인성교육에 투입되는 인적 · 물적 자원에 대한 평가는 인성교육에 참여하는 교육자, 생활조교, 행정직원에 대한 인적 자원 평가와 공간, 예산, 시설, 교육 서비스에 대한 물적 자원 평가로 구분된다. 먼저, 인적 자원에 대한 평가는 인성교육을 수행하는 데 적정한 수가 투입되고 있고, 인적 자원에 대한 교육을 정기적으로 제공하여 인성교육의 질을 제고하는지 확인한다. 물적 자원에 대한 평가는 인성교육에 적합한 교육 지원이 이루어지는지 확인하는 과정으로 인성교육을 위한 공간, 교육 서비스, 예산, 조직을 분석하여 진행한다. 〈표 6-8〉은 자원공급 영역에 대한 평가 근거를 제시한다.

🔧 〈표 6-8〉 인성교육 질 관리를 위한 자원공급 영역 평가 예시

[자원공급 영역 평가 예시]

☑ (인적 자원) 인성교육의 질에 영향을 미치는 인적 자원의 수가 적합하다.

  근거자료 원장 1인, 전임교수 2명, 초빙강의교수 5인, 소집단강사 28인, 생활교육조교 8인과 행정실장 1인의 구성은 현재 인성교육을 운영하는 데 적절함(교무처, 기획처와 협의하여 진행함)

☑ (인적 자원) 인성교육의 질에 영향을 미치는 인적 자원은 요구되는 역량을 가지고 있다.

근거자료 인성교육 교수자는 서류전형과 면접의 선발과정을 거쳐 인성교육 전문 인력으로 선발됨

근거자료 기본 자격요건은 전공적합성(인성교육 관련 분야의 전공)과 관련 분야 1년 이상의 실무경험을 가지고 있어야 하며, 면접 시 지원자들의 ① 인성교육자로서의 전문성, ② 자질 및 자세, 그리고 ③ 인성교육에 대한 이해 및 소명감을 평가함

☑ (인적 자원) 인성교육의 질에 영향을 미치는 인적 자원에게 지속적인 교육훈련이 제공되고 있다.

근거자료 선발된 인성교육 전문인력에게 매학기 역량강화 워크숍을 통해 역량강화 기회를 제공함(워크숍은 전체 인성교육 담당자를 대상으로 진행되며 인성교육 프로그램의 내용이나 교수법에 대한 교육훈련, 사회환경 변화로 인해 새롭게 소개되는 인성교육 특강이 진행되고, 신임강사의 경우, 인성교육 수업 시연과 자문위원의 피드백을 제공함)

근거자료 인성교육 우수 교수자와 신임강사 멘토링을 통해 인성교육에 대한 철학 및 목표, 소명의식, 교수전략 및 팁을 공유함

근거자료 인성교육 교수자에 대한 강의평가 및 수업목표 달성도 평가결과를 통해 자신의 장단점을 파악하여 개선안을 마련함

근거자료 매 학기 하위 5% 해당 교수자는 담당교수와의 면담을 통해 문제점을 논의하고 개선함

☑ (물적 자원) 인성교육의 질 관리를 위해 필요한 물적 자원(교육 서비스, 공간, 예산, 조직)이 확보되어 있다.

근거자료 표준화된 바롬인성교육 서비스가 제공되고 인성교육 전용건물인 바롬인성교육관을 갖춤

근거자료 인성교육에 필요한 행정조직과 예산 지원[평가 주체: 대학 본부(기획처)]이 이루어지고 있음

☑ (물적 자원) 인성교육의 질 관리를 위한 교육 환경이 조성되어 있다.

근거자료 인성교육 전용건물인 바롬인성교육관의 지속적인 시설 개선을 통해 학생 친화적 교육 환경을 조성함

3) O(Oversee, 모니터링) 평가

인성교육 모니터링 평가는 인성교육을 진행하는 과정에서 일어나는 요소를 평가하는 것으로, 모니터링 계획과 구체적인 방법을 확인하고, 인성교육 과정에서 나타나는 교수자와 학습자 간 상호작용을 분석한다. 교수자와 학습자의 상호작용을 촉진하기 위해 활용되는 교수–학습방법 및 교육 지원 매체와 학생들의 활동과정 자료를 동시에 분석하여 〈표 6-9〉에 제시한 것과 같이 전반적인 인성교육 과정을 평가한다.

〈표 6-9〉 인성교육 질 관리를 위한 모니터링 영역 평가 예시

[모니터링 영역 평가 예시]
☑ 인성교육 질 관리를 위한 모니터링 방법이 계획되어 있다.
　근거자료 개발 또는 개선된 인성교육 프로그램이 계획대로 실행되고 있는지를 확인하기 위한 모니터링은 수업을 하는 교수자가 자체적으로 모니터링을 실시하거나 인성교육 책임교수의 수업참관을 통해 진행됨
　근거자료 인성교육을 진행하는 교수자가 매 학기 2회에 걸쳐 교수자 의견서에 인성교육과정안에서 경험한 수업목표 달성 여부, 인성교육 시간, 인성교육 내용 및 활동의 적절성, 개선 및 제안점을 작성하여 제출함
　근거자료 바롬인성교육 프로그램 개발 책임교수가 수업을 참관하여 인성교육 목표, 내용, 활동, 방법, 교수자와 학생과의 상호작용 정도 등 전반적인 수업을 모니터링함
☑ 인성교육 과정을 기록하는 방법(포트폴리오, 강의녹화 등)이 제시되어 있다.
　근거자료 인성교육 과정 질 관리는 모든 교수자에게 제공되는 표준화된 강사 매뉴얼을 통해 일차적으로 진행함
　근거자료 소그룹으로 진행되는 인성교육은 교수자가 교육과정에서 일어나는 일을 교수자 의견서에 기록하여 교육과정을 검토할 수 있도록 지원함
　근거자료 학생들이 교육과정 내에서 경험한 것을 성찰일지에 기록하고 이를 토대로 교육과정을 진단하고 개선함
☑ 인성교육 과정에서 나타나는 교수자–학습자 간 상호작용을 평가하는 방법이 제시되어 있다.
　근거자료 인성교육 과정 내 교수자–학생의 상호작용은 강의평가의 하위 문항으로 확인하고 있음

☑ 인성교육에 적합한 교수-학습방법을 개발하여 활용하고 있다.

근거자료 인성교육 프로그램 개발 시 교육 활동을 지원할 수 있는 교수-학습방법을 활용함. 바롬인성교육 1, 2는 공감적 의사소통과 협업을 강조하는 역할놀이, 토론, 질의법을 사용하고 창의적 문제해결 및 집단지성을 강조하는 바롬인성교육 3에서는 TPBL[Team Project(Problem)-Based Learning]을 주로 활용함

근거자료 교수-학습방법과 함께 교육 지원 매체로 표준화된 활동지와 수업용 ppt를 개발하여 일관성 있는 인성교육이 진행될 수 있도록 지원함

☑ 인성교육 질 관리를 위해 교육이 진행되는 과정에서 수집된 학생들의 교육 활동과정을 분석한다.

근거자료 교수자 의견서와 매 학기 두 번에 걸친 평가회(중간, 기말 평가회)를 통하여 학생들의 교육 활동에 대한 교수자의 의견을 교환하고 학생들의 활동 과정에 대한 평가를 실시함

근거자료 인성교육 질을 높이기 위해 학생의 요구를 반영하는 의사소통 시스템이 구축되어 있다.

근거자료 학생들은 인성교육 소집단 교육에 대한 의견을 바롬인성척도, 인성교육 만족도 조사, 강의평가, 학생 대상 포커스 그룹 인터뷰를 통해 제시함.

근거자료 인성교육 중 생활교육에 대한 학생들의 요구는 교육기간 동안 매일 실시되는 생활교육 조교와의 만남의 시간을 통해 수렴되고 생활교육 조교 평가회의를 거쳐 학생들의 주요 요구사항을 반영함

☑ 학생의 요구를 수집하고 분석하여 인성교육 과정을 개선한다.

근거자료 수업 종료 후 실시되는 프로그램 효과성과 만족도 설문, 개방형 질문, 수업담당 교수지 의견시에 제시된 학생들의 반응과 요구를 분석하여 인성교육 과정 개선에 반영함

4) AC(Assessment & Control, 평가 및 제어) **평가**

인성교육 평가 및 제어 영역은 인성교육의 효과성 검증 실행 여부와 효과성 검증을 위해 적절한 데이터 수집이 이루어지는지를 파악한다. 인성교육 효과성 검증 실행 여부는 효과성 검증 계획과 방법을 구체적으로 평가하고, 데이터 수집 및 관리는 데이터의 성격, 수집방법, 타 데이터와의 연계성을 통해 확인한다. 마지막으로, 효과성 검증 결과를 분석하여 인성교육 목표의 달성 정도와 학생들의 인성수준 향상도를 평가한다. 구체적인 평가 예시는 〈표 6-10〉과 같다.

〈표 6-10〉 인성교육 질 관리를 위한 평가 및 제어 영역 평가 예시

[평가 및 제어 영역 평가 예시]

☑ 인성교육 효과성을 검증하기 위한 방법이 제시되어 있다.

　근거자료 인성교육 효과성 검증은 학생과 교수자를 대상으로 진행됨([그림 6-5]와 [그림 6-6] 참조)

☑ 인성교육 효과성을 검증하기 위한 측정도구가 제시되어 있다.

　근거자료 인성교육 효과성을 검증하기 위해 자체적으로 바롬인성척도(BCI: Bahrom Character Index)를 개발하여 사용하고 있음[이윤선, 강혜영, 김소정(2013). 대학생 인성 검사도구 타당화 연구. 윤리교육연구, 31]

☑ 인성교육 효과성은 다각적인 방법으로 검증되고 있다.

　근거자료 바롬인성척도와 함께 만족도검사(개방형 문항 포함), 학생활동지, 교수자 의견서 등 다각적인 방법으로 산출평가를 진행함

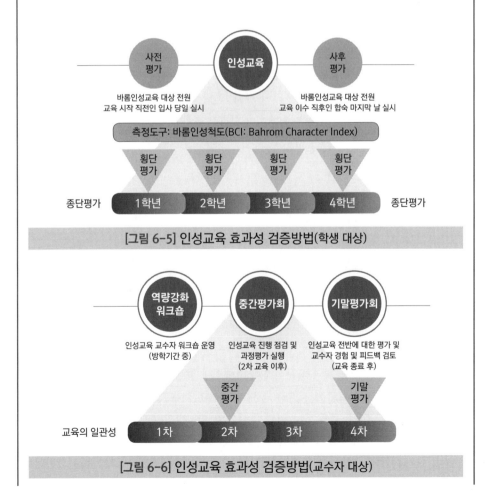

[그림 6-5] 인성교육 효과성 검증방법(학생 대상)

[그림 6-6] 인성교육 효과성 검증방법(교수자 대상)

☑ 인성교육 효과성을 확인할 수 있는 데이터가 수집되어 있다.

근거자료 인성교육 효과성 검증을 위해 정기적으로 데이터를 수집하고 있음. 학생 대상으로 바롬인성척도, 만족도 설문조사, 강의평가(소감 및 개선점에 대한 개방형 질문포함), 포커스 그룹 인터뷰를 통해 양적·질적 데이터를 수집하고, 인성교육 교수자를 대상으로 교수자 의견서, 평가회를 통해 효과성을 검증함. 바롬인성척도의 경우, 신입생을 4년 동안 추적하여 인성수준의 추이변화를 확인하고 학년별 비교를 통해 교육내용에 차별성을 둠

☑ 인성교육 효과성을 확인할 수 있는 데이터는 반복적으로 측정할 수 있다.

근거자료 인성교육 효과성 검증의 지속성을 위해 바롬인성척도를 개발하고 표준화하여 반복적으로 사용하고 있음

☑ 인성교육 효과성을 확인하기 위해 수집되는 데이터는 교수자와 학습자의 평가를 모두 포함한다.

근거자료 인성교육 효과성 검증은 [그림 6-5]와 [그림 6-6]에 제시된 것과 같이 학생과 교수자를 대상으로 진행되고 있음

☑ 인성교육 효과성 검증 결과는 타 데이터와 연계되어 해석되고 있다.

근거자료 인성교육의 효과성 검증을 위해 자체 개발된 바롬인성척도와 외부에서 개발되어 사용되는 학부교육 실태조사 결과([그림 6-7] 참조)를 연계하여 활용하고 있음(바롬인성척도와 학부교육 실태조사 결과가 일관성 있는 결과를 보고하고 있음)

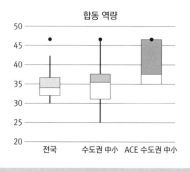
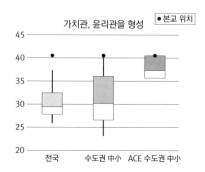

[그림 6-7] 인성교육 효과성 검증 결과와 연계하여 활용되고 있는 학부교육 실태조사 예시

☑ 인성교육 효과성 검증 결과를 분석하여 학습역량 향상이 이루어졌는지 확인한다.

근거자료 인성교육 효과성 검증을 통해 학생들의 학습역량이 향상되고 있음을 입증함. 매년 진행하는 설문조사 결과 학생들의 공동체의식과 글로벌시민의식이 향상되었음을 확인함. 종단연구[이윤선, 권미진(2015). 대학생 인성수준의 종단적 분석. 윤리교육연구, 36]를 통해 4년간 학생들의 인성수준이 향상되고 있음을 확인함.

5) T(Transfeed, 결과활용) 평가

인성교육 질 관리를 위한 결과활용 영역의 핵심 과제는 정책지원, 자원공급, 모니터링, 평가 및 제어 영역에서 발견한 사항을 정리하여 종합적으로 인성교육 내용에 반영하고 있는지를 확인하는 작업이다. 인성교육 개선절차와 방법을 확인하고 개선절차가 지속적으로 실행되고 있는지 점검한다. 또한 인성교육 결과가 다시 인성교육 목표 및 방향에 직접적으로 반영될 수 있도록 정책결정자에게 보고되는 과정이 포함되었는지를 확인한다.

〈표 6-11〉 인성교육 질 관리를 위한 결과활용 영역 평가 예시

[결과활용 영역 평가 예시]

☑ 인성교육 질 관리를 위한 모니터링 방법이 계획되어 있다.

> 근거자료 개발 또는 개선된 인성교육 프로그램이 계획대로 실행되고 있는지를 확인하기 위한 모니터링은 수업을 하는 교수자가 자체적으로 모니터링을 실시하거나 인성교육 책임교수의 수업참관을 통해 진행됨

> 근거자료 인성교육을 진행하는 교수자가 매 학기 2회에 걸쳐 교수자 의견서에 인성교육과정안에서 경험한 수업목표 달성 여부, 인성교육 시간, 인성교육 내용 및 활동의 적절성, 개선 및 제안점을 작성하여 제출함

> 근거자료 바롬인성교육 프로그램 개발 책임교수가 수업을 참관하여 인성교육 목표, 내용, 활동, 방법, 교수자와 학생과의 상호작용 정도 등 전반적인 수업을 모니터링함

☑ 평가 결과를 활용한 교육 프로그램 개선방법이 제시되어 있다.

> 근거자료 과정 및 산출평가를 통해 얻은 결과를 토대로 프로그램을 개선함([그림 6-8] 참조)

☑ 교수자와 학습자의 요구사항이 교육목표 및 방향에 반영되고 있다.

> 근거자료 교수자와 학습자의 요구사항을 분석하고 이를 개선안에 포함함

☑ 교육 프로그램이 지속적으로 개선되고 있다.

> 근거자료 바롬인성교육과정 개선작업은 연 2회 정기적으로 실행됨

☑ 교육의 목표와 적합성이 낮고 학생들의 불만이 높은 교육내용에 대한 원인을 파악한다.

> 근거자료 학생들의 불만이 높은 교육내용은 [그림 6-8]의 주요 개선 방향 설정 단계의 분석자료 2에서 수집되고 원인을 파악하여 개선사항에 포함함

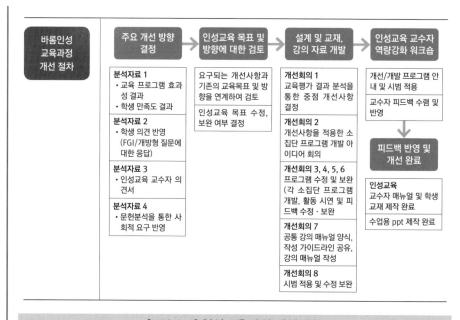

[그림 6-8] 인성교육과정 개선절차

☑ 교육 결과와 개선방법은 정책결정자에게 전달되고 있다.

근거자료 정책과제를 통해 전반적인 인성교육 방향에 대한 의견을 정책결정자에게 전달하고 있으나, 매년 진행되는 인성교육 과정 개선사항은 인성교육 책임자가 정책결정자에게 주기적으로 보고함(문서화의 필요성에 따라 향후 개선할 예정임)

☑ 교육 결과를 활용하여 미래에 발생하는 문제를 예측하고 예방할 수 있다.

근거자료 학생 대상 종단연구 결과에서 나타닌 추이 변화와 교수사 평가회를 통해 수집된 학생성향 분석 및 교육내용 타당성에 대한 의견을 통합하여 학습자에 맞는 인성교육의 방향을 예측함

4. 결론 및 향후 발전과제

인성교육 질 관리 시스템은 2013년 초기 시스템을 구축하여 사용해 오다가 2016년 SWU-PROACT[+] 시스템으로 전환하여 운영되고 있다. 현재까지 인성교육 질 관리 시스템을 활용하면서 달성한 단기적인 성과와 개선점은 다음과 같다. 첫째, 인성교육 질 관리 시스템 활용 이후 가장 두드러진 성과는 서울여자대학교

인성교육의 브랜드화다. 인성교육 프로그램의 개발 및 실행과 인성교육의 효과성 검증을 병행하면서 체계적으로 인성교육의 강점과 개선점을 이해하게 되었고, 이 결과를 다시 인성교육 내용 개선에 반영하면서 인성교육의 질을 제고할 수 있었다. 인성교육 질 관리 일환으로 진행된 학생 대상 종단연구는 4년간의 추이 변화를 통해 학생들의 성장을 확인하였고, 학년별 변화를 고려한 교육내용 및 방법을 설계하는 데 유용한 정보를 제공하였다. 인성교육 과정과 결과에 대한 평가와 함께 진행된 정책 및 자원평가는 인성교육 지원 체제를 공고히 하는 데 기여하였다.

둘째, 인성교육 질 관리는 대학 내 영향뿐만 아니라 초·중등 교육현장과 지역사회 및 기업에 인성교육을 확산하는 계기를 마련하였다. 사회적으로 인성교육의 요구가 증가하고 초·중등 교육현장에서 인성교육 의무화가 진행되면서 초·중·고등학교와 대학의 협업이 시작되었다. 이러한 과정에서 서울여자대학교 인성교육 프로그램을 학교현장을 넘어 지역사회로까지 확대할 수 있었던 주요 이유 중 하나는 인성교육 질 관리 시스템을 통해 인성교육의 효과성을 객관적으로 제시할 수 있었기 때문이다.

셋째, 인성교육 질 관리 시스템을 통해 인성교육의 방향, 공급되는 자원, 교육내용 및 방법 등에 대한 전반적인 평가가 가능해졌다. 즉, 강의실 내에 국한된 교육내용 및 방법 위주의 평가에서 교육을 지원하는 정책, 자원, 행정운영 등을 종합적으로 평가하는 대학 차원의 교육평가로 전환하는 계기가 되었다. 이러한 변화를 통해 인성교육의 내용과 방법의 질을 향상시켰고, 지속가능한 인성교육 지원체제를 마련하게 되었다.

넷째, 인성교육 질 관리 시스템은 교육의 장점보다는 약점을 분석하고 대처하는 데 용이하다. 긍정적의 평가결과는 교육 프로그램의 효과를 확인하고 유지하는 데 사용되지만 부정적인 평가결과는 심층적이고 다각적인 분석을 통해 문제의 원인을 파악하고 개선점을 도출하는 데 사용될 수 있다. 인성교육 질 관리 시스템은 부정적인 평가결과의 원인 분석을 가능하게 하고, 파악된 문제를 개선하기 위해 필요한 정보와 방법을 제공한다. 매 학기 주기적으로 실시되는 인성교육 평가에서 학생들의 불만이 많거나 교육의 효과가 낮은 내용과 방법은 일련의 개선작업을 통해 수정·보완되며 다음 학년도 교육과정에 반영된다. 이러한 선순환적 평가과정은 인성교육 질 제고에 직접적으로 기여하고 있다.

마지막으로, 인성교육 질 관리 시스템과 대학 차원의 교육 질 관리 시스템의 통합을 통해 질 관리 시스템의 확장성과 유연성을 제고할 수 있었다. 2016년에 개발되어 현재까지 활용되고 있는 SWU-PROACT$^+$는 2013년 초기 인성교육 질 관리 시스템을 기반으로 개발되었고, 현재 사용 중인 인성교육 질 관리 시스템은 SWU-PROACT$^+$에 맞게 수정·보완되었다. 다시 말하면, 하나의 교육 단위를 평가하는 시스템이 대학 차원의 교육 질 관리 시스템으로 확장되었다는 의미다. 일반적으로 고등교육 질 관리 시스템은 방대한 교육 범위와 조직의 다양화로 인해 하나의 시스템으로 통합하는 데 어려움이 많다. 교육 질 관리 시스템을 개발하더라도 모든 교육과 행정에 완벽하게 적용하기까지는 수년의 시간이 걸린다. 서울여자대학교의 경우, 작은 교육 단위를 평가하는 인성교육 질 관리 시스템을 개발하여 검증한 후, 이를 대학 차원의 교육 질 관리 시스템 구축에 사용함으로써 교육 질 관리 시스템의 통합과 유연성을 높일 수 있었다. 현재도 다양한 교육 프로그램에 맞춤화된 다수의 SWU-PROACT$^+$ 시스템이 동시에 운영되고 있으며, 이렇게 진행되는 다수의 SWU-PROACT$^+$ 시스템은 교육 대상, 교육목적, 전공 영역 등에 따라 분리·통합될 수 있으므로 운영의 편리성과 융통성을 강점으로 가지고 있다. 예를 들면, 여성공학인재 양성사업(WE-UP)과 소프트웨어 중심대학 사업에서 공학교육의 질 관리를 위해 독립적으로 사용하고 있는 각각의 SWU-PROACT$^+$ 시스템의 적용 결과는 상호연계되어 학생들의 학습역량을 파악하고 향상하는 데 활용될 수 있다.

위에 제시한 서울여자대학교 교육 질 관리 시스템의 의미 있는 단기성과에도 불구하고 장기적인 성장과 지속가능한 교육 질 관리 시스템의 정착을 위해 서울여자대학교가 당면한 향후 과제는 다음과 같다. 첫째, 현재 인성교육의 SWU-PROACT$^+$ 시스템은 교육의 수월성을 위해 학생의 학습역량 평가 및 개선에 더 큰 비중을 두고 운영되고 있다. 그러나 교육의 질 제고를 위해서는 학생의 성장뿐만 아니라 교육 지원 체제의 고도화에 대한 평가도 함께 추진해야 한다. 현재 SWU-PROACT$^+$ 시스템의 정책 지원과 자원공급 영역의 평가요소와 방법은 학생들의 학습성과를 평가하는 방법만큼 정교화되어 있지 않으므로 향후 교육 지원 체제 및 행정 시스템에 대한 평가요소와 방법을 보완할 필요가 있다.

둘째, 교육 질 관리 시스템을 위한 행정조직 및 전문인력을 보강해야 한다. 대학 행정조직의 특성상 정기적으로 행정직원의 부서 이동이 이루어지면서 교육 질 관리 분야의 전문가를 양성하는 것은 쉽지 않은 과제다. 교육 질 관리 시스템은 해당 분야의 역량을 갖춘 전문가에 의해 운영되고 관리되는 것이 필수적이므로 대학은 교육 질 관리를 위한 전담 부서와 전문인력 양성을 위해 노력해야 한다.

셋째, 교육 질 관리 시스템에 대한 구성원의 공감대 형성과 정보공유의 간편화를 모색해야 한다. SWU-PROACT$^+$ 시스템의 구성요소를 평가하기 위해서는 여러 학과 및 행정부서로부터 데이터를 수집하여 분석해야 한다. 대부분의 데이터는 표준화된 양식으로 저장되는 것이 아니라 학과와 행성부서의 특성에 따라 상이한 방법으로 수집되고 저장된다. 효과적인 교육 질 관리 시스템 구축을 위해서 시스템의 기본이 되는 데이터 수집 및 저장방법의 표준화를 통해 통합된 데이터가 효과적으로 사용될 수 있도록 지원해야 할 것이다.

마지막으로, 교육 질 관리 시스템을 활용하여 조직의 성숙도를 평가하는 방법을 모색해야 한다. 서울여자대학교는 SWU-PROACT$^+$ 시스템을 개발하면서 조직의 성숙도 수준을 평가할 수 있는 다섯 가지 요소를 시스템에 포함하였다. 먼저 ① 기본적인 질 관리 과정을 제시하여 프로젝트 단위의 질 관리를 가능하게 하고 (manageable), ② 이를 반복적으로 수행하고 평가할 수 있고(repeatable), ③ 질 관리 과정이 제도적으로 표준화되어 내재화되고(institutionalizable), ④ 적용 대상과 영역에 따라 맞춤화가 가능하며(optimizable customization), ⑤ 미래에 발생할 수 있는 문제를 정량적으로 예측하고 예방할 수 있는(predictable) 교육 질 관리 수준을 정의하였다. SWU-PROACT$^+$ 시스템은 다섯 단계 중 네 번째 단계(optimizable customization 단계)까지 도달한 상태이고 앞으로 마지막 단계인 예측하고 예방하는 단계(predictable 단계)에 도달하기 위해 필요한 빅데이터 분석 및 인공지능 기술의 도입을 위한 추가 노력이 필요하다. 향후 SWU-PROACT$^+$ 시스템은 대학 내 다양한 교육 과정의 개발-실행-관리-개선 활동을 대학 본부 차원에서 통합적으로 제어하고 자동화하는 방향으로 진화해 나갈 것이다.

참고문헌

강만수, 박상규(2011). 대학교육기관의 교육서비스 품질이 지각된 가치, 학생만족, 명성 및 학생충성도에 미치는 영향. 교육행정학연구, 29(1), 153-174.

신현석, 변수연, 전재은(2016). 학부교육의 질과 성과의 의미에 대한 성찰과 쟁점. 한국교육행정학연구, 34(1), 73-102.

엄준용, 최보윤(2007). 고등교육 조직에서 ISO 품질관리 시스템의 적용과 시사점. HRD연구, 9(2), 123-138.

이윤선, 강혜영, 김소정(2013). 대학생 인성 검사도구 타당화 연구. 윤리교육연구, 31, 261-282.

이윤선, 권미진(2015). 대학생 인성수준의 종단적 분석. 윤리교육연구, 36, 259-282.

Astin, A. W., & Antonio, A. L. (2012). *Assessment for Excellence*. Rowman & Littlefield Publishers, Inc.

ISO (2000). International Standard ISO 9001:2000. Quality management systems: Requirements.

Stufflebeam, D. L., Madaus, G. F., & Kellaghan, T. (2012). *Evaluation Models: Viewpoints on Educational and Human Services Evaluation*. Kluwer Academic Publishers, Boston.

제7장

강의의 질 관리를 위한 강의컨설팅 시스템: 안양대학교 사례

이훈병(안양대학교)

1. 배경

'잘 가르치는 대학', 여기서 "잘 가르친다는 것은 무엇인가?"라는 물음은 깊이 생각해 보아야 할 기본적인 문제다. '가르친다는 것'은 가르치는 자가 있다는 것을 의미하고 '잘' 가르친다는 것은 평가와 가치 판단의 행위로 '가르치는 자'가 스스로 판단하는 의미보다는 '가르치는 것을 보는 자', 또는 '배우는 자'에 의한 것으로 이해되어야 한다. 즉, 현대 사회에서 '가르친다는 것'에 대한 '잘'이라는 가치 부여는 교수의 명성과 인식에 따른 사회적 판단 또는 교수들에 의해 스스로 결정되는 것이 아니라 해당 강의를 직접 수강하는 또는 수강한 학습자들에 의해 결정된다.

한국 사회는 2000년 이후 고등교육의 보편화 단계에 진입하였다. 우리나라 대학은 연구와 교육을 같이 보던 엘리트 교육 단계를 지나 연구보다는 보편 교육을 강조하는 고등교육의 시대에 있다. 고등교육의 보편화 시대는 연구보다는 '잘 가르친다'라는 '교육'에 무게 중심을 둔다. '잘 가르친다는 것'은 강의를 수강하는 또는 수강한 학습자들에 의해 결정된다고 동의할 수 있다면 '잘 가르친다는 것'은 강의운영을 잘한다는 것으로 이해될 수 있다.

여기서 생각해 보아야 할 문제들이 있다. "과연 일부 교수자들이 생각하는 것처럼 학습자들은 재미만 있는 수업을 선호하고, 그런 수업에 대하여 강의평가에서 높은 점수를 주는 것인가?", "강의평가 점수는 마음만 먹으면 높게 받을 수 있다고 말하는 교수들이 정말로 그렇게 할 수 있는 것인가?", "학습자들은 쉽고, 내용 없고 학점 따기 쉬운 수업을 선호하는 것인가?", "20명 이상 수강하는 강좌에서 악의적인 응답자 2~3명 때문에 강의평가 점수가 극단적으로 낮아질 수 있는가?"

이러한 반응들은 교수들의 몇 가지 검증되지 않은, 또는 검증할 수 없는 근거가 전제되어 있다. 첫째, 나는 학습자들의 역량 향상을 위해 수업 준비도 철저히 하고 준비한 것을 다 가르치려고 노력하는 열정을 가지고 있다. 그러나 학습자들은 열심히 가르치는 수업을 선호하지 않는다. 그리고 내가 가르치는, 가르쳐야만 하는 내용을 이해할 정도의 수준도, 내용을 받아들일 준비도 되어 있지 않은 학생들이 많고, 그런 학습자들은 나의 강의를 평가할 수 없다. 따라서 강의평가 결과를 받아들일 수 없다. 둘째, 일부 교수들은 강의평가에 대하여 과도할 정도로 민감하게 반응하고 있고 잘못된 정보를 가지고 있다. 실제 강의평가를 분석해 보면 교수들의 생각과는 달리 많은 대학에서 높은 강의평가 점수를 보여 주는 강의는 수강생이 많은 강의식 수업이다. 그리고 대다수의 학습자들은 토론 및 토의, PBL(Problem/Project-Based Learing), F/L(Flipped Learning), 협동학습 등 학습자 활동 중심으로 운영되는 수업보다 수강하기 편안한 수업으로 강의식 수업을 꼽고 선호한다. 그러나 일부 교수자들은 학생 활동 중심으로 운영되는 수업에 대하여 난이도가 낮다고 생각하고, 학생들의 인기에 영합하는 수업으로 폄하하기도 한다.

이상의 오해들은 각 센터에서 교수들에게 제공되는 교수(teaching) 지원 프로그램, 특히 강의평가와 연결된 강의컨설팅에 대한 강한 거부감으로 이어지고, 센터 프로그램을 운영하는 데 있어 어려움을 가중시킨다. 이에 안양대학교 교육품질관리센터는 교수들이 갖고 있는 교수 지원 프로그램에 대한 거부 반응을 최소화하고 교수들과 학습자들에게 보다 유용한 정보를 제공하기 위하여 'DATA 기반 서비스형 교육 질 관리'를 표방하고 있다. 구체적으로 교수들의 강의 현장에서 발생하는 자료들을 수집하여 분석하고 이를 통해 생산된 정보를 제공하는 강의컨설팅 시스템을 구축하고자 하였다.

2. 안양대학교 강의 질 관리를 위한 강의컨설팅 시스템

1) 강의컨설팅 유형

현재 대학에서 행해지고 있는 강의에 대한 컨설팅은 각 대학마다 다양한 형태로 시행되고 있다. 각 대학들에서 제공되고 있는 강의컨설팅 프로그램을 정리해 보면 〈표 7-1〉과 같다.

〈표 7-1〉 각 대학들이 제공하는 강의컨설팅 활동

유형	내용
수업촬영 및 분석	• 강의의 현장성을 강조 • 현장 강의 상황을 촬영하고 분석전문가에 의한 컨설팅 • 강의자뿐만 아니라 학습자도 분석
마이크로티칭	• 강의를 15분 내외로 설계하여 촬영 • 강의설계부터 강의진행에 대한 부분까지 전문가에 의해 분석
강의평가 분석	• 매 학기 시행되는 강의평가 결과 점수를 분석 • 학습자들의 학습자 반응의 패턴을 분석
교수법상담(면담)	• 강의영상, 강의평가, 학습자 의견 등을 분석 • 교수법 전문가와의 면담
강의참관	• 강의의 현장성을 강조 • 동료 교수자 또는 교수법 전문가에 의한 수업 참관과 분석 • 강의자뿐만 아니라 학습자도 분석
강의계획서 분석	• 교수자에 의해 제공되는 강의계획서 양식과 내용을 분석

가장 일반적인 강의컨설팅 프로그램은 '수업촬영 및 분석'이다. '수업촬영 및 분석'은 컨설팅을 받고자 하는, 또는 받아야 하는 교수자들의 현장 강의를 촬영하고, 해당 강의 영상을 교육학 전공자(수업분석 전문가)들이 교수법 및 수업의 기본적 이

론에 근거하여 내용을 분석하는 것이다.[1] 이와 유사한 컨설팅은 '마이크로티칭' 이다. 한때 '마이크로티칭'은 대학들이 흔히 시행하던 대표적인 강의컨설팅 유형 이었으나, 2000년대 이후 촬영 기기들의 발전과 대량 보급, 그리고 현장성 결여 에 대한 문제 제기로 많은 대학들에서 운영하지 않는 프로그램이 되었다. '강의평 가 분석'은 DATA 기반 교수(teaching) 질 관리 측면에서 대학들이 가장 관심을 가 지고 있는 부분으로 강의평가 저조자들에 대한 강의컨설팅을 의무화하고 있는 대 학들에서는 기본적으로 서비스하고 있는 부분이다. 각 대학들은 강의평가 결과를 공개하기도 하고 강의평가 결과를 기초분석 또는 심화분석하여 교수자들에게 제 공한다. 강의평가에 대한 논란은 여전히 남아 있지만 강의평가 결과는 교수자들 의 강의를 수강한 학습자들의 반응을 직접적으로 확인할 수 있는 부분이다. '강의 평가'는 중간고사 이후 시행되는 '강의중간평가'와 학기 말 강의 종료 후 시행되는 '강의평가'로 분류된다. '교수법 상담'은 강의컨설팅을 제공하는 기관이나 컨설팅 전문가들이 가장 어려워하는 부분이다. 강의컨설팅 참여는 교수들의 자발적 의사 보다는 각 대학이 가지고 있는 규정(예를 들면, 강의평가 규정 또는 승진·재임용 규 정 등)에 따른 경우가 많기 때문에 컨설팅 대상이 된 교수는 컨설팅 대상이 되었다 는 사실에서부터 불쾌감을 가지게 되고, 교수법 상담 자체를 거부하는 경우가 종 종 발생한다. '강의계획서 분석'은 일부 학교들에서 시행되는 내용으로 강의계획 서의 양식과 내용을 분석하여 그 결과를 교수자들에게 피드백하는 것이다. 강의 계획서를 분석한다는 것은 쉽지 않다. 경험 많은 강의컨설팅 제공자들에 따르면 '강의계획서'는 강의평가 결과를 예측할 수 있는 첫 번째 판단 자료가 된다. 강의 계획서는 강의자라면 누구나 작성하고, 학교가 제공하는 일정한 양식에 따라 똑 같이 작성되는 내용으로 이해될 수 있지만 실제 작성된 강의계획서는 교수자들 수만큼이나 다양하다. 마지막으로, '강의참관'이다. 강의참관은 소수의 대학에서

---

1) 강의촬영은 학교마다 그 규정이 다르다. 대부분의 학교는 1회를 촬영하지만 일부 대학교들
   은 2회 또는 5회로 규정하는 대학교들도 있다. 교수들이 제기하는 문제는 첫째, 정말 수업
   을 분석할 수 있는 전문가인가? 둘째, 1회의 강의를 보고 컨설팅할 수 있는가?다. 이 두 가
   지 문제 제기는 센터와 프로그램에 대한 신뢰성의 문제다. 강의컨설팅으로 수업분석을 운
   영하는 대학에 있어 이 두 가지 문제는 프로그램 운영 전에 해결되어야 한다.

만 시행되고 있는 컨설팅의 형태다. 동료 교수자들 또는 강의컨설팅 전문가들에게 현장 강의가 오픈되는 형식으로 수행된다. 운영하는 센터나 강의컨설팅을 받아야 하는 교수자들에게 모두 부담이 가장 큰 형식이다.

2) 강의컨설팅에 대한 교수들의 생각

현재 대학에서 강의컨설팅을 수행한다는 것에 대한 교수들의 인식은 긍정적 인식보다 부정적 인식이 지배적이다. 필자는 강의컨설팅에 대한 교수들의 부정적 인식의 근거를 2007년 이후 지금까지의 컨설팅 경험에 기반하여 다음과 같이 정리하여 보았다.

첫째, 교육내용과 교육방법에 대한 교수들의 자기 확신이다. 교수들은 독립된 공간에서 누구의 관리나 별다른 제약 없이 강의를 독립적으로 독점하여 수행한다. 교수들은 독점된 강의운영 속에서 비교 대상 없이 자신의 소신을 근거로 강의내용을 제공해 왔다. 하지만 나 홀로 무대인 독립된 공간 속에서 갖게 되는 교육에 대한 소신은 자신의 강의에 근거 없는 확신을 갖게 만들 수 있다. 이러한 확신을 갖는 교수자들은 대개 강의컨설팅을 교권에 대한 침해로 보는 경향이 있고, 소신 있는 교육적 행위에 대한 문제 제기로 여겨 매우 부정적인 반응을 보이기도 한다.

둘째, 강의컨설팅 관련 제도에 대한 문제다. 대학들은 강의컨설팅 대상 교수의 선정을 자율보다는 학교 및 센터 관련 운영규정 등에 기준을 명시하여 의무화해 왔다. 대부분 대학들은 강의컨설팅 대상 선정 여부를 강의평가 결과라는 하나만을 준거로 사용한다. 교수들 사이에서는 강의평가에 대한 부정적 인식이 여전히 존재하고, 학교 기여도나 다른 교육업적과 관계없이 강의평가 결과 하나만으로 강의컨설팅 대상자가 되는 것은 부당하다는 인식이 존재한다.

셋째, 대학들이 설정한 기준(예컨대, 강의평가 3.5 미만, 강의평가 결과 하위 10% 미만자 등)들에 대한 근거 부족 문제다. 각 학교마다 규정 내에서 제시하고 있는 기준값들의 근거가 부족하다. 왜 그 기준을 사용하는지, 해당 점수 이하는 강의를 잘못한다는 근거는 무엇인지를 제시하지 못하고 있다.

이러한 부정적 인식과 강의컨설팅 대상자 선정 기준 설정에 대한 문제에도 불구하고 교수들이 강의컨설팅을 받는 이유들을 정리해 보면 다음과 같다.

첫째, 강의 개선 대상으로 선정되었기 때문이다. 각 대학은 강의평가를 기준으로 강의 개선 대상을 선정하고 있고, 강의 개선 프로그램의 일환으로 강의컨설팅 프로그램을 운영하고 있다. 해당 프로그램은 선택보다는 의무이행 프로그램으로 되어 있다. 이에 학교에서 정한 강의평가 기준에 도달하지 못한 교수들은 강의컨설팅에 의무적으로 임해야 한다.

둘째, 교원업적 때문이다. 강의컨설팅 프로그램은 교수역량을 강화하는 프로그램으로 분류된다. 교수역량 강화 프로그램이란 가르치는 역량을 강화하는 프로그램으로 많은 대학들에서는 교수들이 교수역량 강화 관련 프로그램에 참여하거나 이수할 경우 교원업적 평가에서 가산점을 부여하고 있다.

셋째, 교수 스스로 강의 개선이 필요하다는 인식을 갖기 때문이다. 일반 교수자들에게 강의컨설팅은 익숙하지 않다. 그러나 많은 교수들은 자신의 강의를 발전시키기 위하여 노력해 왔고, 그중 일부 교수들은 센터에서 운영하는 프로그램을 통하여 자신의 강의에 대한 정보와 개선점을 찾고 효과적인 강의로 발전시키고자 노력한다. 이런 유형의 해당 교수들은 강의컨설팅 결과에 관심을 갖으며 적극적으로 컨설팅 프로그램에 참여한다.

넷째, 강의컨설팅 전문가가 교수자 자신이 생각하는 강의의 문제를 찾아내는지 보기 위함이다. 극히 일부 교수들의 경우 강의컨설팅에서 자신이 생각하는 문제섬을 상의컨설팅에서 찾아낼 수 있는지 알아보려고 하는 경우가 있다. 강의컨설팅 내용과 자신이 생각하는 문제의 내용이 일치하지 않는 경우, 이런 유형의 교수들은 강의컨설팅에 대하여 불신을 가지며, 일회적인 컨설팅의 문제점들을 지적하곤 한다. 강의컨설팅을 통하여 문제점을 명확히 일치시켜 지적하는 경우에도 "내가 다 아는 문제다.", "계획이 있다.", "해결방안을 알지만 교육적 신념상 그렇게 못하겠다." 등의 변명을 늘어놓는 경우가 많다.

〈표 7-2〉 강의컨설팅 결과에 부정적 인식을 가진 교수들의 일반적 생각

강의평가가 높은 교수	강의평가가 낮은 교수
• 난 문제 없음. 내가 왜 컨설팅을 받아야지? • 난 강의평가가 우수하기 때문에 컨설팅 결과도 좋아야 인정할 수 있다.	• 강의평가 신뢰성 문제 제기 • 학생들 문제 • 나만의 교육방식이 있다. 같은 기준으로 평가하지 마라. • 내 교육경력이 얼마인데…… • 내 전공을 알아~

교수들에게 강의컨설팅 참여에 대한 부정적 인식을 야기하는 요인은 컨설팅 제도뿐만 아니라 강의컨설팅 프로그램의 운영에도 있다. 대학에서 제공하는 강의컨설팅은 '일회성', '부분적', '전문성 부족', '교수에 대한 이해 부족', 그리고 '실적 위주의' 방식으로 실시되고 있다는 비판에서 자유로울 수 없는 것이 현실이다.

저자의 컨설팅 경험에 근거해 볼 때 교수들이 원하는 강의컨설팅은 다음과 같이 정리될 수 있다.

첫째, 다양한 정보 제공을 원한다. 교수들은 각 전공의 전문가로 전문가가 갖는 자존감과 자부심이 있다. 전문가는 관련 정보가 주어지면 스스로 판단하고 해결할 수 있다고 생각한다. 이에 교수들은 강의에 대한 다양한 정보(학생, 교수자, 강의 자체, 교수방법 등)를 제공하는 컨설팅을 원한다.

둘째, DATA 기반의 정확한 근거에 기반을 둔 피드백이다. 강의촬영 및 분석, 교수자 면담 등 질적 접근을 시도하는 컨설팅은 교수들에게 거부감을 일으킨다. 강의컨설팅에서 해당 프로그램도 중요한 요소임에는 틀림없지만, DATA와 연계한 해석이 제공되어야 한다. 젊은 교수나 연구원이 객관적 DATA 없이 교육경력을 갖춘 교수들을 상대로 컨설팅을 하기는 쉽지 않다.

셋째, 개선 내용의 명확한 제시와 실행가능한 개선 방안을 제시해야 한다. 컨설팅은 문제점과 함께 개선 방안을 모두 제시해야 의미가 있다. 강의컨설팅은 교수자들의 강의 개선을 위한 개선 내용을 명확히 제시해야 한다. 또한 개선 내용에 따른 개선방안을 실제 강의 현장에서 실행 가능한 몇 가지 형태로 제시할 필요가 있다.

3. 안양대학교 DATA 기반 강의컨설팅

1) 안양대학교 강의컨설팅 시스템 개요 및 특징

강의컨설팅이 효과적으로 이루어지기 위해서는 컨설턴트의 입장보다 교수자의 입장에서 생각해 보아야 한다. 안양대학교는 강의컨설팅에 대한 부정적 인식을 야기하는 문제들을 해결하기 위하여 컨설팅을 받는 교수자의 입장에서 강의컨설팅 시스템을 마련하였다. 컨설팅을 받는 교수자라면 일회적이고 형식적인 컨설팅보다는 전문성을 가진 센터나 컨설턴트에 의하여 다양한 정보를 제공받기 원할 것이다. 이러한 측면에서 현행 강의컨설팅의 문제점을 파악해 보고 개선 방향을 제시해 보면 〈표 7-3〉과 같다.

〈표 7-3〉 강의컨설팅의 문제점과 발전 방향

문제	방향
• 일회성	• 지속가능성
• 부분적	• 강의 시작부터 개선 단계까지
• 전문성 부족	• 질적＋양적 분석 결과 제공
• 교수에 대한 이해 부족	• 다양한 정보 제공
• 질적 접근	• 확장－활용－연계 가능성
• 평가 개념	• 서비스 개념

안양대학교 강의컨설팅 시스템은 강의평가 점수와 관계없이 모든 교수자들이 서비스 받는다는 인식을 가질 수 있도록 네 가지 요소를 고려하여 구성하였다. 그 네 가지 요소는 ① 컨설팅의 지속가능성, ② 수업에 활용할 수 있는 학습자 정보의 제공, ③ 강의 시작, 강의 중간, 그리고 강의 마지막 단계에 이르는 단계별 컨설팅, ④ 자신의 강의를 스스로 돌아보는 포트폴리오로의 확장이다.

안양대학교 강의컨설팅 시스템 운영의 특징을 살펴보면 다음과 같다.

첫째, 1인 1강좌 강의컨설팅 시스템이다. 안양대학교 강의컨설팅 시스템은 모든 교수(전임교수)들에게 강의컨설팅을 제공한다. 강의평가 결과와 관계없이 안양대학교 전임교수는 매 학기 1인 1강좌를 선택하여 컨설팅을 받는다.

둘째, 강의운영 주기별 컨설팅을 제공한다. 안양대학교 강의컨설팅 시스템은 강의 준비 단계에서는 강의계획서 평가 및 결과 피드백, 강의시작 단계에서는 학습자 분석 및 그에 따른 수업운영 및 지도 방안, 강의 중간 단계에서는 강의중간 자가평가 및 강의중간평가에 대한 결과분석과 개선안, 그리고 강의 마무리 단계에서는 강의평가 결과를 심층 분석하여 강의 개선 내용과 내용에 따른 개선안을 제공한다.

셋째, 분석–피드백–개선이라는 환류 시스템이다. 안양내학교 강의컨실딩 시스템은 각 단계마다 분석–피드백 자료를 제공하고, 교수자들이 그에 따른 강의계획서 개선, 강의운영 개선 등을 할 수 있도록 행정적 절차와 안내를 제공한다.

넷째, 안양대학교 강의컨설팅 시스템은 DATA에 기반하여 이루어진다. 안양대학교 강의컨설팅 시스템은 강의촬영 및 분석을 제외하고 철저하게 DATA에 기반한다. 즉, 안양대학교 강의컨설팅 시스템은 교수자들에게 보다 많은 정보와 객관적 분석 자료를 제공하고자 노력하고 있다.

다섯째, 안양대학교 강의컨설팅 시스템은 처음 설계부터 산출된 결과물을 활용한 연계 및 확장 프로그램 운영이 가능하도록 설계되었다. 이에 교수들은 자신에게 제공된 컨설팅 자료에 자신의 의견과 강의 자료 등을 추가만 하면 우수한 포트폴리오를 만들 수 있다.

2) 안양대학교 강의컨설팅 운영 절차

안양대학교 강의컨설팅 시스템은 2016학년도 2학기부터 시행되어 현재까지 안정적으로 실행되고 있다. 안정적으로 실시될 수 있었던 이유는 교수들의 적극적 참여, 담당 부서와 연계 부서 간 유기적 협조, 그리고 행정 체계의 단계화를 통해서다. 그 단계는 7단계로 구성되며, 부서별 협업 체제는 다음과 같다.

〈표 7-4〉 안양대학교 강의컨설팅 단계

단계	내용	제공자료	비고
1단계	강의계획서 평가	평가 결과	
2단계	학습자 분석	분석 결과	선택(3종: 학습스타일, 자기주도학습역량검사, 기초학습영역별능력검사)
3단계	강의중간평가/중간자가평가	분석 결과	데이터 지원: 정보통신원
4단계	강의 중간개선계획서	–	학사지원팀 협조
5단계	수업촬영 및 분석	분석 결과	선택(교육역량강화센터에서 실시)
6단계	강의평가 결과 분석	분석 결과	데이터 지원: 정보통신원
7단계	강의 개선계획서	–	학사지원팀 협조

(1) 1단계: 강의계획서 평가

구분	내용
목적	강의준비도 제고 및 강의계획서 양식 준수, 강의신뢰성 제고
대상	전임교원 1인 1강좌
시행	매 학기 강의계획서 입력~학기 초
평가위원	교수 5명, 학습자 25명, 교직원 25명
단계	평가단 구성 ▶ 교육 ▶ 평가 ▶ 피드백

안양대학교 강의계획서 평가는 교수자들뿐만 아니라 강의를 수강하는 학생과 교직원들이 직접 참여한다. 평가의 안전성과 일관성을 확보하기 위하여 평가에 대한 사전교육을 실시한다. 안양대학교에서는 강의컨설팅 대상 강좌의 강의계획서는 일반적 강의계획서와 달리 15주의 수업 내용이 주 차별로 상세하게 작성되도록 확장형 수업계획서로 설계되어 있다. 강의계획서의 평가는 강의내용에 대한 평가가 아니라 강의계획서 구성과 원칙의 준수, 정보의 명확한 제공, 앞–뒤 내용의 모순 등에 대한 사항들을 점검하는 수준에서 시행된다. 해당 원칙과 오류에 대한 점검은 교수들이 작성한 강의계획서 및 강의 준비에 대한 신뢰성을 높이는 데 일조할 것으로 기대된다.

강의계획서평가

교수 명: _____　과목 명: _____

점검 사항	우수 여부 판정 (O, x)	점수 (+2점)	명확성 평가 점수
1. 강좌 소개		2	①양호 5 ②미흡
1-1. 학과 목적/목표/인재상과의 관련 여부		2	①일치 5 ②불일치
2. 학습성과 진술		2	①양호 5 ②미흡
2-1. 학생이 달성해야 할 내용으로 진술		2	①양호 5 ②미흡
3. 교재 및 참고문헌		2	①양호 5 ②미흡
4. 핵심역량 또는 학과역량 표기 여부 (일치 여부 확인)		2	①양호 5 ②미흡
5. 진로 트랙 표기 여부		2	①양호 5 ②미흡
5-1. 2017년 진로 트랙과 일치 여부		2	①일치 5 ②불일치
6. 수업방법 표기 여부		2	①양호 5 ②미흡
6-1. 수업방법에 대한 자세한 설명		2	①양호 5 ②미흡
7. 평가반영 비율 및 평가방법		2	①양호 5 ②미흡
8. 16주간 계획		2	①양호 5 ②미흡

[그림 7-1] 강의계획서 평가지

점검 사항	평가루브릭 ①양호	평가루브릭 ②미흡	컨설팅 내용(예시)
1. 강좌 소개	강좌 소개 / 일치	미소개 / 불일치	강좌 소개
1-1. 학과 목적/목표/인재상과의 관련 여부	강좌 소개가 학교 또는 학과의 교육이념·목적·목표·인재상 등과 관련되도록 진술되어 있음	강좌 소개가 학교 또는 학과의 교육이념·목적·목표·인재상 등과 관련되도록 진술되어 있음	강좌 소개 시 학교와 학과의 교육이념, 목적, 목표, 인재상을 고려하여 주시기 바랍니다.
2. 학습성과 진술	진술	미진술	학습자들이 본 강좌를 듣고 어떤 것들을 이해/수행할 수 있는지를 학습성과로 진술 부탁드립니다.
2-1. 학생이 달성해야 할 내용으로 진술	할 수 있다. 작성한다. 등으로 진술	가르치는 내용이나 가르친다 등으로 진술된 경우	학습자의 입장에서 학습성과를 작성 부탁드립니다. [학습자를 주어로]
3. 교재 및 참고문헌	표기(교수자 제공 표기까지 인정)	미표기/추후 공지 등	교재 표기를 부탁드립니다.
4. 핵심역량 또는 학과역량 표기 여부 (일치 여부 확인)	일치하도록 표기	미표기/불일치	학교와 학과의 역량을 확인하여 주시기 바랍니다.
5. 진로 트랙 표기 여부	표기(일치 여부와 관계 없음)	미표기	학과에서 설정한 진로 트랙을 확인하여 주시기 바랍니다.
5-1. 2017년 진로 트랙과 일치 여부	일치	미표기/불일치	학과에서 설정한 진로 트랙을 확인하여 주시기 바랍니다.
6. 수업방법 표기 여부	표기	미표기	수업방법을 표기하여 주시기 바랍니다.
6-1. 수업방법에 대한 자세한 설명	설명	미표기/수업 방법만 표기	본 강좌의 주요 수업방법에 대한 절차, 의미 등을 기술하여 학습자들이 수업에 미리 대비하도록 부탁드립니다.
7. 평가반영 비율 및 평가방법	평가반영비율 및 평가방법 모두 표기	모두 미표기/평가반영 또는 평가방법 미표기	평가반영 비율 및 평가방법을 표기하여 주시기 바랍니다.
8. 16주간 계획	작성	미작성	16주 1학기 계획을 작성하여 주시기 바랍니다.
8-1. 주간계획과 주 차별 세부 계획과의 일치성	①일치: 일치	②불일치: 부분 불일치 또는 전개 불일치	주간 계획과 주 차별 세부 계획을 다시 확인 부탁드립니다.
9. 주 차별 세부 계획 작성 여부	작성	미작성/부분 미작성	주 차별 세부 수업운영 계획을 작성하여 주시기 바랍니다.
9-1. [6. 수업방법]과 주 차별 세부 계획 내 수업방법의 연계성	①연계: [6. 수업방법]과 차시 수업방법 일치(부분 일치)	②미연계: [6. 수업방법]과 미일치	대표 수업방법이 주 차별 세부 수업운영 현황과 일치하는지 확인 부탁드립니다.

[그림 7-2] 강의계획서평가 지침

(2) 2단계: 학습자 분석

구분	내용
목적	• 학습스타일 확인을 통한 교수방법 검토 • 자기주도 학습역량 검토를 통한 학습지도 방안 검토 • 기초학습역량 진단을 통한 학습자 이해 제고
대상	• 강의컨설팅 강좌 수강 학생
시행	매 학기 초
검사도구	학습스타일검사, 자기주도학습역량검사, 기초학습영역별능력검사 중 택 1 이상

학습스타일검사

문항번호	문항 내용	전혀그렇지않다	그렇지않다	그렇다	매우그렇다
1	나는 새로운 개념을 공부할 때 혼자 하는 것보다 다른 사람들과 함께 하는 것이 더 좋다.	①	②	③	④
2	나는 혼자 공부하는 것보다 여럿이 함께 공부하면 서로 격려가 되어 더 열심히 하게 된다.	①	②	③	④
3	나는 여럿이서 함께 공부나 작업을 하면 오히려 불편하다.	①	②	③	④
4	나는 다른 사람과 함께 과제를 하면 속도가 빠르거나 느린 사람이 있어 불편하다.	①	②	③	④
5	나는 자료를 관찰한 후에 규칙과 원리를 도출한다.	①	②	③	④
6	나는 논리적인 과정을 거쳐 해답에 도달하려고 노력한다.	①	②	③	④
7	나는 규칙과 원리를 가지고 그 결과와 현상에 적용하는 것을 좋아한다.	①	②	③	④
8	나는 어떤 것의 토대가 되는 기본적인 전제나 원칙, 이론에 대해 탐구하는 것이 재미있다.	①	②	③	④
9	나는 어떤 일을 결정할 때, 모든 대안들을 신중하게 검토한다.	①	②	③	④
10	나는 행동으로 옮기기 전에 우선 곰곰이 생각해 보고 행동한다.	①	②	③	④
11	나는 '써봄'/시범을 통해서 기억한다.	①	②	③	④
12	나는 직접 해 볼 때 새로운 것을 배우는 것이 쉽다.	①	②	③	④

학습스타일진단 검사지

자기주도학습역량검사

문항번호	문항 내용	전혀그렇지않다	그렇지않다	그렇다	매우그렇다
1	수행과정을 스스로 점검하고 평가한다.	①	②	③	④
2	현재 나의 생활습관과 시간 사용 패턴을 분석한다.	①	②	③	④
3	휴가 및 여가 시간을 계획한다.	①	②	③	④
4	계획을 실천하기 위해 노력하고 달성한 후에는 자기 자신을 칭찬한다.	①	②	③	④
5	학습목표에 부합한 학습결과를 얻었는지 평가한다.	①	②	③	④
6	학습결과 평가를 위해 나만의 평가 기준을 설정해 둔다.	①	②	③	④
7	학습 결과를 바탕으로 보다 효과적인 학습 방법을 모색한다.	①	②	③	④
8	항상 기록(노트필기)하는 습관을 지닌다.	①	②	③	④
9	주간 일정표와 일일 일정표를 작성한다.	①	②	③	④
10	열심히 공부하면 반드시 내 꿈을 이룰 수 있다.	①	②	③	④
11	학습은 좋은 직업을 가질 수 있는 기회를 제공한다.	①	②	③	④
12	학습을 통해 나의 삶의 질을 변화시킬 수 있다.	①	②	③	④
13	공부할 때 잘 이해하지 못한 것이 무엇인지 점검한다.	①	②	③	④
14	필요로 하는 정보가 있을 때 정보를 어디서 얻어야 하는지를 알고 있다.	①	②	③	④

자기주도학습역량진단 검사지

기초학습영역별능력검사

※ 다음을 읽고 자신의 성향과 가장 가까운 문항에 대하여 응답하여 주십시오.

문항	전혀그렇지않다	그렇지않다	보통이다	그렇다	매우그렇다
1. 여러 사물이나 사람의 모습을 다양하고 재미있게 말로 설명할 수 있다.	①	②	③	④	⑤
2. 말할 때 자신의 의견을 정확하게 다른 사람들에게 표현할수 있다.	①	②	③	④	⑤
3. 대화를 할 때, 주제에 대한 상대방의 견해를 이해하려고 노력하는 편이다.	①	②	③	④	⑤
4. 나는 토의를 할 때 나의 의사를 명확하게 표현하는 편이다.	①	②	③	④	⑤
5. 나는 나의 생각이 다른 사람과 다를 때, 그것을 잘 표현하는 편이다.	①	②	③	④	⑤
6. 경험한 일을 시간 순서에 따라 조리 있게 설명하는 것을 잘한다.	①	②	③	④	⑤
7. 사건의 원인과 결과를 잘 정리하여 말하는 편이다.	①	②	③	④	⑤
8. 사물을 모으고 분류하는 것을 좋아하는 편이다.	①	②	③	④	⑤
9. 분석적으로 문제에 접근하는 편이다.	①	②	③	④	⑤
10. 관찰한 것이나 공부한 것에서 논리적으로 잘못된 점을 찾아내는 것을 좋아하는 편이다.	①	②	③	④	⑤
11. 어떤 것을 측정하거나 특징에 따라 나누거나 비교하고 분석하여 설명하는 것을 좋아하는 편이다.	①	②	③	④	⑤
12. 자신의 약점이나 부족한 점을 정확하게 알고 있다.	①	②	③	④	⑤
13. 자신의 성격에 대하여 잘 알고 있다.	①	②	③	④	⑤
14. 자신을 되돌아보고 계획하는 것을 좋아한다.	①	②	③	④	⑤

기초학습영역별능력 검사지

[그림 7-3] 안양대학교 학습자 분석을 위한 진단도구

교수자는 수강하는 학습자들에 대한 다양한 정보를 원한다. 교수자들은 담당 학과 학생들과 상담할 때 사전 정보가 필요하다는 의견이 지배적이다. 또한 효과적인 수업운영 측면에서 교수자들은 수강학습자들이 어떤 학습방법을 선호하는 스타일인지, 정보습득 방법, 정보표현 방법, 그리고 학습지속성 정도, 문제해결 역량, 의사소통 역량 등과 같은 학습을 위한 기초학습역량 등에 대한 사전정보를 요구한다.

이러한 요구에 부응하기 위하여 안양대학교는 정보의 습득, 정보처리, 정보의 표현 등과 관련된 학습스타일진단검사를 실시한다. 자기주도학습역량진단검사를 통해서는 학습과정 관리, 정보 관리, 시험준비, 학습지속성을 진단한다. 그리고 기초학습영역별능력검사에서는 문제해결 역량, 의사소통 역량, 자기이해 역량, 논리 역량, 창의 역량을 진단한다. 교수자는 3종의 진단 검사 중 1종 이상을 선택하여 실시한다. 교육품질관리센터는 해당 검사 결과를 분석하고 분석 결과와 함께 각 유형과 검사 결과에 따른 상세 설명과 지도 방안을 제공한다.

학교 전체

구분	의사전달 역량		논리 역량		자기이해 역량		창의 역량		문제해결 역량	
	빈도	%	빈도	%	빈도	%	빈도	%	빈도	%
미흡	216	17.5	88.4	71.8	285	23.2	282	22.9	-	-
보통	-	71.6	-	-	719	58.4	782	63.5	956	77.7
우수	-	-	-	-	-	-	-	-	-	-
합계	1,231	1,000	1,231	1,000	1,231	1,000	1,231	1,000	1,231	1,000

강좌 전체

구분		과목 명	
		빈도	%
의사 전달 역량	미흡	10	25.6%
	보통	24	61.5%
	우수	5	12.8%
논리 역량	미흡	30	76.9%
	보통	9	23.1%
	우수	0	0.0%
자기 이해 역량	미흡	16	41.0%
	보통	19	48.7%
	우수	4	10.3%
창의 역량	미흡	11	28.2%
	보통	23	59.0%
	우수	5	12.8%
문제 해결 역량	미흡	6	15.4%
	보통	31	79.5%
	우수	2	5.1%

수강생

학과	학번	성명	의사전달 역량	논리 역량	자기이해 역량	창의 역량	문제해결 역량
○○○학과	00001	최*수	우수	보통	보통	보통	보통
○○○학과	00002	최*혁	보통	미흡	보통	보통	보통
○○○학과	00003	신*현	보통	미흡	미흡	보통	보통
○○○학과	00004	양*영	보통	미흡	보통	보통	보통
○○○학과	00005	김*수	보통	미흡	보통	보통	보통
○○○학과	00006	오*호	보통	보통	보통	보통	보통

검사 설명 및 활용 내용 추가 제공

기초학습영역별능력검사 분석 결과 제공 예시(※ 프로파일 내용은 제시하지 않음)

[그림 7-4] 학습자 분석 결과 예

(3) 3단계: 중간강의평가/중간자가평가 분석

구분	내용
목적	• 중간강의평가 및 자가평가를 통한 강의 중간 점검 및 교수역량 제고 • 교수자와 학습자 간 미스매치 사항 검토를 통하여 교수방법 제고
대상	• 컨설팅 대상 강의 수강 학생 및 담당 교수자
시행	• 매 학기 7주 차~9주 차(7주 차에 중간고사 실시)
검사도구	• 안양대학교 강의중간평가(6문항), 교수자 자가평가(6문항)

　안양대학교는 2번의 강의평가를 실시한다. 먼저 6주간 강의 후 7주 차에 중간고사를 실시하고 중간강의평가와 교수자가평가를 실시한다.[2] 중간강의평가를 위한 학습자 문항과 교수자들이 응답하는 자가평가 문항은 컨설팅을 위하여 같은 문항

---

2) 7주 차에 중간고사를 실시하는 이유는 첫째, 교수자들로 하여금 평가 내용을 바탕으로 강의를 개선할 시간적 여유를 제공하기 위함이다. 둘째, 중간고사 이후 성적경고가 예상되는 학습부진 학습자들을 대상으로 한 프로그램을 효율적으로 운영하기 위함이다.

으로 설정되어 있다. 해당 응답을 바탕으로 두 가지 분석 결과를 제공한다. 첫째, 학습자와 교수자 간 미스매치 분석이다. 미스매치 분석은 교수자가 강의에 대하여 생각하는 내용과 학습자가 강의를 수강하면서 생각한 것이 어느 정도 차이가 나는지를 직접적으로 보여 준다. 즉, 각각의 평균점을 중심으로 교수자는 긍정적으로 응답한 문항이지만 학습자는 부정적 응답을 한 경우를 찾아 제시하고 개선방안을 제시한다. 둘째, 학습자들이 응답한 평가 결과를 바탕으로 응답반응 분석 결과를 제공한다. 응답반응은 기본적으로 중요도와 만족도를 기초로 개선 영역(문항)을 제안하고 개선방법을 제안한다. 또한 전체 만족도 평균 대비 해당 강의만족도 평균 등을 방사형으로 제공하기도 한다. 이러한 분석 결과는 상황과 필요에 따라 선택적으로 제공될 수 있도록 하고 있다.

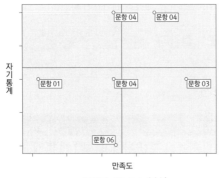

MISS-Match 분석

◘ 문항별 개선방법(참고)

◆문항 2: 철저한 강의계획서 안내 및 강의계획서와 일치하는: 강의계획서는 첫 주뿐만 아니라 전반기/후반기 강의 중간에 적어도 1번 정도는 강의계획서와 강의 진도를 확인하는 절차를 거쳐야 합니다. 이러한 과정을 통해 학생들은 강의계획과 강의내용 간에 일치성이 있다고 생각하거나, 일치를 위해 교수님이 노력을 하고 있다고 생각을 하게 될 것입니다. 학생에게 있어서 교수님의 강의계획서는 자신을 평가하고 앞으로의 일정을 계획하는 평가계획서입니다. 강의계획서 중 평가에 대한 부분을 명확히 설명하는 것이 기억에 가장 오래 남습니다.

〈생각해 볼 문제〉

–첫 주 강의 활용하기: 첫 주 강의시간에 학생들과 학생들과 함께 강의계획을 새로 짜봅니다.

◆문항 6: 수업 참여 기회 제공: 수업참여는 발표나 토론 활동도 중요한 수업 참여 유도 방법이라고 할 수 있습니다. 하지만 학생의 입장에서 학생들이 자신의 의견을 표현할 수 있고, 그 표현을 교수님이 존중해주는 환경과 그룹 활동을 통해 스스로 수업을 진행할 수 있는 환경 등 학생 스스로의 활동이 보장되는 것을 의미하는 경우가 많습니다.

〈생각해 볼 문제〉

–학생들은 교수님의 사소한 태도 하나에도 민감하게 반응하는 경우가 많습니다.

–효과적인 질문: 먼저 전체 그룹에게 질문을 하고, 특별한 학생을 타겟으로 질문합니다. 질문할 때는 학생의 이름을 불러주며, 학생의 대답에 긍정적인 강화를 줍니다.

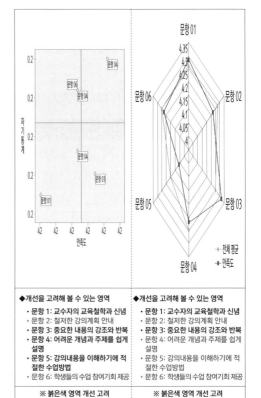

◆개선을 고려해 볼 수 있는 영역	◆개선을 고려해 볼 수 있는 영역
· 문항 1: 교수자의 교육철학과 신념	· 문항 1: 교수자의 교육철학과 신념
· 문항 2: 철저한 강의계획 안내	· 문항 2: 철저한 강의계획 안내
· 문항 3: 중요한 내용의 강조와 반복	· 문항 3: 중요한 내용의 강조와 반복
· 문항 4: 어려운 개념과 주제를 쉽게 설명	· 문항 4: 어려운 개념과 주제를 쉽게 설명
· 문항 5: 강의내용을 이해하기에 적절한 수업방법	· 문항 5: 강의내용을 이해하기에 적절한 수업방법
· 문항 6: 학생들의 수업 참여기회 제공	· 문항 6: 학생들의 수업 참여기회 제공
※ 붉은색 영역 개선 고려	※ 붉은색 영역 개선 고려
시급한 공통 영역 개선 고려: 문항 2, 문항 6	

응답반응 분석

[그림 7-5] 안양대학교 강의중간강의평가–자가평가 분석 결과 예시

(4) 4단계: 중간강의개선계획서

구분	내용
목적	강의 개선을 통한 강의만족도 및 학습자 역량 제고
대상	모든 강좌
시행	매학기 7주 차~9주 차

안양대학교는 중간고사 이후 자신의 강의에 대한 자기평가와 제공 자료를 바탕으로 중간강의개선계획서를 작성하도록 한다. 해당 내용은 교무처 학사관리팀의 공지에 의하여 실시된다.

〈표 7-4〉 안양대학교 중간강의개선계획서

영역	개선 내용
계획	
내용	
방법	
평가	

(5) 5단계: 수업촬영 및 분석(선택)

구분	내용
목적	수업역량 제고
대상	희망자
시행	매학기 8주 차~12주 차

안양대학교 강의컨설팅 시스템 중 수업촬영 및 분석은 교수자의 선택에 따른다. 수업촬영 및 분석은 교수자의 현장강의를 직접 촬영하고 학습자 의견 조사를 바탕으로 한다. 현재 실시되고 있는 수업촬영 및 분석은 일부 내용이 다른 단계와 중복되는 요소(학습자분석, 강의만족도 등)들이 있어 2018년 그 범위와 수준을 조정하기 위해 연구 중에 있다.

구분		교수행동 유형	1	2	3	4	5
도입		전시 수업 내용에 대하여 정리 한다.					
		수업목표와 개요를 분명하고 상세하게 제시한다.					
		수업진행과 관련하여 안내를 한다.					
질문		학습자의 수업 내용의 이해 정도를 확인하는 질문을 한다.					
		학습자의 다양한 반응을 유도하는 질문을 한다.					
		질문시 직접적이고 명료한 용어를 사용한다.					
		질문을 한 다음 학생에게 대답할 시간을 충분히 제공한다.					
전개		적절한 질문을 통하여 학생들의 수업참여를 유도한다.					
	개별	학생들에게 자율적 학습기회를 제공한다.					

영상분석　　　　　　　　　　학습자 대상 설문

[그림 7-6] 안양대학교 수업촬영 및 분석 관련 자료

(6) 6단계: 강의평가 결과 분석

구분	내용
목적	교수 활동 재점검 및 추후 학기 대비계획 수립
대상	강의컨설팅 교과목
시행	기말고사 후
검사도구	안양대학교 강의평가 도구(6문항)

안양대학교 강의평가 도구는 이론/실험실습 두 종류로 구분되며, 강의평가 영역은 준비, 수업운영(내용 및 방법), 그리고 평가(평가 및 피드백) 영역으로 구분되고, 수업에의 적극적 참여, 강의추천, 그리고 강의에 대한 서술식 의견 제시로 구성된다.

매 학기 강의평가가 실시되면 교육품질관리센터는 강의평가 결과에 대한 원데이터를 교무처에 요청하고, 수집된 강의평가 데이터를 기반으로 응답반응 분석을 실시한다. 교육품질관리센터는 응답반응 분석 결과에 따라 중요도는 높으나 만족도가 낮은 문항을 선정하고, 해당 결과에 대한 개선방안을 각 강좌마다 제공한다.

문항	매우 아니다 1	아니다 2	보통 3	그렇다 4	매우 그렇다 5
1. 교수님은 강의계획서에 강좌의 목표, 교재, 내용, 방법, 성적평가 계획 등을 자세하게 제시하였다.					
2. 교수님은 강의계획서에 대하여 철저히 안내하였다.					
3. 교수님은 해당 분야의 기초적인 지식과 능력 발전을 위해 중요한 내용을 강조하였다.					
4. 교수님은 학생 특성과 수준을 고려하여 교육내용을 제공하였다.					
5. 교수님은 적절한 수업방법을 활용하였다.					
6. 교수님은 학생들과 상호작용하려고 노력하였다.					
7. 시험은 수업시간에 다른 주요 내용을 기초로 이루어졌다.					
8. 시험, 퀴즈 또는 과제에 대한 피드백이 이루어졌다.					
9. 나는 수업에 적극적으로 참여하였다.					
10. 이 수업을 친구나 후배들에게 수강하도록 추천하고 싶다.					

강의평가 문항

응답반응 분석

◆개선을 고려해 볼 수 있는 영역
- 문항 1: 충실한 강의계획서
- 문항 2: 강의계획에 대한 안내
- 문항 3: 중요한 내용 강조
- 문항 4: 학습자 수준 고려
- 문항 5: 적절한 수업방법
- 문항 6: 학생과의 상호작용 노력
- 문항 7: 시험에서 강조 주요 내용 반영
- 문항 8: 평가결과의 피드백
- 문항 9: 수업에의 적극적 참여
- 문항 10: 강의 추천

※ 붉은색 영역 개선 고려

시급한 공통 개선 문항: 문항 05, 문항 07

❏ 문항별 개선방법(참고)

◆문항2: 철저한 강의계획서 안내 및 강의계획서와 일치하는: 강의계획서는 첫 주뿐만 아니라 전반기/후반기 강의 중간에 적어도 1번 정도는 강의계획서와 강의 진도를 확인하는 절차를 거쳐야 합니다. 이러한 과정을 통해 학생들은 강의계획과 강의내용 간에 일치성이 있다고 생각하거나, 일치를 위해 교수님이 노력을 하고 있다고 생각을 하게 될 것입니다. 학생에게 있어서 교수님의 강의계획서는 자신을 평가하고 앞으로의 일정을 계획하는 평가계획서입니다. 강의계획서 중 평가에 대한 부분을 명확히 설명하는 것이 기억에 가장 오래 남습니다.
〈생각해 볼 문제〉
-첫 주 강의 활용하기: 첫 주 강의시간에 학생들과 학생들과 함께 강의계획을 새로 짜 봅니다.
◆문항 6: 수업 참여 기회 제공: 수업참여는 발표나 토론활동도 중요한 수업참여 유도 방법이라고 할 수 있습니다. 하지만 학생의 입장에서 학생들이 자신의 의견을 표현할 수 있고, 그 표현을 교수님이 존중해 주는 환경과 그룹 활동을 통해 스스로 수업을 진행할 수 있는 환경 등 학생 스스로의 활동이 보장되는 것을 의미하는 경우가 많습니다.
〈생각해 볼 문제〉
-학생들은 교수님의 사소한 태도 하나에도 민감하게 반응하는 경우가 많습니다.
-효과적인 질문: 먼저 전체 그룹에게 질문을 하고, 특별한 학생을 타깃으로 질문합니다. 질문할 때는 학생의 이름을 불러주며, 학생의 대답에 긍정적인 강화를 줍니다.

[그림 7-7] 안양대학교 강의평가 문항과 강의평가 결과 분석 예시

(7) 7단계: 강의개선계획서

구분	내용
목적	교수 활동 재점검 및 추후 학기 개선 계획 수립
대상	모든 강좌
시행	종강 후(방학 중)

교수자는 최종 강의가 끝나고 강의평가 결과를 통보받으며, 교육품질관리센터를 통하여 강의평가 결과에 대한 응답반응 분석 결과를 제공받는다. 교수자는 이러한 정보와 자기평가를 바탕으로 추후 강의에 대한 개선계획을 작성한다.

〈표 7-5〉 안양대학교 강의개선계획서

영역	개선 내용
계획	
내용	
방법	
평가	

3) 안양대학교 강의컨설팅 확장성: 티칭 포트폴리오

안양대학교 강의컨설팅 시스템은 확장성과 연계성을 고려하여 설계되었다. 교육품질관리센터는 교수들에게 제공하였던 각종 분석 결과를 방학 중에 다시 한번 일괄 제공한다. 교수자들은 이 자료를 바탕으로 연 1회 1강좌에 대하여 교과목 포트폴리오를 작성한다(근거: 강의컨설팅 시스템에 대한 운영지침). 교육품질관리센터에서는 [그림 7-8]과 같이 교수들이 지정한 과목에 대한 분석 결과와 필수자료 및

[그림 7-8] 안양대학교 교과목 티칭 포트폴리오(2017학년도 1학기 강좌)

선택자료 제출을 확인할 수 있는 체크리스트를 바인더로 제공한다. 교수자들은 분석 결과, 필수 자료, 그리고 선택 자료를 확인하고 필요한 자료와 부가 자료 등을 첨부하여 교과목 포트폴리오를 완성하여 제출한다.

　2017학년도 2학기 안양대학교는 ACE⁺사업의 일환으로 'ACE⁺주간'을 축제와 같은 분위기로 운영하였다. 'ACE⁺주간'은 전공박람회, 유명인사 특강 및 집중적인 학습법 특강, 교수법 특강, 프레젠테이션 대회, 체험 활동, 비교과 활동 등을 집중적으로 운영한다. 이 기간에는 강의컨설팅 결과를 바탕으로 작성된 교과목 포트폴리오 중 우수한 교과목 포트폴리오를 선정하여 시상식과 함께, 우수 교과목 포트폴리오 교수자 특강, 우수 강의계획서 및 교과목 포트폴리오 전시회 등을 연계하여 성과를 공유·확산한다.

[그림 7-9] 안양대학교 강의컨설팅 시스템의 확장

4. 성과

　안양대학교는 2016학년도 2학기 이후 강의컨설팅 시스템을 도입하여 발전시키고 있다. 강의컨설팅 참여 실적을 살펴보면, 2016학년도 2학기 170/180명(정년퇴임 예정자 및 주요 보직자 제외) 참여, 2017학년도 1학기 177/183명(정년퇴임 예정자 및 주요 보직자 제외)이 참여하였다. 그리고 연계 프로그램인 티칭 포트폴리오는 2017학년도 1학기(8월) 컨설팅 강좌를 대상으로 103개를 제출받았다. 강의컨설팅 시스템의 성과를 간접적 성과와 직접적 성과로 나누어 살펴보면 다음과 같다.

1) 간접적 성과

(1) 교내·외 만족도 및 평가 결과 상승

안양대학교 강의컨설팅 시스템은 수업만족도를 비롯한 교육만족도 향상에 간접적 영향을 준 것으로 판단된다. 안양대학교는 2016년 이후 학습역량 강화를 위한 조직을 개편하고 학습자들에 대한 지원을 강화하고 있다. 또한 교수들의 강의에 대한 신뢰성 제고와 만족도 개선을 위하여 강의컨설팅 시스템을 도입하였다. 학교의 지원과 더불어 이러한 노력들은 교육만족도를 급상승시켰다.

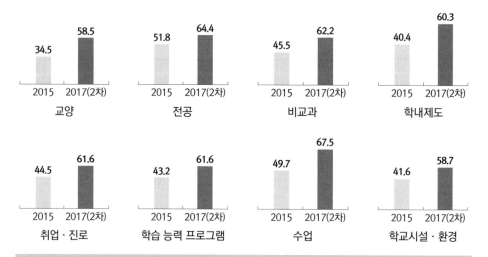

[그림 7-10] 안양대학교 교육수요자 만족도[재학생: 2015 vs 2017(2차)]

또한 외부 기관에서 대학 진단용으로 사용되는 '학부교육 실태조사(K-NSSE)' 결과를 살펴보면, 2015년 전 영역에 걸쳐 하위 25% 이하를 나타내고 있었지만, 2016년에는 수도권 평균으로 도약하였고, 2017년 현재는 ACE[+]대학들과 비슷한 점수 분포를 보여 주고 있다.

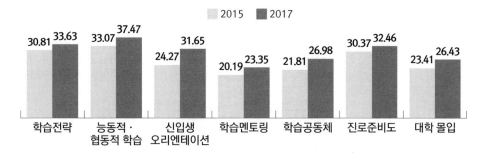

[그림 7-11] 안양대학교 K-NSSE 분석 결과(재학생: 2015 vs 2017)

이상의 결과들은 일차적으로 학습역량 강화를 위한 학교의 지원(학습역량 강화를 위한 학습자 프로그램 제공, 예산 확대, 학습공간 개선 등) 결과라고 할 수 있다.

특히, 재학생 교육만족도에서 볼 수 있듯이 '수업(수업 질)' 영역에서 만족도가 약 18점 정도 상승했다는 것은 이러한 노력에 더하여 강의컨설팅 시스템을 통한 교수자들의 노력들이 학습자들에게는 학교의 큰 변화로 느껴진 결과라고 할 수 있다.

(2) 강의컨설팅 소프트웨어 개발

안양대학교는 수업의 질 개선을 위해 노력하고 있다. 이를 위해 강의컨설팅 시스템을 가동하였고, ACE⁺사업을 통해 강의컨설팅 시스템을 전산 프로그램화하려고 노력하고 있다. 2017학년도 연구 및 개발을 통해 강의중간평가를 분석할 수 있는 소프트웨어를 개발하였다.

본 소프트웨어는 강의중간평가 결과를 학습자평가 결과 대 교수자자가평가, 해당 강좌 대 학과 평균, 해당 강좌 대 계열 평균, 그리고 해당 강좌 대 학교 평균을 평가 영역별로 비교하여 방사표로 제시하고 차이(기준: 제1 표준편차−0.5)가 나는 부분에 대해서는 개선 방안이 제시된다.

강의컨설팅 시스템 개발 보고서

중간강의평가 분석 시스템 소프트웨어

[그림 7-12] 안양대학교 강의컨설팅 시스템: 중간강의평가 분석 툴

현재 2017학년도 2학기에는 전임교수들의 전체 교과목(770강좌)을 대상으로 강의중간평가 결과에 대한 분석을 실시하였다. 분석 결과는 학습자 분석, 그리고 최종적으로 이루어진 강의평가 결과에 대한 분석 결과 자료와 더불어 교수들의 강의개선을 위한 풍부한 DATA를 제공하는 역할을 할 것이다. 안양대학교는 이에 머무르지 않고 2018년 ACE⁺사업을 통해 학습자 분석, 최종강의평가 결과 분석과 관련한 소프트웨어도 개발하고자 구상 중에 있다.

2) 직접적 성과: 강의평가 향상 및 강의 개선 대상 교수 감소

정확한 성과분석은 더 많은 데이터가 축적되어야 하지만 단기적으로 안양대학교 강의컨설팅 시스템은 강의평가 점수를 향상시켰다. 강의컨설팅 시스템 운영의 의미 있는 성과는 강의 개선 대상 교수의 감소다. 2016학년도 2학기 강의 개선 대상 교수가 6명이었으나 2017학년도 1학기에는 '0'명으로 나타났다.

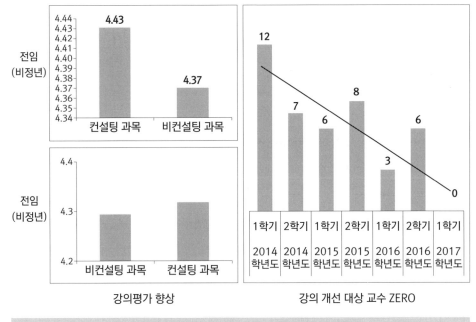

[그림 7-13] 강의컨설팅 시스템의 단기성과

5. 결론 및 제언

1) 요약

대학교는 교육기관이다. 교육기관은 교육 대상자들이 만족하는 시스템을 갖추고 있어야 한다. 이에 대학은 학습자들이 만족하는 교육 시스템을 갖추어야 하며, 그 중심에는 강의가 있다. '잘 가르친다'는 것은 대학의 의무라고 할 수 있는 바, 대학은 교수자들이 잘 가르칠 수 있는 교육 환경은 물론 강의를 컨설팅하고 그 결과를 환류하는 체계를 갖추어야 한다.

대학이 '잘 가르치는 대학'이 되고, '잘 가르치는 의무'를 다하기 위해서는 대학 전체의 노력이 요구된다. 특히, 교육 질과 관련한 담당부서는 해당 대학의 교육 역량을 강화시키기 위한 가장 중요한 지원기관인 동시에 서비스 기관이다. 교육 질 관리부서는 교수자나 학습자들에게 신뢰롭고 충실한 서비스를 제공하여야 한다. 안양대학교 교육품질관리센터는 이러한 서비스형 요구를 충족시키고자 교수자들을 대상으로 강의컨설팅 시스템을 운영하고 있다.

첫째, 안양대학교 강의컨설팅 시스템은 강의 시작 단계에서부터 강의가 마무리되는 단계까지 서비스를 제공한다. 강의컨설팅은 강의계획서 제출부터 시작되며, 수업 시작과 함께 학습자 분석, 강의 중간에는 중간강의평가 분석, 그리고 강의 후에는 강의평가 결과 분석으로 이어진다.

둘째, 안양대학교 강의컨설팅 시스템은 그 자체로 강의 개선을 위한 환류 시스템이다. 강의컨설팅 시스템은 각 단계마다 분석-피드백-개선이라는 체제적 형식을 갖추고 있다.

셋째, 안양대학교 강의컨설팅 시스템은 다양한 프로그램과 연계되어 운영되고 교수들이 관심을 갖도록 하는 나눔과 확산 체제를 갖추고 있다. 강의컨설팅 시스템은 포트폴리오 시스템과 연계되며, 우수자들의 시상식과 우수작품의 전시, 그리고 우수자들의 특강과 연계된다.

2) 개선점 및 향후 개선과제

안양대학교 강의컨설팅 시스템을 운영하면서 다음과 같은 어려움이 있었다.

첫째, 강의컨설팅 결과 분석을 제때 제공하기 힘든 어려움이다. 강의컨설팅 시스템을 운영하기 위해서는 고도의 숙련된 연구자가 요구된다. 관련 업무를 수행할 수 있는 역량을 갖춘 인력의 부족은 결과 분석뿐만 아니라 결과 제공 시기가 지연되는 경우를 발생시킨다. 둘째, 교수들의 불성실한 자가평가에 따른 결과 분석의 어려움이다. 데이터는 신뢰성이 생명이다. 일부 교수자들은 중간자가평가에 무응답하거나 또는 모두 5점(5점 척도)에 응답하는 불성실한 응답을 한다. 이러한 불성실한 응답은 결과 분석을 어렵게 만든다. 셋째, 중간강의평가 무응답 강좌의 존재. 강의평가 무응답 문제는 일부 소규모 강의에서 일어나고 있다. 이러한 경우 분석 자체를 시도할 수 없다.

안양대학교 강의컨설팅 시스템은 이상의 어려움과 개선 사항을 반영하여 2018년 이후 다음과 같이 발전시킬 것이다. 첫째, 강의컨설팅 시스템 중 분석 방법을 프로그램화할 것이다. 둘째, 향후 안양대학교 강의컨설팅 시스템에서는 교수자 분석(교수 스타일 등) 결과를 제공할 것이다.

　각 대학들이 강의컨설팅을 원활히 운영하고 교수자들이 만족하는 결과를 제공하기 위해서는 다음과 같은 항목이 반드시 지켜져야만 한다.

　첫째, 센터를 운영하는 리더는 명확한 목적을 가지고 있고, 그 목적을 구성원들과 공유하여야 한다. 교육적 목적이든 행정적 목적이든 목적이 명확하게 전달되면 개별 프로그램의 내용과 운영은 보다 견고하게 된다. 현재 우리나라 대학교육 관련 센터들이 가지고 있는 가장 큰 문제는 1~2곳의 센터에서 모든 프로그램을 운영한다는 것이다. 그 결과 특징이 없는 프로그램들만 운영되는 현상이 나타나고, 각 센터가 운영하는 프로그램의 신뢰도가 낮아지게 된다. 이러한 현상이 대학의 재정적 문제로 인해 어쩔 수 없는 환경에 기인한다 하더라도 센터의 리더는 센터가 추구하는 목적을 설정하고 대표 프로그램을 만들어 내야 한다.

　둘째, 프로그램 운영에 있어 집중화가 필요하다. CTL 및 교육 질 관리 세미나 등의 모임에서 가장 많이 듣는 이야기는 "우리 대학도 모든 프로그램을 다 한다."라는 것이다. 프로그램 운영을 세부적으로 살펴보면, 일반 대학과 ACE 대학들과의 차별화는 분명하다. ACE 대학들은 각 센터별 특화된 프로그램이 있고, 그 특징적 프로그램을 위해 각각의 도구(진단검사, 평가지 등), 프로그램, 운영 시스템 등이 설계되어 있다. 강의컨설팅을 위해서는 강의계획서가 컨설팅을 할 수 있게 만들어져야 하고, 평가도구는 그에 따라 제작되어야 한다. 학습자 분석, 그리고 강의평가 도구도 강의컨설팅을 할 수 있는 도구로 개발되어야 한다.

　셋째, 사고의 확장과 프로그램의 연계가 필요하다. 강의컨설팅을 강의를 촬영하고 분석하는 수준으로만 이해하고 제한하는 것은 각 센터들의 기능과 능력을 축소시키는 결과를 가져온다. 단일 프로그램으로 강의를 컨설팅하고 그 결과를 제공하는 것은 프로그램 운영자나 결과를 서비스 받는 교수도 만족하기 힘들다. 교수를 대상으로 하는 컨설팅은 보다 많은 정보를 서비스하는 것이 기본 방향이다. 즉, 담당 센터는 보다 많은 정보를 제공하기 위해 교수들을 자연스럽게 여러 프로그램에 끌어들일 수 있어야 하고, 참여 교수들의 피로도를 최소화하여야 한다. 이러한 경험은 교수들로 하여금 교수(teaching)와 관련된 다양한 프로그램에 관심을 갖도록 만들 수 있다.

🏢 참고문헌

2015년 K-NSSE 안양대학교 분석결과 보고서.

2016년 K-NSSE 안양대학교 분석결과 보고서.

2017년 K-NSSE 안양대학교 분석결과 보고서.

안양대학교(2016). 안양대학교 교육만족도 보고서(1차).

안양대학교(2016). 안양대학교 교육만족도 보고서(2차).

안양대학교(2017). 안양대학교 교육만족도 보고서(1차).

안양대학교(2017). 안양대학교 교육만족도 보고서(2차).

제8장

데이터 기반 핵심역량평가(CoComE)와 학과(부) 차원 교육의 질 관리: 건양대학교 사례

📝 송홍준(남서울대학교, 전 건양대학교)

1. 서론

대학교육의 심장은 학과(부) 교육 질 관리에 있다. 학과(부)에서 교육과정에 의해 학습을 받은 학생이 취업이나 창업 이후 본인의 역량을 얼마나 발휘하는가는 교육성과에 중요한 지표다. 그러나 우리나라 대학들은 취약한 재정구조, 열악한 교육환경 제공, 대학 지원 체제의 미흡, 백화점식 학과(부) 설치 등 교육의 경쟁력이 취약할 수밖에 없는 구조적인 문제를 안고 있다(홍승용, 2003). 대학 학령인구의 감소시대를 맞이하여 일부 대학들은 신입생 충원의 어려움 등으로 폐교, 통·폐합 위기에 직면해 있다. 이런 대학의 문제가 현재 학생 확보에 어려움을 겪지 않는 주요 대학들도 예외는 아니다(강병운, 2005). 대학이 학생을 단순한 교육의 수혜자로 보는 관점에서 벗어나 교육 서비스 대상으로 접근하고, 역량 중심의 교육과정 개발 및 적용(New Zealand Ministry of Education, 2007; 홍원표, 이근호, 2011)으로, 대학교육의 질을 높여야 한다는 목소리가 높다.

고등교육기관의 현실은 대학 구조개혁 평가, 대학 기본역량 진단평가 등의 명목으로 교육부와 한국교육개발원에 의한 수동적 교육혁신을 추진하고 있지만 대학의 질 관리 개념이 정확한 정의를 바탕으로 정립되지 못하고 있다. 교육의 질이 과연 무엇이고, 어떻게 평가하거나 강화할 것이냐의 문제는 불분명한 요인들, 개념 정의와 그것을 둘러싼 담론들의 혼란스런 분화를 초래하였고, 그 혼란은 지금도 진행 중이며, 다양한 연구 및 시도를 통해 교육혁신을 유도하고 있다. 이와 같은 노력에 의하여 교육의 질 개선을 점진적으로 이루고 있다(Warn & Tranter, 2011).

고등교육기관의 교육 질 관리를 위한 환류 체제에 활용되는 대표적 측정도구는 대학교육 만족도와 핵심역량이다. 대학교육 만족도 검사는 학교의 교육방법, 교육내용, 교육성과, 교육시설 및 환경, 대학의 지원 체제 등의 영역에서 만족도를 향상시키기 위한 요인을 진단하고 개선사항을 도출하기 위해 사용한다. 핵심역량 측정도구는 대학의 역량기반 교육과정을 효과적이고 효율적으로 분석, 설계 및 실행하기 위한 데이터를 확보하기 위해 실시한다. 수집된 데이터는 횡단·종단 및 빅데이터 추세분석 등 전문가에 의한 고급분석을 통해 유의미한 결과를 찾아 교육 선순환 환류를 위해 사용되고 있다.

이 장의 목적은 건양대학교 빅데이터 기반 CoComE(핵심역량 평가: Core Competencies Evaluation) 선순환 체제, 학과(부) 컨설팅을 활용한 질 관리 체제를 통한 교육 질 관리 사례를 소개함으로써 대학의 학과(부) 질 관리의 발전방안을 모색해 보려 한다.

2. 사례 소개

1) 핵심역량 측정도구

건양대학교는 기존의 전통방식의 강의식 교육방법을 실용 중심, 교육 중심, 현장적용 중심, 역량 중심으로 전환하기 위해 2011년에 건양대학교 8개의 인재상을 바탕으로 1차 대학 핵심역량을 8개로 구성하였다.

品 〈표 8-1〉 2011년 건양대학교 인재상

No	인재상	No	인재상
1	탁월한 전공 역량	5	글로벌 능력
2	정보기술 활용 능력	6	바른 인성

No	인재상	No	인재상
3	자기주도적 학습 능력	7	건강한 육체와 정신
4	문제해결 능력	8	의사소통 능력

인재상을 바탕으로 핵심역량과 하위 역량을 구성하였고, 매년 검사를 실시하여 데이터를 확보하였다.

〈표 8-2〉 2011년 건양대학교 핵심역량 및 하위 역량 구성

No	핵심역량	하위 역량
1	자기관리 역량	1) 생애 설계
		2) 계획 실행력
		3) 자기관리 효능감
2	대인관계 역량	1) 리더십
		2) 사교성
		3) 갈등관리
		4) 협력성(상생 태도)
3	자기주도 역량	1) 자기주도 학습동기
		2) 계획적 학습실천
		3) 학업성실성
4	스트레스 관리 역량	1) 스트레스 관리
5	글로벌 역량	1) 국제화 인식
		2) 국제화 시도
6	자원활용 역량	1) IT 능력
		2) 심리 자원 활용
		3) 외적 자원 활용
7	문제해결 역량	
8	의사소통 역량	

2013년도 건양대학교 교육과정 개편을 계기로 인재상을 기존 8개에서 6개로 재정립하였다.

〈표 8-3〉 2013년 건양대학교 인재상 재설정

No	인재상	No	인재상
1	창의적 문제해결 능력	4	건강한 육체와 정신
2	자기주도 학습 능력	5	봉사하는 리더십
3	글로벌 능력	6	의사소통 능력

　　2013년 인재상을 기반으로 2016년에 핵심역량 개정 및 문항을 개발하였다. 델파이 전문가 패널에 의한 3차 조사를 실시하였고, 1차 델파이 조사는 개방형 설문지를 활용하여 검사변인을 추출하였다. 대학의 특수성을 고려하기 위해 학과(부)장 40명을 참여시켰고, 국내외 전문가 11명을 포함하여 총 51명이 참여하였다. 2차 델파이 조사를 통해 하위 역량 및 역량별 중요도를 추출하였고, 역량별 정의를 확보하였다. 3차 델파이 조사는 검사 역량 및 하위 역량의 중요도를 고려하여 최종 검사 역량, 하위 역량을 제공하였다.

〈표 8-4〉 2016 핵심역량 개정 및 개발 참여 연구진 현황

분야	이름	소속
델파이 1차(51명) 델파이 2, 3차 학과(부)장 제외 11명	건양대학교 학과(부)장	40명
	송○○	○○대학교
	류○○	○○대학교
	장○○	직업능력개발원
	권○○	○○대학교
	이○○	○○대학교
	송○○	○○대학교
	이○○	○○대학교
	서○○	○○대학교
	이○○	○○대학교
	배○○	○○대학교
	Paul ○○○	○○대학교

분야	이름	소속
1, 2차 문항 전문가 (문항 개발)	배○○	○○대학교
	권○○	○○대학교
	육○○○	○○대학교
	성○○	○○대학교
	Paul ○○○	○○대학교
전문가 자문 (측정도구 타당도 검증)	이○○	○○대학교
	이○○	직업능력개발원
	한○○	직업능력개발원
	김○○	○○대학교
	이○○	○○대학교
	송○○	○○대학교
	이○○	○○대학교
	서○○	○○대학교
	Paul ○○○	○○대학교

　1, 2차 문항 전문가 작업으로 주관성을 고려한 자기보고 문항 및 객관성을 담보한 능력형(선다형) 검사문항을 개발하였다. 개발된 검사문항은 Pilot Test를 거친후 전문가 자문을 통해 측정도구 타당도 검증을 실시하였다.

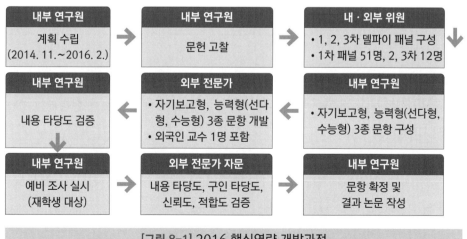

[그림 8-1] 2016 핵심역량 개발과정

앞의 과정을 통해 확보된 2016 건양대학교 핵심역량은 자기관리 역량, 리더십 역량, 글로벌 역량, 자원활용 역량, 창의적 문제해결 역량, 의사소통 역량이다.

〈표 8-5〉 2016년도 건양대학교 핵심역량 구성

핵심역량	하위 역량(자기 보고형 VS 능력형으로 문항 구성)	
1. 자기관리	• 목표지향적 계획 수립 • 계획 실행력 • 자기주도적 학습 능력	• 정신적 자기조절 능력 • 시간관리 • 건강관리
2. 리더십	• 대인관계 • 책임감 • 통솔력	• 판단력 • 팀워크 능력 • 유연성
3. 글로벌	• 국제화 인식 • 다문화 이해 및 수용 능력 • 문화적 개방성	• 글로벌 환경에 대한 노출 • 글로벌 언어 능력
4. 자원활용	• 자원, 정보기술의 수집 • 정보의 이해와 분석 • 정보의 활용 능력	• 인적 자원 활용 능력 • 물적 자원 활용 능력 • IT 능력
5. 창의적 문제해결	• 문제 인식 • 분석적 사고 • 융통적 사고	• 대안 발견 • 도전적 태도
6. 의사소통	• 적극적 경청과 이해 • 주제 이해 능력 • 상호 이해 능력	• 배려 능력 • 질의 응답 능력 • 문서 작성

2016 건양대학교 핵심역량 측정도구 객관성 확보를 위한 능력형(선다형) 문항 및 채점기준(Scoring Rubric)은 이론적 배경을 바탕으로 배점산출 기준과 선택지별 배점을 제시하고 있다.

🔩 〈표 8-6〉 핵심역량 측정도구 능력형(선다형) 문항 샘플

하위 역량	도전적 태도
이론적 배경	Barron & Harrington(1981)
문항 형태	선다형(학생의 능력을 정량적으로 검사)

문항 2
나는 조금 어려운 문제를 맞닥뜨렸을 때, ＿＿＿＿＿＿＿＿＿＿＿＿. ① 가능하면 회피한다. ② 어쩔 수 없는 상황에서만 해결을 시도한다. ③ 두려움을 느끼지만 해결을 시도한다. ④ 해 낼 수 있다는 믿음으로 도전한다.

채점 기준(Scoring Rubric)

문제	나는 조금 어려운 문제를 맞닥뜨렸을 때, ＿＿＿＿＿＿＿＿＿＿＿＿.		
	선택지	배점산출 기준	배점
체점 기준표	1. 가능하면 회피한다.	어려운 문제를 회피하고 쉬운 일을 시도하려는 것은 도전감이 결여된 행동방식이다.	1
	2. 어쩔 수 없는 상황에서만 해결을 시도한다.	반드시 해야만 하는 상황에서의 시도는 환경적 압력에 의한 것이므로 도전적 태도라고 보기는 어렵다.	2
	3. 두려움을 느끼지만 해결을 시도한다.	심리적 불안과 두려움을 이기고 행동에 옮기려는 것은 상당한 정도의 도전적 태도를 가진다는 것을 의미한다.	3
	4. 해 낼 수 있다는 믿음으로 도전한다.	해 낼 수 있다는 믿음은 도전적 태도가 강하고 자신에 대한 강한 신념이 있다는 것을 의미한다.	4

　송홍준과 이병임(2016)은 역량검사 도구의 타당도를 확보하기 위해서는 주관적 평가를 위한 자기보고형 문항뿐 아니라 객관적 평가를 위한 선다형, 수능형 문장 등의 능력형이 포함되어야 한다고 하였다.

　[그림 8-2]는 핵심역량 검사 결과값을 자기보고형과 능력형(선다형)으로 구분하여 나타낸 결과다. 2016 대학교 핵심역량 결과는 자기관리 역량의 자기보고가 66.90, 능력형 65.22이다. 리더십 역량은 자기보고 74.42, 능력형 72.28이고, 글로

벌 역량은 자기보고 68.60, 능력형 67.46이며, 자원활용 역량은 자기보고 72.28, 능력형 70.01이다. 자기보고 검사의 결과값이 능력형 검사 결과값보다 높게 나타났다. 이것은 스스로 생각하는 역량은 높은데 실제 능력이 낮으므로 향상될 가능성이 긍정적임을 의미한다. 반면 창의적 문제해결은 자기보고 67.86, 능력형 68.26이고, 의사소통은 자기보고 68.29, 능력형 69.10이다. 자기보고가 능력형보다 낮다. 본인의 실제 능력보다 자기의 역량을 낮게 생각하고 있다. 이는 자신감 및 자기효능감을 높여야 함을 의미한다. 종합평균은 69.22이고, 리더십 역량이 73.35로 가장 높고, 다음은 자원활용 역량 71.15, 의사소통 역량 68.69, 창의적 문제해결 역량 68.06, 글로벌 역량 68.03, 자기관리 역량 66.06순이다. 학교는 대학평균 이상인 리더십 역량과 자원활용 역량은 현재 상태를 유지관리하고, 대학평균 이하인 자기관리 역량, 글로벌 역량, 창의적 문제해결 역량 및 의사소통 역량을 강화시키기 위한 교과(전공, 교양), 비교과 역량 중심 교육과정의 교육내용, 교육방법, 교육평가를 점진적으로 개선해야 한다. [그림 8-3]은 2016년 ○○○학과 자기관리 역량의 하위 역량 결과를 나타낸다. 목표지향적 계획 수립과 계획 실행력은 능력형이 자기보고형보다 높다. 반면에 건강관리, 시간관리, 정서적 자기조절 능력 및 자기주도적 학습 능력은 능력형이 자기보고형보다 낮다.

역량	자기관리	리더십	글로벌	자원활용	창의적 문제해결	의사소통	평균
자기보고	66.90	74.42	68.60	72.28	67.86	68.29	69.72
능력형	65.22	72.28	67.46	70.01	68.26	69.10	68.72
평균	66.06	73.35	68.03	71.15	68.06	68.69	69.22

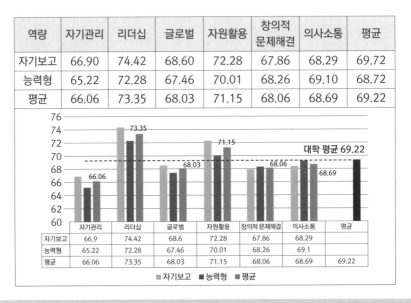

[그림 8-2] 2016 대학교 핵심역량 결과

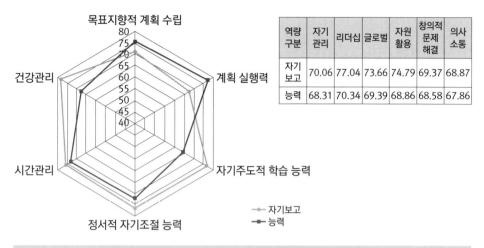

역량 구분	자기 관리	리더십	글로벌	자원 활용	창의적 문제 해결	의사 소통
자기 보고	70.06	77.04	73.66	74.79	69.37	68.87
능력	68.31	70.34	69.39	68.86	68.58	67.86

[그림 8-3] ○○○학과 자기관리 역량의 하위 역량 결과

2) 교육 질 관리 학과(부) 선순환 체제

핵심역량 검사 결과는 횡단분석과 종단분석으로 실시하며, 최종 수혜자는 학과 교수와 학생이다. 학과 교수는 차기 연도 핵심역량 교육과정 개선을 위해 활용하고, 학생은 자기주도 핵심역량 교육과정에 참여할 수 있도록 하였다. 학과는 학생의 성별, 학년별, 검사 요인별 역량을 파악하고, 역량 중심 교육과정 고도화를 위해 활용하도록 하였다. 학생은 본인의 역량 상태를 파악하여 부족한 역량을 강화하기 위해 자기주도적으로 교과(전공, 교양), 비교과 교육에 참여하도록 유도하였다. [그림 8-5]는 학과와 학생에 환류되는 핵심역량 선순환 과정을 나타낸다. 연도별 수집된 데이터는 빅데이터 분석을 위해 구조화하였다. 빅데이터 확보 및 분석은 핵심역량, 대학 교육만족도 결과를 학과 유형별(성별, 학년별)로 검사 요인과 검사 요인별 하위 요인으로 진행하였다. 데이터 분석 결과는 학과의 교육방법, 교육내용, 교육성과, 교육환경 개선 및 학교의 제도 개선을 위해 활용하였다. 학과의 교육 질 관리를 위해 매년 빅데이터 분석을 통해 산출된 유의미한 결과를 통한 컨설팅을 실시하였다. [그림 8-5]는 핵심역량 평가(Core Competencies Evaluation: CoComE) 선순환 체제를 나타낸다.

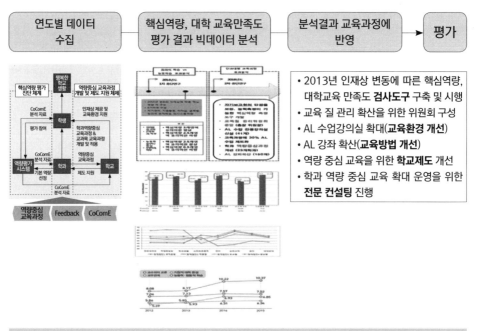

[그림 8-4] CoComE(핵심역량 평가) 빅데이터 기반 선순환 질 관리 체제

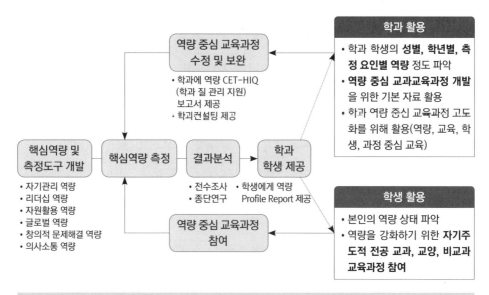

[그림 8-5] 학생과 학과에 환류되는 과정

3) 학과(부) 교육 질 관리 적용

2015~2016년 역량 중심 교육과정의 대학 교육만족도 분석 결과는 현 수업방식의 문제점을 제시하였다. 현재 학과의 수업방식은 30%가 전통방식의 강의식 수업으로 나타났다. 하지만 학생들의 38%만이 강의식 수업방식을 원하였고, 나머지는 학생 중심 수업방식을 원하였다.

54. 현재 학과의 수업방식은?

구분	강의식	문제해결식	토론/토의식	플립러닝	강의식+능동학습
N	-	-	-	-	-
%	30%	3%	6%	1%	60%

55. 학생이 선호하는 수업방식은?

구분	강의식	문제해결식	토론/토의식	플립러닝	강의식+능동학습
N	-	-	-	-	-
%	38%	1%	18%	1%	42%

[그림 8-6] ○○○학과 대학 교육만족도 수업방식 분석 결과

데이터 분석은 다음과 같은 결과를 제시하였다. 첫째, 학과는 학생 중심 수업인 능동적 학습(Active Learning: AL)을 적극적으로 활용해야 한다. 수업 활동에서 능동적 학습 활동을 30% 정도 배정하여, 학생이 학생 중심 수업이 이루어지고 있다는 느낌을 받도록 해야 한다. 둘째, 학과(부)의 역량 중심 교육과정 확산을 위해 학교 당국은 제도 개선을 점진적으로 해야 한다. 셋째, 학교는 역량 중심 교육과정 확대를 위한 교양, 비교과 교육과정을 개선해야 한다. 넷째, 학교는 학생 중심 수업을 위한 교수 지원 및 교수법 개발에 적극적으로 개입해야 한다.

(1) 학과 역량 중심 능동적 학습(Active Learning: AL) 확산

전통방식의 강의식 수업인 수동적 수업(Passive Learning: PL)에서 토론, 토의, 발표, 팀 프로젝트 수업 등의 학생 중심의 능동적 학습 확대 실시를 위해 전임교수당 매년 1과목 이상의 과목을 개설하도록 하였다. 해당 과목은 AL 교육방법을 사용하도록 했다. 2016년도에 250과목을 개설하였고, 2019년까지 450과목을 개설할 예정이다. 교육 질 관리 워크숍을 방학 중에 실시하여 AL 과목 수업계획서 작성, 교육방법, AL 강의실 활용 관련 워크숍을 실시하였다. [그림 8-7]은 AL 수업 확대를 위한 종합계획 및 관련 워크숍 장면이다.

[그림 8-7] AL 수업 확대를 위한 종합계획 및 관련 워크숍 장면

(2) 학교의 역량 중심 교육과정 확산을 위한 학교 제도 개선

학교의 교육 질 관리를 체계적이고 효율적으로 진행하기 위해 교육질관리위원회를 구축하였다. 총괄위원장은 총장이 맡고 부위원장은 3명으로 구성하였다. 각 부위원장은 3~4개의 단과대학을 총괄하도록 하였다. 본 위원회는 대학의 교육 질 고도화를 위한 교육과정 방향 제시 및 교육내용 점검을 목적으로 한다. 위원회

는 능동적 수업(AL) 확산, 역량 중심 교육과정 확산을 위한 학과 지원 및 교수 지원제도 개발 및 시행, 대학 교육만족도 제고를 위한 제도개선 등을 심의·의결하였다. [그림 8-8]은 교육질관리위원회의 구조를 나타낸다.

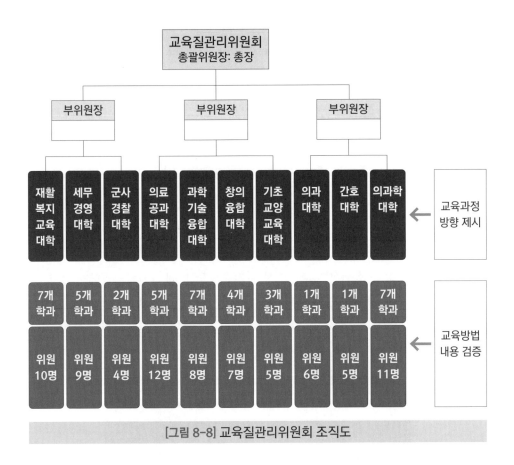

[그림 8-8] 교육질관리위원회 조직도

(3) 역량 중심 교육과정 확대를 위한 교양, 비교과 교육과정 개선

대학 교양, 비교과 역량 중심 교육과정 확대를 위해 학과 및 교과 교육과정 개선을 위한 교육과정 설계모형(Konyang Curriculum-Based in Competencies: KC-BIC)을 개발하였다. KC-BIC 교육과정 설계모형은 분석 단계, 교육과정 개발 단계, 실행·평가 단계로 나뉜다. 분석 단계는 교육환경 분석, 역량 모델링, 역량 차이 추적과정으로 구성되었다. 교육과정 개발 단계는 교과목 도출, 역량 연계도 구성, 교육과정 설계 단계로 구성되었다. 실행·평가 단계는 교육과정 실행 및 평가 단계로 구성했다. [그림 8-9]는 대학의 역량 중심 교육과정 KC-BIC 모형을 나타낸다.

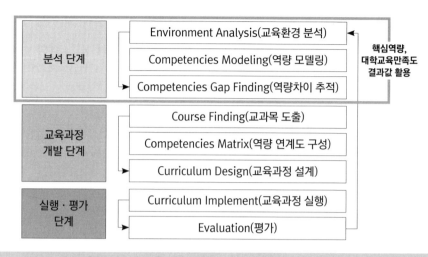

[그림 8-9] 대학 역량 중심 교육과정 KC-BIC 모형

대학의 학과(부)는 교육과정 개선을 위해 Task Force Team을 구성하여 겨울방학 동안 차기 연도 교육과정 개선을 한다. 팀원은 학과(부) 전임교수 위주로 구성된다. 매년 고도화된 학과(부) 교육과정은 겨울방학 학과(부) 워크숍에서 소속 교직원 모두에게 설명하여 확대시킨다. [그림 8-10]은 학과(부)별 역량 중심 교육과정 고도화 TF-Team 활동 및 겨울방학 중 시행되는 학과(부) 워크숍 장면이다.

[그림 8-10] 학과(부) 역량 중심 교육과정 개발 TF-Team 활동 및 워크숍 장면

2013년도 14건 개선을 시작하여 2018년까지 40개 학과(부) 모두 개편할 계획으로 추진하고 있다.

〈표 8-7〉 학과(부) 역량 중심 교육과정 개편 현황

구분		2013년	2014년	2015년	2016년	비고
역량 중심 교육과정	개발 건수	14	5	5	6	최종목표치 40개 학교
	누적 건수	14	19	24	30	

(4) 학과(부) 교육 질 관리 컨설팅(CET-HIQ) 진행

횡단, 종단 빅데이터 분석을 통하여 매년 핵심역량, 대학 교육만족도를 조사함으로써 전문가에 의한 학과(부) 교육 질 관리 컨설팅(Consulting of Education Technology for High Quality: CET-HIQ)을 하였다. 핵심역량 분석 결과를 통해 교육과정 적용방법 및 방향을 제시하였다. 대학 교육만족도 분석 결과를 바탕으로 교육방법, 교육내용, 교육성과, 교육환경 개선 방향 및 방법을 제시한다. [그림 8-11]은 2017년도 학과(부) 교육 질 관리 컨설팅(CET-HIQ) 장면이다.

[그림 8-11] 2017년도 학과(부) 교육 질 관리 컨설팅(CET-HIQ) 장면

학과에 제시되는 결과값은 〈표 8-8〉과 같다. 〈표 8-8〉 아래 그림은 2016년에 실시한 핵심역량 결과값을 나타낸다. 최대값은 100이고, 학과와 대학교 전체를 비교한 핵심역량 결과값을 제시하였다. 학과에 대학 핵심역량의 자기보고형과 능력형의 전체와 차이 비교한 결과값을 제공하였다. 학과의 핵심역량 결과값은 대학에 비해 모든 영역에서 높게 나타났다.

〈표 8-8〉 학과와 대학교의 핵심역량 비교

역량 구분	자기관리	리더십	글로벌	자원활용	창의적 문제해결	의사소통
대학교	66.06	73.35	68.03	71.41	68.06	68.70
학과	71.75	78.75	72.07	76.79	71.85	73.03

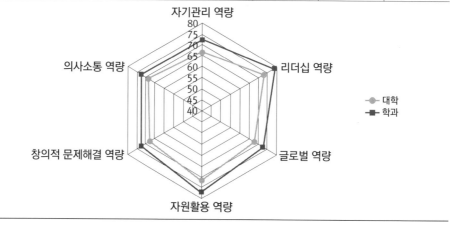

학과에 학과와 대학교 핵심역량의 자기보고형과 능력형 차이 비교 결과값을 제시하였다. 〈표 8-9〉는 학과에 제시된 결과값이다. 학과학생들은 자기 스스로 자기관리 역량, 리더십 역량, 글로벌 역량, 자원활용 역량, 창의적 문제해결 역량, 의사소통 역량이 높다고 생각하지만 실제 능력검사 결과는 모든 영역에서 낮다. 학생들의 자기 효능감이 높기 때문에 실제 능력이 향상될 가능성이 높다. 학과 교수는 학생이 교양 및 비교과 교육과정을 통해 적극적으로 참여할 수 있도록 유도해야 한다.

〈표 8-9〉 학과와 대학교의 자기보고형과 능력형 비교

역량 구분	자기관리	리더십	글로벌	자원활용	창의적 문제해결	의사소통
자기보고형	75.60	82.43	73.89	79.83	74.10	74.65
능력형	67.90	75.07	70.26	73.76	69.60	71.41

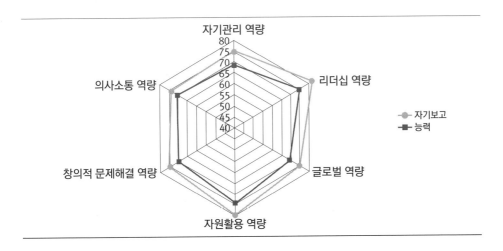

　자기관리 역량의 하위 역량은 목표지향적 계획 수립, 계획 실행력, 자기주도적 학습 능력, 정서적 자기조절 능력, 시간관리, 건강관리로 구성되었다. 다음 〈표 8-10〉은 학과(부)와 대학교의 결과값 비교를 나타낸다. 학과는 대학 전체의 결과값보다 목표 지향적 계획 수립, 계획 실행력, 자기주도적 학습 능력, 정서적 자기조절 능력, 시간관리, 건강관리 전 영역에서 높게 나타났다.

〈표 8-10〉 학과와 대학교의 자기관리 역량의 하위 역량 자기보고형과 능력형 비교

역량 구분	목표지향적 계획 수립	계획 실행력	자기주도적 학습 능력	정서적 자기 조절 능력	시간관리	건강관리
대학교	70.05	62.49	68.09	66.48	69.27	59.99
학과	77.78	71.31	73.76	70.04	74.76	62.86

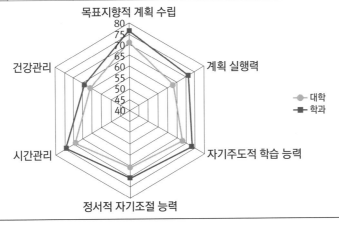

학과(부)의 자기관리 역량의 하위 역량별 자기보고형과 능력형 결과를 제시하였다. 〈표 8-11〉은 학과의 자기관리 역량의 하위 역량 차이 비교를 나타낸다. 학과는 자기관리 역량의 하위 역량 중 목표지향적 계획 수립, 계획 실행력, 자기주도적 학습 능력, 시간관리, 건강관리 영역에서 자기보고형이 능력형보다 높다. 하지만 정서적 자기조절 능력형은 높은데 자기보고가 낮게 나왔다. 학과 교수는 정서적 자기조절 능력에 대한 자신감을 높이도록 상담, 교양, 비교과 프로그램 참여 등을 통해 유도해야 한다.

〈표 8-11〉 학과 자기관리 역량의 하위 역량 자기보고형과 능력형 비교

역량 구분	목표지향적 계획 수립	계획 실행력	자기주도적 학습 능력	정서적 자기 조절 능력	시간관리	건강관리
자기보고	84.96	80.72	77.12	65.28	77.23	68.32
능력	70.60	61.90	70.40	74.80	72.30	57.40

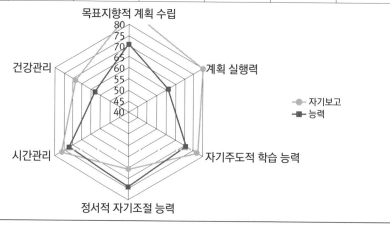

학과(부)와 대학의 대학 교육만족도 결과값을 비교하여 제시하였다. 대학교육만족도는 2015년도에 개발한 것으로 4개의 검사 요인으로 구성하였다. 교육방법 검사 요인은 3개의 하위 요인으로 구성하였다. 하위 요인은 수업 활동의 적절성과 공정성, 교수-학습 상호작용, 교수의 열정이다.

⌸〈표 8-12〉교육방법 검사 요인의 하위 요인 구성 및 문항

하위 요인	핵심어	문항 내용
수업 활동의 적절성 및 공정성	과제에 대한 피드백	교수는 과제에 대한 피드백을 해 준다.
	학습에 대한 피드백	수업 중 피드백은 적절하다.
	상호작용	수업 중 내용에 대한 질문과 토론시간은 충분하다.
	평가의 공정성	평가 방법은 공정하다.
	시간 배분	수업 시간 대비 내용은 적당하다.
교수-학생 상호작용	학생 관심 반영 정도	교수는 강좌 운영 중 학생들의 요구 및 개선 사항을 잘 수용한다.
	친밀도	교수는 학생과의 친밀도가 높다.
	아이콘택트	교수는 학생에게 시선을 맞추며 수업한다.
	수업 자료 유용성	수업 중 제시되는 자료는 학습에 효과적으로 활용된다.
	기자재 활용	교수는 수업에 도움이 되는 적절한 기자재를 활용한다.
교수의 열정	강의 열정	교수는 최선을 다해 가르친다.
	강의 준비	교수는 강의 준비를 철저하게 한다.
	취업/진로 지도	교수는 학생의 취업·진로에 열의가 있다.

　　교육내용 검사 요인은 3개의 하위 요인으로 구성하였다. 하위 요인은 교육내용의 체계성, 교육내용의 다양성과 질, 교육내용의 효과성으로 구성하였다.

⌸〈표 8-13〉교육내용의 하위 요인 구성 및 문항

하위 요인	핵심어	문항 내용
교육내용의 체계성	학습목표 일치도	학습목표에 맞게 수업이 진행되고 있다.
	전공수업 만족	전공과목은 전공지식을 습득하는 데 도움이 된다.
	수업계획서 일치도	강의는 수업계획서의 일정에 따라 진행한다.
	과제물의 질	과제물이 실제 정보를 학습하는 데 도움이 된다.
	내용흥미도	수업 내용이 흥미롭다.

교육내용의 다양성과 질	내용의 질	수업 내용의 질에 만족한다.
	과목 선택의 폭	학과의 수강과목은 선택의 폭이 넓다.
	전공 선택의 폭	복수전공, 부전공의 선택 및 이수가 자유롭다.
	강의의 다양성	수준에 맞는 다양한 강의가 개설되어 있다.
교육내용의 효과성	교수전문성	교수는 충분한 전공지식을 갖추고 있다.
	전공일치도	수업 내용은 전공 영역 이해에 도움이 된다.
	진로적합성	수업의 내용은 나의 진로 계획에 도움이 된다.
	현업적용도	수업 내용은 취업 후 직무수행에 도움이 될 것 같다.

교육환경 검사요인은 3개의 하위 요인으로 구성하였다. 하위 요인은 교육시설 및 환경, 교육 지원 서비스, 행정 서비스로 구성하였다.

〈표 8-14〉 교육환경 검사요인의 구성 및 문항

하위 요인	핵심어	문항 내용
교육시설 및 환경	강의실 규모	과목의 수강생과 강의실 규모가 적절하다.
	생활 환경	학교 주변은 생활편의 시설을 충분히 갖추고 있다.
	정보통신 활용	인터넷 등 정보통신 도구를 충분히 활용할 수 있다.
	소음 제거	수업 중 불필요한 소음 없이 공부한다.
	냉난방	냉난방이 잘 되어 있다.
교육 지원 서비스	행정직원 적극성	행정 문제 해결을 위해 직원들은 적극적이다.
	교직원 친절도	교직원은 친절하다.
	신속성	학생이 원하는 사항은 빠르고 정확하게 처리된다.
행정 서비스	내용 공표성	학사행정 내용은 학생에게 적절히 공지된다.
	간소화 정도	행정 서비스 절차는 간단하다.

교육성과 검사 요인은 3개의 하위 요인으로 구성하였다. 하위 요인은 학교를 통한 다양한 자기 개발, 교육적 자아성취감, 학교에 대한 자긍심이다.

⬚ 〈표 8-15〉 교육성과 검사 요인의 구성 및 문항

하위 요인	핵심어	문항 내용
학교를 통한 다양한 자기 개발	진로 개발	대학에서 다양한 진로 선택과 개발이 가능하다.
	동문에 대한 자부심	여러 분야에서 다양하게 활동하는 선배들이 많아 자랑스럽다.
	졸업생 의견	졸업한 선배들은 모교를 자랑스럽게 여기는 것 같다.
	다양한 경험	대학에는 다양한 경험을 할 수 있는 기회가 마련되어 있다.
	자기 관리와 리더십 배양	대학교육을 통해 자기 관리 및 리더십을 키울 수 있다.
교육적 자아성취감	진로 영향도	학과 공부는 나의 진로결정에 도움이 된다.
	비전 확신	졸업 후 관련 분야로의 진출에 확신이 든다.
	자신감 배양	대학 생활을 통해 자신감이 향상되었다.
	성숙도	입학 전보다 더 많이 성숙해졌다.
학교에 대한 자긍심	학교 자긍심	우리 학교에 다니는 것을 자랑스럽게 여긴다.
	타인 추천 의지	주변에 있는 후배에게 우리 학교를 추천하고 싶다.
	꿈 실현	대학에서 내 꿈을 이루고 있다.

[그림 8-12]는 학과의 대학 교육만족도 결과값을 차이 비교한 것이다. 학과는 교육방법, 교육내용, 교육환경, 교육성과 전 영역에서 대학에 비해 높다.

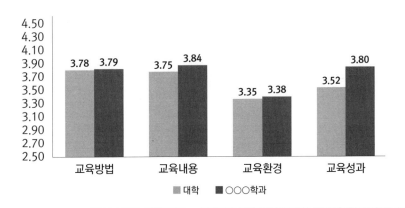

[그림 8-12] 학과와 대학의 대학 교육만족도 요인별 비교

학과에 대학 교육만족도 요인별 하위 요인 결과값을 대학과 비교하여 제시하였다. [그림 8-13]은 학과에 제공된 교육방법 하위 요인 결과값 샘플이다.

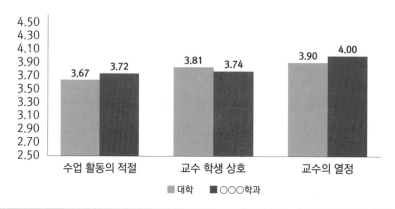

[그림 8-13] 학과와 대학의 대학 교육만족도 교육방법 요인의 하위 요인 결과값 비교

구조화된 대학 교육만족도를 활용해 관측하기 힘든 요인을 찾기 위해 7~9개 정도의 표적질문을 제작하여 검사하였다. 〈표 8-16〉은 표적문항 중 존경하는 교수상을 물은 질문의 결과값을 나타낸다. 학생이 존경하는 교수상은 학생을 인격적으로 대해 주는 교수가 58%로 가장 많고, 다음은 열정이 있는 교수가 22%, 강의를 잘하는 교수가 15%, 전공 분야 연구로 유명한 교수는 5%로 가장 낮게 나타났다.

이 결과는 학과 교수가 학생의 존경을 받기 위해서는 학생들을 인격적으로 대해 주어야 한다는 것을 의미한다.

〈표 8-16〉 표적 질문 '존경하는 교수상은?'의 결과

구분	전공 분야 연구로 유명한 교수	열정이 있는 교수	강의를 잘하는 교수	학생들을 인격적으로 대해 주는 교수
N	8	37	25	98
%	5%	22%	15%	58%

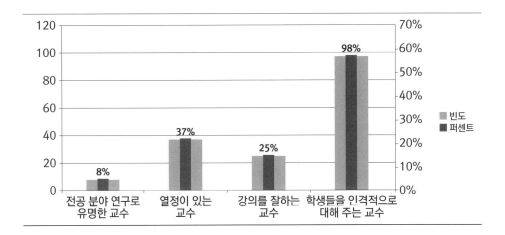

표적질문 중 학생이 선호하는 수업방식을 묻는 질문의 결과 값은 〈표 8-17〉과 같다. 학생은 토론/토의식 수업을 49%로 가장 선호하고 다음은 강의식 + AL(능동적 학습) 36%로 나타났다.

〈표 8-17〉 학생들이 선호하는 수업방식

구분	강의식	문제해결식	토론/토의식	플립드러닝	강의식+AL (능동적 학습)
N	18	5	82	3	60
%	11%	3%	49%	2%	36%

표적질문 중 현재 학과에서 진행하는 수업방식의 결과값은 〈표 8-18〉과 같다. 학과는 학생이 원하는 수업방식의 대학 교육만족도를 높이기 위해 강의식 수업을 줄이고 토론/토의식 등 AL(능동적 학습)의 양을 더 늘려야 한다.

〈표 8-18〉 현재 학과의 수업방식

구분	강의식	문제해결식	토론/토의식	플립드러닝	강의식+AL (능동적 학습)
N	30	14	68	5	51
%	18%	8%	40%	3%	30%

표적질문 중 학과의 중도탈락률을 예측할 수 있는 표적질문을 포함하였다. 〈표 8-19〉는 질문의 결과를 나타낸다. 현재 학생의 대학 교육만족도가 이대로 계속 진행되면 중도탈락 예상은 100%를 기준으로 11%임을 제시한다. 이를 줄이기 위해서는 학생의 대학 교육만족도를 높일 수 있는 변인을 분석하여 단기, 중기, 장기의 계획을 가지고 개선해야 한다.

〈표 8-19〉 현재 학과의 중도탈락 예상률

구분	고려하고 있지 않다.	고려하고 있다.
N	150	18
%	89%	11%

3. 결론

이 장의 구성 목적은 건양대학교 학과(부) 교육 질 관리 선순환 환류 체제 사례를 통해 효과적 · 효율적 · 매력적으로 대학의 교육 질 관리방법을 모색해 보는 것이다. 대학의 질 관리 체제의 개념 및 정의가 불분명하고, 확고히 정립된 체제가 없는 상황에서 본 사례는 측정 요인, 분석방법, 빅데이터 구축 및 해석방법을 제시함으로써 학과(부) 질 관리의 방식을 찾는 데 의의가 있다.

건양대학교는 빅데이터 기반 교육 질 관리 선순환 환류 모델을 구축하기 위해 측정 → 분석 → 개선 사항 도출 → 실행 → 평가의 과정을 거쳤다. 이 장에서 소개한 측정도구는 대학 교육만족도와 핵심역량이다. 대학교육 만족도 측정도구는 교육방법, 교육내용, 교육시설 및 환경, 대학의 지원 체제를 측정 요인으로 포함해야한다. 매년 실시해서 학과(부) 대학 교육만족도를 낮추는 요인을 맞춤형으로 분석, 개선 사항을 도출하였다. 대학 당국은 학과(부)를 대상으로 맞춤형 컨설팅을 실시하여, 개선 사항이 효과적으로 해결될 수 있도록 유도하였다.

건양대학교 핵심역량은 대학의 인재상을 근간으로 개발하였고, 대학의 교육철학, 교육목적, 교육목표 및 사회환경의 변화 등을 기반으로 인재상을 제시하였다. 6개의 인재상은 창의적 문제해결 능력, 자기주도 학습 능력, 글로벌 능력, 건강한 육체와 정신, 봉사하는 리더십, 의사소통 능력을 갖춘 인간이다. 개정 및 개발된 핵심역량은 자기관리 역량, 리더십 역량, 글로벌 역량, 창의적 문제해결 역량, 의사소통 역량이다. 핵심역량 측정도구는 5점 Likert의 자기보고식으로 구성하고, 자기보고식의 한계를 해결하기 위해 객관적 방식의 능력형(선다형)을 포함하여 구성하였다. 자기보고형 측정 결과는 학생의 자기효능감 등을 바탕으로 해석하였고, 능력형(선다형)은 실제적 능력으로 접근하였다. 핵심역량의 활용은 다음과 같다.

첫째, 역량 중심 교과(전공, 교양), 비교과 교육과정을 개발하였다. 전공 교육과정 및 교양 교육과정에 역량을 산정하여 수업계획서 및 교육과정을 구성하였다. 모든 학과가 핵심역량 교육과정으로 단계적 개편을 하였고, 전체 전임교수는 교과 교육과정의 30%를 역량 중심, 학생 중심 능동적 수업(Active Learning: AL)으로 전환하기 위한 계획을 세웠다. 둘째, 학과 컨설팅이다. 매년 전교생을 대상으로 핵심역량을 조사하여 학과별 유형별(측정요인별, 학년, 성별) 맞춤형 분석을 실시한 후 대학교 평균을 기준점으로 차이 비교를 실시하였다.

현재 건양대학교는 2010년부터 역량 중심 교육과정을 구성하여, 꾸준히 데이터를 축적하고 있다. 2015년에 대학 교육만족도, 2016년 핵심역량 개편 이후에 종단 추이분석을 하기 위해 빅데이터 기반 기관연구(Institutional Research: IR) 기반을 구축하고 있다.

향후 교육 질 관리를 위한 학교의 과제는 빅데이터 분석을 통한 대학의 교육 전략, 정책, 방향을 제시해 줄 수 있는 요인을 발굴하는 것이다. 학과별 대학 만족도를 떨어뜨리고, 중도탈락률을 높이는 요인은 다양하다. 대학 교육만족도를 저하시키는 요인들을 분석하고, 핵심역량을 떨어뜨리는 원인을 파악하여, 적절한 개입 및 조치를 취할 수 있는 학과 맞춤형 교육 질 관리 체제를 구축하는 것이다. 또한 핵심역량 검사도구의 객관성을 담보할 측정도구의 고도화 연구다. 현재 진행하는 능력형(선다형)은 하위 요인별로 상황을 제시하고, 상황별 가중치를 부여하여 점수화하였다. 하지만 그런 방식이 학생의 역량별 능력을 충분히 측정할 수 있는가는 여전히 의문이다. 마지막으로 대학의 학과(부) 교육 질 관리를 위한 선 순환 환류의 효과성, 효율성을 높이기 위해 측정도구의 고도화 시점, 교육과정 개편 주기, 학과(부) 교육 질 관리를 위한 개입방법 및 내용 등을 계속하여 연구해야 한다.

🏛 **참고문헌**

강병운(2005). 고등교육 경쟁력 강화를 위한 대학 구조개혁 방향과 과제. 교육행정학연구, 23(2), 421-446.

배상훈, 김혜정(2013). 대학의 학업지원, 교수-학생교류, 능동적·협동적 학습 및 학업도전의 구조적 관계 분석. 열린교육연구, 21(4), 201-284.

변기용, 이석열, 김수홍(2010). 한국 고등교육 정책연구의 동향분석: 연구주제 및 연구자를 중심으로. 아시아교육연구, 11(1), 121-145.

송홍준(2016). 대학 교육만족도 측정도구 개발에 관한 연구. 한국콘텐츠학회, 16(8), 556-567.

송홍준, 이병임(2016). 대학생 창의적 문제해결 역량 측정도구 개발. 창의력 교육연구, 16(4), 2016.

신현석, 변수연, 박해경(2012). 대학생 학습과정 조사도구의 비교·분석 연구. 교육방법 연구, 24(1), 229-256.

신현석, 변수연, 전재은(2016). 학부교육의 질과 성과의 의미에 대한 성찰과 쟁점. 교육행정학연구, 34(1), 73-102.

홍승용(2003). "대학 간 M&A의 필요성과 실현방안". 한국대학교육협의회. 「교육환경 변화와 대학의 경쟁력 제고」. 2003년도 하계 대학 총장 세미나.

홍원표, 이근호(2011). 역량기반 교육과정의 현장 적용 방안연구: 캐나다 퀘벡의 사례를 중심으로. 교육과정연구, 29(1), 67-86.

New Zealand Ministry of Education (2007). *The New Zealand Curriculum*. New Zealand: Ministry of Education.

Warn, J., & Tranter, P. (2001). Measuring quality in higher education: A competency approach. *Qualty in Higher Education, 7*(3), 191-198.

제**9**장

혁신적인 학사제도와 학과평가를 통한 교육의 질 관리: KAIST 사례

방신섭(KAIST)

1. 서론

KAIST를 제대로 알고 이해하기 위해서는 일반 대학과는 다른 KAIST의 독특한 법적·제도적 환경을 이해하는 것이 필요하다. KAIST는 1971년에 미국의 경제원조자금을 기반으로 물고기보다는 직접 물고기 잡는 법을 가르쳐 주자는 목적을 가지고 설립되었다. KAIST가 교육기관이면서도 일반 대학과는 달리 '대학'이라는 명칭을 사용하지 않고 '한국과학기술원'이라는 명칭을 사용한 것은 당시 교육부 소관이 아닌 과학기술처 소관으로 설립되면서 교육법의 적용을 받지 않고 별도의 「한국과학기술원법」이라는 특별법을 제정하여 운영하도록 한 것과 관련이 있다. 이렇게 KAIST는 설립 당시부터 일반 대학과는 다른 법적 환경과 교육부의 통제를 받지 않는 제도적인 환경을 가지고 있었다. KAIST의 이러한 특별한 환경은 KAIST가 자율성을 기반으로 다양한 혁신적인 학사제도를 시험적으로 적용할 수 있는 요인이 되었다고 볼 수 있다.

여기에서는 먼저 KAIST가 가지고 있는 혁신에 대한 물음을 제기하고 그 물음에 답하는 방식을 통해 KAIST의 혁신성을 조명하고자 한다. 이를 통해 KAIST가 가지고 있는 혁신성의 기반을 철학적이고 시스템적인 시각에서 이해하고 이후 학사

제도의 내용과 특징을 살펴보는 순서로 진행한다. 학사제도에서는 학생의 성공을 위한 교육의 질 관리 측면에서 실질적으로 학생들에게 적용하고 있는 것을 다루고 학과평가를 통해서는 세계 최고를 향한 교수사회의 치열한 경쟁의 내면을 보여 준다. 마지막 결론에서는 이러한 KAIST의 노력에도 불구하고 앞으로 해결해 나가야 할 이슈와 미래 방향 그리고 동료 대학에 대한 간단한 제언을 다루고자 한다.

2. KAIST의 혁신성은 어디에서 오는가

[그림 9-1] 카이스트 전경

'아시아 최고 혁신대학 1위, 세계 최고 혁신대학 6위[1]'로 평가받는 KAIST의 혁신성은 어디에서 오는가! 무엇이 그렇게 KAIST를 꿈틀거리게 하고 용오름 일으키게 하는 걸까! 외부인들도 궁금하겠지만 KAIST 구성원도 무엇이라고 단정적으로

---

1) 영국의 대표적인 국제통신사인 로이터(Reuters)에서 각 대학의 특허 출원 수, 특허 성공률, 국제특허, 산업계 논문 인용 영향력 등 10개의 평가지표를 기준으로 평가를 해서 세계 100대학의 순위를 결정한다.

정의하기가 쉽지는 않다. 그러나 구체적으로 의식하지는 못할지라도 혁신의 DNA는 분명히 존재하며 지금 이 순간에도 쉬지 않고 KAIST 구성원의 정신과 신체를 깨우고 있다. KAIST의 혁신 DNA는 1971년 설립 이래 축적된 다양한 선진 제도와 문화에 기반하고 있으며 여기에서는 나름대로 KAIST의 혁신 DNA에 대한 생각을 정리해 보고자 한다.

1) 구성원이 만들어 낸 핵심가치

KAIST의 핵심가치는 '창의'와 '도전'이다. 일반적으로 핵심가치는 조직 구성원의 생각과 행동하는 방식을 결정하고 일상의 업무 활동에서 의사결정 및 판단의 준거를 제공하며 장기적 관점의 성과를 결정하는 경영철학과 가치체계를 말한다.[2] 기업의 경우에는 소유자의 생각과 철학이 투영되지만 학교의 경우에는 설립자의 생각과 철학을 핵심가치에 반영하는 경우가 보통이다. 그럼 '창의'와 '도전'이라는 KAIST의 핵심가치는 누구의 생각과 철학을 반영한 것일까?

KAIST의 설립자는 정부이고, 이사회를 통해 선임된 총장이 임기를 가지고 학교를 경영해 나가는 체제다. 그렇다면 KAIST의 핵심가치에는 정부와 총장의 생각과 철학이 반영된 것일까? 결론은 반영되었을 수도 있고 그렇지 않을 수도 있다. 반영되었을 수도 있다는 입장은 정부가 KAIST를 설립한 목적이 있고 총장은 그 설립목적을 달성하기 위해 선임되었으므로 이미 구성원의 사고와 가치체계에 영향을 미치고 있다고 보기 때문이다. 반면 그렇지 않을 수도 있다는 입장은 KAIST 핵심가치 제정 과정에 정부와 총장의 영향력이 전혀 미치지 않았고 교수, 학생, 직원, 동문, 학부모 대표 등으로 구성된 '핵심가치제정위원회'에서 2년간에 걸친 치열한 논의와 의견수렴 과정을 통해 만들어졌기 때문이다.

이러한 과정을 통해 제정된 '창의'와 '도전'이라는 핵심가치는 KAIST의 설립목적과 존재 이유를 상징적으로 표현하는 것이라고 볼 수 있다. 어느 누구도 생각하

---

2) 공유가치(Shared Value) 또는 핵심가치(Core Value)라고도 하는데 HRD 용어사전에 따르면 기업에서의 공유가치는 조직 내에서 바람직한 행동을 제시하는 기본 규범이며, 기업 구성원들이 공유하고 있는 가치관이자 신념을 말한다.

지 못한 창의적인 사고와 어느 누구도 가지 않은 길을 가야 하는 도전적인 행동은 KAIST 구성원이라면 엄숙히 받아들여야 할 숙명이며 마땅히 추구해야 할 가치체계이자 행동철학이다.

2) 세계를 향한 무한경쟁의 체질화

KAIST에서의 경쟁은 일상화된 단어다. 그런데 그 경쟁의 대상이 학교 내부에 있거나 우리나라에 있는 것이 아니라 지구촌에 있다는 것이 일반적인 대학들의 경쟁 환경과는 확연하게 다르다. KAIST가 글로벌 경쟁 환경에 살아야 하고 익숙하게 된 것은 정부의 지속적인 지원을 받기 위해서 어쩔 수 없이 선택해야만 하는 생존의 이유다. 국립도 사립도 아닌 특별법을 통해 설립되어 지원되는 이유는 끊임없이 존재의 가치와 이유를 글로벌 경쟁 환경에서 찾아야 하고 그 존재의 가치를 스스로 증명해야 하기 때문이다. 또한 이공계 분야라는 학문의 특성상 인문사회계 분야와는 다르게 상대적으로 국가와 민족 등의 특성이 학문에 크게 영향을 미치지 않기 때문이기도 하다.

세계를 향한 무한경쟁의 체질화는 특히 교수들의 업적평가와 학과평가에 깊숙이 반영되어 강력한 영향력을 발휘하게 되고 구성원이 세계를 향한 무한경쟁을 자연스럽게 받아들이게 하는 핵심이다. 교수들의 업적평가에서 일반 대학들의 경우에는 논문의 양적인 편수가 중요한 지표로 작동하고 가장 강력한 객관성 확보의 평가지표로 활용되지만 KAIST에서는 논문을 얼마나 많이 썼는지는 중요한 평가지표로서 힘을 발휘하지 못한다. 대신에 얼마나 가치 있고 영향력 있는 논문을 썼으며 해당 분야에서 어떻게 인정을 받고 있느냐가 핵심 평가지표다.

이러한 평가를 위해서는 논문 피인용 횟수와 임팩트 팩터(impact factor: IF), H-index 등 다양한 질적인 평가지표를 활용하게 되고, 특히 해당 분야에서 가장 권위 있는 세계 각국의 전문가로부터의 동료평가(Peer Review)가 중요한 평가지표로서의 영향력을 발휘하게 된다. 학과평가 또한 해당 분야에서 세계 Top 10으로 평가받는 학과와 비교하여 어느 정도 수준인지가 가장 중요한 평가지표다. 여기에는 다양한 세부 지표들이 활용되게 되는데 세부적인 내용은 학과평가에서 다루기로 한다.

3) 자유 시장경제 시스템의 작동

KAIST의 혁신 DNA에는 자본주의에 최적화된 자유 시장경제 시스템이 작동하고 있다. 자유 시장경제의 핵심은 수요와 공급의 적절한 조화를 통해 자율적으로 운영되는 시스템으로 KAIST에서는 이러한 경제원리가 학교 전반에 깊숙하게 침투되어 있다.

일단 KAIST에는 학과별로 교수와 학생의 정원이 존재하지 않는다. 정원이 존재하지 않으니 우수 교수와 우수 학생을 뽑기 위한 경쟁이 자연스럽게 형성이 된다. 따라서 학과별로 우수한 교수를 어떻게 모시고 오는가가 학과장의 가장 중요한 역할이 된다. 이렇게 학과별 교수 정원에 대한 기득권이 인정되지 않으니 가장 좋은 교수를 모셔오는 학과에 우선권이 부여될 수밖에 없고, 이는 자연스럽게 우수 교수를 확보하기 위한 자유로운 경쟁으로 연결이 된다.

아울러 KAIST에 입학하는 학생들은 학과가 없다.[3] 무학과로 선발이 되기 때문이다. 입학 후에 1년의 과정 동안 기초과목과 교양과목 중심의 교육을 받으며 다양한 전공 탐색의 기회를 갖고 자신의 적성과 희망에 따라 2년 차에 학과를 선택하게 되어 있다. 이렇게 학과별로 정원이 없다 보니 학생들은 자유롭게 100% 자신이 희망하는 학과를 선택할 수 있고 시대 환경과 산업의 흐름에 따라 수요와 공급의 시장이 달라지면서 학생들의 학과 선택도 자연스럽게 변화를 하게 되는 것이다.

---

3) 무학과 제도는 1986년에 국내 최초로 도입되었다. 무학과 제도는 학과 선택에 학생들의 다양한 특성과 능력이 충분히 고려되고 반영될 수 있도록 하자는 취지이며 학생 중심의 학사 제도를 구현하는 목적이기도 하다.

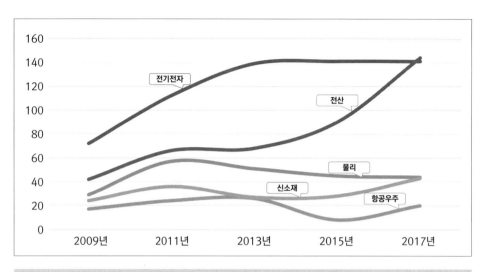

[그림 9-2] KAIST 학생들의 전공 선택 추이

[그림 9-2]를 통해 KAIST 학생들의 전공 선택 추이를 보면 이러한 시장과 산업의 변화 흐름을 알 수 있다.[4] 최근에 4차 산업혁명이 부각되고 빅데이터, 인공지능, 사물인터넷 등 SW 중심의 산업 흐름에 따라 학생들의 지원이 전산학부에 몰리며 급격한 상승곡선을 타고 있다. 전기 및 전자공학부 역시 우리나라의 대표적인 핵심 산업으로 학생들이 꾸준한 관심을 보이고 있다.

학과들 또한 변화되는 시장과 산업 환경에 적응하기 위해 스스로의 적극적인 혁신을 도모힐 수밖에 없다. '도목공학과'는 '건실 및 환경공학과'로 변신하여 생존과 발전을 이어 가고, '화학공학과'는 '생명화학공학과'로 '생물학과'는 '생명과학과' 등으로 혁신과 자기진화를 거듭하며 변화되는 환경에 적응하고 이러한 변화는 자연스럽게 KAIST의 끊임없는 혁신으로 이어진다.

학과별 학생 정원이 없다 보니 학생들의 전과 또한 자유롭다. 누구든지 자신이 선택한 학과보다 다른 분야에 관심과 흥미가 생기거나 깊이 공부해 보고 싶은 욕구가 생긴다면 자유롭게 전과를 하면 된다. 일반 대학처럼 전과가 제한되거나 어떠한 기준을 충족해야만 되는 조건 없이 학생들의 자유로운 선택을 100% 보장하

---

4) KAIST에서 학사과정을 운영 중인 학과는 16개 학과다. 여기에서는 주요 학과에 대한 선택 추이만을 보여 주고 있다.

고 선택에 대한 책임을 학생이 스스로 감당하는 것이다.

4) 최적화된 근접 지원 시스템의 구축

KAIST에서는 학과 사무실에 가면 거의 모든 것이 해결된다. 학과 사무실에 정규인력이 충분히 배치되어 교수와 학생들을 위한 지원 업무를 안정적으로 수행하고 있기 때문이다. 일반 대학에서 주로 대학원생들이 조교로서 학과 업무를 수행하는 것과는 근본적으로 지원 환경이 다르다.

교수들의 경우 신규임용 후 정착과정에서부터 연구수행과 수업, 학생 및 논문지도 등 모든 업무를 학과 사무실에서 근접 지원하게 되므로 교수들은 본연의 업무인 교육과 연구 활동에 보다 집중할 수 있다. 학생들의 경우에도 수강신청과 관리, 휴·복학, 졸업사정 등 학사와 관련된 모든 업무를 학과 사무실에서 지원하고 있다. 학생들에게 일방적으로 안내만 하는 지원 업무가 아니라 학생 한 명, 한 명에게 개별적으로 메일과 문자, 통화 등을 통해 일대일 맞춤형 지원이 이루어지고 있다고 해도 과언이 아닐 정도다.

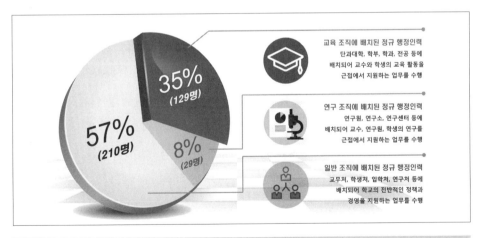

[그림 9-3] 정규 행정인력 배치 현황

[그림 9–3]을 통해 정규 행정인력5)의 배치 현황을 보면 35%의 인력이 전공·학과·단과대학 등 교육 조직에 배치되어 있고, 8%의 인력이 연구센터, 연구소 등 연구 조직에 배치되어 업무를 수행하고 있다. 본부 중심의 일반 조직에 배치된 57%의 인력들도 교무처, 학생처, 연구처 등 교육·연구에 대한 정책과 지원을 주요 업무로 하는 조직에 배치되어 활동하고 있다. 이렇게 교육과 연구가 실질적으로 집중해서 이루어지는 학과를 중심으로 하는 현장 중심의 인력 운용과 지원 시스템은 교수와 학생들의 경쟁력을 강화하는 기반이다.6) 이제는 여기에서 더 나아가 치열한 연구와 경쟁적인 학업에 힘들고 지친 교수와 학생들의 감정과 마음까지도 어루만져 줄 수 있는 지원 역할까지 확대해 나가는 것을 목표로 하고 있다.7)

5) 개방적인 의사결정 시스템의 운영

KAIST 의사결정 과정의 특징은 학생들의 참여가 보장된다는 것이다. 학생들은 제도적으로 주요 위원회에 참여하여 학생들의 의견과 입장을 이야기하고 학교정책에 반영되도록 요구할 수 있다. 학교에서도 학사제도와 학교 발전을 위한 동반자로서 학생들의 참여를 요청하고 협력을 도모하는 열린 문화를 지향하고 있는 것이다.

예를 들면, KAIST 학사정책에 대한 최고 심의기구인 학사·연구심의위원회에 대학 총학생회 대표와 대학원 총학생회 대표가 참여하여 학사정책의 주요 사안에 대하여 학생들의 의견을 제시하고 있고, 교과과정의 경우에도 본부의 교과과정심의위원회뿐만 아니라 각 학과 교과과정심의회에도 제도적으로 학생 대표의 참여가 보장되어 있다. 이외에도 [그림 9–4]에서 보는 바와 같이 다양한 위원회에 학

---

5) 정규 행정인력 외에도 다양한 형태의 비정규 행정인력이 전공·학과·단과대학 등에 배치되어 업무를 수행하고 있다. 여기에서는 정규인력에 대한 통계를 다루고 있다.

6) 일반 대학에 비해 KAIST의 정규 행정인력 비중은 높은 편이다. 일반 대학의 경우 학과에는 조교 등이 행정업무를 수행하나 KAIST에서는 모든 학과에서 정규인력이 행정업무를 수행한다.

7) 인권·상담 등 휴먼 서비스에 대한 업무 영역이 확장되면서 직원의 전문성이 강조되고 집행·관리 중심의 역할에서 인권·윤리센터, 상담센터 등으로 대상이 확대되고 있다.

생 대표들의 참여가 실질적으로 이루어지고 있고 각 부서에서 업무를 추진하는 과정에서도 학생들의 다양한 참여와 의견을 반영하기 위해 노력하고 있다.

[그림 9-4] 학생 대표의 위원회 참여 현황

이러한 개방적인 의사결정 시스템은 갈등적인 요소가 있는 사안에서 서로의 입장을 이해하고 합리적인 해결방안을 모색해 나가는 데 있어 중요한 의미를 갖는다. 제도에 따라 학교, 교수, 학생들의 입장이 서로 다를 수 있기 때문에 대화를 통해 다른 입장을 하나로 모아 나가고 궁극적으로 학교의 발전으로 연결될 수 있는 지혜가 발휘될 수 있기 때문이다.

3. 교육의 질 제고를 위한 학사제도

KAIST의 학사제도와 특징을 이해하기 위해 서론에서 KAIST가 설립된 목적과 교육부 소관이 아닌 대학이라는 사실을 이야기하였다. 1971년 '한국과학원'으로 출범한 KAIST는 국내에서는 최초로 학사과정이 없이 석·박사과정만을 운영하는 연구 중심 교육기관으로 교육부의 통제 밖에서 만들어졌다. 따라서 당연히 당시 교육법의 적용에서 벗어나 독립적인 「한국과학원법」이라는 특별법적인 지위를 가지고 자유롭고 유연하게 학사제도를 설계하고 적용할 수 있었다. 이를 〈표 9-1〉과 같이 현재의 「고등교육법」과 비교하여 보면 근본적인 차이점을 쉽게 이해할 수 있다. 예를 들면, 일반 대학의 경우에는 「고등교육법」 제29조에 따라 대학에 대학원을 둘 수 있게 되어 있지만, KAIST의 경우에는 「한국과학기술원법」 제14조에 따라 KAIST에 학사과정의 교육을 위하여 대학을 설치하도록 하여 학교의 기본적인 설계 자체가 다르게 되어 있다.

〈표 9-1〉 일반 대학과 KAIST의 차이점(교육과정 설치 근거)

일반 대학	KAIST
대학에 대학원을 둘 수 있다(「고등교육법」 제29조).	학사과정의 교육을 위하여 과학기술원에 대학을 설치한다(「한국과학기술원법」 제14조).

KAIST의 설립목적과 법적인 근거가 근본적으로 일반 대학과는 다르다 보니 KAIST 학사제도의 DNA도 특징을 가지고 있으며, 그 특징을 한마디로 정리한다면 'KAIST의 가치를 반영하고 있는가!'라고 말할 수 있다. KAIST는 '창의'와 '도전'이라는 핵심가치를 가지고 최고를 지향해 왔기 때문에 모든 학사제도에는 최고를 지향하는 KAIST의 가치가 반영되어야 한다. 따라서 학사제도를 설계하는 데 다른 대학이 어떻게 하고 있느냐는 검토와 판단의 기준이 될 수 없으며, 오로지 KAIST의 가치를 충실하게 반영하고 KAIST의 가치가 최적화될 수 있느냐가 모든 제도 설계의 기본이 된다. 여기에서는 이러한 특징을 가진 KAIST 학사제도에 대해 간략하게 살펴보기로 한다.

1) 무학과와 자유로운 전과 제도: 학생들의 적성과 희망을 존중하는 자유로운 전공 선택

KAIST는 신입생을 학과 없이 선발하고 입학 후 1년의 과정을 거치면서 자신의 적성과 희망 및 진로 등을 고려하여 2년 차 이후에 학과를 선택하도록 하고 있다. 이를 '무(無)학과 제도'라고 한다. 또한, 학생들은 학과를 선택한 이후에도 언제든지 그리고 얼마든지 자유롭게 학과를 바꿀 수 있다. 이것이 가능한 이유는 KAIST에서는 학과별로 정원을 관리하지 않고 학교 전체의 총정원제로 운영하고 있기 때문이다.

1986년 국내에서 최초로 도입하여 운영하고 있는 무학과 제도와 자유로운 전과

제도는 철저하게 학생을 위한 학생에 의한 제도라고 할 수 있다. 무학과 제도 때문에 KAIST에서는 매년 11월이 되면 학과별로 1년 차 학생들을 자신의 학과로 모시기 위한 치열한 경쟁이 펼쳐진다. 학과별로 다른 학과에서는 어떠한 유인정책을 펼치는지 눈치작전이 벌어지기도 하고 어떤 학과에서는 피자와 경품 등 적극적인 물량공세를 벌이기도 하며 선배들이 학과를 홍보하는 동영상을 제작하여 학생들의 호기심을 자극하기도 한다. [그림 9-5]는 학과들이 학생들을 유치하기 위해 학교 포털과 온라인, 오프라인 등에서 치열하게 홍보하는 모습을 보여 주고 있다.

[그림 9-5] 학과 설명회 포스터

　이에 비해 우리나라의 일반 대학들은 대부분이 학과별로 학생을 선발한다. 학과별 학생 선발에 따라 학생들은 대학 진학 단계에서부터 자신의 전공 선택을 강요받게 되지만 고등학교 교육과정에서 대학 입시에 매달리다 보면 정작 제대로 자신의 적성과 진로탐색 기회를 갖지 못하게 된다. 따라서 학생들은 본인의 선택이 아닌 부모의 희망이나 점수에 맞추어 학과를 선택하는 경우가 다반사다. 이러다 보니 대학 입학 후에 막상 전공을 바꾸고 싶지만 이것마저도 학과별 정원이라는 제도의 틀에 막혀 전과가 자유롭지 못하게 된다. 이는 결국 학생의 다양한 선택 기회를 대학이 받아 주지 못하는 결과를 초래하여 학생들의 학업과 진로에 악영향을 미치게 되는 것이다.

최근의 학문 방향이 융합이라는 흐름으로 바뀌어 가고 있음을 감안할 때 KAIST가 유지해 온 '무학과 제도'는 미래지향적인 학사제도로서의 가치를 가지고 있다. 이러한 무학과 제도는 선진대학에서도 이미 시행되고 있고, 국내에서는 GIST(광주과학기술원)가 무학과를 2년 차까지 확대하고, DGIST(대구경북과학기술원)에서는 4년 차까지 무학과 제도를 적용[8]하는 파격적인 실험을 시도하고 있다. 또한, 연세대학교와 성균관대학교 등 일반 대학에서도 무학과 제도는 아니지만 1년 차 학생들을 선발된 학과와 구분 없이 학부대학에 소속시켜 기초와 교양교육을 집중·통합적으로 시행하고 있는 것은 또 다른 형태의 무학과 제도 구현이라고 볼 수 있다.

2) Education 4.0 Program-새로운 토론 중심의 상호작용식 수업

KAIST는 교수-학습의 혁신을 통해 창의적인 인재 양성과 글로벌 과학기술 리더 양성을 실현하고자 다양한 노력을 하고 있다. 이 중에서도 스마트 환경을 활용한 학습자 중심의 상호작용식 수업인 'Education 4.0 Program'은 교수 중심의 지식전달에서 학생 중심 교육으로의 패러다임 전환이라는 시대적인 필요성을 선도적으로 실현하고 있다. 과학기술의 발전은 교수-학습 활동에서도 혁신적인 변화를 요구하고 있으며, 이는 획일적인 강의에서 개별 학생의 지식수준 및 학습 능력에 근거한 맞춤형 교육으로의 전환을 요구하고 있다. 특히, 교수-학습자 간, 학습자-학습자 간의 치열한 토론과 상호작용을 통해 새로운 지식의 창출을 도모하는 교육으로 전환은 외면할 수 없는 필연적인 교육 방식이 되고 있다.

---

8) DGIST(대구경북과학기술원)는 학사과정을 별도의 전공이나 학과 없이 4년 차까지 융복합 대학 기초학부로 단일화하여 교육과정을 운영하고 있다.

운영 개념도

강의 환경

[그림 9-6] Education 4.0 Program 운영 개념

[그림 9-6]에서 보는 바와 같이 Education 4.0 프로그램은 종래의 일방 전달식 강의에서 벗어나 각 교과에 맞는 가장 창의적인 수업방식을 개발하고 상호작용을 극대화하기 위한 교수-학습 혁신 모델이다. 교수의 강의는 온라인 콘텐츠로 제작되어 자기 주도로 사전학습을 수행하도록 하고 온라인 학습 플랫폼을 통해 퀴즈, 과제, 강의 슬라이드, 온라인 교과서 등을 활용하여 학습 활동을 진행한다. 그리고 실제 수업시간에는 강의 대신 학습자가 참여하는 상호작용 협력학습으로 진행하며 토론, 문제풀이, 질의응답, 그룹과제 해결, 팀 러닝, 실험실습 등 교수-학생, 조교-학생, 학생-학생 간 상호작용식 오프라인 수업이 진행되는 형태다. 따라서

수업 전에는 교수가 직접 촬영한 강의 영상 또는 공유한 학습 자료를 바탕으로 학생이 미리 내용을 충분히 학습한 후에 실제 수업시간에는 강의 대신 교과목 특성에 맞는 다양한 학습 활동으로 이어진다. 이로써 학습자가 보다 활발하게 학습에 참여하고 학습내용을 내재화하는 과정이 자연스럽게 이루어지게 되는 것이다.

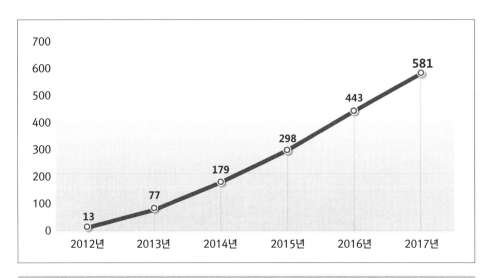

[그림 9-7] Education 4.0 Program 교과목 개설 현황(누적)

[그림 9-8] Education 4.0 Program을 통한 학습태도 변화

[그림 9-7]과 같이 Education 4.0 프로그램은 2012년도 봄학기에 13개 교과목으로 강의 개설을 시작한 이후 매년 개설 교과목이 급격하게 증가하여 2017년도까

지 총 581개 교과목이 누적 개설되었다. [그림 9-8]과 같이 실제 교과목을 수강한 학생들의 학습 태도를 살펴보면 학생들이 긍정적인 변화를 스스로 체감하고 있는 것으로 나타나고 있다. 또한, [그림 9-9]와 [그림 9-10]에서 보는 바와 같이 학생들의 만족도가 지속적으로 상승하고 선호도도 높게 나타나면서 Education 4.0 프로그램의 효과가 실증적으로 검증되고 있다고 보인다.

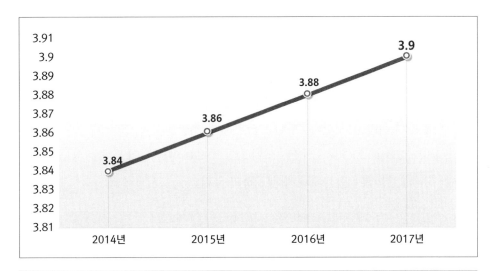

[그림 9-9] Education 4.0 Program 만족도

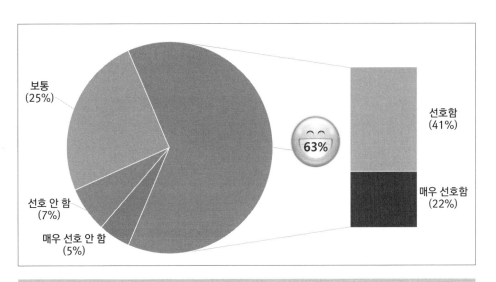

[그림 9-10] Eudcation 4.0 Program 선호도

이렇게 KAIST에서는 'Education 4.0 Program'의 운영을 통해 학생들에게 학습 과정에서의 자발적 동기부여 및 주도적 학습을 실현하고 소집단 그룹학습을 통해 교수-학생과 학생-학생 간의 친밀감 증대와 협력학습을 통한 집단 지성의 창출을 도모하고 있다. 그리고 풍부한 웹 학습자원을 활용하여 기본 개념에 대한 개별적 선수학습을 가능하게 하면서 통합적 교육을 실현하고 있다. 또한, 해외 OCW(Open Course Ware) 활용과 실시간 화상강의 지원으로 글로벌 학습 네트워크를 구축하고 있다.

아울러 기업체 및 연구소 등과의 교육협약을 통해 과학기술 인력들의 전문성과 역량 강화를 위한 e-Learning 과정을 제공하고 있기도 하다. 해외 유수 대학과 화상 강의를 기반으로 글로벌 교육 컨소시엄인 iPodia를 통하여 세계 대학들과의 지식 창출을 지원하고도 있다. 또한, 세계 최대 개방형 온라인 공개강좌(Massive Open Online Course) MOOCs 컨소시엄인 COURSERA와의 협약을 통해 KAIST만의 우수한 강좌를 전 세계 학습자에게 제공하고 있다.

3) Bridge Program(BP)-예비 신입생들에게 기초과정을 온라인으로 제공

KAIST는 대부분의 신입생들을 수시모집을 통해 선발하고 있다. 또한, KAIST는 법령[9]에 근거하여 고등학교 졸업 예정자가 아니더라도 과학에 재능이 있다고 인정되는 경우에는 '과학영재선발위원회'를 통해 고등학교 2학년이나 1학년도 선발할 수 있도록 허용하고 있다. 이러한 제도는 과학영재 교육의 정점에 KAIST가 있고, 재능이 있는 학생들이 보다 자유로운 대학 환경에서 자신의 능력을 마음껏 발휘할 수 있도록 하자는 취지에서 KAIST에 학사과정이 도입된 1984년 이래 계속 유지되어 온 것이다.

이렇게 수시모집을 통해 대부분의 학생을 선발하고 고등학교 2학년 과정에 있

---

9) 과학영재선발위원회규칙으로 과학기술정보통신부령 제1호다. 이 규칙은 「한국과학기술원 학사규정」 제16조 제4항에 따라 과학영재선발위원회의 구성 및 운영 등에 필요한 사항을 규정함을 목적으로 한다.

는 학생들도 선발하다 보니 이들 예비 신입생들의 기초 학력 수준이 다양한 편차와 특성을 가지게 된다. 따라서 예비 신입생들에게 입학 전에 기초과정을 이수할 수 있도록 온라인 학점인정 강좌를 개설하여 입학 후에 정규과목(일반물리학, 미적분학, 일반화학 등)을 충실히 따라갈 수 있도록 돕고 있는 프로그램이 'Bridge Program(BP)'이다. 예비 신입생들은 BP 제도를 통해 입학 전에 실제 대학 수업을 수강함으로써 대학생활에 적응력을 높일 뿐만 아니라 미리 학점을 취득할 수 있는 기회를 제공받게 되는 것이다.

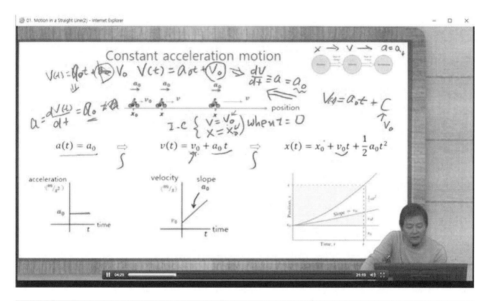

[그림 9-11] Bridge Program 강의 화면(예)

4) Undergraduate Research Participation(URP) Program: 학사과정에서 시작되는 연구자의 삶

KAIST에서는 독창적인 아이디어를 가진 학사과정 학생들이 교수와 조교의 지도를 받으며 실질적인 실험과 연구를 수행할 수 있도록 연구비를 지원하고 학점과 연계할 수 있는 'Undergraduate Research Participation(URP) Program'을 2006년에 국내 최초로 도입하여 운영하고 있다. [그림 9-12]는 2018년도 URP 모집 공고 포스터다.

[그림 9-12] URP 모집 공고 포스터

URP는 〈표 9-2〉와 같이 학점과 연계되는 개별 연구과제와 학점과 연계되지 않는 그룹 세미나 형태로 구분된다. 개별 연구과제는 학생이 단독 또는 2~3명이 팀을 이루어 스스로 제안한 연구주제를 바탕으로 희망하는 교수의 지도하에 연구를 수행하게 되는 것으로 기간에 따라 1년 또는 6개월 과제로 나누어진다. 그룹 세미나는 공통의 관심사를 가진 5~10명의 학생들이 그룹을 구성하여 자발적인 학습과 토론을 통해 세미나를 진행하여 관심 분야의 역량을 축적해 나가는 방식이다.

〈표 9-2〉 URP 수행 형태와 내용

구분	개별 연구과제(학점연계)	그룹 세미나(학점 없음)
내용	• 단독 또는 2~3명의 인원이 팀을 이루어 스스로 제안한 연구주제를 바탕으로 희망하는 교수의 지도하에 연구를 진행	• 공통의 관심사를 가진 5~10명의 학생들이 그룹을 구성하여 자발적인 학습과 토론을 통해 세미나를 진행

기간	• Long–Term URP: 1년 연구, 연 1회 • 겨울/봄학기 & 여름/가을학기 URP: 　6개월 연구, 연 2회	• 겨울/봄학기 & 여름/가을학기 URP 　프로그램에만 시행

URP는 2006년 개별 연구과제에서 단독 연구 53개 과제, 팀 연구 40개 과제, 그룹 세미나 12개 그룹, 지원예산 6.5억 규모로 시작된 이후 매년 지원과제 수가 증가하여 2017년 누적 기준으로 단독 연구과제 1,177건, 팀 연구과제 376건, 그룹 세미나 50건, 지원예산 98억 규모로 성장·발전하였으며 학사과정 학생들에게 특별하면서도 최고의 연구 경험을 제공하고 있다. 아울러 URP를 통해 10건의 특허가 출원 및 등록되었고 49건의 논문이 게재되었으며, 국내외 학회에 참가하여 11과제가 수상을 하는 등 눈부신 실적을 보여 주고 있다. 특히, 신정우 학생은 URP를 통해 나노과학기술 분야의 세계 저명 학술지인 「ACS Nano」에 연구 결과를 발표하기도 하였다.

5) 전공 선택 의무제−전공역량과 융합역량을 강화

KAIST에서는 세계적인 대학의 위상에 걸맞게 기본적인 전공역량을 강화하고, 타 학문·전공과의 폭넓은 교류·이수를 통해 새로운 혁신을 도모하는 융합교육을 확대하고자 20여 년 만에 교과과정을 전면적으로 개편하였다. 이러한 배경에는 학생들의 자기주도적인 학업수행을 위해 전공 이수학점을 완화하였으나 쉬운 교과목을 선택하는 경향이 늘어나고 학과별로 전공 이수 기준의 다양화로 학과 간 전공 이수학점의 편차가 상당하다는 문제 인식에서 출발하였다. 또한, 학과 간 유사한 부전공의 운영으로 중복 인정 교과목을 통해 쉽게 부전공과 복수전공을 취득하는 학업 환경을 개선하고자 하는 목적도 반영되었다.

전면적인 교과과정 개편에 반영된 내용으로는 〈표 9−3〉과 같이 졸업 이수학점을 130학점에서 136학점으로 강화하여 학사관리를 엄격하게 하고 학과별로 전공학점의 균형이 유지될 수 있도록 편차를 최대 19학점에서 10학점 이내로 완화하였다. 또한, 심화전공제도[10]를 도입하여 전공역량을 깊이 강화하고 자유융합전공제도[11]를 도입하여 융합역량의 확대를 도모하였다. 아울러 유사한 부·복수전공과의 학점 중복 인정을 폐지·축소하여 부·복수 전공제도의 실질적인 역량 강화를 도모하였다. 특히 전공 선택을 의무화하여 학생들은 심화전공, 자유융합전공, 부전공, 복수전공 중에서 반드시 하나의 전공을 선택하도록 하였다.

〈표 9-3〉 교과과정 개편 내용 요약

주요 항목	현행	개편	비고
졸업이수학점 강화	130학점 이상	136학점 이상	6학점 증가
일반전공학점 조정	40~59학점	40~50학점	학과별 균형 유지
심화전공제도 도입	–	12~18학점	제도 신설
자유융합전공제도 도입	–	12학점 이상	제도 신설
전공 선택 의무화	–	심화·부·복수·자유융합 중 선택	제도 신설
학점 중복 인정 최소화	9학점 인정	부전공 폐지, 복수전공 축소	제도 개선

이러한 교과과정 개편은 [그림 9-13]과 같이 교육·연구혁신위원회에서 최초 논의·제안이 이루어져 검토를 시작하게 되었고 이후 전체 교수회의와 학생 간담회 등을 통해 치열한 토론과 공감대를 형성하면서 2년여의 숙의과정을 거쳐 최종 방안을 확정하였다. 검토과정에서는 교수와 학생들이 위원으로 참여하여 서로의 생각과 입장을 허심탄회하게 이야기하면서 KAIST의 발전에 대한 목적의식을 갖고 이견들에 대한 접점을 찾아가는 민주적인 토론과 실천의 문화를 만드는 시간이기도 하였다.

---

10) 심화전공제도는 학과별로 40~50학점의 일반전공학점 외에 12~18학점의 전공학점을 추가로 이수하도록 설계한 제도로서 소속 학과에 대한 학생들의 전공역량을 강화하는 데 목적이 있다.

11) 자유융합전공제도는 소속 학과의 일반전공학점을 충족하고 나머지 전공학점은 자유롭게 다른 학과의 전공과목을 이수할 수 있도록 하여 학생들의 융합역량을 확대하는 데 목적이 있다.

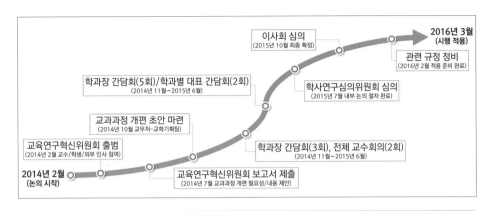

[그림 9-13] 교과과정 개편 추진 경과

6) 즐겁고 신나는 대학생활–안정적인 대학생활과 공동체의식 및 인성 함양

KAIST는 무학과로 학생들을 선발하게 되므로 신입생들의 경우에는 소속 학과가 없이 입학 후 1년은 새내기과정학부 소속으로 기초교육과 교양교육을 집중적으로 받게 된다. 특히, 신입생들이 고등학교 2학년을 마치고 입학하게 되는 경우

[그림 9-14] 즐거운 대학생활, 신나는 대학생활 활동 모습

가 많아 대학생활 적응과 공동체의식 함양 등에 보다 세심한 관심이 필요하다. 이를 위해 KAIST는 신입생들에게 '즐거운 대학생활'과 '신나는 대학생활'이라는 프로그램을 마련하여 다양한 활동을 체계적으로 제공하고 있다.

이 프로그램은 필수 교과목으로 봄학기에는 즐거운 대학생활을 가을학기에는 신나는 대학생활을 반드시 이수해야 한다. [그림 9-14]에서 보는 바와 같이 지도교수와 첫 만남 및 오리엔테이션을 비롯하여 격주 정기 프로그램으로 명사특강, 문화공연, 반별 활동 등을 진행한다. 비정기 프로그램으로는 반별 MT 및 역사탐방, 콘서트, 스포츠 경기 관람 등으로 진행된다. 프로그램 기획은 전년도 신입생이었던 재학생들로 구성되는 '새내기 프로그램 기획단'을 운영하여 신입생들이 실질적으로 필요로 하고 선호는 다양한 프로그램을 신입생의 눈높이에 맞추어 수립한다.

1개 반에는 지도교수, 조교, 지도 선배, 생활 어드바이저를 배정하여 새내기의 학업, 학교생활, 진로 등을 종합적으로 지도하게 된다. 특히, 지도 선배(프락터)는 담당하는 반 신입생들과 동일한 기숙사의 동일한 층에 거주하면서 근접에서 지원하는 역할을 수행한다. 즐겁고 신나는 대학생활에 대한 신입생들의 만족도는 [그림 9-15]와 같이 높은 수준을 보여 주고 있어 신입생들의 성공적인 대학생활 적응과 공동체의식 함양에 많은 도움을 주고 있는 것으로 보인다.

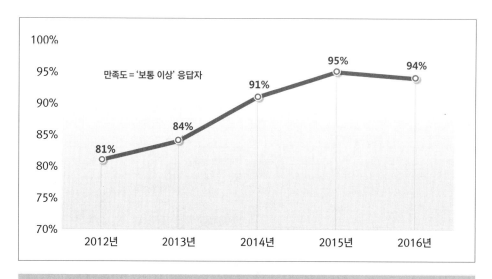

[그림 9-15] 새내기 연도별 만족도

7) Tutoring Program–기초 실력을 강화하고 보충학습의 기회를 제공

[그림 9-16] Tutoring Program 홈페이지

KAIST에서는 단순한 성적이 아니라 다양한 배경과 잠재력을 가진 학생들이 미래 과학기술인재로 성장할 수 있도록 학생 선발의 다양화를 도모하고 있다. 이렇게 성적보다 잠재력에 기반을 둔 학생 선발을 확대함에 따라 새내기 신입생들에게 부족한 기초 실력을 강화하고 보충학습을 지원하고자 운영하는 프로그램이 'Tutoring Program'이다. 특히, 출신 고등학교 선배가 KAIST에 없는 새내기에게는 수업에 관련된 전반적인 정보를 Tutor(튜터)로부터 얻을 수 있어 새내기들에게 많은 도움이 되고 있다.

'Tutoring Program'은 새내기 학생 본인의 희망이나 지도교수의 권유에 따라 신입생이 자율적으로 참여하며 기초 필수과목인 미적, 물리, 화학, 생물, 프로그래밍을 튜터링 대상 과목으로 한다. 튜터와 튜티는 1대 2가 원칙이나 특별한 경우 일대일도 가능하고, 1주 1회(2시간) 총 13회(한 학기 최대 26시간)의 개별수업을 원칙으로 하고 있다. 최근에는 새내기 외에도 학업 및 진로상담실과 협력하여 학업이 부진한 재학생을 대상으로도 지원을 확대하고 있다.

8) Global Leadership Program–창의적인 지도자적 자질과 자신감 함양

KAIST는 그동안 과학기술 분야의 교육을 선도하면서 창의력을 갖춘 수많은 인재들을 양성·배출해 왔다. 그러나 오늘날과 같이 국제적으로 복잡해진 융·복합적인 과학기술 환경과 사회에서는 졸업생이 보다 경쟁력 있는 과학자와 공학자로 성장하여 자신이 속한 조직 사회에서 리더십을 발휘할 수 있는 역량을 갖춘 인재가 되어야 할 필요성이 더욱 커지고 있다. 따라서 이러한 인재들을 성공적으로 양성하기 위해서는 과학기술에 대한 기초지식과 응용력 이외에 지덕체를 고루 갖추고 새로운 과학기술의 창출을 팀워크를 통해서 이끌어 갈 수 있는 지식 창출형 리더로서의 역할을 교육해야 한다. 이를 위해 KAIST에서는 학사과정 입학생들을 전인교육을 바탕으로 창의적인 지도자적 자질과 자신감을 가진 인재로서 양성하고자 〈표 9-4〉와 같이 체계적인 글로벌 리더십 프로그램을 제공하고 있다.

〈표 9-4〉 글로벌 리더십 프로그램 내용

구분	주요 내용	주요 과목
리더십 I (개인 리더십)	자신과 타인을 존중하며 따뜻한 리더로서 성장할 수 있도록 돕는 프로그램	7H 리더십, 피닉스 리더십, 카네기 리더십
리더십 II (사회적 리더십)	선배들의 경험과 노하우를 강의와 질의를 통해 배우며 리더십을 함양하는 프로그램	영리더 목요특강, 여성 리더십 등
	3~5인이 그룹을 만들어 테마 역사탐방, 선배 및 명사 방문 인터뷰 등을 직접 기획하여 실천함으로써 리더십을 함양하는 프로그램	Group Leadership Activity
리더십 III (Cultural Activity)	재학생 선배가 진행하는 강좌로 학사과정 신입생의 학교 적응과 취미 활동을 돕고 가르치며 리더십을 실천하는 프로그램	애니메이션, 연기와 무대, 교양천문, 클래식 음악 감상, 청소년 멘토링 등

전체적인 프로그램은 우선 신입생을 대상으로 선배들이 교수가 되고 문화, 예술, 과학적 지식을 가르치는 리더십 III(Cultural Activity)를 통하여 새내기로서의 학교생활을 즐겁게 적응할 수 있도록 한다. 그리고 글로벌 리더십을 위해서는 개인적인 리더십과 성공적인 대인관계를 위한 리더십 · 커뮤니케이션 훈련을 이수하여 리더로서의 기본적인 품성을 함양한 후에 선택적으로 문화체험 · 탐방 등을 실시한다. 또한, 글로벌 리더십 프로그램의 이수와 더불어 교육과 다양한 활동에 마일리지제를 도입하여 일정 점수 이상자에게는 글로벌 리더십 인증서를 발행해 준

다. 이를 통해 학생들의 글로벌 리더십 활동을 장려하고, 대학원 진학과 취업에도 긍정적인 요소로 작용하도록 돕고 있다.

[그림 9-17] 글로벌 리더십 프로그램 활동 포스터

4. 세계 최고를 향한 학과평가제도

　KAIST의 교수업적평가는 매우 엄격하게 이루어진다. 지금은 국내 대학의 이공계 분야 교수평가에 일반화된 SCI 논문 기준도 KAIST에서 가장 먼저 교수평가의 가장 중요한 지표로 사용되어 왔다. 그러나 이제는 더 이상 KAIST에서는 SCI 논문이 몇 편이냐는 중요하지 않다. 얼마나 가장 가치 있고 영향력 있는 논문인지와 자신의 분야에서 얼마나 앞서가는 사람으로 인정받고 있느냐가 중요한 평가기준이 되었다. 기계적으로 계산하던 편수가 아니라 해당 분야의 최고 전문가들이 실질적으로 인정하고 느끼고 있는 사실이 가장 핵심적인 평가기준이 된 것이다.

〈표 9-5〉 2017 QS 세계 대학 학과별 평가-KAIST 순위

KAIST 분야	1위	2위	3위	KAIST
재료공학	MIT(미)	스탠퍼드대(미)	UC버클리대(미)	13위
기계·항공공학	MIT(미)	스탠퍼드대(미)	케임브리지대(영)	15위

화학공학	MIT(미)	스탠퍼드대(미)	UC버클리대(미)	15위
토목 · 구조공학	MIT(미)	UC버클리대(미)	케임브리지대(영)	15위
전기 · 전자공학	MIT(미)	스탠퍼드대(미)	UC버클리대(미)	17위
화학	MIT(미)	UC버클리대(미)	케임브리지대(영)	18위
컴퓨터공학	MIT(미)	스탠퍼드대(미)	카네기멜런대(미)	33위
수학	MIT(미)	하버드대(미)	스탠퍼드대(미)	47위

이러한 교수업적평가와 더불어 KAIST 경쟁력과 혁신의 기반 중에 하나가 학과평가제도다. 〈표 9-5〉와 같이 KAIST의 학과는 세계 대학평가에서 높은 수준을 보여 주고 있다. 교수업적평가가 교수 개개인의 실적과 역량을 평가하는 것이라면 학과평가는 집단의 실적과 역량을 평가하는 제도로서 두 제도가 상호보완적인 관계를 형성하면서 KAIST의 발전을 견인하고 있다고 볼 수 있다.

1) 학과평가제도 개요

학과평가를 실시하는 목적은 학과 간에 경쟁하는 환경과 제도를 통해 교육과 연구의 전반적인 질적 향상을 도모하고 이를 통해 글로벌 경쟁력을 갖춘 세계 최고 과학기술대학의 위상을 확고하게 만드는 데 있다. 학과평가는 [그림 9-18]에서 보는 바와 같이 2005년부터 시범적으로 실시하여 2007년부터 현재와 같은 체계적인 평가제도로 정착이 되었으며, 2013년도부터는 단과대학별 자체평가 방식이 새

[그림 9-18] 학과평가의 변화

롭게 도입되어 학문 분야별 특성이 보다 반영될 수 있도록 하였다. 또한 학과 설립 이후 5년이 경과되지 않은 학과는 평가에서 제외하여 신설 학과의 평가에 대한 부담을 완화하면서 자율적으로 성장과 발전의 기틀을 마련할 수 있는 기회를 부여하고 있다.

〈표 9-6〉 학과평가 단계와 방식

평가 단계	1단계(계량적 평가)	2단계(사업실적 및 계획평가)	3단계(종합평가회의)
평가 비율	40%	40%	20%
평가 방식	동일평가 지표에 의한 점수 산출	단과대학별 자체평가 (학과장이 실적과 계획을 발표)	대학별 평가등급 최종 확정

학과평가는 〈표 9-6〉과 같이 크게 3단계에 걸쳐 세 가지 평가방식에 따라 이루어진다. 먼저 1단계에서는 동일한 평가지표에 의한 계량적인 평가가 이루어지고, 2단계에서 단과대학별로 학과별 사업실적 및 계획에 대한 평가가 이루어진다. 그리고 마지막 3단계에서는 종합평가회의를 거쳐 평가 결과를 확정하게 된다.

2) 학과평가 일정

학과평가는 [그림 9-19]에서 보는 바와 같이 11월까지 세부적인 계획을 수립하고 이를 전체 학과장 회의에서 논의를 한 후에 본격적인 평가 절차를 진행하게 된다. 그러나 실질적인 작업은 연중 준비된다고 볼 수 있다. 우선 평가 항목에 조정이 필요한 경우에는 논의를 거쳐 평가 실시 1년 전에는 안내를 해야 학과에서 이에 대한 준비를 할 수 있으므로 변경이 필요한 평가 항목은 훨씬 이전부터 논의되고 준비된다. 또한, 계량적인 평가 항목에 대한 자료는 해당 부서에서 연중 데이터를 축적하고 분석하는 과정을 거치게 되므로 학과평가가 연중 상시적으로 이루어지고 있다.

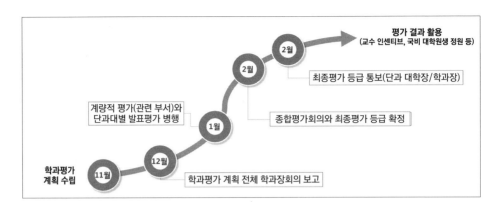

[그림 9-19] 학과평가 일정

3) 계량적 평가

계량적 평가는 [그림 9-20]과 같이 보통 여덟 가지 항목에 대해 계량적으로 산출이 되고 전체 평가에서 40%의 비중을 차지한다. 일부 변동은 있지만 통상 영어 강의, 외국인 교수, 국제 랭킹, 학사과정 교육, 재정 기여, 행정 수행, 학생 만족도, 기본 점수 등에 대한 내용이 평가에 반영이 된다. 이 중 학과의 국제 랭킹이 가장 큰 비중을 차지하게 되며, 논문의 Impact Factor 등 논문 관련 실적이 국제 랭킹의 중요한 요소로 평가된다.

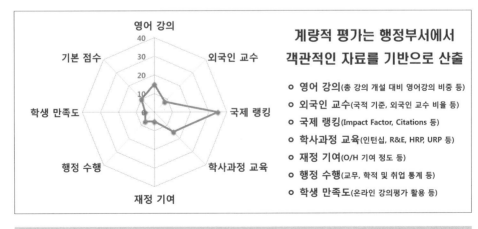

[그림 9-20] 계량적 평가 항목과 비중

계량적 평가에는 KAIST가 지향하고자 하는 발전 방향에 대한 평가요소들이 자연스럽게 반영되어 있다. 우선 '글로벌 가치 창출 선도 대학'을 지향하는 목표에 따라 국제화에 필수적인 영어 강의 비율과 외국인 교수 비율, 국제 랭킹이 평가지표로 반영되었고, 대학원 중심과 연구 중심의 대학 운영 체제에 따라 학사과정에 대한 교육을 강화하기 위해 즐거운 대학생활과 신나는 대학생활, 학사과정 인턴십, URP 참여 등이 평가지표로 반영되고 있다. 또한, 각 평자지표별로 세부적인 평가 항목과 평가기준은 세밀한 데이터에 기초하여 정해진 공식에 따라 산출이 되며, 과학적이고 체계적으로 계량화가 이루어진다.

4) 사업실적 및 계획평가

학과별 사업실적 및 계획에 대한 평가는 단과대학별로 자체적인 발표회를 개최하여 평가를 진행한다. 사업실적은 계량적 평가에 반영되지 않는 당해 연도의 주요한 실적을 정리하여 발표하게 되며, 사업계획은 다음 연도에 학과에서 중점적으로 추진하고자 하는 주요 사업을 발표하는 형태로 전체 평가에서 40%의 비중을 차지한다. 학과별 사업실적 및 계획평가를 위해서 단과대학장이 심사위원회를 구성하게 되며 심사위원회에는 교무처장과 타 단과대학장이 반드시 포함되어야 한다. 또한, 평가 항목은 각 단과대학별 특성이 반영될 수 있도록 조정할 수 있으며 발표 내용에는 학사과정 주임교수의 내용이 포함되도록 하고 있다.

[그림 9-21] 사업실적 및 계획 평가

사업실적 및 계획에 대한 평가에서는 학교의 발전 방향에 따른 사업 내용의 진취성과 충실성 및 독창성, 사업계획의 실현가능성, 교육혁신과 학생지도의 실적과 계획, 학과의 세계 대학평가 랭킹 및 상향 계획, 교수 수상실적, 학제간 교육·연구에 대한 노력, 국제협력, 연구 활동 등이 중요한 평가기준으로 포함되고 있다. 사업실적 및 계획에 대한 평가는 학과장이 학과의 실적과 계획을 평가위원들에게 실질적이고 설득력 있게 발표해야 하므로 학과장의 리더십이 매우 중요하다. 또한, 정해진 시간 내에 학과를 충분히 잘 알려야 하므로 발표시간을 세부적으로 잘 활용하는 전략도 필수적이다. 학과평가에서 학과장에게 가장 어렵고 부담스러운 절차가 사업실적 및 계획에 대한 발표평가이지만 학과별로 학과장의 학과 운영 철학과 발전 방향을 잘 파악하고 비교할 수 있는 좋은 기회이기도 하다.

5) 종합평가회의

종합평가회의는 1단계 계량적 평가와 2단계 단과대학별 사업실적 및 계획에 대한 학과별 발표평가를 거쳐 취합된 결과를 종합적으로 비교하고 점검하며 최종적으로 평가등급을 확정하는 절차다. 종합평가회의에는 총장, 부총장 등 핵심 보직자들로 구성이 되며 1단계와 2단계를 거쳐 이루어진 평가 결과를 바탕으로 학교의 위상을 높인 실적이나 학교의 명예에 손상을 입힌 경우 등을 종합적으로 논의하여 반영하게 된다.

이렇게 3단계의 평가 절차를 거쳐 확정된 학과별 등급[12]은 학과장에게 개별적으로 통보되며, 평가 결과는 학과장 및 교수 인센티브와 국비 대학원생 정원 배정 등에 반영되어 차등적인 자원배분이 이루어지게 된다.

5. 결론

지금까지 일반 대학에 비해 다소 낯설고 생소한 KAIST에서 '학생의 성공을 위한

---

12) 평가등급은 3단계인 A, B, C로 나누어진다. 비율은 A가 30%, B가 40%, C가 30%이다.

교육의 질 관리'라는 주제로 혁신적인 학사제도와 학과평가제도를 다루어 보았다. KAIST는 분명 일반 대학과는 다른 독특한 법적·제도적·행정적인 환경에 있는 것은 사실이다. 그러나 교육기관으로서 대학이라는 범주에 속해 있고 이제는 대학으로서의 존재 의미와 가치가 더욱 부각되고 있다.[13]

KAIST는 설립 당시에 목표로 했던 국가 산업발전에 필요한 고급 과학기술 인재의 양성과 중·장기 연구개발 및 국가 과학기술 저력 배양을 위한 기초·응용연구의 수행이라는 본연의 임무를 성공적으로 수행해 왔다. 1971년 설립의 시초가된 「한국과학원 설립 타당성 보고서」(일명 「터먼 보고서」라고 한다)[14]에서는 마지막 장에 「미래의 꿈(The Dream of the future)」이라는 제목하에 다음과 같이 보고서를 마무리하고 있다.

> "2000년이 되면 KAIST는 국제적 명성의 훌륭한 기술대학이 될 것이고, 대한민국 교육의 새로운 시대를 여는 선봉에 설 것이다. 더 중요하게는 KAIST는 국민들의 자신감을 고양할 뿐 아니라 안정되고 자유로운 한국 사회를 만드는 초석이 되어 있을 것이다."

KAIST는 지금까지의 성공을 바탕으로 '비전 2031'을 통해 '글로벌 가치창출 선도대학'이라는 새로운 도전과 목표를 설정하였다. 지금까지 선진대학을 따라잡기 위해 달려왔다면 이제는 세계를 선도하는 대학이 되어야 함을 당위명제로 제시한 것이다. 이를 위해서는 기존의 사고와 관행을 과감하게 벗어던지고 새로운 혁신

---

13) KAIST는 1971년 설립 이래 정부출연 연구기관이라는 범주에서 정부의 지원과 관리를 받아 왔으며 기관장의 명칭도 '원장'으로 사용되었다. 이후 2003년도에 「한국과학기술원법」을 개정하여 기관장의 명칭을 일반 대학과 같이 '총장'으로 사용하면서 교육기관으로서 인식이 본격화되었다.

14) 1970년 12월에 만들어진 「터먼 보고서」는 우리나라에 KAIST를 설립해야 할 배경과 이유를 기록한 보고서다. 보고서는 실리콘밸리를 탄생시키는 데 핵심 역할을 한 스탠퍼드 대학교 프레더릭 터먼(Frederick E. Terman) 교수가 작성 위원장을 맡았으며, 한국과 미국의 전문가들이 참여했다. 보고서는 한국 정부와 미국 국제개발처(USAID)에 제출·실행되었으며 오랫동안 KAIST 교육과 연구의 정신적인 지주 역할을 담당했다(2031 KAIST 미래보고서 인용).

으로 다시 시작하여야 한다.

먼저 사명의식을 새롭게 정립하여야 한다. 우리가 모르는 순간에 개인적인 욕심과 현실의 기득권에 안주해 오지는 않았는지 되돌아보며 KAIST 설립 당시의 초심으로 돌아가 국가 사회를 위한 헌신의 사명감을 회복하여야 한다. 또한, 양적인 연구와 현실주의 추격형 연구에서 벗어나 질적인 연구를 보다 강화하고 남들이 정의해 놓은 문제를 해결하는 HOW 연구에서 미래의 변화와 방향을 정의하는 WHAT 연구로 끊임없이 전환해 나가야 한다.

그리고 앞만 보고 달리지 말고 때로는 옆과 뒤를 돌아보며 축적된 역량과 성과를 국가 사회에 공유하고 나누어 줄 수 있어야 한다. KAIST의 성과는 KAIST만의 것이 아니라 국가 사회의 지원으로 축적된 국민의 자산이고 소유이기 때문이다. 또한, 국제화를 보다 과감하게 추진하여야 한다. 외국인 교수와 학생을 대폭 확대하여 구성원을 다양화하고 이중 언어가 가능한 캠퍼스를 갖추어 외국인들이 언어에 제약 없이 세계 최고의 교육과 연구를 수행할 수 있도록 하여야 한다.

출생률의 지속적인 하락과 이로 인한 학령인구의 감소로 인해 일반 대학들은 죽느냐 사느냐 생존의 기로에서 처절한 변화와 혁신을 도모하고 있다. 구조개혁의 소용돌이에서 살아남기 위해 과감한 변화를 시도하는 일반 대학들의 노력은 눈물겹다. 이러한 일반 대학의 변화는 KAIST에 신선한 자극제가 되고 있다. 또한, 대학 자율화 정책의 지속적인 시행으로 KAIST와 일반 대학의 차별성이 예전처럼 크지는 않다. 그리고 일반 대학의 발전속도가 오히려 KAIST의 발전속도보다 빠르기도 하다.

이렇게 급격하게 변화되는 환경에서 KAIST의 변화는 일반 대학보다 더욱 치열하고 빠르게 이루어져야 한다. 그러기 위해서는 과감한 도전정신과 새로운 아이디어로 무장한 창의적인 사고가 끊임없이 장려되고 학사운영을 포함한 기관운영 전반에 지속적으로 투영되어야 한다. 자전거가 멈추면 넘어지듯이 KAIST는 멈추면 국가 사회로부터 지원받아야 하는 존재가치가 상실되기에 쉬지 않고 페달을 밟아야 한다. 그것이 KAIST가 부여받은 숙명이자 존재 이유이기 때문이다.

제**10**장

수요자 요구 중심 교육의 질 관리 현황과 과제: 한국기술교육대학교 사례

 김경언(한국기술교육대학교)

1. 서론

대학은 교육과정, 교육 프로그램, 교육 환경 등에 대한 성과를 확인하고 교육 수요자의 만족도를 높이기 위한 대학 정책 및 제도를 수립하는 데, 만족도 조사 결과나 강의평가 결과를 보조 자료로 활용하고 있다(박남기, 2015). 강의평가, 만족도 조사는 다수의 대학에서 시행하고 있는 전형적인 교육의 질 관리 방안으로 이미 대학마다 수년간 축적된 방대한 데이터를 가지고 있다. 하지만 이는 학사일정에 맞추어 의례적으로 시행하거나, 이를 통해 생성된 데이터를 단편적인 정보로만 활용하는 데 그치고 있다. 이 장에서는 수요자를 대상으로 한 다양한 조사 결과와 강의평가 결과를 어떻게 교육의 질 제고에 활용하고 있는지 한국기술교육대학교의 사례를 소개하고자 한다.

한국기술교육대학교의 사례를 이해하기 위해서는 대학이 추구하는 교육목표와 방향, 대학의 교육적 특성을 살펴볼 필요가 있다. 한국기술교육대학교는 충남 천안시에 소재한 4년제 사립대학교로 재학생 4,401명(2018 대학알리미 공시 기준)이 재학 중인 공학중심계열의 소형 대학이다. 2017년부터 학부교육선진화선도대학사업(ACE[+])과 사회맞춤형산학협력대학사업(LINC[+]), 2014년부터 지방대학 특성화사업 3개 사업단(CK) 등 다양한 정부 재정지원사업을 운영하고 있다. 한국기술교육대학교는 '실사구시(實事求是)'의 건학이념을 바탕으로 '창의적 사고와 능동적 실천능력 배양'을 교육목적으로 하고 있다. 더불어 대학의 4대 핵심역량인 창의융합형 문제해결 역량, 도전지향형 학습리더 역량, 현장실무형 전공 역량, 나우리형 인성 역량을 갖춘 '실천공학 기술자 및 인적 자원 개발 전문가 양성'을 교육목표로 설정하고 있다.

[그림 10-1] 한국기술교육대학교 전경 사진

교육목적과 교육목표를 바탕으로 실험실습 위주의 교육과정을 구성하여 산업현장 중심의 실무지향 교육을 실시하고 있다. 그 결과 2010년부터 2017년까지 4년제 대학 취업률 1위를 유지하고 있고, 취업한 졸업생의 약 89%의 전공 적합도를 보이며 양적·질적으로 우수한 취업률을 보이고 있다.

이 장에서는 산업현장의 요구를 적극적으로 청취하고 이를 교육에 적용하려는 한국기술교육대학교의 다양한 노력을 소개하고자 한다. 특히, 산업현장 및 학생, 즉 교육 수요자의 요구를 중심으로 어떠한 교육 질 제고 노력을 기울이고 있는지 다음과 같은 내용을 기술하였다. 첫째, 산업현장 중심 교육과정의 질 제고를 위한 노력으로 산학자문단 대상 교육과정 개선 조사, 졸업생 및 졸업생 취업기관 대상 취업실태 조사에 대해 소개하였다. 더불어 대학의 교육을 경험하는 학생의 요구를 교육과정 단위에 반영하기 위한 학습생활 실태조사, 대학교육 만족도 조사에 대해 소개하였다. 둘째, 학생의 요구를 강의 단위에 반영하기 위한 대학 차원의 강의평가를 활용한 질 관리 노력을 소개하였다. 마지막으로, 수요자 요구 중심

의 교육의 질 관리를 위한 과제를 서술하였다.

2. 수요자 요구 중심의 학부교육 질 제고 노력

1) 산업체 대상 요구조사

(1) 학부별 교육과정 개선 조사

공학계열 중심의 6개 학부[1]는 매년 연말 졸업 예정 학생을 대상으로 교육성과와 교육과정 개선에 대한 조사를 실시한다. 주요 조사 내용은 대학생활을 통해 획득한 성과는 무엇인지, 교육과정이나 이수체계에 대한 요구나 개선 사항은 무엇인지 설문과 면담을 병행하여 조사한다. 조사한 결과를 바탕으로 각 학부에서는 교육과정 개선 사항을 도출한다. 예를 들면, 3학년에 배운 교과목을 2학년 때 배울 수 있도록 이수체계를 조정하거나, 교육내용이 중복되는 교과목 간 내용을 조정하는 등 교육과정 개발 및 운영과 관련한 사항이다.

이러한 개선 사항은 곧바로 적용되는 것이 아니라 학부별로 구성되어 있는 산학자문단에서 현장적합성과 관련한 검토를 하게 된다. 산학자문단은 산업현장과 밀접하게 연계된 교육과정을 운영하기 위해 학부(전공)별로 관련 산업체 전문가로 구성하고 있다. 산학자문단은 1년에 1회 오프라인 회의를 통해 학생의 학습성과를 확인하고, 산업현장의 입장에서 학부별 교육과정 개선 사항에 대해 자문한다. 학부별 전공 교육과정은 이러한 일련의 과정을 거쳐 1년에 1회 정기적인 개편이 이루어진다.

---

1) 한국기술교육대학교의 학부 과정은 8개 학부, 1개 학과, 1개 대학으로 구성되어 있다. 구체적으로 살펴보면 교양학부 및 HRD 학과 등 입학정원이 없는 1개 학부 및 1개 학과를 제외하고, 기계공학부, 메카트로닉스공학부, 전기전자통신공학부, 컴퓨터공학부, 디자인건축공학부, 에너지신소재화학공학부, 산업경영학부 등 7개 학부, 일학습병행대학 등 1개 대학으로 구성되어 있다.

(2) 졸업생 및 졸업생 취업기관 대상 취업 실태조사

졸업생 및 졸업생 취업기관 대상 취업 실태조사는 학부별 교육과정 및 대학이 운영하는 진로 · 취업 프로그램의 효과성을 살펴보고자 3년마다 정기적으로 시행하는 실태조사다. 조사 문항은 취업지원팀, IPP 센터, 공학교육혁신센터, 교수학습센터 등 교내의 유관 기관이 협력하여 개발하였고, 조사 운영은 경력개발 · IPP실에서 주관하였다. 조사 대상은 재학생, 최근 5년 이내 졸업생, 졸업생이 취업한 기관의 직속 상사 및 인사 담당자이며, 조사의 주요 내용은 〈표 10-1〉과 같다.

〈표 10-1〉 취업 실태조사 주요 내용

대상	문항 구분
재학생	• 대학의 핵심역량 및 직업기초 능력의 중요성, 현재 자신의 수준 • 전공 교육과정 평가 및 희망 교육내용 • 취업 지원 프로그램 참여 경험 및 도움 정도 • 진로설정과 취업 준비
졸업생	• 대학의 핵심역량 및 직업기초 능력의 중요성, 현재 자신의 수준 • 전공 교육과정 평가 및 희망 교육내용 • 취업 지원 프로그램 참여 경험 및 도움 정도 • 진로설정과 취업 준비 • 취업 현황 및 직장 만족도
직무담당자	• 전공 교육과정 평가 및 희망 교육내용 • 부하직원 직무수행 능력 및 역량 평가
인사담당자	• 대학의 핵심역량 및 직업기초 능력의 중요성, 졸업생의 수준 • 신규 채용 시 주요 고려 항목 • 한국기술교육대학교 졸업생 채용 현황 및 채용 의향, 전반적 만족도

조사 내용은 대상별로 상이하나 대상 간 결과 비교가 가능하도록 일부 공통 문항을 조사하고 있다. 공통 문항은 대학의 핵심역량 및 직업기초 능력에 대한 중요성과 수준, 전공 교육과정에 대한 평가 및 희망 교육내용이다. 조사 대상별 상이한 문항을 살펴보면, 재학생과 졸업생을 대상으로 취업 지원 프로그램 참여 경험 및 도움 정도, 진로설정과 취업 준비 정도를 조사한다. 또 졸업생을 대상으로 취

업 현황 및 직장 만족도, 직무담당자 대상 부하직원 직무수행 능력 및 역량평가, 인사담당자를 대상으로 신규 채용 시 고려 항목, 대학의 졸업생 채용 현황 및 채용 의향, 전반적 만족도 등을 조사한다. 공통으로 조사한 문항의 결과는 대상별 인식 차이를 분석하여 대학의 교육과정이나 취업실태에 대한 개선사항을 도출하여 대학의 취업 지원 정책 수립에 활용한다. 더불어 직무담당자와 인사담당자 대상 조사 결과는 대학 또는 학부 차원의 특성화방안 및 교육목표 개선에 활용하고 있다.

2) 재학생 대상 요구조사

재학생을 대상으로 한 학내의 요구조사는 조사 기관에 따라 다양한 목적으로 운영하고 있다. 신입생을 대상으로 신입생 실태조사, 첫 학기 대학생활 만족도 조사 등을 실시하고 있으며, 재학생을 대상으로 대학교육 만족도 조사, 학습생활 실태 조사, 재학생 실태조사, 행정부서 고객 만족도 조사 등을 운영하고 있다. 이 중 재학생을 대상 실시하고 있는 학습생활 실태조사, 대학교육 만족도 조사를 간략하게 소개하고 조사 결과를 기반으로 학부교육의 질을 제고하기 위한 대학의 노력을 서술하였다.

(1) 학습생활 실태조사
학습생활 실태조사는 재학생의 학습생활 요구를 기반으로 맞춤화된 학생 지원 정책을 수립하고자 시행하고 있다. 교수학습센터에서 재학생을 대상으로 학기 중 2주에 1회씩 정기적으로 시행하며, 한 학기를 기준으로 7~8회의 조사를 실시하고 있다. 학습생활 실태조사는 주제에 따라 4~5개의 문항을 개발하여 자발적으로 참여한 학생을 대상으로 조사를 실시한다. 따라서 학습생활 실태조사는 대학교육 만족도 조사에 비해 문항 개발이나 분석 등 운영의 측면에 있어 비교적 부담은 적으면서 시의적절하게 학생의 요구를 수렴하여 민첩하게 대응할 수 있다는 장점이 있다. 학습생활 실태조사의 운영 주제와 문항에 대한 예시는 〈표 10-2〉와 같다.

⟨표 10-2⟩ 학습생활 실태조사 운영 주제 및 문항 예시

주제	문항 구분
강의평가	강의평가가 실제 강의 개선에 어느 정도 반영된다고 생각하십니까?
학습 지원 요구	다음 중 본인에게 가장 필요하다고 생각하는 학습 지원 프로그램은 무엇입니까?
교수-학생 상호작용	교수님과 가장 상담하고 싶은 주제는 무엇입니까?
학업적응	학업에 어려움이 있을 때 주로 어떻게 해결합니까?
시험	시험에서 부정행위를 하거나, 목격한 경험이 있습니까?

조사 결과는 즉시 교수자 제공 이메일 뉴스, 기관 홈페이지, 비교과 운영기관간 협의회(교수학습지원협의회) 등 다양한 방법을 통해 교내 구성원에 공유하고, 매 학기 조사 결과 보고서를 발간한다. 이를 통해 조사 결과를 반영한 다각적인 학습생활 지원 방안을 모색하고, 관련 기관에서 학생의 요구를 반영한 프로그램을 개발하여 운영할 수 있도록 독려하고 있다. 또한 교수자에게는 강의 운영에 활용할 수 있도록 학생을 이해할 수 있는 다양한 정보를 제공하는 데 의의를 갖는다.

(2) 대학교육 만족도 조사

대학교육 만족도 조사는 대학교육을 수혜하고 있는 재학생을 대상으로 교육 체제 전반에 대한 만족도를 확인하고, 결과 기반의 대학교육 개선을 목적으로 운영하고 있다. 한국기술교육대학교는 2016년부터 대학교육 만족도 조사와 결과를 활용한 교육의 질 제고에 더욱 큰 관심을 가지게 되었다. 이에 보다 체계적인 조사 및 결과 활용을 위해 조사 시기, 내용, 부서별 역할 분담 등을 명시한 교육만족도 조사 운영 지침(2016. 06. 01.)을 제정하였다. 지침을 바탕으로 교육성과관리센터에서는 1년에 1회 재학생을 대상으로 대학교육 만족도 조사를 실시하고 있다.

대학 차원에서 대학교육 만족도 조사와 활용에 대한 관심을 기울이면서 조사의 목적과 운영에 관한 사항을 보다 명확하게 정립하였다. 즉, 교육과정이나 교육의 질, 교육 인프라 등 교육 전반에 있어 무엇을 개선해야 하는가에 대한 구체적인 정보를 제공하는 역할을 강조한 것이다. 이를 위해 타당한 대학교육 만족도 측정도구를 마련하는 것이 교육 개선에 있어 주요한 출발점임을 인식하고, 2016년 자체적으로 대학교육 만족도 조사도구를 개발하였다. 대학교육 만족도 조사도구는 대학 내에서 운영하고 있는 다른 학생 대상 조사와 중복되지 않도록 검토하였고, 국내 대학이나 국책기관의 대학생 대상 조사와 비교하여 필요한 문항을 추가하여 개발하였다.

2017년에는 2016년 조사 결과를 바탕으로 교내 정책연구를 수행하여 대학교육 만족도 조사 문항을 수정하였다. 조사도구 개선의 주요 목적은 조사 참여 학생의 피로도를 줄이고 대학교육 개선에 필요한 문항으로 개선하는 것이었다. 따라서 다음과 같은 세 가지 사항을 중점으로 개선하였다. 첫째, 2016년에 개발한 대학교육 만족도 조사와 동일한 영역을 설정하여 조사 결과를 지속적으로 살펴볼 수 있도록 하되 대학 내외 평가의 주요 지표와 연계성을 고려하여 문항을 추가하였다. 둘째, 교양, 전공 등의 교육과정 만족도는 강의평가와 평가 문항과 중복되는 문항을 정리하여 강의평가와 구별되는 전반적인 교육과정 만족도를 살펴볼 수 있도록 개선하였다. 셋째, 2016년과 가장 크게 달라진 점이 있다면 각 영역별로 학생들의 요구를 자유롭게 작성할 수 있도록 제시해둔 것이다. 이는 워드 클라우드 분석을 실시하여 통계적으로 분석된 양적 점수와 함께, 교육개선에 더욱 풍부한 시사점을 줄 수 있도록 개선하였다.

개선된 대학교육 만족도 조사의 내용은 〈표 10-3〉과 같이 대학 전반 만족도, 교육과정 만족도, 교육의 질 관리 만족도, 학생지도 및 학습 지원 만족도, 학사제도 만족도, 교육인프라 만족도 등 6개 영역으로 총 29개 문항을 개발하여 조사를 실시하였다.

〈표 10-3〉 대학교육 만족도 조사 주요 내용

주제	내용
대학 전반 만족도	대학 및 학부(전공) 만족도, 추천의사, 대학생활 만족 및 불만족 요인, 대학 지원 동기 등
교육과정 만족도	교양, HRD, 전공 교육과정 및 비교과 프로그램 만족도
교육의 질 관리	교육의 질 관리 만족도, 강의평가 인식 등
학생지도 및 학습 지원 만족도	공감아워제 만족도, 학생지도 및 학습 지원 만족도 등
학사제도 만족도	학사제도 인식, 학사 지원 서비스 만족도, 장학 지원 제도 만족도 등
교육인프라 만족도	교육인프라 만족도, 온라인 인프라 만족도 등

2017년 교육성과관리센터 설립 이후 조사를 통해 도출된 결과가 대학의 교육 정책 수립과 유기적으로 연계하는 개선 활동을 더욱 강조하게 되었다. 이를 위해 구체적으로 수행한 활동은 학생 면담과 교육만족도개선위원회의 구성·운영이다. 학생 면담은 조사 결과를 통해 도출된 문제를 보다 면밀하게 파악하기 위해 학생 대표로 구성된 학생들을 대상으로 2~3차례 집단 면담을 실시하였다.

더불어 학내 관련 기관의 기관장으로 구성된 교육만족도개선위원회를 운영하여 학생들의 요구를 수용하기 위한 기관 단위의 구체적인 개선 방안을 마련하였다. 예를 들면, 2016년 교육만족도 조사 결과 교수–학생 상호작용이 저조하게 나타났는데 교수–학생 상호작용 향상을 위해 마련된 공감아워제도의 운영시간을 개선하고 홍보를 강화하였다. 또 저조한 이러닝 시스템 만족도가 문제점으로 도출되어 LMS 시스템을 개선하였고, 다른 학년에 비해 교육만족도가 낮게 나타난 2학년을 대상으로 맞춤형 교육 및 생활지도 강화를 위한 정책연구를 수행하여 관련 프로그램을 개발·운영하고 있다. 이상의 몇 가지 예시에서 살펴볼 수 있듯 대학교육 만족도 조사를 실시하여 학생의 요구를 파악할 뿐 아니라, 조사 결과를 토대로 대학의 제도, 운영방안, 환경 등을 개선하고자 다양한 노력을 기울이고 있다.

3. 강의평가를 활용한 강의의 질 제고 노력

강의평가 제도는 1960년대 미국에서 학생의 요구를 반영하는 제도로 시작되었고 한국은 대학종합평가가 시작된 1997년을 기점으로 대부분의 대학에서 실시하고 있다(박혜림, 2012). 강의평가가 도입된 지 20여 년이 지났지만 강의의 질 개선을 위한 강의평가의 목적에 비추어 볼 때 수치화된 점수를 통보하는 등의 소극적인 운영 실태가 나타난다(한신일, 김혜정, 이정연, 2005). 즉, 대학 차원에서 강의평가 결과의 활용은 교육과정 또는 강의의 질 개선보다는 단순한 결과 제공이나 교원 업적평가 반영 등에 보다 초점이 맞추어져 있는 경우가 다수다. 그러나 데이터 기반 교육의 질 관리 관점에서 강의평가를 살펴볼 때, 강의평가만큼 정기적으로 또 모든 교과목에 대해 교육과정을 경험한 수혜자에 의해 생성되는 데이터는 많지 않다.

이러한 배경에 비추어 한국기술교육대학교는 강의평가의 본래 목적인 강의 개선을 위한 정보를 제공하는 데 보다 초점을 맞추고, 강의평가 체제 전반을 개선하였다. 특히, 2017년 교육성과관리센터 설립과 더불어 교육의 질 제고를 위한 한국기술교육대학교의 노력은 보다 구체적으로 진전되었다. 강의평가 체제 개선을 위해 기존에 축적되어 있는 강의평가 데이터를 분석하여 추세를 살펴보고, 강의평가 활용 주체인 교수자를 대상으로 인식조사를 실시하였다. 현황 분석을 통해 도출된 문제점을 바탕으로 강의평가 문항을 개선하고, 교수자가 강의평가 결과를 직관적이고 유의미하게 인식할 수 있도록 시스템을 개선하였다. 아울러 교육성과관리센터에서는 매 학기 생성되는 강의평가 데이터를 어떻게 활용할 것인지에 대해 고민하였다. 이는 교수자 개인의 몫으로 주어지는 강의 단위의 평가 결과가 모이면 교과목 또는 학부 단위에서 교육과정 개선을 위한 참고 자료로 유용하게 활용될 수 있을 것이라는 전제 하에 수행되었다. 이 장에서는 강의평가 체제 개선에 관한 전반의 과정과 강의평가 결과 활용 사례를 중점적으로 제시하였다.

1) 강의평가 체제 개선을 위한 데이터 분석 및 교수자 대상 인식조사

교육성과관리센터에서는 강의평가 체제 개선을 위해 그간 축적되어 있는 강의평가 데이터 분석과 강의평가 결과 활용의 주체인 교수자를 대상으로 강의평가에 대한 인식조사를 실시하였다. 강의평가 데이터를 분석하는 일은 강의평가 결과를 어떻게 활용할 것인지와 깊게 관련한다. 교육성과관리센터는 강의평가를 강의 질 개선을 위한 방안으로 활용하고자 이에 대한 첫 번째 단계로 최근 2년간의 강의평가 데이터 65,535건을 분석하였다. 학기별 강의평가 참여율, 각 문항에 따른 학부별, 학년별, 강의 규모별, 강의 특성별, 연도별 분석을 통해 강의평가의 문제점과 강의평가 결과 활용시 유의해야 할 사항을 도출하였다.

강의평가 데이터 분석에 따른 문제점은 첫째, 사전-중간-최종 총 3단계로 운영하고 있는 강의평가의 평가자인 학생들의 참여율이 저조하였다는 점이다. 특히, 최근 3년간 사전-중간 강의평가는 10% 미만으로 나타나 강의평가 결과를 신뢰하기 어려웠다. 한국기술교육대학교뿐 아니라 일선 대학 역시 학생이 강의평가에 참여하지 않을 시 성적열람이 제한된 최종 강의평가를 제외하고, 사전 또는 중간 강의평가를 시행하는 경우 학생의 참여를 유도하기 어렵다. 3단계의 사전-중간-최종 강의평가 운영 체계가 잘 이루어진다면 강의 질 개선에 유용한 정보를 제공할 수 있겠지만, 이는 학생들의 적극적인 참여가 전제되었을 때 가능하다.

둘째, 강의 규모와 특성, 학년, 학부에 따라 강의평가 결과가 상이하게 나타났다. 다음의 설명은 모든 교과목에 적용되는 것은 아니지만 대체적으로 1학년이 개별 강의에 대해 평가한 점수가 다른 학년에 비해 낮은 편이었고, 교과 영역별로는 전공에 비해 교양, MSC, HRD[2] 영역 등의 교과목에 대한 강의평가 점수 결과가 낮게 나타났다. 따라서 강의평가 결과 해석 또는 활용 시 모든 강의에 동일한 기준을 적용할 것이 아니라 강의 규모, 강의평가 시 참여학생 인원, 학년 등 다양한 요인을 고려하여 평가 결과 분석방법을 개선해야 할 필요성이 나타났다.

강의평가 개선을 위한 두 번째 단계로 교육성과관리센터에서는 교무처의 협조를 받아 강의평가 문항 및 활용에 대한 교수자의 인식을 조사하였다. 강의평가 결과를 강의 개선에 활용하는 주체는 결국 교수자이기 때문에 교수자의 인식을 파악하는 것이 강의평가 체제 개선에 도움이 될 것이라 전제하였다. 조사 내용은 현 강의평가 문항에 대한 적절성, 강의평가 시스템의 편의성 및 적절성, 강의평가 결과 활용 실태 등으로 구성하였다. 구체적인 문항의 예시는 교수자가 현재 강의평가를 어떻게 활용하고 있는지, 현 대학의 강의평가 제도는 문제가 없는지, 각 문항은 강의평가 문항으로서 적절한지 등이다. 조사 결과 교수자는 일부 강의평가 문항에 대해 적절하지 못하다고 응답하였고 강의평가 문항이 많아 문항 수를 축소해야 한다는 의견을 보였다. 또 현 사전-중간-최종 3단계 강의평가 결과를 모두 확인하지 않는 것으로 나타났다. 강의평가 데이터 분석 및 교수자 인식조사를 통해 도출한 문제점을 토대로 개선한 사항은 다음에서 구체적으로 기술하였다.

---

2) 한국기술교육대학교는 '실천공학 기술자 및 인적 자원 개발 전문가 양성'의 교육목표 하에 교양(일반교양, MSC), HRD(Human Resource Development), 전공으로 교과 영역을 구분하여 교육과정을 운영하고 있다. 특히, HRD 교육과정은 인력개발담당자와 직업능력개발훈련교사 양성을 위해 부전공 과정으로 운영하고 있다.

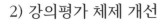

2) 강의평가 체제 개선

(1) 강의평가 문항 개선

강의평가 결과의 활용은 신뢰롭고 타당한 강의평가 결과를 전제로 수행되어야 한다. 이를 위해 선행되어야 할 것은 강의를 제대로 평가할 수 있는 측정 문항을 마련하는 일이다. 교수자 인식조사 결과 강의평가 문항 수 축소와 일부 문항의 부적절성에 대한 의견을 토대로 문항 개선의 필요성이 대두됨에 따라 일련의 강의 과정에 대한 학생의 요구를 반영할 수 있도록 강의평가 문항을 개신하였다.

우선 기존의 17개 강의평가 문항을 축소하기 위해 3개의 서술형 문항을 1개의 문항으로 통합하였고, 나머지 14개 문항은 1개의 전반적 만족도 문항에 대하여 13개 문항을 탐색적, 확인적 요인 분석을 실시하여 설명력이 저하되는 문항을 제거하였다. 다음으로 교수설계 이론적 틀과 대학의 교육적 정책 방향에 비추어 문항을 추가한 개선안을 도출하였다. 개선안에 대해 교내 FGI 및 외부 전문가 자문을 실시하여 최종 10개 문항을 확정하였다.

(2) 강의평가 시스템 개선

한국기술교육대학교의 강의평가 체제 개선의 궁극적인 목표는 교수자가 강의평가 결과를 강의의 질 개선에 활용하게 하는 것이었다. 따라서 교수자가 보다 유의미하게 강의평가 결과를 인식할 수 있도록 강의평가 시스템을 개선하였다. 기존의 강의평가 시스템은 교수자가 운영한 교과목별 평가 결과의 단순 평균값과 학생들의 자유의견을 확인할 수 있도록 제시되어 있었으나, 강의 개선에 대한 구체적인 정보를 보다 직관적으로 확인할 수 있도록 [그림 10-2]와 같이 개선하였다.

시스템의 주요 개선 사항은 교수자가 강의한 교과목의 중간, 최종 강의평가 결과와 더불어 담당 교과목과 성격이 유사한 교과목의 강의와 비교가 가능하도록 개선하였다. 예를 들면, 전공의 이론 과목을 강의한 경우 동일 전공 내의 이론 교과목의 강의평가 결과 평균값과 비교할 수 있도록 하였다. 또 담당 교과목의 중간 강의평가 결과와 최종 강의평가 결과를 비교할 수 있고, 최근 3개 학기의 강의평가 결과 추이를 살펴볼 수 있도록 개선하여 교과목 강의평가에 대한 풍부한 정보를 제공할 수 있도록 하였다. 기존에 모든 문항의 단순 평균값을 평가 결과로 제시하던 방식에서 벗어나 강의평가 영역별로 시각화하여 결과를 제시함으로써 강의 개선을 위한 보다 구체적인 정보를 제공할 수 있도록 하였다. 공통 강의평가 문항 외에 영어사용 강좌, 실험실습 강좌, 체육실기 강좌, 현장실습 강좌, 이러닝 강좌, 설계 강좌 등 수업방법이나 특수 목적에 따른 추가적인 강의평가 결과와 주관식 자유의견은 별도로 확인할 수 있도록 구성하였다.

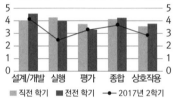

• 중간 및 최종평가 강의평가 결과

구분		설계/개발	실행	평가	종합	상호작용
중간평가	교과목 1	5	3	4	4.5	3.5
	비교 교과목군	4.8	4	4	4.3	3.8
최종평가	교과목 1	5	3	4	4.5	3.5
	비교 교과목군	4.8	4	4	4.3	4

• 최근 3개 학기 강의평가 결과

구분	설계/개발	실행	평가	종합	상호작용
2017년 2학기	5	3	4	4.5	3.5
직전 학기	4	4.3	3.8	4.2	3.6
전전 학기	4.6	4.1	3.5	4.3	3.8

• 특수과목 평가 결과

	영어사용 강좌			실험실습 강좌			체육실기 강좌			현장실습 강좌			이러닝 강좌			설계 강좌		
	내봉	내봉	내봉	내봉	내봉	내봉	내봉	내봉	내봉	내봉	내봉	내봉	내용	내봉	내용	내봉	내용	내용
교과목 1	3.5	5	4	3	4	4.5												
비교 교과목군	4	4.8	3.8	4	4	4.3												

• 주관식 자유 의견

연번	의견
1	
2	
3	
4	
5	

[그림 10-2] 한국기술교육대학교 강의평가 시스템 화면

3) 강의평가 결과의 활용

(1) 학기별 강의평가 심화분석

그간 교수자의 개별 강의에 초점이 맞추어져 시행되고 분석되었던 강의평가 결과를 학부나 전공, 교과 영역별로 종합하여 살펴보면 시사점을 제공할 수 있다. 교육성과관리센터는 2017년 1학기부터 매 학기 학부별, 교과 영역별로 강의평가 결과를 분석하여 [그림 10-3]과 같은 형태로 개별 학부에 피드백하고 있다. 분석 내용을 토대로 학부에서는 다음과 같이 해석할 수 있다. "2017년 1학기 A학부의 전공 영역 강의는 67개 강의가 설강되었고, 수강 인원은 2,702명이었으며 강의평가 응답률은 96%이다. 강의평가 결과의 상위, 하위 10%, 30%의 점수의 분포나, 이론, 이론+실습, 설계 교과목 유형별, 강의평가 영역별 결과 점수를 확인할 수 있다." 이를 통해 학부 구성원은 전반적인 A학부의 전공 강의평가 결과 확인뿐 아니라 학부 차원에서 개선해야 할 교과목 유형이나 강의평가 영역이 무엇인지에 대해 정보를 얻을 수 있다.

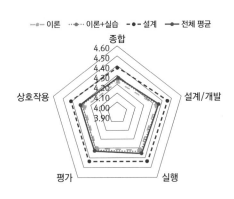

수강 인원	응답 인원	응답률	과목 수
2,702	2,520	95.95%	67

상위 10%	상위 30%	하위 30%	하위 10%
4.77	4.63	3.97	3.63

분류	평균	최고	최저	수강인원	평가인원	과목 수
이론	4.28	4.69	3.98	550	514	13
이론+실습	4.30	4.67	3.32	1,032	996	29
설계	4.41	4.90	3.36	1,120	1,033	25
전체 평균	4.34	4.90	3.32	-	-	-

분류	종합	설계/개발	실행	평가	상호작용
이론	4.25	4.31	4.28	4.26	4.26
이론+실습	4.29	4.34	4.31	4.29	4.29
설계	4.40	4.43	4.42	4.41	4.40
전체 평균	4.30	4.34	4.32	4.30	4.30

[그림 10-3] 학부 제공용 강의평가 결과분석 자료

(2) 강의평가 결과를 활용한 교육의 질 제고 체계

한국기술교육대학교의 강의평가 결과를 활용한 교육의 질 제고 체계는 [그림 10-4]와 같다. 대학의 강의평가를 총괄하는 학사팀과 교육성과관리센터는 매 학기 강의평가 결과를 학부 및 교과 영역별로 분석하여 교수자, 학부, 관련 센터, 본부 등에 제공한다. 개인 교수자는 CQI(Continuous Quality Improvement) 보고서 작성 등 강의 개선을 위한 노력을 실시한다. 교수학습센터는 강의평가 영역별 결과에 기초하여 강의 개선을 위한 지원 프로그램을 마련한다. 경우에 따라서는 학부별, 교과 영역별 프로그램을 상이하게 운영할 수 있다. 교양교육센터나 학부에서는 교육과정 개선을 위한 참고 자료로 활용할 수 있다.

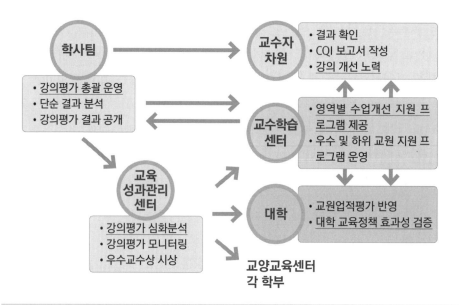

[그림 10-4] 한국기술교육대학교 강의평가 결과를 활용한 교육의 질 제고 체계

4. 수요자 요구 중심 교육의 질 관리를 위한 과제

한국기술교육대학교는 대학교육을 직접 경험한 학생과 졸업생이 진출할 산업현장의 교육적 요구에 귀 기울이는 것을 중요하게 고려한다. 또 교육을 둘러싼 다양한 대상의 교육적 요구를 교육개선에 활용하여 보다 나은 교육을 실현하기 위해 노력하고 있다. 하지만 수요자 요구 기반의 교육의 질 제고를 위해서는 해결해야 할 과제가 여전히 존재한다. 다음은 그간 한국기술교육대학교에서 수요자 요구 중심 교육의 질 관리를 실행하면서 당면한 과제로 유사한 관심을 갖고 실천하고자 하는 대학은 이를 참고할 필요가 있다.

첫째, 요구조사 대상의 개인정보를 보다 민감하게 접근할 필요가 있다. 2017년 「개인정보 보호법」이 제정되면서(2017. 07. 26.) 개인정보의 수집과 처리가 중요한 사안이 되었다. 따라서 조사 대상의 선정이나 조사의 운영, 결과 분석에 있어 개인정보가 침해되지 않도록 유의해야 한다. 특히, 한국기술교육대학교의 경우 이미 취업한 졸업생 본인, 졸업생이 취업한 기관의 직무담당자 및 인사담당자를 대상으로 요구조사를 실시하기 때문에 이와 관련한 어려움을 겪었다. 이를 해결하기 위해 대학 차원의 개인정보보호를 위한 규정을 마련하고, 요구조사 참여하는 대상의 개인정보보호에 대한 사전 동의를 구하는 것이 필요하다.

둘째, 학생 대상의 요구조사의 경우 각 조사별 목적과 역할을 명확히 정립한 후 학내의 조사 실시 기관 간 유기적인 연계를 통해 조사를 운영할 필요가 있다. 그간 대학은 요구조사에 참여하는 학생의 피로도와 다양한 학생 대상 조사에 필요한 시간과 자원을 고려하여 학생 대상 요구조사를 통합하려는 노력을 실시하였다. 하지만 학생 입장에서는 여전히 연간 10회 이상의 조사에 참여해야 한다. 따라서 대학은 학생 대상 요구조사의 목적과 방향을 명확하게 설정하고, 이에 따라 교육 개선에 필요한 조사 내용을 선별할 필요가 있다. 단순 조사 간 물리적인 통합이 아니라 명확히 정립된 조사 목적에 따라 타당하게 구성된 내용 중심의 요구조사를 실시해야 한다.

셋째, 요구조사는 조사의 결과를 어떻게 활용할 것인가에 보다 초점을 두고 운영할 필요가 있다. 더불어 요구조사 결과와 이를 통해 개선한 사항을 학내 구성원과 공유할 필요가 있다. 한국기술교육대학교는 대학교육에 대한 수요자의 요구 및 실태 파악뿐 아니라 조사 결과를 기반으로 한 교육 개선을 주요 목적으로 삼고 있다. 이에 대학교육 만족도의 경우 대학교육만족도개선위원회를 구성하고, 관련 기관장을 위원으로 두어 체계적이고 실제적인 환류가 일어날 수 있도록 운영하고 있다. 이전의 요구조사와 비교해 볼 때 교육개선 및 환류가 체계적으로 일어나고 있지만, 이를 구성원과 공유하는 활동, 특히 학생을 대상으로 자신들의 요구가 우리 대학의 교육 개선에 어떻게 반영되었는지에 대해 공유하는 노력이 적었다. 따라서 학생, 교수, 직원 등 대학의 모든 구성원이 대학교육 개선에 참여할 수 있는 장을 만들고 개선 활동 과정을 공유하는 체계를 적극적으로 마련할 필요가 있다.

넷째, 강의평가의 주요 참여자인 학생과 교수자의 인식을 개선할 필요가 있다.

그간 강의평가는 매 학기를 마침과 동시에 당연하게 시행되는 제도로 인식해 왔다. 최근 대학은 강의평가 우수 교원에 대한 시상이나 강의평가가 저조한 교원에 대한 교수 지원 프로그램을 운영하면서 강의평가를 교육의 질 제고에 활용하고 있다. 그러나 강의평가를 활용한 대학 차원의 교육 질 향상 노력과 별개로 여전히 강의평가의 목적이나 방향성, 활용에 대한 구성원의 인식이 상이하게 나타난다.

교수자는 학생들이 수행하는 강의평가 결과 자체를 신뢰할 수 있는가에 대해 의문을 제기한다. 반면 학생은 강의평가가 학습의 질 보장을 위한 학생의 권리가 아니라 성적 확인을 위한 의무적인 행위로 받아들이고 있다. 따라서 대학은 학생을 대상으로 강의평가의 의미와 학습의 질 보장을 위한 강의 평가자로서 학생의 역할에 대해 상기시킬 필요가 있다. 더불어 교수자를 대상으로 강의를 수강한 학생이 평가한 결과의 의미를 상기시키고, 이를 활용하여 강의를 개선할 수 있는 구체적인 교수 지원 방안을 제공할 필요가 있다.

마지막으로 수요자의 요구를 교육의 질 제고에 활용함에 있어 대학 구성원간 지속적인 숙의가 필요하다. 수요자의 요구를 교육에 반영하는 데 있어 구성원 간 인식 차이가 나타나기 때문이다. 따라서 요구 결과를 어떤 분야에 어디까지 반영할 것인지, 무조건적으로 수용할 것인지 등에 대한 대학 차원의 논의와 합의가 중요하다. 또한 보다 체계적인 교육의 질 제고를 위해 대학의 정책적 방향을 바탕으로 세부적인 교육의 질 제고 전략을 수립하고 이에 적합한 인프라 구축을 검토해야 한다.

무엇보다 가장 중요한 것은 대학내 유관기관 간의 상호 유기적인 연계와 대학 구성원의 적극적인 참여가 필요하다는 것이다. 대학의 맥락과 교육적 특성을 고려한 조사 내용, 전문적이고 면밀한 분석, 질 제고를 위한 구성원의 참여와 협력을 통해 대학 교육의 질을 한층 향상시킬 수 있으리라 기대한다.

참고문헌

박남기(2015). 우리나라 대학경영에서의 빅데이터 활용 가능성과 한계. 대학교육, 188, 17-23.
박혜림(2012). 대학 강의평가 도구 개선 방안 연구: 대학 강의평가 도구 개선 방안 연구. 한국산학기술학회논문지, 13(11), 5033-5043.
한실일, 김혜정, 이정연(2005). 한국대학의 강의평가 실태 분석. 교육행정연구, 23(3), 379-403.

제**11**장

데이터 기반 교육의 질 관리를 위한 시작과 진행의 실천적 사례: 세명대학교 사례

전재은(한국외국어대학교, 선 세명대학교)

1. 서론

이 장에서는 지난 수년간 데이터 기반 교육의 질 관리를 위해 다방면으로 노력해 온 한 대학의 사례를 소개하고자 한다. 이 장의 목적은 이번 사례 대학인 세명대학교와 유사한 고민을 가지고 여러 노력을 기울이고 있는 대학들이 참고할 수 있는 자료를 제공하는 것이다.

세명대학교는 충북 제천시에 소재한 4년제 사립대학교로서([그림 11-1] 참조), 2017년 기준 재학생 규모는 7,786명이다(2017 대학알리미 공시 기준). 2010년부터 4년간 학부교육 선진화 선도대학(ACE) 사업을 진행한 바 있으며, 지방대학 특성화사업(CK-1)(2014~2018), 사회맞춤형 산학협력 선도대학(LINC⁺)(2017~2022)으로도 선정되었다.

세명대학교의 건학이념은 '위세광명(爲世光明)'으로, 비전은 'CHARM 잘 가르치는 학생경험 중심 선도대학(No. 1 for Student Experience-Semyung University)'이다([그림 11-2] 참조). 교육목표는 '도전 · 성장 · 자립하는 CHARM 인재 양성'으로서, 학부교육 핵심역량인 CHARM 역량 배양을 목표로 삼고 있다. CHARM 역량은 5대 핵심역량인 자기주도 역량(Confidence), 나눔과 배려 역량(Humanity), 환경적응 역량(Adaptability), 대인관계 역량(Relationship), 전공 역량(Mastery)을 칭한다.

세명대학교는 수도권에서 약 2시간이 소요되는 거리에 위치한 지방 소재 사립 대학으로서 교육의 질 향상을 통해 신입생 모집, 재학생 충원율 및 교육만족도 등을 개선시키고자 노력하고 있다. 이를 위한 주요 방안 중 하나로, 대학교육혁신본부라는 조직을 설치하고 전문인력을 충원하였으며 그 기능과 규모가 지속적으로 확장되고 있다.

이 장에서 소개하는 세명대학교의 사례는 대학교육혁신본부를 중심으로 이루어진 데이터 기반 교육의 질 관리 활동을 중심으로 기술하였으며, 마지막으로 대학 관계자를 위한 실천적 제언을 기술하였다.

[그림 11-1] 세명대학교 교정

[그림 11-2] 세명대학교 건학이념 및 핵심역량

2. 대학기관연구의 의미와 기능

　최근 국내 고등교육에서 볼 수 있는 데이터 기반 교육의 질 관리를 위한 활동은 미국의 대학기관연구(Institutional research)라는 기능과 제도화에 대한 관심으로 이어지고 있다(배상훈, 윤수경, 2016; 신현석, 전재은, 유은지, 최지혜, 강민수, 김어진, 2015; 장덕호, 2015). 대학기관연구란 대학의 기획 및 정책 개발, 의사결정을 지원하기 위해 수행되는 연구를 의미한다(Saupe, 1990). 미국의 대학기관연구는 1950년대부터 발전 및 변화하여(Peterson, 1999), 대부분의 4년세 대학에서 대학기관연구 담당 부서를 운영하고 있다(AIR, n.d.; National Center for Education Statistics, n.d.; 신현석 외, 2015).

　대학기관연구의 기능은 [그림 11-3]의 골든 트라이앵글(golden triangle)을 이루는 ① 대학기관 보고 및 정책 분석, ② 기획, 등록, 재정 관리, ③ 성과평가, 프로그램 평가, 효과성, 인증 등을 꼽을 수 있다(Volkwein, Liu, & Woodell, 2012: 24). 국내 대학에서 일반적으로 데이터 기반 교육의 질 관리를 담당하는 부서는 이 중 ①의 정책 분석, 그리고 ③의 성과평가, 프로그램 평가, 효과성 등의 업무를 주로 담당하고 있는 것으로 보인다. 반면, 이 장의 사례 대학인 세명대학교에서처럼 국내의 많은 대학에서는 대학기관 보고나 인증 업무 그리고 기획, 등록 및 재정 관리와 관련된 기능은 주로 대학 본부의 기획, 예산 및 입시 관련 현업 부서가 직접 수행하는 경우가 많아 보인다.

　이 장에서는 사례대학의 실천적 사례를 소개하기 위해 대학기관연구 담당부서(Office of Institutional Research)와 유사한 데이터 기반 교육의 질 관리를 담당하는 조직이 국내 대학에 설치되는 시작 단계부터 다양한 교육의 질 관리 활동이 진행되는 과정을 기술하였다.

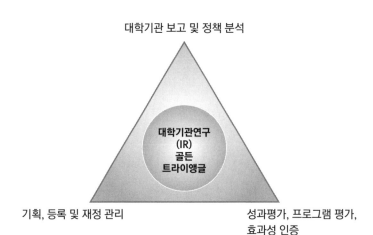

[그림 11-3] 대학기관연구 기능의 골든 트라이앵글

출처: Volkwein, Liu, & Woodell (2012), p. 24.

3. 시작: 질 관리 조직 편성과 확장

이 절에서는 데이터 기반 교육의 질 관리를 위한 시작 단계로서, 세명대학교가 관련 조직을 설치하고 질 관리 기능과 규모를 확장해 온 과정을 설명한다. 모든 정보는 2018년 2월 기준으로 작성되었다.

1) 대학교육혁신본부 설치 및 확장

세명대학교에서 데이터를 활용한 질 관리 노력은 대학교육혁신본부 설치와 전문인력 충원에서 본격적으로 시작되었다고 볼 수 있다. 2014년 9월 대학교육혁신센터가 총장 직속으로 설치되었으며, 2015년 5월에 대학교육혁신본부로 명칭이 변경되었다. 이는 대학교육혁신본부의 교내 위상과 기능의 중요성을 분명히 보여주고자 하는 노력으로 볼 수 있으며, 대학교육혁신본부장은 교무위원급이다. 대학교육혁신센터는 기존의 교수학습개발센터가 명칭과 기능, 그리고 조직 내 위상이 변경된 기관으로, 교수학습개발센터는 2005년 9월에 교무연구처 산하에 설치되었다. 대학교육혁신본부의 데이터 기반 교육의 질 관리를 위한 연구 및 조사 활동은 2015년 4월 교육행정 전공 교수를 전문위원으로 위촉하면서 활성화되었다고 할 수 있다.

이후 2017년 5월에는 대학교육혁신본부 내 3개 센터를 추가 설치 및 분리하고 전문인력을 추가로 충원하여, 교육의 질 관리 기능을 강화하였다([그림 11-4] 참조). 신설된 조직은 교육성과관리센터와 비교과통합관리센터로, 각 센터에 교육학 전공 전문위원을 충원하였다. 교육학습개발센터는 다시 독립된 센터로 재편성되었다. 또한 이 과정에서 관련 규정도 신설 및 보강되었다.

이처럼 대학교육혁신본부 소직의 확장 및 강화를 통해 교육의 질 관리 활동은 더 활발해지고 체계화 단계에 들어섰다.

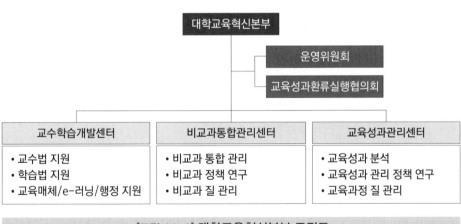

[그림 11-4] 대학교육혁신본부 조직도

출처: 세명대학교 대학교육혁신본부 홈페이지.

대학교육혁신본부 소속 센터 중 교육성과관리센터의 업무는 교육성과 관련 정책 연구, 교육성과 관리 연구 및 계획 수립, 교육성과 관련 조사 실무, 교육과정 질 관리 및 환류 업무 지원 등을 포함한다. 또 데이터 기반 교육의 질 관리 연구 및 활동을 위해, 학부교육 관련 데이터베이스를 종합한 데이터 웨어하우스(Data Warehouse)를 구축 및 활용하는 것을 목표로 삼고 있다([그림 11-5] 참조). 이를 달성하기 위해 교내 디지털정보원과의 협조를 원활히 하려는 목적으로 디지털정보원의 과장급 직원을 데이터 및 시스템 지원을 위한 전산 담당 직원으로 겸직 발령하였다.

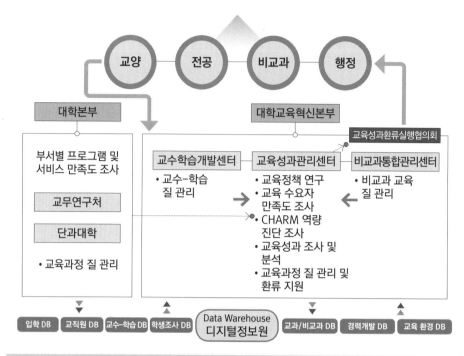

[그림 11-5] 세명대학교 교육성과 관리 시스템

출처: 세명대학교 교육성과관리센터 홈페이지.

2) 교육성과환류실행협의회 설치

교육성과환류실행협의회는 2017년 5월 대학교육혁신본부가 재편성 및 확장되었을 때 새로 설치되었다([그림 11-5] 참조). 교육성과환류실행협의회는 교육의 질 관리 중 환류 기능을 담당하는 기구로서, 최근 학부교육 관련 주요 정부 사업 및 평가에서도 강조되고 있는 환류 기능을 강화하고 효과적으로 실행하기 위해 신설되었다. 구체적으로 교육성과환류실행협의회는 대학교육혁신본부의 정책연구 또는 교육 관련 성과분석 결과에 대한 방안 마련 및 조치의 추진에 대한 모니터링을 담당한다. 교육성과환류실행협의회는 대학교육혁신본부장을 위원장으로 하여, 대학교육혁신본부 산하 각 센터의 장과 연구원 및 전문위원, 그리고 관련 주요 행정부서장 또는 직원으로 구성된다. 교육성과환류실행협의회 위원은 대학교육혁신본부장이 추천하고 총장이 임명한다(대학교육혁신본부 규정, 2017. 5. 1.). 예를 들어, 교육성과환류실행협의회에서는 교육성과관리센터가 매년 실시하는 교육수요

자만족도조사 결과를 공유하고 부서별로 해당 주요 사항에 대한 조치를 요청하고
관련 제안을 수렴하며 이행 실적을 모니터링 및 수집한다. 궁극적으로는 교육수
요자만족도조사 결과에 기반한 학교측 관련 조치 및 개선을 통해 교육의 질이 개
선되고, 이를 통해 교육 수요자의 만족도가 개선되는 선순환을 목적으로 한다.

4. 데이터 기반 교육의 질 관리 활동

　다음은 데이터 기반 교육의 질 관리를 위해 대학교육혁신본부를 중심으로 이루
어진 조사 및 연구 활동에 대한 설명이다. 2017년 5월에 교육성과관리센터가 설
치되어 데이터 기반 교육의 질 관리 활동을 담당하게 된 이후의 활동은 교육성과
관리센터의 활동으로 기술하였다. 교육수요자만족도조사 또는 CHARM 역량 진
단조사 보고서와 같이 주기적으로 발간된 보고서와 함께, 당시 학교의 문제의식
이나 필요에 의해 수시로 진행된 연구 보고서들이 포함되었다. 특히, 이러한 데이
터 기반 연구 결과를 바탕으로 제안된 프로그램이나 정책이 대학 또는 관련 부서
차원에서 실제로 반영되어 시행된 경우를 우수 사례로서 주목할 수 있다.

1) 대학교육혁신본부

(1) 학부교육 관련 기초연구조사 및 보고서
① 교육수요자만족도조사 보고서(2015a, 2016a, 2017a)

　세명대학교 재학생과 졸업생 등 교육 수요자를 대상으로 만족도 평가와 요구사
항을 분석한 후, 시사점 및 해당 조치를 제안한 보고서다. 매년 대학교육혁신본부
가 실시한 조사 결과에 대해 대학교육혁신본부의 교육성과관리위원회로부터 검
토 및 제언을 받고 유관 부서로부터 필요 조치 사항을 수렴하여, 보고서의 제언 사
항 작성에 포함한다. 2016학년도 교육수요자만족도조사 보고서(2017)부터는 교육
성과환류실행협의회 운영을 통해 교육성과관리센터가 실시한 조사 결과에 따른
관련 조치의 실시 상황에 대해 모니터링을 실시하고 있다.

② 데이터 기반의 교육성과 제고 방안: K-CESA와 K-NSSE 조사 결과를 중심으로
(2015b)

세명대학교에서 재학생을 대상으로 실시한 대학생 핵심역량 진단(Korea Collegiate Essential Skills Assessment: K-CESA, 2011~2012)과 학부교육 실태조사(Korea-National Survey of Student Engagement: K-NSSE, 2012~2014) 조사 결과를 종합적으로 분석하여, 데이터 기반 학부교육 질 제고를 위한 교육 프로그램 개발 및 개선을 시행하는 환류를 실시하기 위해 작성되었다. K-CESA와 K-NSSE 진단 결과를 종합적으로 분석한 결과를 바탕으로 개선이 필요한 영역에 대한 구체적인 프로그램이 제시되었다. 예를 들어, 신입생 대상 입학 전 꿈설계 학기가 2016년부터 운영되고 있다. 본 보고서는 세명대학교에서 수년간 K-CESA 및 K-NSSE 등의 학부교육 관련 진단조사를 실시하였는데도, 조사 결과를 활용하거나 조사 결과에 기반한 환류가 잘 이루어지지 않고 있다는 문제의식 하에 대학교육혁신본부에서 진행된 결과물이다. 최근 다수의 대학들이 학부교육 관련 연구조사를 주기적으로 시행하고 있는데, 여기에 그치지 않고 관련 연구 결과를 종합적으로 검토하여 데이터 기반 정책이나 프로그램을 제안하고 이를 반영, 시행하는 선순환을 주목할 만하다.

[그림 11-6] 대학교육혁신본부 보고서 I

③ 수업평가 Talk-Talk: 교수님, 할 말 있어요!(2015c)
본 교수법 가이드북은 수업의 질 향상을 목적으로 학생들의 수업평가 중 개방

형 문항 답변을 활용하여 작성된 자료다. 숭실대학교 교무처의 '교수를 위한 학생들의 수다(2009)'를 참고하였으며, 데이터는 세명대학교의 세 학기(2014년 1학기와 2학기, 2015년 1학기) 간 수업평가 자료를 분석하여 유형화하였다. 세명대학교 학생의 입장에서 바라본 수업평가 내용을 교수들이 강의에 참고하고 반영하기 위해 제작되었다. 세명대학교는 본 가이드북을 제작하는 데 그치지 않고 교수자가 가이드북을 참고하고 실제로 활용하도록, 책자와 요약본을 전 교원에게 배포하며 적극적으로 홍보하였다.

④ 입학자원 특성에 따른 교육성과 보고서: 2009~2014년 입학생 대상(2016)

본 보고서는 다년 간 자료를 통해 입학자원 특성을 살펴보고 입학자원의 특성이 재학 중 성적과 취업과 같은 교육성과와 어떠한 관계가 있는지를 분석한 결과를 담고 있다. 입학자원 특성의 변화 추이를 분석하고, 입학자원 특성별 대학생활과 교육성과 간 관계를 분석함으로써, 교육성과 제고 방안을 위한 참고 자료로 활용하도록 하였다. 이를 위해 대학교육혁신본부를 비롯하여, 디지털정보원(사전에 입학처, 취업지원처, 교무연구처의 동의 하에 데이터 제공), 학생생활연구소 등으로부터 데이터를 제공받아 분석에 사용하였다. 본 보고서 연구 결과에 기반한 후속 조치로는 책임지도교수제 및 상담 수업 운영을 지원하기 위한 핸드북 작성(2016), 교양대학의 기초학력지원센터 설치(2017)를 진행하였다.

⑤ 미드필더설계 및 상담 교과목 운영 핸드북(2016c)

본 핸드북은 세명대학교의 책임지도교수제로 운영하는 '미드필더설계 및 상담' 교과목을 지원하는 목적으로 작성되었다. 책임지도교수제는 모든 교수가 지도학생을 대한 밀착형 교육을 실현하기 위해 운영되는 세명대학교의 주요 프로그램이다. 해당 교과목을 통해 매주 담당학생들을 지도하고 상담해야 하는 지도교수의 어려움을 청취한 결과와 '입학자원 특성에 따른 교육성과 보고서(2016)'에서 도출된 시사점을 바탕으로 기획되었다. 본 핸드북에서는 책임지도교수가 담당 학생들을 매주 상담 및 지도하기 위해 필요한 상담 및 교수법, 주제별 프로그램 예시와 활동지 등을 제공하였다.

[그림 11-7] 대학교육혁신본부 보고서 II

⑥ 대학 인지 & 선택 요인 분석 보고서(2016d)

재학생이 세명대학교에 대해 알게 된 인지 경로, 선택 동기, 그리고 홍보 방향에 대한 의견을 조사하여, 향후 입시 및 홍보 관련 정책 수립을 위한 시사점을 도출하였다. 재학생들은 향후 대학 홍보 방향에 대해 학과 우수성 홍보와 교육의 질 향상을 주요 방안으로 꼽았다.

(2) 프로그램 개발 방안 연구

① 세명대학교 ALARM 시스템 개발 방안(2017)

대학교육혁신본부는 재학생의 중도탈락 예방 및 부적응 학생에 대한 사전 개입을 위한 ALARM 시스템 구축 방안을 제시하였고, ALARM 시스템은 2017학년 2학기부터 운영되고 있다. 중도탈락 위험군으로 분류될 수 있는 재학생의 데이터에 기반하여 학교 포털 시스템에 알람이 발생되면, 책임지도교수 및 유관 부서에서 해당 학생과 상담을 진행하고 결과를 관리하는 시스템이다. 이를 위해 활용되는 데이터는 전자출결 시스템에 의한 출결 정보, 해당 학기 초 평점평균, 해당 학기 지도교수 면담 여부, 대학생 실태조사의 편입 의향 답변 정보 등이다. 본 시스템 개발은 세명대학교 학생생활연구소의 「2015학년도 세명대학교 대학생 실태조사 보고서」(2016), 대학교육혁신본부의 「입학자원 특성에 따른 교육성과 보고서」(2016) 그리고 국내외 사례 및 문헌조사 결과가 활용되었다. 향후에는 데이터 웨어하우스를 활용하여 좀 더 정교한 세명대학교 재학생 중도탈락 예측 모델을 개발하여 ALARM 시스템에 적용시킬 계획이다. 교육 질 관리 담당 부서에서 대학의 기존 데이터를 활용하여 대학교육을 위해 필요한 프로그램을 개발한 우수 사례로서, 이 프로그램을 통해 생성된 데이터를 다시 대학 교육 및 프로그램의 효과 분석과 개선 방안 마련에도 활용할 수 있을 것으로 기대된다.

2) 교육성과관리센터

2017년 5월에 대학교육혁신본부 아래 설치된 교육성과관리센터에서는 기존 대학교육혁신본부의 교육수요자만족도조사를 비롯하여, 교내 성과관리 체계를 수립하고 데이터 기반 교육 질 관리를 위한 주요 업무를 담당하고 있다.

(1) 학부교육 관련 기초연구조사 및 보고서
① 학부교육 핵심역량 진단도구 개발 및 진단조사(2017b)

2017년 3월 대학교육혁신본부에서 핵심역량 진단도구인 CHARM 역량[1] 진단도구를 개발하였고, 2017년 5월부터 교육성과관리센터에서 매년 실시되는 신입생 및 재학생 CHARM 역량 진단 및 모니터링을 담당하고 있다. 앞으로 종단적으로 진단조사를 실시할 뿐만 아니라, 데이터 웨어하우스의 다양한 데이터와 연계하여 CHARM 역량 기반 교육의 효과 분석, 관련 프로그램 개발 등에 활용할 계획이다. 2018년 1학기부터는 경력관리 시스템에서 재학생이 본인의 CHARM 역량 진단 점수를 확인할 수 있도록 제공할 예정이다.

② 교직원 만족도 및 요구조사(2017c)

교내 구성원 중 재학생뿐만 아니라 교육 및 행정 서비스를 제공하는 교직원에 대한 요구조사 실시도 교육의 질 개선을 위해 중요하다는 문제의식에서 2017년에 처음 실시한 조사다. 교직원 대상 조사를 실시했다는 의미가 있으며, 앞으로 주기

---

1) 서론에서 언급한 바와 같이 세명대학교의 교육목표는 '도전·성장·자립하는 CHARM 인재 양성'으로서, 학부교육 핵심역량인 CHARM 역량[자기주도 역량(Confidence), 나눔과 배려 역량(Humanity), 환경적응 역량(Adaptability), 대인관계 역량(Relationship), 전공 역량(Mastery)] 배양을 목표로 삼고 있다.

적 조사와 피드백, 결과 반영 등을 통해 의사소통 통로로서의 역할과 교육의 질 개선이라는 목적 달성을 위해 지속될 필요가 있다. 첫 조사 내용에는 교육, 연구 및 산학협력, 행정 등이 포함되었다.

[그림 11-8] 대학교육혁신본부 보고서 III 및 세명 Talk Talk 포스터

③ 세명 Talk Talk(2017)

매년 실시하는 교육수요자만족도조사가 설문조사로만 실시되는 한계점을 보완하기 위해, 재학생 대상 포커스 그룹 면담의 형식으로 진행되는 '세명 Talk Talk' 프로그램을 신설 운영하고 있다. 매 학기 분기별로 운영되며, 조사 결과는 교육성과환류실행협의회를 통해 공유하고 조치 및 모니터링을 실시하도록 하고 있다.

(2) 교내 설문조사 통합관리 및 성과관리 절차 수립

교육성과관리센터를 중심으로 재학생 대상 교내 설문조사의 체계적 운영과 분석 결과에 대한 효과적 관리를 위해 관련 절차를 수립하여 운영하고 있다. 2017년 기준 세명대학교에서 교육성과 조사 및 환류를 위해 70개 이상의 설문조사가 매년 실시되고 있는 것으로 파악되었다. 교내 설문조사 통합관리는 중복되고 잦은 설문조사에 따른 재학생의 설문 피로도(survey fatigue)(Porter, Whitcomb, & Weitzer, 2004)를 방지하여 조사 목적에 충실한 자료를 수집하기 위한 목적으로 진행되었다. 전교생 대상 조사인지 또는 부서별 프로그램 관련 조사인지에 따라 기획, 시행, 결과 단계에서 교육성과관리센터와 협의, 자문 또는 참조, 공람에 대한 절차를 수립하였다. 특히, 부서별로 모든 설문조사 결과 문서 및 보고서를 완료한 후 교육성과관리센터와 공람하도록 하여, 세명대학교의 전반적 교육성과 관리 현황을 파악하도록 하였다. 교육성과관리센터는 이를 모두 수합하여 차년도 2월에 교육성과관리 실태에 대한 보고서를 출간하도록 할 계획이다. 이처럼 세명대학교에서 대학 전반에 대한 설문조사 및 성과관리 절차를 수립하고 실제로 운영이 가능했던 요인은 교육성과관리센터가 속한 대학교육혁신본부의 교내 위상이 확실하고 대학 리더십이 이러한 절차의 필요성을 인식하고 지원했었기 때문이라 할 수 있다. 데이터 기반 질 관리를 효과적으로 시행하기 위해서는 담당 부서의 위상과 대학 주요 의사결정 부서의 이해가 동반될 필요가 있다는 점을 시사한다.

(3) 타 부서 설문조사 자문 및 지원

위에서 언급한 교내 설문조사 지원의 일환으로, 교육성과관리센터는 교내 관련 부서 및 기관에서 실시하는 설문조사 설계 및 분석에 대한 자문을 제공하고 있다. 또한 교내에서 사용할 수 있는 공통된 설문조사 양식 및 문항 풀(pool) 제공에 대한 요청에 따라 이를 작성하여 공유하고, 교내에서 사용하는 설문조사 프로그램을 활용하도록 할 계획이다. 2017년 2학기부터 자문을 제공해 본 결과, 본부 및 단과대학 소속 센터의 요구조사, 만족도, 성과분석을 위한 전문적 지원의 필요성을 확인할 수 있었다.

(4) 학생 대상 홍보: 교육수요자만족도조사 결과 기반 개선사항

교육성과관리센터는 교육수요자만족도조사 결과를 반영한 교육 및 행정 서비스 개선 사례를 학교 공식 페이스북을 통해 홍보하고 있다. 홍보 목적은 재학생이 교육수요자만족도조사의 목적과 활용을 인지하여 설문조사 참여 동기를 고취시키고, 교육만족도를 개선하고자 하는 것이다. 많은 대학에서 교육의 질 개선을 위해 여러 조사를 실시하지만, 참여 학생의 참여도와 응답의 성실성에 대한 고민을 갖고 있는 것으로 보인다. 세명대학교와 같이 재학생에게 조사 참여를 통해 실제로 대학 교육과 행정에서 어떠한 개선이 이루어지는지를 보여 주는 방안을 다른 대학에서도 참고할 만하다.

5. 결론 및 제언

이 장에서는 세명대학교에 대한 실천적 사례를 통해 데이터 기반 교육의 질 관리를 위해 노력한 과정과 과제를 살펴보았다. 세명대학교는 지난 수년간 조직 및 인력 측면에서 대학교육혁신본부와 교육성과관리센터를 설치하고 관련 전문가를 충원하며 조직을 확장해 왔다. 이를 기반으로 대학의 의사결정을 지원하는 다양한 연구조사 활동을 수행하고 교육성과관리 체계를 구축하고 지속적으로 발전을 꾀하고 있다. 세명대학교 사례를 참고하여 최근 데이터 기반 교육의 질 관리에 관심을 기울이는 국내 대학에 제언하고자 하는 사항은 다음과 같다.

첫째, 데이터 기반 교육의 질 관리를 담당하는 조직과 대학 내 조직의 위상을 분명히 할 필요가 있다. 이를 위해 조직의 장이 갖는 무게, 전문인력의 질과 확충 등도 중요하게 고려해야 할 사항이다. 질 관리 담당 조직은 데이터 수집과 환류를 위해 여러 부서의 협조가 필요한 업무가 많기 때문에, 이를 조율할 수 있는 직급의 직원과 조직의 위상이 필요하다. 세명대학교의 경우, 대학교육혁신본부가 총장 직속 기구이고 대학교육혁신본부장이 교무위원급이어서 관련 어려움이 적었다. 하지만 예를 들어, 교육의 질 관리 조직이 교무처의 산하 기구나 교수학습개발원에서 관련 기능을 겸하는 경우에는 살펴보아야 할 문제다. 또 질 관리 조직은 주로 연구 기능을 담당하기 때문에, 대학 본부 내 행정을 담당하는 주요 부서와 같은 결정권이나 타 부서 요청 사항에 대한 강제성이 적을 수 있다.

둘째, 데이터 수집 및 관리의 체계화를 위해 관련 시스템을 구축하는 것이 필요하고, 데이터 수집을 위한 타 부서 간 협조가 원활히 이루어지도록 대학 리더십에서 지원할 필요가 있다. 이는 질 관리 조직의 위상과도 관련이 있으며 질 관리 조직이 관련 활동을 위해 어느 정도 결정권과 권한을 갖는지의 문제와도 연결된다. 특히, 교내 데이터 수집 체계화를 위한 시스템 구축은 대학 리더십에서 결정하고 지원해 주어야 하는 문제다. 또한 교내 타 부서 간 원활한 협조는 데이터 기반 질 관리를 통한 교내 전반적 교육성과 관리와 환류로 이어지기 위해서도 필요한 부분이다. 세명대학교에서는 데이터 관리 체계 구축 이전에도 조직문화상 부서 간 데이터 공유의 어려움은 적은 편이었다. 또 대학교육혁신본부 또는 교육성과관리센터의 데이터 활용 목적이 명확하고 기획실 내지 교무연구처가 인지한 업무에 대해서는 타 부서의 데이터 공유가 원활히 이루어졌다. Dalton(2012)이 'No silos, but for sharing'라고 칭했듯이, 대학 부서별 데이터는 별개로 존재하기보다 공유, 연계하여 활용할 필요가 있다. 최근 다양한 정부 평가에서 교육성과 관리 및 환류를 통한 구체적 개선 실적을 요구하고 있는데, 질 관리 담당 조직이 중심이 된다고 해도 리더십의 지원과 타 부서 협조가 수반되어야 원활히 이루어질 수 있을 것이다.

셋째, 데이터 기반 질 관리 담당 조직에서 작성한 정책연구 결과의 활용에 대해 교육의 질 관리 담당부서가 어디까지 역할을 해야 하는가 또는 할 수 있는가에 대해 해당 부서 조직과 학교 간 인식의 차이가 존재할 수 있으므로, 이를 고려해서 조직의 성격을 규정하고 인력 충원을 실시할 필요가 있다. 예를 들어, 질 관리 담당 조직에서 데이터를 활용한 연구조사 내지 정책연구 보고서를 작성하면, 학교에서는 종종 해당 결과에 따른 대책 방안 마련까지 기대할 수 있다. 교내 구성원들이 질 관리 담당 조직이 모든 설문조사와 분석을 도맡아 하리라고 기대할 수도 있다. 또 최근 국내 대학의 학부교육에 대한 관심이 높아지면서 관련 업무에 대한 요구는 증가하지만 담당 조직이 불분명하여 질 관리 조직으로 업무가 가중될 수 있다. 미국 스탠퍼드 대학교의 대학기관연구 담당 부서 명이 대학기관연구 및 의사결정지원(Institutional Research & Decision Support)인 것과 같이, 정책방안 마련 기능을 명확히 포함시키고 담당 인력을 확보하는 경우에는 이러한 역할까지 담당하는 것이 가능할 수 있다(신현석 외, 2015). 미국의 대학기관연구 전문가는 이러한 문제에 대해 기관연구 담당자의 의사결정 참여 여부는 담당 업무 기능과 시간적 여유 등에 따라 달라질 수 있다고 언급한 바 있다(고등교육전문가 좌담회, 2015). 따라서 질 관리 조직의 역할을 분명히 하고 교내 구성원이 이를 이해할 수 있도록 소통하는 것이 필요하다. 또 장기적으로는 교내 부서별로 담당 직원이 조사 및 분석 관련 전문성을 배양할 수 있도록 지원하는 것도 필요해 보인다.

넷째, 재학생을 대상으로 수집하는 데이터의 질을 관리하기 위해 재학생의 설문 피로도 예방과 참여 동기 및 의지 고취를 중요하게 고려해야 한다. 이를 위해 세명대학교에서는 교내 설문조사 체계를 구축하고 교육수요자만족도조사 기반 개선사항을 홍보하는 등의 노력을 기울이고 있다. 많은 대학에서 학생의 조사 참여 유도를 위해 포인트 내지 마일리지를 제공하거나 기프티콘과 상품을 제공하고 있다. 하지만 추첨을 통한 인센티브 제공이 설문조사 응답률에는 긍정적 영향을 미칠 수는 있어도, 인센티브나 상품의 매력도, 대상에 따른 효과 정도의 차이 등은 상이할 수 있다(Laguilles, Williams, & Saunders, 2011; Porter & Whitcomb, 2003). 데이터 수집에서 학생의 개인정보보호와 사용에 대한 동의 문제도 주의해야 한다. 또 응답자의 허위 반응, 즉, 설문조사 목적에 따라 바람직하다고 여겨지는 방향으로 응답하는 문제도 발생할 수 있다(성태제, 2014). 이러한 문제에 대응하기 위해서는 학생들에게 설문조사가 왜 필요하고 중요한지를 설명하고, 조사 결과에 대한 피드백을 제공하는 것이 중요해 보인다. 설문조사 참여에 따라 학생이 체감할 수 있는 변화가 이루어진다는 것을 인지한다면 참여 동기가 고취될 수 있을 것이다. 또 학생 의견 중 어떠한 의견은 학교 측 조치가 어려운 이유를 설명는 것도 필요하다. 예를 들어, 세명대학교 교육성과관리센터에서는 재학생의 설문조사에 대한 이해와 성실한 참여를 독려하기 위해 교육수요자만족도조사 결과에 기반한 교육 및 서비스 개선 사례를 학교 페이스북에 홍보하고 있다.

마지막으로는 이 장의 주제와 관련하여 일반적 사항으로서 제기하고자 하는 문제는 국내 대학의 의사결정자 측에서 데이터 기반 교육의 질 관리를 담당하는 부서와 인력을 정부 평가와 무관하게 어느 정도 유지할 의지가 있는지가 중요하다는 점이다. 예를 들어, 국내 대학에서 정부의 평가나 당시 총장의 의지에 따라서 교육의 질 관리를 담당하는 부서를 잠시 설치하여 운영했다가, 이를 지탱하는 정책적 · 정치적 동력이 떨어지면 다시 원상으로 복귀하는 경우가 종종 목격되기 때문이다. 이는 대학기관연구와 같은 데이터 기반 질 관리 기능에 대한 이해와 필요성에 대한 인식의 문제로도 볼 수 있을 것이다. 최근 데이터 기반 교육의 질 관리에 대한 관심은 국내 대학기관에 대한 정부의 평가, 대학 간 경쟁, 합리적 대학 의사결정에 대한 필요성, 교육의 질 개선에 대한 인식의 변화 등 다양한 요인으로 높아지고 있다. 앞으로 개별 대학기관뿐만 아니라 국내 고등교육의 질 개선을 위해 데이터 기반 교육의 질 관리에 노력과 발전이 지속될 필요가 있다.

참고문헌

고등교육전문가 좌담회: 고등교육 분야 기관연구(Institutional Research)의 현재와 미래 (2015). 대학교육, 188, 32-53.

배상훈, 윤수경(2016). 한국대학에서 대학기관연구(Institutional Research) 도입 관련 쟁점과 시사점. 아시아교육연구, 17(2), 367-395.

성태제(2014). 교육평가의 기초(2판). 서울: 학지사.

세명대학교 대학교육혁신본부(2015a). 2014학년도 교육수요자만족도조사 보고서. 세명대학교.

세명대학교 대학교육혁신본부(2015b). 데이터 기반의 교육성과 제고 방안 연구: K-CESA, K-NSSE 조사결과를 중심으로. 세명대학교.

세명대학교 대학교육혁신본부(2015c). 수업평가 Talk-Talk: 교수님, 할 말 있어요! 세명대학교.

세명대학교 대학교육혁신본부(2016a). 2015학년도 교육수요자만족도조사 결과보고서. 세명대학교.

세명대학교 대학교육혁신본부(2016b). 입학자원 특성에 따른 교육성과 보고서: 2009～2014년 입학생 대상. 세명대학교.

세명대학교 대학교육혁신본부(2016c). 미드필더설계 및 상담 교과목 운영 핸드북. 세명대학교.

세명대학교 대학교육혁신본부(2016d). 재학생의 세명대 인지 및 선택 요인 조사 결과보고서. 세명대학교.

세명대학교 대학교육혁신본부(2017a). 2016학년도 교육수요자만족도조사 보고서. 세명대학교.

세명대학교 대학교육혁신본부(2017b). 학부교육 핵심역량 진단도구 개발 및 진단조사. 세명대학교.

세명대학교 대학교육혁신본부(2017c). 2017학년도 구성원 요구조사. 세명대학교.

신현석, 전재은, 유은지, 최지혜, 강민수, 김어진(2015). 미국 대학기관연구(Institutional Research) 사례 분석 및 시사점: 연구중심대학을 중심으로. 교육문제연구, 28(2), 201-229.

장덕호(2015). 미국 대학기관연구(Institutional Research)의 발전과 대학조직 관리에의 시사점. 비교교육연구, 25(3), 255-284.

Association for Institutional Research(AIR). (n.d.). About AIR. Retrieved from http://www.airweb.org/pages/default.aspx

Dalton, D. L. (2012). From silos to sharing: An institutional research view of the conversion to ERP. In H. Burley (Ed.), *Cases on institutional research systems* (pp.

39−51). Hershey, PA: IGI Global.

Laguilles, J. S., Williams, E. A., & Saunders, D. B. (2011). Can lottery incentives boost web survey response rates? Findings from four experiments. *Research in Higher Education, 52*, 537−533.

National Center for Education Statistics (NCES). U.S. Department of Education (n.d.). Digest of Education Statistics. Retrieved from https://nces.ed.gov/

Peterson, M. W. (1999). The Role of Institutional Research: From Improvement to Redesign. *New Directions for Institutional Research, 104*, 83−103.

Porter, S. R., & Whitcomb, M. E. (2003). The impact of lottery incentives on student survey response rates. *Research in Higher Education, 44*(4), 389−407.

Porter, S. R., Whitcomb, M. E., & Weitzer, W. H. (2004). Multiple surveys of students and survey fatigue. *New Directions for Institutional Research, 121*, 63−73.

Saupe, J. L. (1990). *The Functions of Institutional Research* (2nd ed.). Tallahassee, FL: Association for Institutional Research.

Volkwein, J. F., Liu, Y., & Woodell, J. (2012). The structure and functions of institutional research offices. In R. Howard, G. McLanghlin, & W. Knight (Eds.), *The handbook of institutional research* (pp. 22−39). San Francisco, CA: Jossey Bass.

제12장

ACE 사업을 통한 데이터 기반 교육의 질 관리 체제 구축: 성균관대학교 사례

배상훈, 조은원, 황수정(성균관대학교)

1. 서론

성균관대학교는 대학 중장기 발전계획인 '성균 VISION2010'을 수립하면서, 연구력 강한 명문대학으로 도약하는 것을 발전 목표로 삼았다. 이를 위해 세계적 수준의 교수진을 확보하고, 첨단 연구 환경을 조성하기 위해 노력했다. 더불어 이러한 연구 성과를 바탕으로 유기적인 산학협력 체제를 구축하는 것도 중요한 목표로 삼았다. 그 결과 지난 20년 동안 연구 성과 면에서 비약적인 발전을 이루었다.

한편 2010년 시작된 학부교육선진화 선도대학(Advancement of College Education: ACE) 사업은 고등교육기관으로서 성균관대학교가 새로운 도전을 시작하도록 했다. 그 배경에는 대학 차원의 반성이 있었다. 그동안 강점 분야를 중심으로 선택과 집중 전략을 택하고, 지속적인 재정 투자를 통해 대학의 연구 역량은 괄목할 만한 수준으로 성장했다. 그러나 학생들에게 들어난 역량 수준은 우리가 기대했던 바와 달랐다. 결과적으로 교육과 연구가 균형적으로 발전하지 않고서는 우리 대학이 지향하는 진정한 글로벌 리딩 대학이 되기 어렵다는 결론에 도달했다.

이에 성균관대학교는 성균 VISION2010을 창조적으로 승계하는 성균 VISION2020을 수립하면서 대학의 중장기 발전 전략을 수정하였다. 교육과 연구가 균형 있게 발전하는 대학이 되자는 것이었다. 이를 위해 제시했던 목표는 대학 차원에서의 학부교육 가치 재정립, 교육목표 및 인재상의 명료화, 성균핵심역량 정립 및 진단, 역량기반 교육과정 도입, 학부교육 지원 시스템 강화, 학부교육 역량 전문센터 설립이었다.

이와 같은 발전 전략의 변화는 대학 운영에 적지 않은 영향을 미쳤다. 무엇보다 가장 큰 방향의 전환은 학생 교육을 가르치고 지원하는 문제를 대학의 중요 정책 어젠다로 삼기 시작했다는 것이다. 교육을 통해 기르고자 하는 인재상을 명확히 하고, 그러한 인재가 갖추어야 할 핵심역량을 정립하여 제시함으로써 교육 시스템 전반의 변화를 꾀했다. 구체적으로 교육을 통해 길러야 할 인재상으로 교양인, 전문인, 리더의 세 가지로 제시하고, 이러한 인재로 성장하기 위해 갖추어야 할 6대 성균핵심역량으로는 소통, 인문, 학문, 글로벌, 창의, 리더 역량을 정립하였다. 또한 이를 대학의 교육과정에 반영하고자 하였다. 특히, 교양기초교육을 중심으로 역량기반 교육과정을 도입하고, 핵심역량 함양을 위한 비교과 프로그램들을 본격적으로 제공하기 시작했다. 이 과정에서 부각된 것이 데이터 기반 교육의 질 관리 시스템이다. 이는 대학교육을 통해 기르고자 하는 핵심역량을 학생들이 제대로 갖추었는지를 체계적이고 객관적으로 확인하려는 시도였다.

대학에서 이러한 노력을 체계적으로 해 나갈 수 있었던 것은 2010년부터 시작한 ACE 사업 덕분이었다. 더욱이 성균관대학교는 2주기 ACE 사업까지 선정됨으로써 2018년 2월까지 8년 동안 ACE 사업을 수행하였다. 그동안 많은 성과가 있었다. 특히 많은 동료 대학들이 공유하기를 원했던 것이 데이터 기반 교육의 질 관리 전략이었다. 이에 이 장에서는 지난 8년 동안 성균관대학교가 쌓아온 데이터 기반 교육의 질 관리 시스템에 대해 기술하고, 실천적 관점에서 시사점을 제시하였다.

2. ACE 1주기 성과와 과제

1) 인재상과 성균핵심역량 정립

성균관대학교의 건학이념은 수기치인(修己治人)이고, 교시는 인의예지(仁義禮

智)다. 2010년 1주기 ACE 사업을 시작하면서 건학이념과 교시를 바탕으로 교육목
표와 인재상을 구체화하였다. 교내 구성원들의 의견을 바탕으로 성균관대학교가
길러내고자 하는 인재의 모습을 교양인, 전문가, 리더로 확정하였다. 교양인이란
인의예지의 품성을 바탕으로 신언서판(身言書判)의 능력을 가진 인재를 길러내겠
다는 의지를 표명한 것이고, 전문가란 전공 지식을 토대로 창의적 사고와 도전 정
신을 갖추고, 새로운 가치를 창출하는 인재를 의미한다. 나아가 인류 사회에 공헌
할 수 있는 리더를 키워 내겠다는 것을 교육목표로 삼았다.

[그림 12-1] 인재상

성균관대학교 학생들이 이러한 인재로 성장하기 위해 반드시 갖추어야 할 역량
이 성균핵심역량이다. 이는 대학에서 학부교육을 충실히 이수한 학생이라면 갖추
게 될 지식, 자질, 태도를 의미한다. 또한 특정 직업의 수행에 필요한 전문지식은
물론 자아실현과 공동체 발전을 위한 태도와 자질 등을 포함한다.

성균핵심역량은 발달 단계적 관점에서 고등교육을 통해 길러야 할 역량과 성균
관대학교 학생들이 가진 특성을 고려하여 개발되었다. 핵심역량에 대한 선행 연
구들을 종합적으로 분석하여 현대 사회는 물론 미래를 살아가는 데 필요한 역량
을 도출하였다. 아울러 성공적인 직업 생활을 영위하는 데 필요한 직업기초 능력
이 무엇인지도 검토하였다. 여기에 학생, 교수, 직원 등 대학 구성원에 대한 심층
면담을 통해 성균관대학교 학생들에게 요구되는 역량이 무엇인지를 확인하는 과
정도 거쳤다. 마지막으로 고등교육 전문가들이 선정된 역량에 대한 타당성을 검토
하여 최종적으로 확정하였다. 이러한 절차와 과정은 [그림 12-2]에 제시하였다.

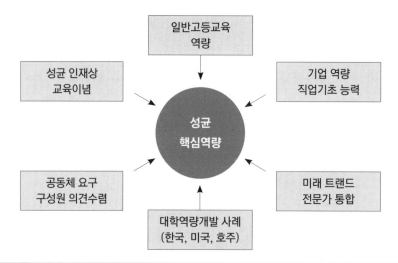

[그림 12-2] 성균핵심역량 선정 프레임

　이상의 절차와 방법을 거쳐 최종적으로 선정된 성균핵심역량은 인성을 핵심 가치로 하여 소통 역량, 인문 역량, 학문 역량, 글로벌 역량, 창의 역량, 리더 역량 등 총 6개로 구성되었다(〈표 12-1〉, [그림 12-2] 참고). 더불어 국내 대학 최초로 인재상과 핵심역량을 학칙에 명문화하고, 대학 차원에서 핵심역량의 함양을 체계적으로 지원하기 시작했다. 이를 실행하기 위해 대학효과성센터를 설립하고, 핵심역량 진단과 관련 연구를 수행하였다.

〈표 12-1〉 성균인재상과 성균핵심역량

교육목표 및 인재상		핵심역량	
글로벌 창의 리더	仁義禮智의 품성과 身言書判의 능력을 갖춘 교양인 창의적 사고와 도전정신으로 디지털시대의 新가치를 창출하는 전문가	소통 역량	자신의 생각, 의견, 아이디어를 효율적으로 표현·전달하고 상대의 생각, 의견, 아이디어를 이해할 수 있는 능력
		인문 역량	정서적, 도덕적으로 성숙한 인성과 건전한 가치관을 바탕으로 인간과 문화를 이해하고 인간의 숭고한 가치를 고양시킬 수 있는 능력
		학문 역량	스스로 시간관리 및 학업계획을 세우고 자신의 적성 및 소질을 개발하며 이해, 분석 추론을 통하여 학문을 탐구하는 능력

		글로벌 역량	지역적 사고의 한계를 벗어나 세계화 시대에 적합한 국제적 감각과 자세 및 이에 필요한 능력
인류사회에 공헌할 수 있는 글로벌 역량을 갖춘 리더		창의 역량	창조적, 논리적 사고를 바탕으로 문제를 해결하고 의사결정 및 추론하는 능력
		리더 역량	바람직한 인간관계 형성과 사회적 기술을 통하여 조직의 목표를 성공적으로 달성할 수 있도록 새 비전을 제시하고 이끄는 능력

2) 성균핵심역량진단도구(SCCA) 개발

6대 핵심역량이 확정된 후, 학생들이 이를 제대로 함양하였는지를 객관적으로 진단하는 것이 필요했다. 그 결과로 개발된 것이 성균핵심역량진단도구(Sungkyun Core Competency Assessment: SCCA)이다. 이를 개발하기 위해 2010년부터 교내 6개 역량전문센터(의사소통센터, 대학교육개발센터, 공학인증센터, 대학효과성센터, 다산창의력센터, 수기치인리더십센터)와 2개 단과대학(학부대학, 문과대학)을 중심으로 SCCA 개발 연구를 진행했다. 제1차 연구는 성균핵심역량의 개념을 정립하고, 하위 역량을 확정한 후 문항을 개발하는 것이었다. 제2차 연구에서는 예비 검사를 통해 하위 요인과 문항에 대한 수정 작업을 진행하였다. 최종적으로 총 194개의 문항이 SCCA가 확정되었다. 여기에는 소통 역량 31문항, 인문 역량 23문항, 학문 역량 32문항, 글로벌 역량 24문항, 창의 역량 44문항, 리더 역량 40문항이 포함되었다. 각 역량 및 하위 역량과 문항 수는 〈표 12-2〉와 같다.

〈표 12-2〉 SCCA 진단검사: 6대 성균핵심역량 및 하위 요인 문항

역량	1차 예비검사		2차 예비검사		본 검사	
	하위 역량	문항 수	하위 역량	문항 수	하위 역량	문항 수
리더 역량	비전 개발 및 실행 능력	10	–	–	비전 개발 및 실행 능력	10
	대인관계	10			대인관계	10
	공동체 시민의식	10			공동체 시민의식	10

역량	항목	점수	항목	점수	항목	점수
	협동 능력	10			협동 능력	10
	합계	40			합계	40
인문 역량	문화적 소양	8	문화적 소양	6	문화적 소양	6
	도덕성과 학습 윤리	8	도덕성	9	도덕성	9
	교양 능력	8	교양 능력	8	교양 능력	8
	합계	24	합계	23	합계	23
창의 역량	문제 발견력	7	—	—	문제 발견력	7
	아이디어 발상 능력	7			아이디어 발상 능력	7
	정교화 및 실행 능력	7			정교화 및 실행 능력	7
	독립성	8			독립성	8
	개방성	8			개방성	8
	호기심과 몰입	7			호기심과 몰입	7
	합계	44			합계	44
학문 역량	지식탐구	8	—	—	지식탐구	8
	학습전략	8			학습전략	8
	학습동기	8			학습동기	8
	전공지식 활용 능력	8			전공지식 활용 능력	8
	합계	32			합계	32
소통 역량	수용력	11	수용력	11	수용력	11
	전달력	11	전달력	11	전달력	11
	조정력	10	조정력	9	조정력	9
	합계	32	합계	31	합계	31
글로벌 역량	외국어 능력	9	다양한 문화 수용	9	다양한 문화 수용	9
	타 문화 수용 및 이해 능력	9	외부 세계에 대한 이해	7	외부 세계에 대한 이해	7
	글로벌 쟁점 이해 능력	9	외국어 능력	8	외국어 능력	8
	합계	27	합계	24	합계	24

3) ACE 1주기의 성과와 한계

ACE 1주기 사업을 수행하면서 성균관대학교는 많은 성과를 창출하였다. 특히 두드러진 분야는 데이터 기반 교육의 질 관리 체제를 구축한 것이었다. 먼저, 성균관대학교를 졸업한 학생이라면 반드시 갖추어야 할 지식, 기술, 태도, 자세를 의미하는 성균핵심역량을 규명하고, 이를 대학의 교육과정과 주요 교육 활동에 반영하려 노력했다. 다음으로 대학효과성센터를 설립하고, 대학교육의 질을 체계적으로 진단하고 분석하기 시작했다. 이때 대학 효과성(college effectiveness)이라는 개념을 도입하고, 대학교육의 책무성과 효과성을 객관적으로 측정하고 진단하려 노력했다는 점에서 의미를 찾을 수 있다. 앞서 설명한 대로 대학교육을 통해 이러한 핵심역량을 얼마나 달성하였는지를 진단하기 위해 SCCA를 개발하고 본격적인 진단에 들어갔다는 것도 큰 성과였다. 그러나 이처럼 많은 성과를 거두었음에도 불구하고, 한계가 있었던 것도 사실이다.

첫째, 성균핵심역량을 진단하는 체제를 갖추고 매년 학생들의 역량 수준을 파악했음에도 무엇을 통해, 즉 대학의 어떠한 노력을 통해 학생의 역량이 함양되고 증진되었는지를 분석하는 데는 한계가 있었다. 이는 대학이 운영한 교육 제도와 프로그램이 학생의 핵심역량에 어떠한 영향을 미쳤는지를 정확히 분석하지 못했다는 것을 의미한다. Astin과 Antonio(2012)가 지적한 바와 같이, 성과 위주 측정(outcome-only assessment)에 머물렀다는 것이다. 이와 관련하여, Astin과 Antonio는 I-E-O 모델을 적용하여 학생 관련 투입 요인을 통제한 상태에서 대학의 환경 요인(교육 제도와 프로그램)을 통해 학생 성과가 창출될 때, 대학 효과(college effects)가 있다고 말한다. 또한 대학 효과를 제대로 분석하기 위해서는 환경-성과 평가(environments-outcome assessment)가 필요하다고 주장하였다. 그러나 1주기 ACE 사업에서는 그 단계까지 나아가지 못했다는 아쉬움이 있었다.

둘째, 대학 차원에서 학생들의 핵심역량을 기르기 위해 여러 가지 교육 프로그램을 운영했지만, 진단도구를 통해 성과를 진단하고 평가하려는 노력은 미흡했다. 주로 학생 만족도를 통해 교육 프로그램의 성과를 측정해 왔을 뿐, 해당 프로그램을 통해 기르고자 하는 핵심역량이 얼마나 함양되었는지를 측정하고 분석하지는 못했다. 예컨대, 창의성, 리더십 개발 등을 목적으로 하는 비교과 프로그램의 운영 성과를 분석하는 것이 성균핵심역량진단도구의 활용과 체계적으로 연계되지 못했다.

셋째, 대학기관연구 차원에서 볼 때, 교내 여러 부서에서 생산되는 학생 데이터를 유기적으로 연계하여 분석하려는 노력이 미흡하였다. 학생의 교육성과는 SCCA와 같이 특정 진단도구를 활용하여 진단할 수 있지만, 학생들이 대학에서 생활하는 동안 생산하는 여러 데이터를 통해 분석할 수도 있다. 구체적으로 입학 데이터, 도서관 활용 데이터, 상담 기록, 교육 프로그램 참여 데이터, 학점 등을 서로 연계하여 분석하는 것이다. 이들을 연계하면 어떤 학생이 주로 도서관을 많이 이용하는지, 도서관 이용은 학점에 어떠한 영향을 미치는지, 이러한 영향은 교육 프로그램 참여 정도에 따라 다르게 나타나는지 등을 분석할 수 있게 된다. 따라서 범 대학 차원의 데이터 수집, 관리 및 분석을 위한 인프라가 필요하다는 의견이 대두되었다.

마지막으로, 데이터 기반 교육의 질 관리를 통해 생산된 정보가 관련 구성원들에게 환류되어야 한다는 필요성이 제기되었다. 이는 데이터의 수집과 분석을 통해 달성하려는 궁극적인 목적이 교육 제도 및 프로그램의 개선, 학생의 대학 생활 지원, 기타 대학의 주요 경영 활동과 관련된 의사결정 지원이라는 점에서 보다 체계적이고 선순환적인 교육의 질 관리 체제가 정착되어야 함을 의미한다.

3. ACE 2주기 성과

성균관대학교의 ACE 2주기 사업 목표 중 하나는 ACE 1주기 사업 동안 구축한 데이터 기반 교육의 질 관리 시스템을 보다 내실화하고 고도화하는 것이었다. 1주기에 제기된 문제점을 분석하고 이를 개선하기 위해 다음과 같은 노력을 기울였다.

1) 대학교육혁신센터* 출범

ACE 1주기 사업 동안 학생들이 성균핵심역량을 보다 체계적으로 함양할 수 있도록 다양한 비교과 프로그램을 개발하여 운영하였다. 창조스쿨, 수기치인 리더십 프로그램 등이 대표적이다. 또한 이를 위해 다산창의력센터, 수기치인리더십센터 등 전문센터를 운영하였고, 핵심역량을 진단하고 분석하기 위해 대학효과성센터를 설립하였다. 그러나 각 센터들이 개별적으로 운영되고 있어, 학생들의 역량을 유기적으로 관리하는데 한계가 있었다. 이에 ACE 2주기 사업의 출범과 함께 그동안 독립적으로 운영되었던 센터들을 연계할 필요성이 제기되면서 3개 센터를 통합하여 대학교육혁신센터를 설립하였다. 그 결과 창의성 프로그램(창조스쿨)과 리더십 개발 프로그램(수기치인 리더십 프로그램)을 연계하는 새로운 프로그램이 운영되는 등 시너지 효과가 발현되었다. 또한 성균핵심역량진단도구를 활용하여 프로그램이 교육적 효과를 거두고 있는지를 객관적으로 검증하기 시작했다.

무엇보다 대학교육혁신센터를 중심으로 여러 부서에서 생산되는 학생 데이터를 수집하여 분석하려는 시도가 구체화되었다. 2016년 1월 대학교육혁신센터는 대학 경영진과 주요 보직교수를 대상으로 하는 전략회의를 개최하고, 교육의 질과 경쟁력 제고를 위해서는 데이터 기반 교육의 질 관리가 필요함을 설명하였다. 본 회의에서는 여러 부서에서 생산되고 있는 데이터를 연계하고 통합하여 분석할 때, 대학의 교육력 제고를 위한 보다 양질의 정보가 만들어질 수 있음을 강조하였다. 당시 대학교육혁신센터가 제시한 주요 어젠다는 성균관대학교 학생들의 학습참여 패턴과 예측 요인을 주요 학생 집단별로 분석하고, 중도탈락 학생을 예측하는 모델을 만들자는 것이었다. 또한 입학전형별로 학생들이 어떠한 학습과정을 거치고, 어떤 성과를 거두는지를 분석함으로써 관련 입학 정책과 제도를 개선할 수 있다고 보고하였다. 경영진은 대학 차원의 데이터 기반 교육의 질 관리 시스템 구축에 동의하고, 이를 추진하도록 하였다. 이는 미국 등 선진국에서 진행하고 있는 대학기관연구가 한국 대학에도 도입되는 계기가 되었다는 점에서 큰 의미를 가진다.

---

*대학교육혁신센터는 2018년 9월 1일 자로 대학혁신과공유센터로 개편되었음.

2) SCCA$^+$ 개발 및 데이터 수집 시스템 개선

ACE 1주기 사업을 통해 개발되었던 성균핵심역량진단도구(SCCA)는 국내 최초로 대학 차원에서 개발한 대학생 역량진단도구였다는 점에서 의미가 있다. 하지만 이를 실제 진단하고 분석하는 과정에서 몇 가지 문제점이 발견되었다. 첫째, 기존 SCCA는 설문 문항(총 194개)이 너무 많아서 도중에 응답을 포기하는 학생들이 적지 않았다. 또한 프로그램 참여 전과 후로 나누어 검사(pre-post test)를 실시하고, 그 결과를 토대로 프로그램의 효과를 검증하고자 했지만, 사전 검사와 사후 검사에 동일한 검사지를 사용하여 검사지 암기 효과를 통제하지 못했다는 문제가 있었다. 이를 해결하기 위해 대학교육혁신센터는 핵심역량 및 측정 분야 전문가들과 함께 기존 1세트의 SCCA를 3세트의 동형 검사지로 나누는 작업을 진행하였다. 그 결과 기존 검사지보다 문항 수는 적지만(총 194개 문항에서 총 61개 문항), 동일한 내용을 진단할 수 있는 3개의 진단도구(SCCA$^+$)가 만들어졌다. 궁극적으로 학생들의 설문 참여 부담은 완화되었고, 자연스럽게 설문 응답률을 높일 수 있었다. 무엇보다 교육 프로그램 참여 전-후로 다른 검사지를 사용할 수 있게 되면서 보다 정확하게 프로그램의 효과성을 검증할 수 있게 되었다. 아울러 학년별 핵심역량의 변화 양상을 보다 객관적으로 진단할 수 있는 체제를 갖추게 되었다.

다음으로 학생들의 설문 참여 유도를 위해 ACE 2주기부터는 모바일 설문 시스템을 도입하였다. 이를 통해 학생들은 통학 중 또는 여유 시간에 모바일 기기를 활용하여 보다 간편하게 설문에 참여할 수 있게 되었다. 결과적으로 학생들이 기존의 시스템에 접속하여 응답한 자료와 모바일로 응답한 자료를 통합하여 보다 많은 표본을 확보할 수 있게 되었다.

마지막으로, 성균관대학교 학생들의 학습과정을 체계적으로 분석하기 위해 학부교육 실태조사(K-NSSE)를 확대하여 실시하였다. 이러한 조치는 학생들의 학습과정과 학생 성과(핵심역량, 학점 등)를 연계하여 분석하기 위함이었다. 이로써 성균관대학교가 운영하는 데이터 기반 교육의 질 관리 시스템에는 학생의 인구학적 배경, 사전 성취 수준(고교내신), 가계소득 수준, 출신 지역, 입학 전형 등 학생 차원의 투입 변인, 학생들의 학습 참여와 대학생활 경험을 포함하는 과정 및 환경 변인, 그리고 SCCA$^+$를 통해 수집된 핵심역량 수준, 교무처로부터 확보한 학점 등

학생 성과 변인이 체계적으로 연계되어 분석에 활용할 수 있게 되었다([그림 12-3] 참고). 이는 학생의 다양한 배경과 특성을 통제한 가운데, 대학에서 이루어지는 학습과 대학생활 경험에 따라 교육적 성과가 어떻게 변화하였는지를 분석할 수 있는 시스템이 마련되었음을 보여 준다.

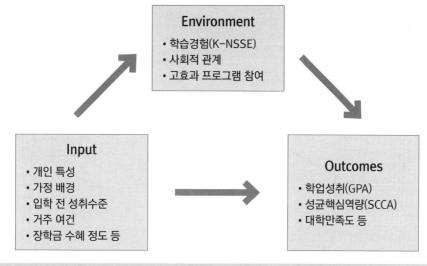

[그림 12-3] I-E-O 모델을 활용한 학습과정과 성과의 연계 분석

3) SCCA$^+$를 활용한 교육 프로그램 효과성 제고[1]

SCCA가 문항 타당도를 높이고 3개의 동형 검사지(SCCA$^+$)로 바뀌면서 대학이 제공하는 교육 프로그램의 효과성을 보다 체계적으로 검증할 수 있는 토대가 마

---

1) 2018년 성균관대학교는 대학혁신지원 시범사업에 선정되면서 학생들이 갖추어야 할 역량 체계를 재정립하기로 하였다. 궁극적으로 현재 시행되고 있는 6대 성균핵심역량(SCCA$^+$)을 계승하면서, 시대적 요구에 부합하는 새로운 성균핵심역량을 도출하고자 한다. 중장기 발전계획안에는 문헌분석과 구성원들의 의견 수렴을 통해 도출된 새로운 성균핵심역량으로 자기주도성, 융합 역량, 시민의식, 기업가 정신, 글로벌 역량을 포함하며, 이를 성균 펜타곤(SKKU Pentagon)으로 명명하고 있다. 앞으로 학생, 교수, 직원, 영역별 전문가 등 폭넓은 의견 수렴을 통해 각 역량을 구체화하고 이를 체계적으로 진단할 수 있는 도구를 개발할 예정이다.

련되었다. 예컨대, 창의성 개발 프로그램인 '창조스쿨'의 경우, SCCA⁺를 활용하여 프로그램 시작 단계와 종료 후에 참여 학생들의 창의 역량을 측정하였다. 이를 통해 프로그램 참여에 대한 창의 역량의 증진 정도를 분석할 수 있게 되었다. 다음 [그림 12-4]는 2016년 창조스쿨 참여자들의 사전-사후 진단 결과다. 프로그램 시작 단계에서 측정한 창의 역량 수준과 비교하여 프로그램 수료 후 창의 역량 수준이 모든 하위 영역에서 증가하였음을 확인할 수 있다. 특히, 호기심과 몰입, 정교화와 실행력 요인이 많이 향상되었다.

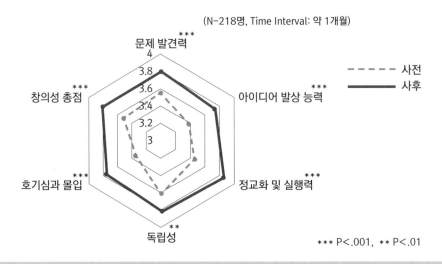

[그림 12-4] 창조스쿨 프로그램 SCCA 사전-사후 검증 결과 사례

다음은 2017년 수기치인 리더십 프로그램의 효과성을 검증하기 위해 SCCA⁺를 활용한 사례다([그림 12-5] 참고). 비전 실행 능력과 협동 능력의 경우, 프로그램 참여 전-후로 역량 수준이 올랐지만, 공동체 시민의식은 프로그램 종료 후 소폭 하락하였음을 볼 수 있다. 이는 시작 단계부터 높은 수준이었기 때문에 이른바 천장 효과(ceiling effect)로도 볼 수 있겠지만, 여전히 이 분야에서 개선될 여지가 있음을 보여 준다. 또한 비전 실행 능력은 프로그램 이수 후 증가했지만 다른 하위 역량에 비추어 여전히 낮은 수준이었다. 이러한 정보는 프로그램 운영자에게 즉각 제공되었다. 대학교육혁신센터의 연구원과 운영자들은 회의를 통해 수기치인 리더십 프로그램 참여만으로는 대인관계와 공동체의식, 비전 실행 능력을 함양하는

데 한계가 있다는 결론에 도달했고, 추가 프로그램을 개발하였다. 이는 수기치인 리더십 프로그램을 성공적으로 이수한 학생들로 하여금 주변의 고등학교를 방문하여 자신이 직접 리더십 프로그램을 실행해 보는 것이었다. 이는 창의리더 서포터즈 프로그램으로 명명하였다. 2017년 총 9개 고등학교에 재학 중인 289명을 대상으로 리더십 교육을 실시하였고, 이를 통해 우리 학생들의 공동체 시민의식과 비전 실행 능력을 함양하였다. 이 사례는 데이터 기반 교육의 질 관리 체제가 추구하는 궁극적인 목표가 교육 활동의 개선을 돕고, 이를 통해 학생들의 성장과 발전에 기여하는 데 있음을 보여 준다.

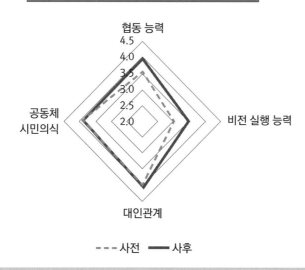

[그림 12-5] 수기치인 리더십 프로그램 SCCA 사전-사후 검증 결과 사례

4) 데이터 분석 결과의 환류와 개선

(1) 대학 경영진 보고

데이터 기반 교육의 질 관리가 궁극적으로 추구하는 것은 교육의 질 제고다. 이를 위해 대학의 교육 활동과 관련된 데이터를 수집하여 분석하고, 그 결과를 관련 교육 주체에게 제공함으로써 대학의 정책, 제도, 프로그램을 개선한다. 여기서 가장 핵심적인 정보 제공 대상은 대학의 경영진일 것이다.

이와 관련하여, 대학교육혁신센터는 매년 성균핵심역량진단(SCCA⁺) 결과와 학부교육 실태조사(K-NSSE) 결과를 분석하여, 대학의 총장, 부총장 및 교무위원 등 대학 경영진에게 보고한다([그림 12-6] 참고). 본 보고서에는 학생들의 핵심역량 수준에 대한 정보 외에 그들의 학습 참여 실태 및 학업 성과에 대한 자료가 담겨 있다. 특히, 학생들의 학습과정 실태를 동료 대학과 비교하여 제시함으로써 학부 교육의 강점과 개선점을 제시하고 있다. 또한 성별, 학년별, 입학 유형별, 캠퍼스별(인문사회과학캠퍼스와 자연과학캠퍼스) 등 주요 하위 집단별로 학부교육의 질과 성과를 비교하여 분석한 정보도 제시하고 있다. 이는 대학 본부와 경영진이 교육과 관련하여 보다 객관적인 의사결정을 내릴 수 있도록 돕기 위한 것이다.

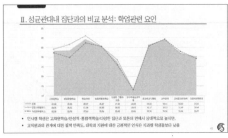

[그림 12-6] 학부교육의 질과 성과 분석 보고서

한편, 본 보고서에는 성균핵심역량과 대학생의 학습 참여(Student Engagement) 요인 등 주요 지표에 대하여 연도별 추세를 분석한 종단분석 결과도 포함된다. 특히 대학 효과(college effects)를 탐색하는 차원에서, 2015년도에 입학한 신입생을 대상으로 성균핵심역량과 학습 참여 수준을 매년 추적하여 분석하고 있다. 이러한 정보는 학년이 올라가면서 핵심역량과 학습과정에 어떠한 변화가 있었는지를 보여 주며, 대학은 이를 바탕으로 대학의 정책, 제도, 프로그램들을 개선하게 된다. 예컨대, 교무처는 이 보고서를 통하여 학년이 올라감에도 성장하지 않고 정체된 역량이나 변화하지 않는 학습 참여 실태가 무엇인지를 인지한다. 나아가 교무처는 매년 학과에 배포하는 '교육과정 편성 주요 사항'에 이러한 정보를 적시하여 학과를 비롯한 유관 부서의 교육 활동에 참고하도록 하였다. [그림 12-7]은 이와 같은 환류 및 개선 사례를 보여 준다.

[교육과정 편성 주요 사항]

Ⅰ. 학사 과정
　1. 교양 전공 교육과정 공통 사항
　　ㅇ 역량기반 교육과정 편성 내실화
　　ㅇ 인성, 융복합 등 교과목 특성 설정 지속
　　ㅇ 외국인 학생용 '글로벌트랙' 운영 및 확대
　　ㅇ 교수-학생 상호작용 기반의 창의적 문제해결형 첨단화 심화
　　ㅇ 학문 단위 명품교육: 대학교육의 대표 브랜드로서 '성균명품수업' 개발 확대
　　ㅇ 기업가 정신 및 창업 역량 배양을 위한 창업 교과목 개발 및 창업 대체학점 인정제도 시행(예정)
　2. 교양 교육과목
　　ㅇ 창의융복합 교육 활성화
　　ㅇ 고등학교 문·이과 교육과정 통합에 대비한 교양교육 모델 개편
　　ㅇ SW 교양 교육과정의 질 관리 체계 정립
　　ㅇ BSM 국제어 교육 내실화 정착
　3. 전공 교육과정
　　ㅇ 학문 단위 자율화 책임에 의한 '교육과정 발전 모델' 구축
　　ㅇ 창의융합 전공교육 강화
　　ㅇ 국제화 선도형 글로벌 교육 심화
　　ㅇ 산업협력 중점 특화 교육 및 산업계 관점 지역수요 연계 교육
　4. 일반선택 교과목
　　ㅇ 학생 사회진출 성과 창출을 위한 빅데이터 기반 창업 및 진로 교과목 개발

Ⅱ. 대학원 과정
　1. 연구중심 학위이수(Research-Centered Degree) 제도 운영
　　ㅇ 대학원 수료학점을 연구학점 중심으로 취득할 수 있도록 허용하고, 일정 수준 이상의 연구 성과물 도출을 학위수여 요건으로 함
　2. 연구집중 학위이수(Research-Intensive Degree) 제도 운영
　　ㅇ 학생의 자율설계에 의한 다양한 연구 활동을 학점으로 인정하고, 국제 수준의 연구 성과물 도출을 학위수여 요건으로 함
　3. 대학원 공통·융복합교육 활성화
　　ㅇ 공통·융복합 교과목 및 상호 인정 전공교과목 개발/운영 활성화
　　ㅇ 논문작성법 및 연구윤리: 2016학번 이후 일반/전문/특수원 신/편입생 중 학위논문을 작성하는 모든 대학원생은 의무 이수

Ⅲ. 외국인 교환학생용 교과목 관리 및 운영
　1. 외국인 교환학생용 교과목 지정제도 확대
　　ㅇ 외국인 교환학생용 교과목으로 지정한 과목은 영어 강의를 최소 1강좌 이상 반드시 개설
　2. 외국인 교환학생의 수강신청 편의성 제고
　　ㅇ 수업계획서 입력 충실성 확보
　　ㅇ 교환학생 지정 과목에 대하여는 교환학생 TO 설정(필요시 전용강좌 개설)

Ⅰ. 학사과정
　1. 교양 전공 교육과정 공통 사항
　　가. 역량기반 교육과정 편성 내실화
　　　ㅇ 전체 교과목 대상 성균핵심역량 매핑 다양화(특수 역량 매핑 가능)
　　　ㅇ 글로벌 역량 및 창의 역량 강화를 위한 교육과정 편성 확대
　　　　- 성균핵심역량(SCCA) 결과(대학교육혁신센터)에 의하면 학생들의 글로벌 역량 및 창의 역량이 타 역량 대비 취약한 것으로 확인
　　　ㅇ 역량기반 교육과정 운영의 내실화를 위하여 신규 교과목(기존 교과목의 역량을 변경하는 경우 포함)은 '성균핵심역량' 또는 '학문 분야별 별도 역량'을 지속적으로 설정
　　　　- '별도 역량' 설정 학과는 '학문 분야별 별도 역량신청서'를 제출하여야 함

〈성균핵심역량: 하위 역량 및 정의〉

핵심 역량	하위 역량	정의
소통 역량	• 수용력(듣기/읽기) • 전달력(말하기/글쓰기) • 조정력(토론/중재)	언어적·비언어적 매체를 통해 타인 및 주변 환경과 상호작용하여 원하는 결과를 얻어낼 수 있는 능력
인문 역량	• 문화적 소양 • 도덕성 및 학습윤리 • 교양 능력	정서적·도덕적으로 성숙한 인성과 건전한 가치관을 바탕으로 인간과 문화를 이해하고 사회가 추구하는 인간의 숭고한 가치를 고양시킬 수 있는 능력
학문 역량	• 지식탐구 • 학습전략 • 학습동기	학문적 탐구를 통하여 지식을 내면화하고 활용할 수 있으며, 스스로 시간관리 및 학업계획을 세워 자신의 적성 및 소질을 개발하는 능력
글로벌 역량	• 다양한 문화 수용 능력 • 외부 세계에 대한 이해 • 외국어 능력	글로벌 환경에서 문화 다양성을 이해하고 존중하며, 외국어를 적절히 활용하여 다양한 글로벌 현상을 능동적으로 이해하고 대응할 수 있는 능력
창의 역량	• 문제 발견 능력 • 아이디어 발상 능력 • 정교화 및 실행 능력 • 독립성 • 개방성 • 호기심과 몰입	새롭고 다양한 관점으로 문제를 발견 및 해결하는 인지적 특성(창의적 사고)과 정의적 특성(창의적 태도 및 동기)을 갖추고 열린 마음과 태도를 변화시키는 환경에 적응하고 더 나아가 변화를 이끌 수 있는 능력
리더 역량	• 비전 개발 및 실행 능력 • 대인관계 능력 • 공동체 시민의식 • 협동 능력	새롭고 실용성 있는 사고를 할 수 있는 인지적 특성과 함께 열린 자세 및 행동으로 다양한 관점 수용 몰입하는 정의적 특성으로 문제를 창의적으로 해결하는 능력
소프트웨어 역량	• 컴퓨터 과학의 이해 • 컴퓨팅 사고력(추상화 알고리즘 문제 분해) • 창의융합적 문제 해결력	컴퓨터 과학의 개념과 원리를 바탕으로 다양한 학문 분야의 문제를 컴퓨팅 사고력을 통해 표현하고 소프트웨어와 융합하여 창의적이고 효율적으로 해결할 수 있는 능력

[그림 12-7] 학생 진단 분석 결과 내용이 반영된 교육과정 편성 지침

(2) 학생에 대한 정보의 제공

　성균관대학교는 데이터의 분석 결과를 제공받는 대상에 학생이 포함되어야 한다고 믿는다. 이를 통해 교육 활동과 관련된 학생들의 인식, 태도, 자세 등을 바꿀 수 있으며, 이는 궁극적으로 교육의 질 제고로 이어지기 때문이다.

이와 관련하여 최근 성균관대학교가 역점을 두었던 것이 학생들에게 제공하는 성균핵심역량진단(SCCA[+]) 결과 보고서의 개선이다. 다음 [그림 12-8]과 [그림 12-9]는 보고서의 개선 전과 후의 모습이다. 당초 개선 전 보고서는 총 12장으로 구성되었으며, 핵심역량의 개념, 검사 점수에 대한 정의 등 비교적 간단한 정보만을 제공하였다. 반면 2017년 개선된 보고서에는 성균핵심역량의 의미와 중요성, 점수 산정 방식, 점수의 의미 및 해석 방법, 점수에 따른 행동 특성, 동료 학생과 비교하여 상대적으로 부족한 역량과 이를 함양할 수 있는 비교과 프로그램에 대한 정보가 포함되었다. 즉, 학생들은 이 보고서를 통해 핵심역량의 함양이 왜 중요하고, 대학 내 동료들과 비교하여 자신의 수준이 어떠하며, 부족한 역량을 기르고자 할 경우 도움이 될 수 있는 교내 프로그램은 무엇인지를 알게 된다.

이처럼 학생 친화적으로 개선된 보고서를 제공하는 것은 학생들의 설문 참여를 높이는 부수적인 효과도 가져왔다. 주지하다시피 최근 많은 대학들이 가지고 있는 고민 중 하나는 대학이 실시하는 설문조사에 어떻게 하면 보다 많은 학생을 참여토록 할 것인가이다. 일부 대학들은 설문 참여자들에게 경품을 제공하기도 하고, 일부 대학에서는 학과 또는 교수들에게 일정 수의 표본을 할당하기도 한다. 그러나 성균관대학교 사례는 학생들에게 진단 결과를 제공하는 것이야말로 학생들의 자발적이고 적극적인 설문 참여를 유도하는 길임을 보여 준다.

[그림 12-8] 개선 전 성균핵심역량진단(SCCA) 학생 리포트

[그림 12-9] 개선 후 성균핵심역량진단(SCCA) 학생 리포트

5) 개인정보보호

　체계적이고 효과적인 데이터 기반 교육의 질 관리를 위해서는 어떤 자료를 수집할 것인가, 어떻게 분석할 것인가, 누구에게 분석 결과를 제공할 것인가가 중요하다. 그러나 이에 못지않게 중요한 것이 '수집된 자료를 어떻게 안전하게 보관하고 활용할 것인가'다. 이는 개인정보보호의 문제다. 예컨대, 어느 학생이 자신과 관련된 데이터를 어디에 활용하고, 언제까지 보관할 것인지, 그리고 이러한 사항에 대해 본인의 동의를 구하였는지를 묻는다면, 대학은 어떻게 대답할 것인가? 대학에서는 학생들로부터 사전 동의서를 받지 않고 수집한 자료를 정당하게 사용할 수 있는가? 이러한 사항을 소홀히 할 경우에는 그동안 구축해 온 교육의 질 관리 시스템에 매우 부정적인 결과를 초래할 수 있다.

　성균관대학교는 데이터 관리 및 개인정보보호와 관련하여 특히 세 가지 부분에 유의하고 있다. 먼저 개인과 관련된 자료가 적법하게 수집되고 있는지에 대하여 항상 긴장을 늦추지 않고 있다. 우선 학생을 대상으로 하는 개인정보 수집과 관련하여 동의서를 보다 정교화할 필요가 있었다. 그동안 비교적 간단하게 동의를 구하였다면 이제는 데이터 수집의 목적, 관리 방안, 대학의 정보보호 체계를 설명하고 학생의 동의를 구하는 방식으로 보다 고도화하였다. 다음으로 데이터의 수집 및 보관과 관련하여 현행 「개인정보 보호법」과 대학의 관련 내규를 철저히 확인하고 있다. 또한 대학 기관생명윤리위원회(Institutional Review Board: IRB)의 심의를 통해 학생 정보의 수집, 관리 및 보호 시스템이 적절한지를 검증받고 있다.

　둘째, 수집된 데이터의 보관 및 관리에도 만전을 기였다. 우선 데이터에 접근할 수 있는 권한을 가진 대상을 명확히 하고, 그 수를 일정 수준으로 유지하는 방침을 세웠다. 더불어 직원의 인사이동과 관련하여 데이터에 접근할 수 있는 권한을 수시로 업데이트하는 과정을 거치고 있다. 또한 데이터에 대한 접근 권한을 보유한 사람들이 보안 인식을 강화할 수 있도록 하고 있다. 개인정보보호를 위해 관련 데이터를 제3자에게 제공할 경우에는 반드시 비식별화 조치 등 데이터 가공을 수행하였고, 이와 관련된 절차를 체계적으로 정리한 매뉴얼을 마련하였다.

마지막으로, 데이터의 활용과 관련하여 수집된 데이터의 유통 장부를 마련하였다. 성균핵심역량, 학부교육 실태조사 결과 등 관련 데이터에 접근하거나 분석을 원하는 모든 사람들에게 보안 서약서를 작성하도록 하였다. 또한 직무상 취득한 정보나 자료를 제3자에게 제공할 경우 개인정보보호와 관련된 준수 사항을 제대로 이행하도록 관리하고 있다.

6) 대학 직원의 분석역량 증진

교육의 질 관리를 위해 진단도구를 개발하고 관련 자료를 수집했다 하더라도, 궁극적으로 이를 분석할 수 없다면 모두 무용지물이 된다. 즉, 대학은 데이터를 분석하고 이를 가치가 있는 정보로 만들어 낼 수 있는 역량을 갖추고 있어야 한다. 많은 대학들은 소수의 통계 전문가를 고용함으로써 필요한 모든 데이터 분석을 수행할 수 있다고 믿는 경향이 있다. 그러나 데이터의 규모와 다양성, 분석을 통해 해결하려는 문제의 맥락과 복잡성을 고려할 때, 소수의 분석 전문가에게 모든 것을 맡기는 것은 바람직하지 않다. 즉, 데이터의 특징, 문제의 배경, 분석의 맥락을 가장 잘 이해하는 현업 담당자들이 데이터를 분석하고 정보를 생산하는 것이 가장 바람직하다. 이렇게 볼 때 각 부서에서 실제 업무를 담당하고 있는 직원들의 분석 역량 제고는 데이터 기반 교육의 질 관리 시스템의 유지를 위한 핵심 요건이라 할 수 있다.

이와 관련하여 성균관대학교는 행정 직원의 데이터 분석 역량 강화를 위해 많은 노력을 기울이고 있다. 우선 직원들을 대상으로 '데이터 분석 준전문가 프로그램'을 운영하고 있다. 해당 프로그램을 이수한 직원들은 국가공인 데이터 분석 준전문가(ADsP) 자격시험에 응시하도록 하였다. 그 결과 2017년 기준 48명의 직원들이 데이터 분석 준전문가(ADsP) 자격증을 갖게 되었고, 1명의 직원은 빅데이터 전문가 자격증(ADP)를 취득하였다.

한편 성균관대학교는 대학기관연구 차원에서 2017년 1월부터 데이터분석센터를 별도로 설치하였다. 데이터를 기반으로 하는 교육의 질 관리 업무는 이에 전문성을 보유하고 있는 대학교육혁신센터에서 주관하지만, 연구, 산학협력 등 대학경영 전반에 걸친 데이터의 수집과 분석에 대한 업무는 새로 설치한 데이터분석센터에서 수행하고 있다.

4. 결론 및 시사점

성균관대학교가 데이터 기반 교육의 질 관리에서 성과를 거둘 수 있었던 것은 이면에 많은 요인이 복합적으로 작용했기 때문이다. 이는 이제 이러한 노력을 시작하고 있는 다른 대학이 참고할 수 있는 시사점이기도 하다.

첫째, 무엇보다 대학 경영진의 이해와 지지가 큰 역할을 발휘하였다. 대학 총장, 학교 법인, 주요 보직교수들을 비롯한 대학 경영진의 전폭적인 지원 없이는 대학 차원의 데이터 공유 및 연계 체제 마련, 직원의 분석 역량 제고를 위한 프로그램 운영, 데이터분석센터 신규 설치 등이 불가능했을 것이다.

둘째, 데이터 기반 교육의 질 관리가 효과적으로 이루어지려면 필요한 데이터를 모을 수 있어야 한다. 학생의 기본 정보 및 배경에 대한 투입 요인, 학생의 학습 과정과 대학생활 경험을 포함하는 과정 요인, 학점 및 핵심역량 수준 등을 보여 주는 성과 요인에 대한 데이터가 체계적으로 수집되어야 한다. 문제는 이러한 자료가 여러 부서에서 산재되어 만들어지고, 비체계적으로 유통되고 있다는 점이다. 따라서 이를 연계하는 데이터 거버넌스, 데이터 커뮤니케이션 시스템을 마련하는 것이 필요하다. 이때 가장 중요한 것은 해당 부서 직원들의 이해와 협조. 성균관대학교의 경우, 교무처, 학부대학, 기획조정처 등 관련 부서와 직원들의 협조를 통해 필요한 데이터를 연계하여 분석할 수 있는 토대를 마련하였다. 이러한 것이 가능했던 이유는 데이터 기반 교육의 질 관리가 추구하는 목적에 대한 공유와 합의가 이루어졌기 때문이라 하겠다.

셋째, 개인정보보호는 데이터 기반 교육의 질 관리의 기본이다. 이는 평소에 간과하기 쉬운 분야이지만 문제가 되면 그동안 들인 노력, 투자와 성과가 물거품이 될 수도 있다. 따라서 평소에 철저하게 자료를 관리하고, 데이터와 관련된 모든 일처리를 함에 있어 스스로 문제가 없는지를 확인해야 한다. 특히, 관련 규정과 절차를 확립하여 매뉴얼화한 것이 많은 도움이 되었다. 또한 대학의 개인정보보호 전문가로부터 자문을 받는 것도 계속해서 유지하고 있다.

넷째, 데이터 기반 교육의 질 관리가 성공하려면 4개 분야 전문가들의 협업이 요구된다. 먼저 데이터 분석이 필요한 이슈를 제기하는 교육 전문가가 포함되어야 한다. 이 문제에 대하여 성균관대학교는 대학교육혁신센터가 주도적인 역할을 담당하였다. 다음은 실질적으로 고급 통계 방법을 적용해 데이터를 분석할 수 있는 분석 전문가가 필요하다. 대학에는 분석 전문가가 많으므로 반드시 상주할 필요는 없다. 대학교육혁신센터의 경우, 직접적으로 데이터 기반 교육의 질 관리 업무를 담당하는 인원으로 박사급 1명과 석사급 1명이 있고, 센터의 다른 분야 연구원들이 협력하는 시스템을 갖추고 있다. 물론 일반 행정부서의 담당자들도 분석 능력을 갖춰야 함은 앞서 제시한 바와 같다. 더불어 여러 부서에서 생산된 데이터를 연계하기 위해서는 적절한 정보통신 체제를 갖출 필요가 있다. 따라서 ICT 전문가의 참여가 필수적이다. 성균관대학교의 경우, 관련 설문조사 수행 및 데이터의 수집, 데이터의 보관, 개인정보보호, 결과 보고서 생산에 이르기까지 정보통신팀과 유기적인 협력 체제를 갖추고 있다. 마지막으로, 개인정보보호 전문가가 필요하다. 성균관대학교는 대학교육혁신센터의 담당 연구원이 학습을 통해 스스로 개인정보보호 전문가가 되도록 노력하고 있다. 즉, 업무를 수행하는 사람이 개인정보보호 문제에 대하여 가장 민감하게 반응하고 관련 규정을 숙지해야 한다는 것이다. 여기에 개인정보보호 관련 전공 교수들이 데이터 기반 교육의 질 관리 시스템 설계부터 수시로 참여하여 정보의 수집, 관리, 활용에 대한 자문을 주었다.

다섯째, 데이터 기반 교육의 질 관리 활동과 관련하여 데이터의 수집, 분석, 활용 그 자체가 목적이 아니라는 점을 잊지 말아야 한다. 데이터를 분석하는 이유는 산출된 정보를 바탕으로 대학의 정책, 제도, 프로그램을 개선하여 교육의 질을 제고하기 위한 것이다. 또한 학생, 교수, 직원 등 교육 주체들이 자신이 맡은 일을 제대로 수행하고 있는지 확인하게 하고, 교육 활동과 관련 문제에 대한 인식과 태도를 변화시켜 바람직한 행동을 하도록 유도하기 위한 것이다. 요컨대, 교육 프로그램의 개선, 제도의 혁신, 행동과 문화의 변화, 과학적 의사결정 등 대학과 구성원들의 체계적인 개입과 변화를 위한 수단으로써 데이터 기반 교육의 질 관리가 중요하다는 것이다. 그러나 많은 경우, 주객이 전도되어 이 과업을 왜 하는지를 잊고, 과업 자체에 몰두하는 경향이 있다. 데이터 기반 교육의 질 관리는 결국 학생들의 성공적인 대학생활을 지원하기 위한 방법일 것이다. 이에 대해 대학 경영진이 잘 이해하고, 구성원들의 공감대가 형성될 때 보다 정확하고 지속가능한 체제가 운영될 수 있다.

참고문헌

Astin, A. W., & Antonio, A. L. (2012). *Assessment for Excellence: The Philosophy and Practice of Assessment and Evaluation in Higher Education* (2nd ed.). Maryland: Rowman & Littlefield Publishers.

제**13**장

교육 환경에서 발생하는 데이터의 종류와
분석 사례: 한동대학교 사례

김우성(한동대학교)

1. 서론 및 배경

최근 IT 기술의 발전에 따라서 다양한 영역에서 데이터가 빠르게 축적되고 이러한 데이터들이 네트워크를 통해 연결되면서 1년 동안 생성되는 데이터가 지난 몇천 년 동안 저장된 데이터를 초과하는 수준에 이르렀다. 이러한 데이터를 우리는 '빅데이터(Big data)'라고 부른다. 문헌에 따르면 통합된 데이터의 총량이 2020년에는 44제타바이트에 이를 것으로 예상되며 이는 미국 의회 도서관이 소장한 정보량의 약 40,000배에 달하는 양이라고 한다(성욱준, 2015). 이러한 데이터의 특징을 초기에는 방대한 양(volume), 빠른 생성 속도(velocity), 사진, 동영상, 텍스트 데이터의 다양한 형태(variety)로 규정하여 3V로 나타내었으나 최근에는 데이터를 활용하여 새로운 가치를 창출하는 능력이 중요한 요소로 대두됨에 따라 가치(value)를 포함하여 4V로 나타내고 있다. 방대하고 빠른 생성 속도를 가진 다양한 데이터 자체도 중요하지만 데이터가 내포하고 있는 의미를 도출하고 이를 어떻게 활용하는지도 중요하다는 것이다. 이러한 경향은 특별히 기업에서 전략 수립을 하는 경우에 두드러지게 나타나고 있으며, 효과적인 정부 정책 수립을 위하여 공공 데이터를 분석하는 사례도 증가하고 있다. 이를 위하여 세계 각국은 다양한 노력을 기울이고 있는데, 미국의 경우 2012년 빅데이터 기술 연구에 2억 달러 이상을 지원하는 정책을 발표하였으며, 영국은 '데이터 전략 위원회'를 설립하였고, 유럽 연합은 '데이터 개방 전략' 등 빅데이터 정책들을 수립하였다(권영옥, 2013). 우리나라도 2012년 총 5천억 원을 투자하는 '스마트 국가 구현을 위한 빅데이터 마스터 플랜'을 발표하였으며, 이는 빅데이터 전문인력 양성 및 공공과 민간 부문에서 빅데이터를 활용할 수 있도록 지원하는 다양한 정책과제를 포함하고 있다.

[그림 13-1] 한동교육개발원 조직도

교육의 영역에서도 데이터에 기반을 둔 전략 수립과 교육의 질 관리의 중요성이 대두되고 있다. 예를 들어, 미국 애틀랜타의 한 공립고등학교에서는 학생들의 성적 데이터 분석을 통하여 졸업률과 학업 성과에 가장 크게 영향을 미치는 과목이 수학(algebra 1)이며, 작문 과목의 성적이 수학 과목의 성적에 영향을 미친다는 것을 발견하였다. 이러한 분석 결과를 바탕으로 학교는 학생들의 글쓰기 과목을 지원하였으며, 학생들의 성공적인 수학 과목 이수를 도와 전체 졸업률을 높일 수 있었다(Lavelle et al., 2011). 국내에서는 성균관대학교에서 Holland 진로탐색 검사로 얻은 학생들의 적성에 관한 데이터에 데이터 마이닝 기법을 적용하여 시스템경영공학부의 세부 전공을 추천하는 지능형 전공지도 시스템 개발 방법을 제시한 사례가 있다(Choi et al., 2005). 이처럼 데이터 분석을 통하여 교육기관이 제공하는 서비스의 품질을 관리, 점검할 수 있으며, 학생들에게 더욱 효과적인 교육 서비스를 제공할 수 있다. 고등교육기관인 대학에서는 대학기관연구(Institutional Research)를 통하여 이러한 관리를 지원하고 있는데, 대학기관연구를 수행하는 조직에서는 대학 행정을 통해 생산되거나 외부에서 획득한 데이터를 연계 분석하여 대학의 전략 수립 및 의사결정에 도움이 되는 정보를 산출하는 기능을 수행하게 된다(배상훈, 윤수경, 2016).

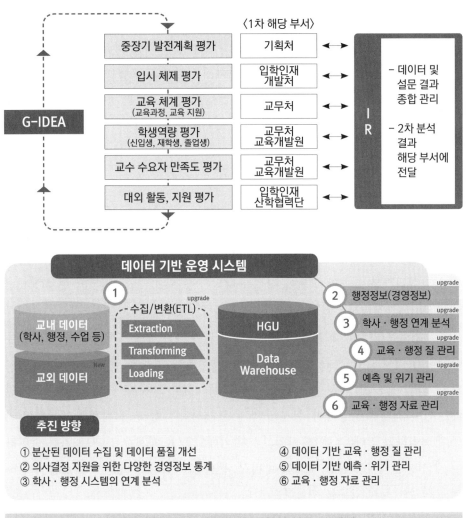

[그림 13-2] 한동대학교 IR 지원실 업무 및 체계

2. 한동대학교 IR 사례

한동대학교에서도 체계적인 교육의 질 관리와 대학의 전략 수립을 지원하기 위하여 2015년 10월 한동교육개발원 산하에 IR 지원실을 창설하였다. 한동교육개발원은 글로벌커뮤니케이션지원실과 교수학습센터, 그리고 IR 지원실로 구성되어 있는데 각 조직의 대략적인 업무 분장은 [그림 13-2]에 나타나 있다. 글로벌커뮤니케이션 지원실은 학생들의 말하기와 글쓰기 등의 역량 개발을 지원하며, 교수학습센터는 교수들과 학생들을 지원하기 위한 다양한 프로그램을 운영한다. 교수들을 지원하기 위한 프로그램들은 신임교원들이 학교에 잘 적응하도록 돕는 정착 프로그램, 온라인, 영어 강의 등을 지원하기 위한 프로그램을 포함하며, 학생들을 위한 프로그램은 학습법 특강, 멘토링 및 튜터링 프로그램 등으로 구성된다. IR 지원실은 학교에서 운영되는 다양한 프로그램에 관한 평가 및 설문 결과와 대내외 평판도 설문 등을 종합하여 관리하고 있으며, 이에 관한 데이터 2차 분석을 수행하여 결과를 해당 부서에 전달하고 있다([그림 13-2] 참고). 2017년 기준으로 IR 지원실은 실장 1명과 연구원 3명으로 구성되었으며, 연구원들은 각각 교육학 석사학위 소지자 2명과 학사학위 소지자 1명으로 이루어져 있다. 실장의 직무는 전임교원이 보직으로 맡아서 수행하였으며, 설립 당시인 2015년 10월부터 2017년 1월까지는 상담심리학부 소속의 교원이 직무를 담당하였고, 2017년 2월부터 현재(2018년 8월)까지는 경영경제학부 소속의 교원이 직무를 수행하고 있다.

IR 지원실은 주로 학교에서 교육과정을 평가하기 위하여 시행되는 주요 설문을 분석하여 이를 통한 환류 시스템을 구축, 개선하는 업무를 담당하고 있다. 이에 따라, 학습 활동 질 관리 시스템인 SPARC 시스템과 교수 활동 질 관리 시스템인 SMART 시스템을 운영하며, 설문 문항 등을 개선하는 등 환류 체계를 개선하기 위하여 노력하고 있다([그림 13-3] 참고). 이 외에도 교육 체계를 진단, 평가하기 위하여 각 학부들의 현황들을 파악하여 비교, 분석하고, 교내외 평판도 정보를 수집하여 분석하는 등의 업무를 수행하고 있다.

지난 몇 년간 한동대학교 안에서는 다양한 사업들이 진행되고 이로 인한 프로그램이 개발되면서, 이와 더불어 그것들을 정량적으로 평가하기 위한 다양한 설문과 검사들도 시행되었다. 이를 통하여 각 프로그램의 효과에 관한 유용한 정보를 얻을 수 있었지만, 잦은 설문으로 인하여 행정 업무의 양과 학생들이 느끼는 설문 피로도 또한 증가하게 되었다. 한동대학교와 같은 소규모 대학의 경우, 설문이 자주 시행되게 되면 한 학생이 몇 번에 걸쳐 서로 다른 설문에 참여하도록 요청받게 되는 것이다. 이는 전체적인 응답률 저하로 이어질 수 있기 때문에, IR 지원실은 관련된 부처들과 회의를 거쳐 학생들을 대상으로 기존에 진행되던 설문을 통합하여 피로도를 최소화하려고 노력하였다. 이에 교무처, 입학처, 국제처, GLS 학부(신입생을 담당하는 학부) 등 설문을 진행하는 타 부처들과 회의를 거쳐 교과학습 활동과 신입생 교육과정 적응도에 관한 설문을 통합하였으며, 통합된 설문은 2016년부터 시행되고 있다.

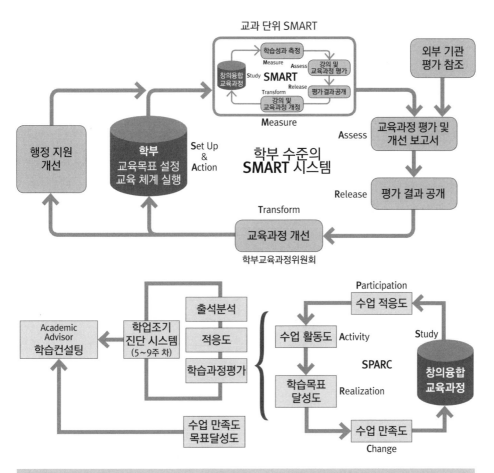

[그림 13-3] 한동대학교 교수 활동 질 관리 시스템(위)와 학습 활동 질 관리 시스템(아래)

또한 설문을 통합, 관리하는 작업과 더불어, 학생들에 관한 다른 행정 업무나 사건으로 인하여 자연스럽게 실시간으로 수집되는 데이터에 주목하였다. 따라서 여기에서의 실시간 데이터란, 설문이나 다른 평가 도구를 통하지 않고 수집되는 데이터를 의미한다. 여기에서는 한동대학교에서 현재 분석을 시도하고 있는 실시간 데이터와 이를 분석하기 위한 기법을 소개한다. 결과는 교내 구성원들에게 공유될 예정이며, 이후 관련 부처들과 협의가 있을 예정이다. 분석의 대상이 되는 데이터는 구체적으로 다음과 같다.

① 학교에서 사고가 발생한 경우 보험 처리 기록
② 도서관 대출 기록
③ 교내 시스템에 있는 민원 데이터
④ SNS를 통하여 수집될 수 있는 데이터
⑤ 전산으로 매 수업마다 수집되고 있는 출석률 데이터

위 데이터들은 교육 환경의 현황을 파악하고 개선시키기 위하여 IR 지원실이 자체적으로 선정하여 분석한 것임을 밝힌다. 교내 데이터 아카이브에 있는 다양한 데이터 중 학생들의 교육 환경과 연관되거나 학생들이 발생시키는 데이터를 우선적으로 고려하였으며, 회의를 거쳐 의사결정에 용이한 데이터를 선정하여 분석하였다.

다음 절에서는 각 데이터들과 이에 관한 분석 기법들을 소개한다. 마지막 절에서는 관련 이슈에 관한 시사점과 결론을 제시한다.

3. 보험 처리 데이터 분석 사례와 구급용품 배치

이 장에서 소개되는 데이터 분석 사례는 이정섭, 김강산, 김종회, 김우성(2016)에 의해 발표되었다. 더욱 자세한 수리 모형에 관한 설명은 문헌을 참고하기를 바란다.

1) 분석 배경

　급속한 산업화와 도시화로 인하여 각종 사회적인 재난이 증가함에 따라, 안전문제에 관한 국민들의 관심이 높아지고 있다. Wang(2014)에 따르면 사고에 효과적으로 대응하기 위하여 현장 중심의 통합 관리 체제를 갖추는 것이 중요하다. 여기에서 현장 중심의 통합 관리 체제란 응급 사고나 재난이 발생했을 때 관리의 주체는 현장의 시민이 되고, 각 기관이나 중앙정부가 현장의 관리자원을 지원하는 현장 중심의 관리 체제를 의미한다. 이는 응급 사고 발생 시 사고를 1차적으로 목격하는 시민의 대응이 중요함을 시사하고 있다. Ko 등(2014)에 의하면, 2009년부터 2012년까지 한국의 응급 환자 사망률이 증가하고 있는데, 주된 원인 중의 하나가 사고 발생부터 구급 차량이 발생 지점에 도착하는 시간이 예상보다 지연되기 때문이라고 한다. 도시화와 교통 혼잡과 같은 원인으로 인하여 구급 차량이 적절한 시기에 사고 지점까지 도착하지 못하는 경우가 발생하게 되고, 이때 응급 환자의 생존율이 급격하게 낮아지게 된다는 것이다. 따라서 일정 수 이상 사람들이 거주하며 조기에 응급조치 인원이 도착하기 어려운 지역의 경우, 사고 발생 시 시민들이 응급조치의 주체가 되어야 하며, 이를 위하여 응급처치 장비 구비가 필요하다. 특히, 급성 심정지와 같은 사고가 발생했을 때, 응급조치까지 걸리는 시간이 환자의 생존율에 치명적인 영향을 미친다. 한동대학교는 포항 시내에서 먼 교외 지역에 위치하고 있기 때문에, 교내에서 응급을 요하는 사고가 발생했을 때 외부에서 사고 발생 지점까지 대응 차량이 오는 데 걸리는 시간이 조치에 필요한 시간을 초과할 확률이 높다. 이에 적절한 응급조치는 1차적으로 교내에서 이루어져야 하며, 이는 학교가 적절한 수의 응급 장비를 확보하여 효과적으로 배치해야 함을 의미한다. 평소 이 주제에 관심이 있었던 학부생들이, 필자가 강의하는 수업에서 주제에 대한 점검과 분석을 제안하였으며, 이후 데이터 분석과 수리 모형 개발에 참여하였다. 이 장에서는 보험 처리 기록들을 통하여 교내에 필요한 적절한 응급 장비의 수와 배치를 제안하는 수리 모형을 소개한다.

2) 분석 내용 및 방법

교내 보험처리 데이터에는 사고가 발생한 시간과 대략적인 지역이 나타나 있으며, 사고의 종류나 원인은 나타나 있지 않다. 기숙사에는 응급처치 도구와 양호실이 있기 때문에 사고 발생 시 즉시 조치가 가능하며 이에 전체 지역에서 제외하였다. 각 지역별로 최근 2년간 사고가 발생한 상대 빈도는 [그림 13-4]와 같다. 장소 ⑫에서 가장 많은 사고(약 45%)가 발생하였음을 알 수 있으며 그다음으로 사고가 많이 발생한 지역은 ⑬임을 알 수 있다.

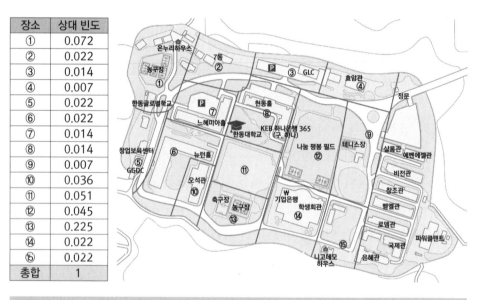

장소	상대 빈도
①	0.072
②	0.022
③	0.014
④	0.007
⑤	0.022
⑥	0.022
⑦	0.014
⑧	0.014
⑨	0.007
⑩	0.036
⑪	0.051
⑫	0.045
⑬	0.225
⑭	0.022
⑮	0.022
총합	1

[그림 13-4] 최근 2년간 교내 보험 데이터 발생 위치 및 빈도

위 데이터를 기반으로 분석의 목적을 심정지 상황에서 생존율을 최대화할 수 있도록 제한된 제세동기와 응급 설비를 배치하는 것으로 설정하였는데, 그 이유는 다음과 같다. 첫 번째로, Erdoğan 등(2006)에 의하면 응급 상황 중 심정지 상황이 가장 우선 처리되어야 하는 상황이며 조치까지 걸리는 대응 시간이 생존율과 직결된다. 선진국의 경우에는 심정지 상황에서 생존율이 15~40%인 데 반해, 우리나라의 생존율은 2.4%이며 이는 병원 도착 전 발견자를 통하여 적절한 심폐소생술이 이루어지지 않기 때문이다(조병준, 김선예, 2014). 둘째, 심정지 사고는 다른 사고들에 비해 응급조치까지 반응하는 시간과 생존율 사이의 관계가 비교적 명확하게 규명되어 있다. 셋째, 제약된 응급 설비의 수에 따라 배치와 생존율이 어떻게 변하는지를 파악함으로써 사고 발생 시 환자의 생존율이 어떻게 변할지 예측 및 조치할 수 있다.

　하지만 우리는 각 지역에서 응급조치를 필요로 하는 사고가 발생할 확률 또한 보험 처리 데이터의 상대 빈도에 비례하다고 가정하였으며, 응급 설비의 수에 따른 배치를 결정하기 위하여 두 가지 기법을 사용하였다. 심정지 상황에서 반응 시간에 따른 생존율을 나타내는 생존율 함수와 설비 배치를 결정하기 위한 정수 계획 모형을 그 기법이라 할 수 있다.

　반응 시간에 따른 생존율에 관한 다양한 연구 결과에 의하면, 심정지 상황에서 환자의 생존율은 여러 영향을 미치는 변수들로 표현될 수 있다. 예를 들어, Larsen 등(1993)은 미국 워싱턴의 King County 지역의 심정지 감시 시스템의 자료를 다중 회귀분석을 통하여 다음과 같은 생존확률에 관한 식을 도출하였다.

$$생존율 = 0.67 - 0.023t_A - 0.011t_B - 0.021t_C$$

　여기서 함수값은 생존율, t_A는 사고 발생 시점부터 심폐소생술 시행까지의 시간(분), t_B는 사고 발생 시점부터 제세동 시행까지의 시간(분), t_C는 사고 발생부터 전문 심장소생술까지 걸리는 시간(분)을 의미한다. 함수에 따르면, 만약 교내 한 장소에 제세동기가 설치되는 경우 사고 발생 지점과 설치 장소를 왕복하는 시간에 의해 결정된다. [그림 13-4]에 나타난 각 지역 간을 이동하는 데 걸리는 소요 시간을 실험적으로 측정한 결과는 〈표 13-1〉과 같다. 이는 성인의 걸음 속도(약 4km/h)로 측정한 것이다.

〈표 13-1〉 지역 간 이동 소요 시간(분)

j \ i	1	2	3	4	5	6	7	8	9	10	11	12	13	14	15
1	0	2	5	6	3	3	3	6	8	6	5	7	7	9	10
2	2	0	3	4	4	4	3	4	6	5	5	7	7	9	10

3	5	3	0	2	7	7	4	2	3	6	6	4	6	6	7
4	6	4	2	0	8	8	5	4	2	7	7	5	8	8	9
5	3	4	7	8	0	2	4	7	10	4	5	7	5	6	7
6	3	4	7	8	2	0	3	5	8	3	2	6	4	6	8
7	3	3	4	5	4	3	0	3	6	3	5	4	4	6	7
8	6	4	2	4	7	5	3	0	5	5	4	3	5	5	6
9	8	6	3	2	10	8	6	5	0	9	7	5	8	6	5
10	6	5	6	7	4	3	3	5	9	0	2	5	2	4	5
11	5	5	6	7	5	2	5	4	7	2	0	3	2	4	5
12	7	7	4	5	7	6	4	3	5	5	3	0	5	5	4
13	7	7	6	8	5	4	4	5	8	2	2	5	0	3	5
14	9	9	6	8	6	6	6	5	6	4	4	5	3	0	2
15	10	10	7	9	7	8	7	6	5	5	5	4	5	2	0

연구의 목적이 제세동까지의 반응 시간이 생존율에 미치는 효과를 계산하여 제세동기의 효과적인 설치 위치를 결정하는 것에 있으므로, t_A, t_C의 값을 0으로 가정한다(Erdoğan et al., 2006). 이러한 가정 하에서의 생존율은 다음과 같다.

$$\text{생존율} = 0.67 - 0.011 l_B$$

예를 들어, 사고 빈도가 가장 많이 높은 ⑫ 지역에 제세동기를 설치한다고 가정하자. 만약 ① 지역에서 심정지 사고가 발생한 경우, 두 지역 간 이동 시간은 7분이며 왕복 시간은 14분이다. 따라서 이때 왕복 이동 시간인 14분을 위 식에 대입하면 생존율이 0.516으로 나타남을 알 수 있다. [그림 13-4]의 상대 빈도를 고려하면 학교가 ⑫ 지역에 제세동기 하나만을 설치했을 때의 생존율을 구할 수 있다.

두 번째 기법은 공공시설 배치나 공장 신설 문제 등 자원의 위치를 결정하는 의사결정 문제에 사용되는 정수 계획 모형이다. 생존율을 고려하여 제세동기와 구급용품의 수와 배치를 결정하기 위하여 정수 계획 모형을 이용한다. 정수 계획 모형은 제한된 자원을 사용하여 효율적인 의사결정을 내리는 다양한 영역의 문제에 적용되며, 본 문제와 연관된 공장 신설이나 공공시설 배치 문제에도 사용된다(김세헌, 1994). 간단한 예를 들어 수리 모형을 설명하면 다음과 같다.

지역 A는 7개의 행정 구역(1, 2, … , 7)으로 구성되어 있으며, 이 행정 구역을 담당하기 위한 소방서의 위치를 결정하려고 한다. 고려 대상이 되는 후보지는 A, B, C, D, E, F, G 등 7곳인데 각 후보지에 소방서가 설치될 경우 담당할 수 있는 행정 구역은 〈표 13-2〉와 같다.

⊞ 〈표 13-2〉 소방서 설치 위치별 담당 행정 구역

	A	B	C	D	E	F	G
담당 지역	1, 5, 7	1, 2, 7	3, 5	2, 4	3, 4, 6	4, 5, 6	2, 4

예를 들어, 후보지 A에 소방서를 개설할 경우에 행정 구역 1, 5, 7을 커버할 수 있으며 G에 건설할 경우에는 지역 2, 4를 커버할 수 있다. 이때, 모든 행정 구역을 커버하면서 소방서의 개수가 최소가 되는 정수 계획 모형은 다음과 같다.

$$Minimize\ X_A + X_B + X_C + X_D + X_E + X_F + X_G \cdots\cdots\ (1)$$
$$s.t.\ X_A + X_B \geq 1 \cdots\cdots\cdots\cdots\cdots\cdots\cdots\cdots\cdots\cdots\ (2)$$
$$X_B + X_D + X_G \geq 1 \cdots\cdots\cdots\cdots\cdots\cdots\cdots\ (3)$$
$$X_C + X_E \geq 1 \cdots\cdots\cdots\cdots\cdots\cdots\cdots\cdots\cdots\cdots\ (4)$$
$$X_D + X_E + X_F + X_G \geq 1 \cdots\cdots\cdots\cdots\ (5)$$
$$X_A + X_G + X_F \geq 1 \cdots\cdots\cdots\cdots\cdots\cdots\cdots\ (6)$$
$$X_E + X_F \geq 1 \cdots\cdots\cdots\cdots\cdots\cdots\cdots\cdots\cdots\cdots\ (7)$$
$$X_A + X_B \geq 1 \cdots\cdots\cdots\cdots\cdots\cdots\cdots\cdots\cdots\cdots\ (8)$$

이때, X_i는 지역 i에 소방서를 건설하면 1, 아니면 0의 값을 갖는다고 정의한다. 식 (1)은 정수 계획 모형의 목표가 소방서의 수를 최소화하는 것임을 나타내며, 식 (2)~(8)은 각 행정 구역들이 소방서에 의하여 커버되어야 함을 의미한다. 예를 들어, 식 (2)는 행정 구역 1을 커버하기 위해서 A 혹은 B 후보지에 소방서를 건설해야 함을 의미한다. 이와 같이, 모든 지역을 담당하는 소방서의 수와 설치 위치를 구할 수 있으며, 정수 계획 모형의 해는 엑셀이나 MATLAB 등 다양한 프로그램을 이용하여 얻을 수 있다. 정수 계획 모형의 수학적인 원리는 김세헌(1994)을 참고하기를 바란다. 이러한 정수 계획 모형와 보험 데이터를 사용하여 제세동기와 구급용품을 배치하기 위한 정수 계획 모형을 개발하였으며 이는 이정섭 등(2016)에 제시되었다. 자세한 수리 모형과 변수들의 정의는 생략한다.

3) 분석 결과

정수 계획 모형으로 인하여 도출된 결과에 따르면 설치 대수에 따라서 생존율을 최대화하기 위한 설비의 위치는 〈표 13-3〉과 같다. 표의 3열에 표기된 위치는 [그림 13-4]에 나타난 지역을 의미한다.

〈표 13-3〉 사고 발생 시 생존율을 최대화하기 위한 제세동기의 위치

설치 대수 (Z*)	생존율	위치
1	0.6079	12
2	0.6390	12, 13
3	0.6566	1, 12, 13
4	0.6590	1, 12, 13, 14
5	0.6629	1, 11, 12, 13, 15
6	0.6650	1, 4, 11, 12, 13, 14
7	0.6670	1, 4, 5, 11, 12, 13, 14
8	0.6680	1, 4, 5, 8, 11, 12, 13, 14
9	0.6690	1, 4, 5, 7, 8, 11, 12, 13, 14
10	0.6700	1, 2, 4, 5, 7, 8, 11, 12, 13, 14
11	0.6710	1, 2, 4, 5, 7, 8, 10, 11, 12, 13, 14
12	0.6720	1, 2, 3, 5, 7, 8, 10, 11, 12, 13, 14, 15
13	0.6739	1, 2, 3, 5, 6, 7, 8, 10, 11, 12, 13, 14, 15
14	0.6740	1, 2, 3, 4, 5, 6, 7, 8, 10, 11, 12, 13, 14, 15
15	0.6740	모든 노드

〈표 13-3〉을 보면, 보유하고 있는 제세동기가 한 대인 경우 그때 설비의 위치는 장소 ⑫에 설치할 때 생존율이 최대가 된다(그림 13-4 참고). 이는 장소 ⑫가 사고가 가장 많이 발생하는 지역이기 때문으로 추정되며, 이때 생존율은 0.6079로 나타난다. 계산된 생존율 값은 각 지역과 장소 ⑫ 간의 왕복 이동 시간을 고려하여 생존율 함수를 계산하고 이후 각 지역의 상대 빈도를 이용하여 가중 평균한 값이다.

두 대를 설치할 경우, 장소 ⑫와 ⑬에 설치해야 하며, 이때는 생존율이 0.6390이다. 세 대의 경우 장소 ①, ⑫, ⑬에 설치해야 하는데, 이전 결과들이 상대 빈도가 높은 지역에 설치하도록 결정하는 데 반해 장소 ①에 설치하도록 하는 이유는 다른 사고 빈도가 높은 지역들을 근방에 있는 제세동기들로 커버할 수 있기 때문으로 추정된다. 이처럼 수리 모형을 통하여 적절한 설비를 배치가 결정될 수 있으며, 이러한 설비 배치 모형은 강의실 배정, 교내 설비 설치 문제 등의 의사결정 문제에도 응용될 수 있다.

4) 분석 결과의 활용 및 시사점

심정지 사고와 같은 사건 발생 시, 사고의 발생으로부터 초기 대응까지 소요되는 시간은 환자의 생존율에 지대한 영향을 미친다. 따라서 응급 환자의 생존율을 보장하기 위해서는 빠른 시간 내에 대응할 수 있도록 구급 설비를 배치하는 것이 필요하다. 특히, 한동대학교의 경우 시내에서 먼 교외 지역에 위치하고 있어 초기 대응이 교내에서 이루어질 수밖에 없다. 개발된 수리 모형은 심 정지 상황에서 생존율을 최대화하기 위하여 보유한 제세동기들의 배치를 제안한다. 물론, 수리 모형에서 제안하는 배치대로 운동장에 배치했을 경우 관리나 도난 문제 등 현실적인 문제가 발생할 수 있기 때문에, 의사결정자는 단순히 수리 모형의 결과에만 의존하면 안 되며, 결과를 참고하여 적절한 의사결정을 해야 할 것이다. 또한, 배치하는 것과 동시에 교내 구성원들에게 제세동기와 구급용품의 위치를 숙지시키는 작업도 필요할 것으로 예상된다. 그럼에도 이러한 데이터 분석을 통하여 사고 발생 시 생존율을 추정하고 현재 설비의 현황을 점검할 수 있으며, 분석을 통하여 유용한 정보를 제공할 수 있다.

4. 도서관 대출 데이터 분석

이 장에서 소개되는 데이터 분석 사례는 김우성, 최혜봉, 홍신(2016)에 의해 발표되었다. 자세한 수리 모형에 관한 설명과 수리 모형의 해를 구하기 위한 알고리즘은 문헌을 참고하길 바란다.

1) 분석 배경

본 데이터는 학생들과 관련된 다양한 부처의 실시간 데이터를 검색하던 중, 학생들의 독서 현황을 파악하기 위하여 분석되었다. 분석 초기에는 추상적으로 학생들의 독서 현황을 파악하여 시스템을 개선하는 것을 목적으로 하였으나, 분석이 진행되면서 대학 도서관의 관점에서 서비스 개선을 위해 의사결정할 수 있는 부분을 찾는 것이 좋겠다고 판단하여 분석 내용을 보다 구체화하였다. 이를 위하여 당시 데이터 센터 관련 자문위원으로 활동한 전산학 전공의 교수와 함께 회의를 거쳤으며 데이터 분석의 목적을

> ① 적절한 서비스 품질을 보장하기 위해 학생의 수요에 맞게 적절한
>   장서 수를 도서관이 보유하고 있는지 점검하고,
> ② 학생의 수요를 반영하여 제한된 예산 안에서 도서 구매 계획을
>   세우는 수리 모형을 개발하는 것

으로 구체화하였다. 이후 분석 목적이 구체화되고 난 후 수리 모형의 해를 구하기 위한 알고리즘 개발을 위하여 전산학 전공의 다른 교수가 분석에 참여하였다. 따라서 전산학을 전공한 교수 2명과 산업공학을 전공한 교수 1명, 총 3명이 분석에 참여하였다.

2) 분석 내용 및 방법

도서관의 대출 데이터 분석의 목적은 교내 구성원들의 수요를 충족시키기 위

하여 적정한 장서 수를 보유하도록 도서 구매 계획을 세우는 것이다. 2010년부터 2015년까지 가장 대출 횟수가 많았던 도서 10권에 관한 정보가 〈표 13-4〉에 제시되어 있다. 편의상 가장 대출 횟수가 많은 도서부터 인덱스를 부여하였다. 예를 들어, 도서 4의 경우 현재 도서관은 같은 장서를 26권 보유하고 있으며 6년 동안 대출이 940회 발생하였다. 대출이 발생했을 때 반납까지 소요된 시간은 평균 10.7574일이다.

〈표 13-4〉 도서 대여 기록(2010~2015년)

도서 인덱스	대출 횟수(6년간)	장서 수	평균 대여 기간(일)
1	1,069	13	12.4471
2	985	18	11.4268
3	958	19	10.6545
4	940	26	10.7574
5	907	18	11.0375
6	880	8	10.8202
7	768	10	11.7161
8	677	21	11.8493
9	669	9	11.2616
10	669	15	10.4634

만일 어떤 학생이 도서 4를 대출하려고 할 때, 도서관이 보유한 26권 모두 대출 중이라면 학생의 대출 수요는 만족될 수 없다. 이러한 경우가 자주 발생할 경우, 학생들의 서비스 만족도는 저하될 수 있다. 이렇듯, 도서관이 대출 수요에 비하여 적은 양의 장서를 보유하고 있다면 학생들이 도서 대출을 시도했을 때, 대출하려는 도서의 모든 장서가 대출 중일 확률이 높을 것이다. 이러한 확률은 대기행렬 이론의 '얼랑 손실 함수'를 통하여 추정될 수 있으며 함수에 의하면 학생이 특정 도서를 대출하려고 시도할 때, 그 도서의 모든 장서가 대출 중일 확률(수요가 손실된다는 의미로, 이하에서는 손실 확률로 표기한다)은 다음과 같다.

$$P_{loss}(n) = \frac{(\lambda/\mu)^n/n!}{\sum_{k=0}^{n}(\lambda/\mu)^k/k!}$$

λ는 단위 시간당 대출 수요를 의미한다. 예를 들어, 단위 시간을 1일로 가정하면 λ는 6년간 대출 횟수를 (365*6)으로 나눈 값이다. $1/\mu$은 평균 대여 기간을 의미하며 n은 도서의 보유 장서 수다. 6년간 가장 대출 횟수가 많았던 도서 50권에 관하여, 대출 시도가 발생했을 때 모든 장서가 대출 중일 확률은 [그림 13-5]의 그래프와 같다. 도서 대출 횟수가 가장 많은 10권의 경우, 도서 6이 가장 큰 손실 확률 값을 갖는데, 이는 대출 수요에 비하여 적은 양의 장서 수를 보유하고 있기 때문이다. 각 도서별로 적정한 수의 장서를 보유하고 있다면 도서관 전체의 서비스 품질은 향상될 것이며, 도서관에서 임의의 도서에 대한 대출 수요가 발생했을 때 그 도서가 모두 대출 중일 확률을 최소화하기 위한 도서 구매 계획은 다음과 같은 수리 모형을 통하여 도출될 수 있다.

$$Minimize \quad \sum_{i=1}^{N}\frac{\lambda_i}{\lambda_s}\frac{(\lambda_i/\mu_i)^{x_i}/x_i!}{\sum_{k=0}^{x_i}(\lambda_i/\mu_i)^k/k!} \quad \cdots\cdots\cdots (1)$$

$$s.t. \sum_{i=1}^{N} x_i \leq S \quad \cdots\cdots\cdots\cdots (2)$$

$$\sum_{i=1}^{N} h_i(x_i - c_i) < B \cdots\cdots\cdots\cdots (3)$$

$$x_i \geq c_i, \forall i \cdots\cdots\cdots\cdots\cdots (4)$$

$$\frac{\frac{(\lambda_i/\mu_i)^{x_i}}{x_i!}}{\sum_{k=0}^{x_i}\frac{(\lambda_i/\mu_i)^k}{k!}} \leq r_i, \forall i \quad \cdots\cdots\cdots (5)$$

변수들은 각각 x_i는 도서 i의 적정 수이며, 수리 모형을 통하여 결정되는 변수다. 나머지 변수들은 데이터를 통하여 얻어지는 값들인데 c_i는 현재 도서관이 보유하고 있는 도서 i의 장서 수, b_i는 도서 i의 가격을 나타낸다. B는 도서관의 총 가용한 예산, S는 보유할 수 있는 최대 책의 수, 그리고 r_i는 장서 i의 최소 보장 확률 (각 도서 i의 손실 확률을 보장하기 위한 기준 값)을 나타낸다. 위에 언급했듯 λ_i는 단위

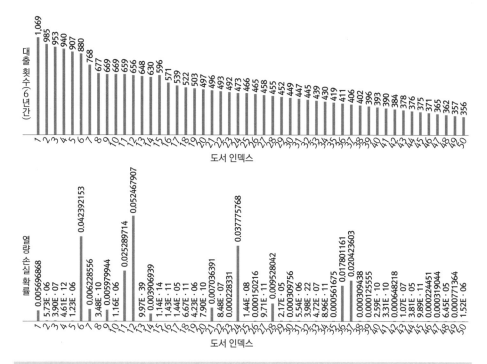

[그림 13-5] 대여 횟수가 가장 많은 도서 50권의 대여 횟수 및 손실 함수

시간당 도서 i의 대출 수요를 의미하며 $1/\mu_i$는 평균 대여 기간이다. 식 (1)은 도서관에 대출 수요가 발생했을 때 손실 확률을 나타내며, 수리 모형에서 목표가 되는 식이다(수리 모형은 식 (1)의 최소화를 추구한다). s.t는 'subject to'의 약자이며 적정 수가 되는 x_i 값들은 식 (2)~(5)를 만족시켜야 한다. 따라서 수리 모형의 목표는 식 (2)~(5)을 만족시키며 목적함수 식 (1)을 최소화시키는 x_i 값들을 도출하는 것이다. 식 (1)은 이전 장에서 언급했다시피 임의의 대출 요청이 실패할 확률을 나타낸다. 식 (2)는 공간이나 기타 제약 때문에 일정 수 이상의 도서를 보유할 수 없음을 나타내며, 식 (3)은 예산에 관한 제약을 나타내며, 식 (4)는 이미 보유하고 있는 장서 수를 고려하기 위한 것이며 식 (5)은 각각의 장서에 대해서 최소 손실 확률을 보장하기 위한 것이다. 수리 모형이기 때문에 수요 발생이 특정 분포를 따르는 등 다른 가정들을 고려해야 하지만, 이와 같은 모형을 통하여 도서 구매 계획을 세우는 데 유용한 정보를 얻을 수 있다. 이와 같은 수리 모형은 다른 부서에서도 가용한 예산이나 자원을 어떻게 배분해야 하는지 결정할 때 사용될 수 있으며, 부서 간의 효율성을 비교할 때도 사용될 수 있다(Koch, 1973; Kounetas et al., 2011).

3) 분석 결과

위 수리 모형을 분석하기 위하여, 전산학 전공의 교수가 알고리즘을 개발하였으며, 알고리즘은 C 프로그램을 통하여 구현되었다. 최대 대출 횟수를 지닌 도서 10권을 대상으로 알고리즘을 적용하면 〈표 13-5〉와 같다. 예를 들어, 가용한 예산이 300,000원일 경우 도서 1을 7권, 도서 6을 10권, 도서 7을 6권, 도서 9를 6권 구매해야 하며, 이때 10권에 대한 총 손실 확률 (10권 중 임의의 도서에 관한 수요가 발생했을 때)은 0.0000022이다. 이처럼 수리 모형을 통하여 가용한 예산이 주어졌을 때, 어떤 책을 구매해야 할 것인지에 대한 유용한 정보를 얻을 수 있다.

〈표 13-5〉 최다 대출 횟수를 지닌 도서 10권에 대한 알고리즘의 적용

| 가용 예산(원) | 도서 i의 추가 구매 권수(권) | | | | | | | | | | 손실 확률 |
	1	2	3	4	5	6	7	8	9	10	
0 (현재)	0	0	0	0	0	0	0	0	0	0	0.0061238
50,000	1	0	0	0	0	4	1	0	0	0	0.0011162
100,000	2	0	0	0	0	6	2	0	1	0	0.0003721
150,000	4	0	0	0	0	6	3	0	2	0	0.0001041
200,000	5	0	0	0	0	7	5	0	3	0	0.0000267
250,000	6	0	0	0	0	8	5	0	5	0	0.0000066
300,000	7	0	0	0	0	10	6	0	6	0	0.0000022
350,000	8	0	0	0	1	11	7	0	7	0	0.0000012
400,000	9	1	0	0	1	10	8	0	7	0	0.0000005
450,000	9	2	0	0	1	11	8	0	7	1	0.0000003
500,000	10	2	0	0	2	12	9	0	8	1	0.0000001

4) 분석 결과의 활용 및 시사점

대학 도서관의 경우 교육 환경을 구성하는 하나의 요소이며, 한동대학교와 같이 고립된 환경에서는 학업을 중요하는 중요한 환경요소 중의 하나다. 수리적인 분석을 통하여 이러한 도서관의 서비스 품질을 점검하고, 개선시키기 위한 예산 계획을 수립하는 데에 유용한 정보를 얻을 수 있다.

　이러한 이론적인 연구에도 불구하고, 분석 결과를 실제 의사결정에 반영하기까지는 시간이 필요할 것으로 예상되고 그 이유는 다음과 같다. 첫째로, 도서관에 대한 학생들의 다양한 수요가 있기 때문에 기존 책들을 더 구매해야 하는 것을 어느 정도의 우선순위에 두어야 하는지에 대한 문제가 남아 있다. Warwick(2009)에 따르면, IT 기술의 발전에 따라 도서관의 역할이 점차 다양해지고 있다. 이전의 도서관이 오프라인에서 책을 대여하고 읽을 수 있는 기능만을 담당하던 것에 반해, 현재 도서관은 전자책 서비스와 교수 등의 학문적 수요를 충족시키는 등 다양한 수요를 만족시켜야 하는 상황이다. 결국, 이러한 환경 안에서 개발된 수리 모형을 사용할 수 있는 예산 범위가 어느 정도인지 알기 위해서는 조금 더 거시적인 관점에서 분석이 필요하다. 둘째로, 개발된 수리 모형들은 기존 책들을 구매하는 것을 가정하고 있기 때문에 신간들에 대한 것을 반영하지 못한다. 새로운 책에 대한 수요를 어떻게 반영해야 할지 고려해야 할 것이다. 셋째로, 기존 도서 구매 프로세스 개선에 관한 실제 도서관 사서와 대화 결과, 학생들의 책들에 대한 수요를 정리한 정보는 매우 유익하지만 현재는 교재의 보조재를 먼저 구매하는 등 기존 우선순위를 갖고 있는 책들이 있기 때문에, 기존의 프로세스 중에서 어떤 부분을 어떻게 개선해야 할지 협의해 보아야 할 것 같다고 응답하였다. 실제 의사결정에 반영할 때까지는 부처 간의 협의가 필요해 보인다.

5. 시계열 텍스트 데이터 분석

　본 주제에 관한 결과 중 민원에 관한 부분들은 김선엽과 신예나(2017)에 의하여 발표되었다.

1) 분석 배경

　요즈음 기업들은 판매하는 상품이나 서비스에 관한 소비자의 의견을 청취하기 위하여 온라인 설문, 쇼핑몰 후기, SNS 등을 통하여 다양한 데이터를 수집한다. 고객들은 제품 구입 후 사용한 후기나, 기업으로부터 받은 서비스에 대한 의견들을 기업 홈페이지, 온라인 쇼핑몰, SNS, 개인 블로그 등에 남기는데, 기업들은 이러한 의견을 수집하여 다음 제품을 개발할 때 반영하거나 서비스를 개선하는 데 사용한다.

마찬가지로 대학에서도 학생, 교직원 등에 의하여 대학이 제공하는 서비스에 관한 의견이 발생되며, 수집된다. 많은 대학들이 인트라넷을 통하여 교내 구성원들이 다양한 민원을 요청할 수 있도록 민원 서비스를 제공하고 있으며, 다양한 부처가 구성원의 민원에 응대하도록 하고 있다. 이러한 데이터들은 시계열 텍스트 데이터의 형태를 갖고 있기 때문에, 이러한 데이터들을 시간대나 종류별로 잘 정리한다면, 일정한 패턴이나 유의미한 정보를 얻을 수 있다. 또한, 공식 SNS나 오픈된 학교 관련 사이트의 SNS를 통하여 수집하는 데이터를 통하여 다양한 학교에 대한 학생들의 생각을 들을 수 있다. 따라서 이 장의 목적은 교내 인트라넷을 통하여 발생한 민원과 학교 관련 SNS를 통하여 수집된 텍스트 데이터를 정리, 시각화하여 학교에 어떤 문의나 요청이 발생하며, 교내 구성원들의 생각은 어떠한지를 시각화하는 방법을 소개하는 것이다.

2) 분석 내용 및 방법

분석하고자 하는 데이터는 두 가지다. 첫 번째는 교내 시스템에 학생들이 요청하게 되는 민원 데이터이며, 두 번째는 한동대학교 관련 인터넷 사이트나 SNS 페이지에 학생들이 남기게 되는 텍스트 데이터다. 분석하는 사이트는 전체에게 공개되어 있어 누구나(학교 관계자가 아니더라도) 접근 가능하며, 학생들은 익명의 아이디로 학교에 있었던 일들이나 겪었던 일들을 자유롭게 제보하게 된다. 위에 언급한 두 데이터는 시간대별로 다르게 발생하게 때문에 시계열 데이터에 속하며, 텍스트 데이터의 형태로 발생한다. 시간별로 발생하기 때문에 기본적으로 기술통계를 작성할 때에 어떤 시점에 어떤 데이터들이 발생하는지 분석하는 것이 중요하며, 텍스트 데이터이기 때문에 워드 클라우드(wordcloud)나 감성 분석 기법이 사용된다. 각 데이터를 분석하는 목표 및 방법은 다음과 같다.

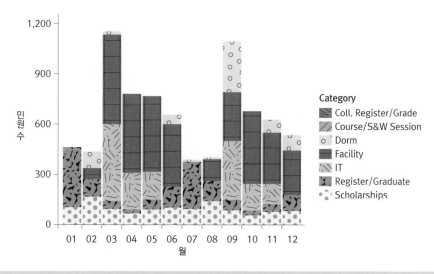

[그림 13-6] 카테고리별 월별 민원 발생 빈도

　민원 데이터 분석의 목표는 시기별로 발생하는 민원을 파악하여 문의가 많이 발생하는 주제에 관한 공지를 시기에 맞게 팝업창을 통하여 제공하거나 시기적으로 민원에 대비하여 행정을 미리 준비하는 등 관련 행정 프로세스를 개선하는 것이다. 이를 위하여 교내 인트라넷에 저장되어 있는 민원 데이터를 종류별로 시간 순서대로 정리하고, 각 시기에 발생한 민원의 핵심 키워드를 워드 클라우드 기법을 통하여 시각화한다. 워드 클라우드 기법은 글들에서 언급된 핵심 단어를 시각화하는 기법이다. 분석을 위하여 R 프로그램을 사용하였다. 이후의 과정에서는 관련된 부처에 결과를 공유하여 시기적으로 발생하는 수요에 대비하도록 하거나 프로세스 개선을 위한 협업이 요구될 것으로 예상된다.

　또한 한동대학교 공식 SNS나 오픈된 학교 관련 사이트에 SNS를 통하여 수집되는 텍스트 데이터를 통하여 다양한 학교에 대한 학생들의 생각을 들을 수 있다. SNS 데이터 또한 시기적으로 워드 클라우드 기법을 통하여 정리하면, 학교 안에서 발생한 사건이나 화제가 되었던 일을 시기적으로 알 수 있다. 그렇지만 여기에서는 감성 기법(sentiment analysis)을 사용하여 학기가 진행됨에 따라 시기적으로 학교 SNS 안에서 글들이 띠는 감성이 어떠한지 분석한다. 감성 분석 기법은 자연어 처리, 텍스트 분석 기술을 활용한 대표적인 연구 방법으로서, 각 글의 긍정과 부정의 정도를 측정하고 분류하는 기법이다. 감성 분석 기법은 자연어 처리 기술로 구조화되지 않은 글에서 주요 정보를 도출하여 정보들의 최소 단위인 단어의 감성 극성(sentiment polarity)에 기반을 두어 긍정과 부정의 정도를 측정한다. 다시 말하면, 어휘들의 감성 극성이 미리 정의된 감성 사전을 구축한 후, 글에 출현한 각 어휘의 감성 극성에 따라 글 전체의 감성 극성을 분류하는 것이다. 감성 분석 기법과 감성 사전 구축에 관한 보다 자세한 내용은 Kim과 Kim(2014), Turney와 Littman(2002) 등에서 찾아볼 수 있으며 주로 기업에서는 영화평이나 상품평 등 제품이나 서비스에 대한 고객의 의견을 인터넷에서 수집하여 분석하게 된다(김경민, 이지형, 2014). IBM, 구글 등 다양한 회사에서 자연어 처리 플랫폼과 감성 분석 함수를 제공하며, 본 분석에서는 구글의 자연어 처리 API를 R 프로그램으로 구현한 'googleLanguageR' 패키지를 이용하여 텍스트 데이터를 전처리하고 감성 분석 기법을 적용하였다. 예를 들어, "중간고사 성적이 발표됐는데 너무 우울하네요. 저는 잘하는 게 아무것도 없는 것 같아요ㅠㅠ"라는 문장을 분석 툴을 사용하여 감성의 수치를 추출하면 감성 점수와 크기가 각각 -0.5와 1로 계산된다. 감성 점수(sentiment score)의 경우, 긍정과 부정의 정도를 고려하여 계산된 값이며, 양의 값을 갖는 경우 글에서 긍정적인 감성이 더 많이 나타나고 있음을 나타내며 음의 값을 갖는 경우에는 부정적인 감성이 많이 나타나고 있음을 나타낸다. 크기(magnitude)는 감정의 세기를 나타내며, 단순히 정보를 전달하는 글에 가까울수록 0에 가까운 값으로 나타나며, 감성이 많이 표현된 글일수록 큰 값을 갖는다.

3) 분석 결과

교내 인트라넷의 민원 서비스를 통해 수집한 데이터의 경우 데이터의 형태가, 민원 발생 시각, 민원의 종류(카테고리), 요청 사항(텍스트 데이터)으로 구성된다. 민원의 카테고리는 시설, 기숙사, 졸업 및 등록, 학생 지원, IT, 장학 등 총 22개의 항목으로 구성되어 있으며, 2013년부터 2017년 5월까지 지난 5년간 학생 및 교직원 29,500명이 요청·문의한 민원 데이터 118,260개를 정리하면 [그림 13-7]과 같다. 각 색깔들은 서로 다른 카테고리(졸업, 수업, 시설 문의 등)들을 나타낸다.

　월별로 각 종류의 민원의 빈도수가 다르게 나타나는 것을 볼 수 있는데, 요청이나 문의들을 시간별로 정리하게 되면 관련된 행정 업무 부처들이 어떤 기간에 민원이 자주 발생하는지 파악하고 미리 준비하거나 시설을 예방할 수 있으며 문의 사항 같은 경우에는 미리 안내함으로써 능동적으로 대응할 수 있다. 워드 클라우드를 통하여 구체적으로 월별로 어떤 문의나 요청이 발생했는지 시각적으로 볼 수 있는데, 예를 들어 2월에 발생한 민원들과 4월에 발생한 민원을 워드 클라우드로 그려 보면 [그림 13-7]과 같다. 2월에는 졸업과 수강, 등록금에 관한 문의가 주로 발생하는 것을 알 수 있고 4월에는 시설 관련된 문의가 자주 발생하는 것을 알 수 있다. 본 주제에 관한 연구 결과는 김선엽과 신예나(2017)에 의하여 발표되었다.

　SNS 데이터의 경우도 비슷한 방식으로 분석이 가능하지만, 정보 전달이 주요 내용을 이루는 민원 데이터와는 달리 SNS 데이터의 경우 글을 작성한 사람의 감성이 다양하게 드러나게 된다. 이에 감성 분석 기법을 적용하여 분석을 수행하였다. 학생들이 작성한 글에 대하여 감성 분석 기법을 적용하고자 한동대학교 학생들이 가장 활발하게 소통하고 의견을 개진하는 페이스북 페이지인 '한동대 대나무 숲'과 '한동대 대신전해드림'의 글을 분석하였다. 시계열 분석을 위하여 각 글들을 주 단위로 변화하였으며, 이후 감성 분석 결과를 이산 코사인 변환(discrete cosine transform)하여 곡선 형태의 그래프로 시각화하였다. R 프로그램의 구글 패키지를 사용하여 얻은 결과는 [그림 13-8]과 같다.

	value	magnitude	score	Week
1	대만큼은 눈물로 지새지 않았으면 좋겠다	0.3	0.3	1주 차
2	너무나 답답하고속상하고참담한 마음에 써봅니다 저는 대의⋯	3.0	-0.6	1주 차
3	안녕하세요 아싸가 된 학번입니다 제가 그렇게 되고싶은 마⋯	0.2	0.2	1주 차
4	안녕하세요 ㅎㅎ 조언을 구하고자 글을 올립니다 저는 여행⋯	0.6	0.6	1주 차
5	요즘 내 사람이 누구인지를 모르겠어요 대학교 과동기들은⋯	0.7	0.2	1주 차
6	한 학기가 대략 일정도잖아요 그럼 개강할 때 이성친구가 생⋯	0.9	0.9	1주 차
7	안녕하세요 요즘 고민이 있어요.ㅠㅠ 일단 저는 흡연자이고⋯	0.9	-0.4	1주 차
8	교내 순환 셔틀을 타면서 문득 든 생각인데 간혹 이런 일이⋯	0.4	-0.4	1주 차
9	좋아했고 사랑했고 아직 보고 싶고 그립고 목소리 듣고싶다⋯	0.0	0.0	1주 차

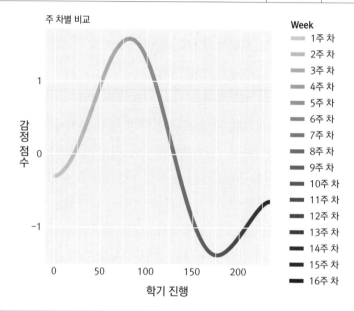

[그림 13-8] 주 차별 감성 점수 그래프

위쪽은 각 글들에 감성 분석 기법을 적용하여 얻은 결과의 예시를 나타내며, 아래쪽 그래프는 주 차별로 SNS에 올라온 글들의 감성이 어떻게 변하는지 나타낸 것이다. 7, 8주 차 정도에 부정적인 글들이 상대적으로 많은 편이며, 12, 13주 차에 긍정적인 글이 나타남을 알 수 있다. 또한 학기 말로 갈수록 부정적인 감성이 나타나는 것으로 보인다. 이러한 감성 분석을 통하여 한 학기 동안 SNS에 어떤 감성을 지닌 글이 올라오는지 개략적으로 파악할 수 있으며, 이를 통하여 어느 시기에 학생들이 지치고 우울한 감정을 갖게 되는지 대략적으로 파악할 수 있다. 또한 각 글들의 강도를 측정하여 이상치의 글들이 지닌 키워드를 추출하거나, 어떤 주제에 대하여 학생들이 어떻게 반응했는지를 점검하여 교육 시스템을 개선할 수 있을 것이다.

4) 분석 결과의 활용 및 시사점

민원 데이터의 경우, 학생들의 수요가 기간별로 다른 빈도로 발생하는데 이를 미리 예측한다면 각 부처가 선제적으로 수요에 대응할 수 있을 것으로 기대된다. 시설 팀의 경우 많이 발생하는 시설의 고장에 대하여 예방 점검 작업을 실시하거나, 소모품을 미리 구비하여 수요에 대비할 수 있을 것이다. 예를 들어, 데이터 분석 결과 4월에 기숙사의 수리 요청이 많이 발생하게 되는데 시설관리 팀은 이에 대비하여 미리 시설을 점검함으로써 민원이 과도하게 특정 시기에 발생하는 것을 방지할 수 있을 것이다. 또한 형광등과 같은 소모품이 필요한 민원을 대비하여 미리 적절한 양을 구비할 수도 있다. 기간별로 발생하는 다양한 문의 요청에 대하여도, 미리 관련된 글들을 인트라넷에 공지하거나 팝업창을 띄움으로써 학생들을 안내할 수 있을 것으로 생각된다. 이러한 시스템을 구축하기 위해서는 향후 관련된 부처와 협업이 요구된다.

감성 분석 기법을 통한 SNS 데이터 분석 사례의 경우 부정적인 감성이 나타나는 글들의 키워드를 뽑아 학생들이 어떤 사건이나 화제에 관하여 부정적으로 이야기하는지 파악할 수 있을 것이다. 물론 감성 분석 기법은 각 글들의 어휘를 통하여 감성 점수로 나타내는 것이므로 실제 어떤 사건에 대하여 학생들이 어떠하게 느끼는지 보다 구체적으로 파악하기 위해서는 추가적인 연구가 필요하다. 또한, 상담 센터와 같은 부처와 협업하여 우울한 글이 자주 올라오는 시기 등을 파악하여 학생들을 도울 수 있는 프로그램을 집중적으로 홍보한다면 교내 프로그램의 효과를 증진시킬 수도 있을 것이다.

6. p-chart를 이용한 출석률 데이터 시각화

1) 분석 배경

한동대학교는 많은 수업에서 자체 개발된 전산 시스템을 이용하여 출석을 체크하고 있다. 각 강의실의 책상마다 QR 코드가 부착되어 있는데, 학생들이 휴대전화에 설치된 한동대학교 애플리케이션을 통해 코드를 읽어 들이면, 자동적으로 출석이 체크된다. 학생의 경우 본인의 출석만을 체크, 확인할 수 있으며 강의자는 수강생 전원의 출결 상황을 수정하거나 확인할 수 있기 때문에, 강의자가 태블릿 PC나 휴대전화를 통하여 따로 출석을 부르면서 출결을 체크할 수도 있다. 이렇게 수집된 출결 데이터는 즉시 데이터베이스에 저장되기 때문에, 실시간으로 전체 출석 현황을 확인할 수 있다. 이 절에서는 이러한 출결 데이터를 시각화하는 방법 중 하나인 p-chart를 소개한다.

2) 분석 내용 및 방법

p-chart는 본래 제조 공정에서 공정의 상태를 불량률로 관리하기 위한 차트다. 제조 공정에서는 제품의 품질을 관리하고 공정의 이상을 체크하기 위하여 공정의 다양한 파라미터들을 모니터링하는데, p-chart에서는 일정한 시간 간격을 두고 정해진 수의 표본을 추출한 후 표본 중에서 양품의 비율(혹은 불량품의 비율)을 차트에 표기한다. 예를 들어, 공정의 이상 유무를 모니터링하기 위하여 한 시간마다 100개의 표본을 추출해서 그중 양품인 제품 수를 세어 그 비율을 한 시간마다 차트에 나타내게 된다(100개의 제품 중 3개가 불량일 경우, 불량품의 비율인 0.03 혹은 양품의 비율인 0.97을 표기한다). 이때, 공정의 평소 불량률의 범위를 넘어선 불량률 값이 나오게 되면, 공정에 이상이 발생한 것으로 간주하고 공정을 구성하는 자원(기계나 생산설비)을 점검하게 된다. 참고할 것은, p-chart의 목적은 제품의 양품 비율을 표기하지만 공정의 이상을 체크하기 위한 것이라는 것이다. 일반적으로 비율의 ±3*(비율의 모표준편차)을 공정이 정상 상태에서 불량률 범위로 설정하며, 모표준편차의 추정값으로 $\pm 3\sqrt{p(1-p)/n}$ 을 사용한다. p와 n은 각각 평균 불량

률과 n은 표본 크기를 나타낸다. 이 범위를 넘어서는 불량률이 나타나는 경우, 공정에 문제가 없는지 검사하게 된다. 이러한 p-chart는 출석률을 모니터링하는 데에도 응용될 수 있다.

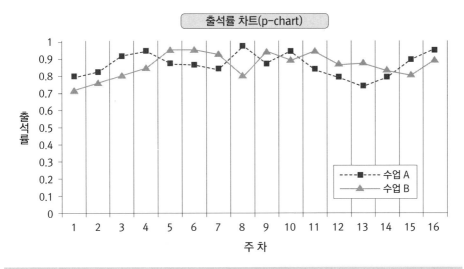

[그림 13-9] p-chart 예시

한동대학교는 많은 수업의 출석을 전산 상으로 실시간 체크하고 있으며, 수업시간에 체크하는 출석 현황은 즉시 시스템에 저장되게 된다. 이러한 출석률 데이터에 p-chart를 응용할 수 있다. 한 학기를 16주로 구성하게 되고 매주 2회 수업을 하게 될 경우, 최대 32번까지 출석을 체크할 수 있으며 이때 각 그래프에는 각 수업 때마다 전체 수강 인원 중 출석한 학생의 비율이 표기된다. 예를 들어, 16주간의 두 수업 출석률 데이터를 가상으로 생성하여 비교하면 다음과 같다. 이렇듯 차트를 통하여 수업들의 출석률을 시각화할 수 있으며, 교시별, 학년별 혹은 전공별 출석률 등을 비교할 수 있다.

3) 분석 결과

p-chart를 통하여 교시별, 전공별, 학년별 출석률 등 다양한 출결 현황을 시각화할 수 있다. [그림 13-10]은 2017년 한 학기에서 여섯 번째 주 차의 교시별 평

균 출석률 차이를 나타낸 것이다. 가로축은 수업의 교시가 나타나며, 세로축은 출석률을 나타낸다. 예를 들어, 6주 차의 1교시에 진행된 수업들의 출석률은 97.6%로 나타나고 있다. 흥미로운 것은 분석 초기에는 이른 시각에 시작하는 수업의 경우 출석률이 더 낮을 것으로 예상되었으나, 실제 출결 데이터를 시각화한 결과 그렇지 않은 것으로 나타났다. [그림 13-10]에서 볼 수 있듯이 6주 차의 경우, 3교시 수업의 출석률이 90.2%로 가장 낮았다.

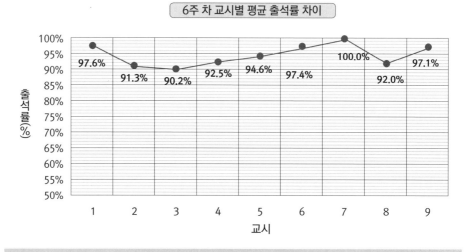

[그림 13-10] 교시별 출석률 예시(6주 차)

이처럼 다양한 수업들의 출석률을 비교할 수 있으며, 또한 학생들별로 출결 현황 또한 파악할 수 있다.

4) 분석 결과의 활용 및 시사점

이러한 출석 데이터를 통하여, 다양한 진단과 비교가 가능할 것으로 생각된다. p-chart를 통하여 구체적으로 다음과 같은 질문에 대한 정보를 제공할 수 있을 것으로 기대한다.

• 수업 타입별로 출석률에 차이를 보이는가? 보다 구체적으로, 프로젝트형 수업

과 일반 수업의 출석률은 차이가 있는가?

- 학년/전공별로 출석률에 차이가 있는가?
- 중도에 휴학하거나 탈락하는 학생들이 학업을 포기하는 시점은 언제인가?
- 학생이 수업에 적응하지 못하는 것이 어떻게 출석 상에서 나타나는가?

또한, 인트라넷 안에서 학생별로 출석률을 시각화하게 될 경우, 스스로 출결을 관리할 수 있는 좋은 도구가 될 것으로 생각된다. 또한 출결이 잘못되었거나 특정 수업을 미이수할 위험이 있을 때 알람을 보내는 시스템도 고려할 수 있을 것이다.

7. 결론 및 시사점

이 장에서는 한동대학교에서 발생하는 다양한 데이터들과 이를 분석하기 위한 기법들을 소개하였다. 앞에 소개된 데이터 분석은 IR 지원실의 자체 판단에 의하여 선정, 분석한 것이며, 데이터 분석을 통하여 얻어진 이론적인 결과들이다. 따라서 이를 통하여 시스템을 개선하기 위해서는 분석 결과를 관련 부처와 공유하고 협의를 거쳐야 할 것이다.

많은 향후 과제가 남아 있다. 첫째, IR 지원실이 다루는 데이터의 명확한 범위와 역할에 대하여 대학 내에서 논의를 거쳐 정의하는 것이 중요하다. 이는 IR 지원실이 어느 정도 데이터 접근 권한을 갖고 어떤 범위의 데이터를 다룰 것인가에 관한 문제와 연관되어 있다. 예를 들어, IR 지원실의 역할을 교육의 핵심이 되는 강의나 교육 프로그램을 평가하고 관리하는 조직으로 정의한다면, 교육 데이터들을 주로 다루게 될 것이며 앞에 언급한 민원이나 도서관 대출 데이터를 수집하는 것에 있어서는 조직 내에서 어려움을 겪을 수도 있다. 반대로, IR 지원실의 역할을 데이터를 기반으로 전체적인 학교의 자원과 교육 시스템 전반을 분석하는 것으로 본다면 보다 다양한 데이터를 수집하는 것이 가능하지만, 어떤 목적으로 어떤 데이터를 분석할지 결정하는 것이 중요할 것이다. 이러한 역할의 명확한 규명은 직원을 선발하는 것과도 연관이 있는데, 교육과정이나 강의를 평가, 관리하는 업무에는 교육평가를 전공한 사람이 적합하겠지만 다양한 데이터의 관리, 분석이나 시스템 개선을 위해서는 경영이나, 전산 전공자가 적합할 수도 있다. 따라서 효과적인 IR 지원실 운영을 위해서는 무엇보다도 대학 내 부처들이 기관 연구의 역할과 가치에 대하여 논의하면서 합의해 나가는 것이 필요하다.

둘째, IR 지원실에서 분석한 결과에 대하여 어떤 정책을 누가 제안, 시행할 것인지에 관한 논의 또한 필요하다. 이는 데이터 분석을 통하여 어떻게 교육 시스템을 개선해 나갈 것인가 하는 문제와 연관이 있다. 대학 안에서 발생하는 데이터들은 일반적으로 대학 기관 내 어떤 부처나 교수들의 업무와 연관되어 있기 때문에, 제안되는 정책들이 어떤 부처나 시스템의 개선을 요구할 때도 있다. 따라서 데이터 분석 결과를 토대로 정책에 결과를 반영하거나 교육 시스템을 개선시키기 위해서는 관련 부처와의 관계가 중요하며 협의가 필요하다. 특정 부처의 요청에 의하여 수행된 데이터 분석의 경우에는 이미 부처 간 협의가 된 상태일 것이므로 괜찮겠으나, 자체적으로 수행되거나 대학 본부의 요청에 의하여 제안된 정책의 경우 실제 정책으로 이어지기 위해서는 결과를 대내외적으로 공유하며 관련된 교내 구성원들의 공감대를 형성하고 동의를 얻는 과정이 필요할 것이다.

다양한 영역에서 데이터 분석의 중요성이 강조되고 있는 요즘이지만, 아직까지 국내에서 데이터 분석을 통한 혁신을 이룩한 사례들이 많이 보고된 바는 없는 편이다. 이는 데이터 분석을 통한 가치 창출의 어려움을 반증하는 것이며, 또한 국내에서 아직까지 데이터 분석 기관의 위상이 낮은 편이기 때문이기도 하다. 단순히 통계 분석 기관으로서의 역할을 벗어나기 위해서는 위에 언급했다시피 부처들 간의 소통을 통하여 분석 결과를 공유하며 협업해 나가는 것이 필요하며, 스스로 IR 지원실의 위상을 높이기 위해서 단순히 통계 분석의 범위를 벗어나는 깊이 있는 정책을 제안하는 것도 필요하다. 데이터 분석을 통하여 얻어진 결과는 학생들을 위한 좋은 정책을 통하여 구현되어야 하며, 이러한 과정들을 통하여 다른 부처들도 기관 연구의 중요성에 관한 공감대를 형성할 수 있을 것이다. 아직 기관연구가 걸음마 단계이기 때문에 수많은 데이터와 기회가 있을 것이다. 교육 환경에서 발생하는 다양한 데이터를 통하여 학생들의 수요와 목소리를 듣고, 이를 반영한 좋은 정책들이 세워져 더욱 좋은 교육 환경이 구축되기를 기대해 본다.

참고문헌

권영옥(2013). "빅데이터를 활용한 맞춤형 교육 서비스 활성화 방안연구". 한국지능정보시스템학회 학술대회논문집, 90-96.

김경민, 이지형(2014). "어휘기능 정보를 이용한 트위터 감성분석". 한국정보과학회 학술발표논문집, 734-736.

김선엽, 신예나(2017). "교내 민원데이터의 텍스트 마이닝 분석". Submitted to 한국정보과학회 학부생 논문 경진대회.

김세헌(1994). 현대경영과학. 서울: 무역경영사.

김우성, 최혜봉, 홍신(2016). "M/G/c/c 대기행렬 모형을 이용한 대학 도서관 보유 장서 최적화". 한국경영공학회지, 21(4), 47-59.

배상훈, 윤수경(2016). "한국대학에서 대학기관연구(Institutional Research) 도입 관련 쟁점과 시사점". 아시아교육연구, 17(2), 367-395.

성욱준(2015). "빅데이터 분석을 적용한 정책 사례 연구". 국회입법조사처 정책용역사업 보고서.

이정섭, 김강산, 김종회, 김우성(2016). "기숙제 대학 안전을 위한 제세동기 배치 문제: 한동대학교 사례를 중심으로". 한국경영공학회지, 21(2), 19-32.

조병준, 김선예(2014). "심정지 환자의 생존율에 미치는 영향요인". 한국산학기술학회논문지, 15(2), 760-766.

Choi, D.-W., Cho, K.-P., & Shin, J.-G. (2005). "A Study on The Development Methodology for Intelligent College Road Map Advice System." *Journal of Intelligence and Information Systems 11*(3), 57-67.

Erdoğan, G., Erkut, E., & Ingolfsson, A. (2006). "Ambulance deployment for maximum survival." Working paper.

Kim, S., & Kim, N. (2014). A study on the effect of using sentiment lexicon in opinion classification. *Journal of intelligence and information systems, 20*(1), 133-148.

Ko, Y. D., Song, B. D., Morrison, J. R., & Hwang, H. (2014). "Location Design for Emergency Medical Centers Based on Category of Treatable Medical Diseases and Center Capability." *International Journal of Industrial Engineering: Theory, Applications and Practice, 21*(3), 41-50.

Koch, J. V. (1973). "A linear programming model of resource allocation in a university."

Decision Sciences, 4(4), 494−504.

Kounetas, K., Anastasiou, A., Mitropoulos, P., & Mitropoulos, I. (2011). "Departmental efficiency differences within a Greek university: An application of a DEA and Tobit analysis." *International Transactions in Operational Research, 18*(5), 545−559.

LaValle, S., Lesser, E., Shockley, R., Hopkins, M. S., & Kruschwitz, N. (2011). "Big data, analytics and the path from insights to value." *MIT sloan management review, 52*(22), 21.

Turney, P. D., & Littman, M. L. (2002). Unsupervised learning of semantic orientation from a hundred-billion-word corpus. arXiv preprint cs/0212012.

Wang, S.-J. (2014). Principles and system of disaster medicine. *Journal of the Korean Medical Association, 57*(12), 985−992.

Warwick, J. (2009). "On 40 years of queuing in libraries." *Library Review, 58*(1), 44−55.

제**14**장

K-NSSE를 활용한 KMU TEAM 역량 지수 운영 체제와 교육의 질 관리: 국민대학교 사례

최옥임(국민대학교)

1. 서론

"대학의 보직자는 전문가가 아니다. 화학과 교수가 교무처장을 하기도 한다. 이러다 보니 어떤 데이터를 필요로 하는지 알지 못한다. 대학에서 정책을 결정할 때 비합리적인 결정을 많이 한다. 비합리적 결정이라 하더라도 대학기관연구(Institutional Research)를 통해 합리적인 결과를 보여 주는 노력이 필요하다"(교수신문, 2015. 02. 09.). 이 기사에서 다루고 있는 대학의 모습은 다소 자극적이면서 극단적으로 보이기도 한다. 화학과 교수가 교무처장을 못할 이유가 없다. 화학과 교수가 다른 학문 분야의 교수보다 못할 것이라는 단정도 지을 수 없다. 일반 기업이 영업, 생산, 기획 업무를 두루 거친 전문 경영인을 양성하고 때로는 전문가를 영입하듯이 대학도 보직 교수를 양성하고 영입할 수 있다면 좋을 일이다. 하지만 대학에서는 특정 학문 분야의 교수가 대학 행정의 비전문가라 할지라도 수장(보직자 또는 의사결정권자)이 되는 독특한 특성이 있다. 이러한 특성을 이유로 앞에서 제시한 기사가 우리들 대학에 전하는 메시지를 무시할 수는 없다. 대학이 비합리적일 수도 있는 체제임을 인정하지만, 이른바 대학기관연구를 통해 최대한 합리적이고 객관적인 의사결정을 하자는 것이 핵심 메시지다.

본 사례는 국민대학교가 외국 및 국내 우수 대학의 사례를 학습하고 급변하는 대학 환경의 변화에 대응하는 과정에서 대학기관연구 담당 부서로 교육성과관리센터를 설립하게 된 과정과 동 센터에서 교육 데이터의 활용과 환류를 구현하기 위하여 어떤 노력을 하고 있는지 설명하고자 한다. 나아가 데이터를 기반으로 하는 대학의 의사결정 또는 교육의 질 관리에 대하여 시사점을 제시하는 것도 본 글의 목적이다.

2. 데이터 수집과 분석

1) 고등교육 환경 변화

몇 해 전까지만 해도 대학이 작성한 각종 사업 보고서나 계획서에서는 교수-학습 지원 또는 비교과 프로그램의 실시 횟수, 참여 인원, 참여율을 제시하면서 대학이 학생들에게 이러한 서비스를 얼마나 많이 그리고 자주 제공하는지를 보여 주려고 하였다. 그리고 이것이 바로 교육의 성과인 것처럼 기술하는 것이 유행이었다. 일면 이러한 전략은 여러 정부 재정지원사업의 선정 평가 등에서 영향을 발휘하기도 했다. 하지만 엄밀히 말해서 프로그램 참석률이나 실시 횟수는 성과가 아니다. 이는 학습의 과정이다. 반면 지금까지 대학들은 어떤 프로그램을 어느 학생에게 왜 제공하고 있는지에 대하여는 합리적인 설명을 하지 못했다.

우리나라의 대학에서 학생들의 중도 포기 요인과 학업 성공 요인을 정확히 예측하고 이를 보고서로 발간하는 것은 여전히 어려운 일이다. 하지만 이제는 우리도 학생을 관찰하고 그들의 특성을 정의하고, 어느 학생에게 어떤 프로그램을 우선적으로 제공해야 하는지에 대해 객관적 해석과 시도가 필요한 시점이다. 최근 이러한 흐름은 주요 대학 재정지원사업의 평가편람이나 작성지침에서도 강조되고 있다.

우리나라 대학에서는 아직 교육 데이터를 생성하고 관리하는 부서, 데이터를 분석하고 보고하는 부서, 데이터를 활용하는 부서가 체계화되어 있지 않다. 어떤 사안이 발생할 때마다 여러 부서가 동시다발적으로 일하거나 어느 한 부서가 전담 부서로 지정되어 일하고, 데이터의 존재를 알고 있는 일부 교직원에게만 데이터에 대한 접근이 허락되는 경우가 대부분이다.

　최근에는 교육학 전공 연구원이 있다는 이유로 교수학습개발센터가 교수와 학생에 대한 데이터를 수집하고 관리해야 하는 핵심 부서이자 전담 부서로 인식되었다. 우리 대학의 경우 2014년 KMU 핵심역량진단도구 개발 업무가 교수학습개발센터에 부여된 이후 후속되는 각종 설문조사와 진단을 전담하는 부서로 각인되기에 이르렀다. 그 결과 교수학습개발센터는 기존의 업무 외에 각종 설문조사 및 분석 업무가 가중되었고, 전체 업무를 효과적으로 처리하기 어려운 상태에 봉착하였다.

2) 전문 부서 신설: 교육성과관리센터

　우리 대학을 포함한 국내 대다수 대학은 학생 또는 교수 데이터를 전담하여 수집, 관리, 분석하고 그 결과를 보고하는 부서가 전무했다 해도 과언이 아닐 것이다. 사실 데이터 기반 교육의 질 관리를 위해 갖추어야 할 조건은 많다. 우선 조직, 인력, 예산, 공간과 같은 기반을 갖추고 있어야 하며, 대학의 풍토, 행정 조직의 위상 특히 의사결정권자의 관심과 의지가 뒷받침되어야 한다. 고장완 등(2017)이 수행했던 '교수학습지원센터 위상 발전을 위해 지원이 필요한 부분에 대한 조사'에서 나타났듯이, 연구 인력의 신분 안정 다음으로 의사결정권자의 관심이 중요하다(〈표 14-1〉). 다행히 우리 대학에서는 의사결정권자의 관심과 의지로 데이터의 수집과 분석을 전담하는 부서의 신설이 매우 수월히 진행되었다. 요컨대, 우리 대학에서는 앞서 언급한 교수학습개발센터의 업무 가중, 다른 대학의 동향, 대외 평가를 대비한 체계적 데이터 관리의 필요성에 대한 이해에 더하여 의사결정자의 의지가 반영되어 2017년 2월 교육성과관리센터가 신설되었다.

〈표 14-1〉 교수학습지원센터 위상 발전을 위한 지원 영역

업무 영역	전체 건수	응답 비율	소재지		규모		재정지원사업	
			비수도권	수도권	비수도권	수도권	비수도권	수도권
교비예산 확대	15	12.8	17.4	6.3	15.4	11.5	11.4	13.7
업무의 제도화	11	9.4	10.1	8.3	7.7	10.3	11.4	8.2
의사결정자의 관심	27	23.1	23.2	22.9	17.9	25.6	22.7	23.3
연구원 전문성 확보	18	15.4	14.5	16.7	15.4	15.4	15.9	15.1
연구원 신분 안정성 확보	43	36.8	33.3	41.7	41.0	34.6	34.1	38.4
기타	3	2.6	1.4	4.2	2.6	2.6	4.5	1.4
합계	117	100	100	100	100	100	100	100

신설된 교육성과관리센터를 중심으로 종전에 실시되던 설문조사 결과를 한곳에 모아서 살펴보아야 한다는 생각으로 관련 업무 분장과 운영 규정을 정비했다. 구체적으로 교수학습개발센터에서 진행하던 4개의 설문조사 외에 기획처가 담당하던 교육수요자 만족도 조사(재학생, 졸업생, 학부모, 비동문 사회인) 업무가 이관되었다. 아울러 학생의 역량 증진과 만족도에 대하여 가장 많은 영향력을 가지는 강의 자료를 함께 분석하기 위하여 종래 교무처에서 진행한 강의평가 업무도 이관하였다. 이로써 교수의 강의 수준을 비교하거나 업적평가에 반영하는 1차 목적을 달성함은 물론이고 학생들의 교육만족도 제고를 위한 분석 자료로 활용하는 2차 목적도 달성할 수 있었다.

3) 데이터 분석과 공유

(1) 보고서의 다양화

우리 대학은 핵심역량 기반 교육을 강조하고 있다. 이를 위해 자체적으로 개발한 KMU 핵심역량 진단도구와 함께 K-CESA(한국대학생핵심역량진단)을 시행하고 있다. 아울러 교수-학습의 질 또는 실태를 파악하기 위해 K-NASEL과 학부교육 실태조사(K-NSSE)를 시행하고 있다. 2017년 교육성과관리센터가 신설되기 전에는 개별 설문조사와 진단 결과 보고서가 독립적으로 존재하였다. 신설된 교육성과관리센터는 최근 3년간 실시했던 4개 설문 및 진단 조사를 종합하여 분석하고, 그 결과를 「2015~2016 교내외 진단 결과 보고서」 및 「2017 핵심역량 및 교육실태 분석 보고서」를 작성하였다.

　특히, 교육성과관리센터는 대학의 의사결정자를 위해 각 단과대학의 수준을 상대적으로 비교하는 자료와 단과대학별 강점과 약점을 제시하는 자료를 보고한다. (국민대학교 교육성과관리센터, 2017). 한편 단과대학장 및 소속 교원을 위해서는 권역별, 규모별, 전공 소속별 상대적 위치를 확인시켜 주는 보고서를 작성하여 배부한다([그림 14-1], [그림 14-2] 참조). 이들 보고서는 주요 의사결정자들이 재학생의 장점과 취약점을 이해하고 합리적인 관점에서 발전계획을 재수립하고, 효과적으로 수행하는 것을 지원하는 데에 목적을 둔다.

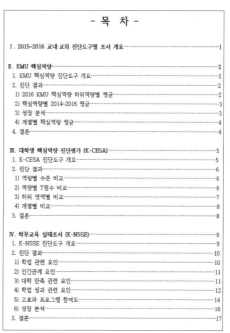

[그림 14-1] 의사결정권자를 위한 보고서 개요

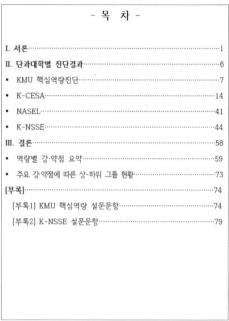

[그림 14-2] 단과대학 교수-학생을 위한 보고서 개요

(2) 의사결정권자와의 소통

유명한 보고서 작성 기술 특강 강사는 이 세상에서 가장 바쁘고 잠시라도 여유가 없는 사람이 바로 '우리 회사 사장님'이라고 했다. 대학에서는 사장님에 해당하는 것이 총장일 것이다. 대학의 총장(이하 의사결정자)은 교육자다. 교육자가 의사결정자이기 때문에 제자와 동료 교수에 대한 관심과 애정은 일반적인 회사에 상급자가 조직 구성원을 아끼는 마음보다 구체적이고 폭이 넓다 하겠다. 우리 대학의 경우 의사결정자가 학생과 교수의 이야기에 귀 기울일 준비가 되어 있다는 점에서 매우 고무적이었다. 데이터를 다루는 부서나 담당자는 의사결정자에게 다소억척스럽게, 부지런하게 보고를 해야 한다. 또한 바쁘지만 관심이 있는 의사결정자를 둔 경우는 업무지시 또는 자료 요청이 있지 않아도 의사결정자가 교육의 실태를 파악할 수 있도록 수시로 보고해야만 한다. 사실 요청하지 않은 자료를 스스로 생성해서 의사결정자에게 보고하기 위해 자발적으로 찾아간다는 것이 연구자또는 현업 부서 담당자에게 매우 부담스러운 일이 아닐 수 없다. 하지만 '구슬이서 말이라도 꿰어야 보배'라는 속담이 있듯이, 누군가 언젠가 물어보면 그때 알려

주기 위해 준비만 해둔 자료들은 조직의 발전과 연계되기 어렵다. 데이터를 보고 결정을 할 수 있는 권위자에게 데이터와 분석 결과가 갈 수 있도록 하는 것, 자료를 개방하는 것, 분석 결과가 이슈화되도록 하는 일련의 과정이야말로 데이터 기반 질 관리의 핵심이다. 우리 대학의 경우, 매주 열리는 처장회의, 월 2회 열리는 교무위원회를 통해 대학의 이슈가 안내되고 보고된다. 이때 교육성과관리센터가 연구한 결과 보고서나 제안들이 회의 자료에 포함되기도 한다.

(3) 교수 대상 컨설팅

우리 대학의 모 원로 교수님들께서 학생을 상담 중 가장 어려운 것이 바로 취업 관련 문제라고 말씀하신 적이 있다. '어떻게 하면 취업이 잘 될까요?'라고 묻는 학생에게 대답을 해 주어야 할 교수님이야말로 정작 입사지원서라는 것을 쓰고 취업의 문을 두드려 보고, 쓴잔을 마셔 본 경험이 거의 없기 때문이라고 했다. 이처럼 학생과 늘 함께하기에 교육의 전문가라고 일컬어지는 교수님들조차 잘 가르치는 데에 필요한 경험과 정보 습득을 계속하지 않으면, 학생들의 취약점 앞에서 학생들의 역량을 끌어올리기 위해 교수님들이 어떤 동기 유발을 하고, 어떤 역할을 수행해야 하는지 알기란 쉽지 않다. 또한 보고서를 작성하고 보고하는 담당자나 해당 자료에 대한 압축된 설명을 접하는 주요 의사결정권자와는 달리 단과대학 교수님들은 학생들에 대한 설문, 진단, 통계, 측정이 언제, 어떻게, 누구를 대상으로 진행되었는지 알 수도 없고, 짧은 시간 안에 파악하기 어렵다. 따라서 교육의 질 개선이라는 좋은 취지에도 불구하고 활자화된 보고서만을 배부하고 '교육에 활용하세요'라는 메시지를 던지는 것만큼 결례는 없을 것이다.

대학이 교수학습개발센터 등을 통해 교수 능력 강화를 위한 여러 프로그램을 수시로 제공하고 있다고는 하나, 이와는 별도로 관련 기관은 교수님들에게 학생 데이터를 보고 익히는 친절한 안내를 제공해야 한다. 교육성과관리센터에서는 교무위원회의를 통해 배부된 「2015~2016 교내외 진단 비교분석 보고서-단과대별」 설명회를 실시했다. 〈표 14-2〉에서 보듯이 4대 설문/진단도구의 개요와 목적을 설명하고, 유료 검사인 K-CESA를 제외한 나머지 3개 설문조사의 원항목까지 제공함으로써 교수님들의 이해를 지원했다. 특히, 여러 설문과 진단은 컨설팅을 통해 각 단과대학을 교내에서 상대적으로 줄 세우고, 우열을 가리기 위한 자료가 아니라 각 단과대학 학생들의 대외 동일 집단과의 비교를 통해 강, 약점을 명확하게 파악하고 교육에 반영하기 위한 취지로 실시된다는 점을 명시하여 설명했다. 본 교수 설명회는 자율 참여에 의한 것이며, 16개 단과대학 중 신청한 3개 단과대학 을 대상으로 실시되었다.

〈표 14-2〉 진단도구별 조사 개요

구분	KMU 핵심역량진단	K-CESA	NASEL	K-NSSE
공식 명칭		대학생 핵심역량진단 (Korea Collegiate Essential Skills Assesment)	대학 교수 · 학습과정 설문조사 (National Assesment of Student Engagement in Learning)	학부모교육 실태조사 (Korea-National Survey of Student Engagement)
시행 연도	2016년	2015년	2015년	2016년
목적	국민대학교 5대 핵심역량진단	대학생들을 대상으로 직업세계에서 요구되며 대학교육을 통해 길러진 현재의 역량수준을 진단	한국 대학생의 교수-학습과정에 관한 설문조사	학부교육의 질과 성과에 영향을 미치는 요인을 탐색 · 분석
측정 방법	자기보고식	과제수행식＋ 자기보고식	자기보고식	자기보고식
문항 수	87문항	228문항	185문항	135문항
시행기관	교내	한국직업능력개발원	한국교육개발원	한국대학교육협의회

(4) 행정직원 컨설팅

교내 각 부서 행정 직원(단과대학 직원 포함)들의 입장에서 보면 다수의 학생 설문 또는 진단 결과가 해당 부서의 현업과 어떻게 연계되는지, 어떻게 연계해야 하는지 알아내기 어렵다. 더욱이 단과대 학장의 업무 스타일에 따라서 배부된 보고서가 학장의 서가에 들어갈 수도 있고, 교학팀을 배제한 채 주임 교수 회의에 직접 전달될 수도 있다. 반대로 별다른 지시 없이 교학팀이 알아서 처리하도록 자료집을 내려주는 경우도 있다. 이러한 과정에서 교학팀 소속 직원은 업무 공유자가 되지 못할 수 있다. 따라서 교육성과관리센터에서는 교수를 대상으로 하는 컨설팅과 별도로 교수님들이 알고 있는 정보를 행정 직원에게 공유하고, 이를 바탕으로 즉각적인 조치를 취하고, 향후 학생 관련 프로그램의 기획과 운영을 지원할 수 있도록 행정 직원을 대상으로 하는 컨설팅을 진행하였다. 주요 내용은 교수 컨설팅과 마찬가지로 각 설문조사와 진단도구의 정량적 결과가 무엇을 의미하는지, 각조사와 도구가 묻고자 하는 바가 무엇인지를 설명했다. 또한 학생 관련 프로그램을 실시함에 있어 긴급성과 중요성이 따르는 영역과 우선 고려되어야 하는 대상들이 누구인지를 설명하였다. 부수적으로 각 부서나 단과대학 차원에서 사업 계획서, 중간 보고서, 연차 보고서, 최종 성과 보고서를 작성하는 경우에 학생 진단 보고서를 어떻게 활용할 수 있는지를 집필 예시 등으로 제공하였다. 행정 직원 컨설팅은 교육성과관리센터 설립 이후 수시로 진행하였으며 누적 500명 이상(2018년 상반기 기준)이 참여하였다.

3. K-NSSE를 활용한 KMU TEAM 역량 지수 개발

1) TEAM 역량

우리 대학의 대학이념, 교육철학, 교육목적, 교육목표를 아우르는 TEAM 교육체계는 [그림 14-3]과 같다. 교수, 학생, 사회가 공동체(TEAM)를 이루고, 사고력(Think)과 표현력(Express), 실천력(Act)과 창의력(Make)을 균형 있게 제고하자는 뜻이 담겨 있다.

[그림 14-3] 국민대학교 교육체계

2) 단과대학 역량강화 지원사업 추진

우리 대학은 2017학년도 10월 기준 재학생이 14,944명이고, 학생 정원 기준 전임 교원 확보율은 86.1%로 수도권 대형대학으로 분류된다. 다른 대학처럼 우리 대학도 등록금 동결, 입학금 폐지라는 재정 여건에서 교육비 환원율(장학금 지급률) 유지, 전임교원 확보 등 양질의 교육을 시행해야 하는 이중의 압박을 받고 있다. 교육의 질 개선은 교육 활동에 대한 막대한 예산 투입과 의사결정자의 리더십을 기반으로 추진되기도 하지만, 무엇보다 교육의 최전선에 있는 교수님들의 의지와 동기유발이 중요한 요인임은 주지의 사실이다. 또한 경험적으로 볼 때 대학 본부의 지향점을 단위 학사 조직에 제시하고 이들을 설득시켜 변화를 촉진하기는 매우 어렵다. 따라서 단위 조직 스스로가 생존이나 발전을 고민하게 하는 방식이 대안으로 검토되기도 한다.

우리 대학은 독립채산제를 운용하고 있지 않다. 각 단과대학의 자율성과 창의성, 독창성과 전문성을 인정하고, 단과대학 차원의 교육 발전을 유도하기 위해 '단과대학 역량강화 지원사업(이하 학장 MBO)'을 준비하여 2017년 8월 발표했다. [그림 14-4]에서 요약한 바와 같이 학장 MBO는 단과대학의 교육개혁 또는 개선에 필요한 마중물 예산을 우선적으로 지급하고, 사업의 진행과 성과에 대한 책임을 부여하며 추후에 보상을 지급하는 방식으로 운영되고 있다. 본 사업 중 교육성과 관리센터는 TEAM 역량지수의 설정과 개선 계획서에 관한 업무를 담당한다.

평가지표 체계 ▶

구분	성과목표	측정지표	세부 운영 내역
공통지표 (50%)	교육의 질 제고	Civic Engagement (시민참여 활동 활성화 지수)	• 사제동행 세미나(커뮤니티 매핑) 활용 • Connected Capstone Design 활용
		융복합 교과 프로그램 지수	• 팀팀 Class, HAT, 산업체 연계 교육 프로그램 등
	학생 TEAM 역량 강화	TEAM 역량 지수	• TEAM 역량 강화를 위한 프로그램
자율성과 지표 (50%)	특성화 프로그램 개발	비전과 핵심 가치와 연계된 주요 사업성과 지표	• 단과대학 자체 지표 제시 • 새로운 교육 모델, 프로그램 등 제시

지원 내용 ▶

	구분	사업 지원 내용	평가 후 인센티브 지원
공통지표	시민참여활동 활성화 지수	운영 지원비 내용	사업 결과에 따라 일정 예산 차등 배분
	융복합 교과 프로그램 지수		
	TEAM 역량 지수	–	
자율성과 지표	특성화 프로그램	사업계획서 평가에 따라 소요 예산 일정액 배정	

지표별 담당 부서▶

구분	내용	담당 부서
시민참여 활동	시민참여 활동 계획서	북악인성교육센터
융복합 교과 프로그램 지수	팀팀 클래스 개설 신청서	교무팀
TEAM 역량 지수	K-NSSE 지수 개선 계획서	교육성과관리센터
자율성과지표-특성화 프로그램	사전분석, 비전기술서, 예산 등	교원지원팀

[그림 14-4] 학장 MBO 운영 개요

3) K-NSSE를 활용한 KMU TEAM 역량 지수

(1) TEAM 역량 지수 설정 배경

TEAM 역량 지수의 근간이 된 학부교육실태조사(K-NSSE) 결과는 앞에서 언급한 「2015~2016 교내외 진단결과 보고서」를 통해 이미 교내의 대다수 구성원에게 소개되었다. 아울러 학장 MBO를 시행하기까지 2014년부터 우리 대학이 매년 참여해 온 결과 가장 많은 데이터를 축적하고 있는 설문자료다. 더욱이 본 실태조사는 학생들의 학습 참여와 교육성과 영역으로 구분되고, 대학 간 비교 및 대학 내 비교 가능한 결과 보고서를 산출할 수 있어서 학장 MBO의 성과를 측정하는 데 가장 적합한 도구라고 생각되었다.

TEAM 역량 지수 설정 범위는 우리 대학 2016년 진단 결과를 기준으로 전국 또는 수도권 대형 대학 평균치 이하를 기록한 항목 중에서 학습참여 요인 4개, 교육성과 요인 1개(총 5개)를 대상으로 하였으며, 이를 중점 개선 항목이라고 명명하였다([그림 14-5] 참조).

5대 중점 개선 항목
1. 능동적 · 협동적 학습
2. 교수-학생 상호작용
3. 효과적 교수 활동
4. 지원적 대학 환경
5. 글쓰기 및 말하기

[그림 14-5] TEAM 역량 지수 5대 중점 개선 항목

(2) TEAM 역량 지수 개선 계획서

단과대학은 5개 중점 개선 항목에 대한 2016년 기준값(60점 만점 변환점수)을 확인하고, 이 중 2개 지표를 개선 영역으로 선정하여 작성 지침에 따라 개선을 위한 계획서를 제출한다([그림 14-6], [그림 14-7], [그림 14-8] 참조). 그러나 계획서 작성에 대한 안내와 5대 중점 개선 항목과 관련된 설문의 원 문항을 보냈음에도 불구하고, 각 단과대학으로부터 다수의 문의 전화와 메일이 접수되었다. 이는 당초 교

육성과관리센터가 생각했던 것과는 다른 양상이었다. 설문 원 항목만으로는 학생들에게 어떤 프로그램이나 어떤 교수법을 제공해야 하는지에 대해 알기 어렵고 막막하다는 것이 문의의 요지였다. 특히, 다양한 예시나 구체적 사례를 소개해 달라는 요청이 많았다. 이에 따라 교육성과관리센터는 2차 안내문을 작성하여 송부하는 시행착오를 겪었다.

2017년에는 6개월 단기 사업으로 진행되었으며 13개 단과대학 모두가 TEAM 역량 지수 개선 계획서를 제출하였다. 2017년 사업 추진 성과 및 실적에 대한 평가는 2018년 2월부터 4월까지 진행되었다. 평가 결과 13개 단과대학이 4개 그룹으로 구분되었으며 학장 MBO 예산의 30%를 차등하여 지급받았다.

[그림 14-6] TEAM 역량 지수 개선 과정

○○대학 K-NSSE 팀 역량 지수 개선 계획서					
단과대 성과 지표		지표 명	기준 연도 (2016)	1차 연도 (2017)	2차 연도 (2018)
		1. 5대 중점 개선 항목 중 1개 선택	○○.○○		
		2. 5대 중점 개선 항목 중 1개 선택	○○.○○		
단과대 지표 설정 근거					
연차별 실행 계획 (프로그램)	1차 연도				
	2차 연도				

[그림 14-7] TEAM 역량 지수 개선 계획서 양식

TEAM 역량 지수(K-NSSE 팀 역량 지수)
5대 중점 개선 과제 설문 항목 및 프로그램 계획 및 수립 참고 자료

※ (유의사항) 아래 프로그램 계획 예시는 참고 자료로서, 계획 수립의 원활성을 돕기 위해 타 대학 사례 및 교내 프로그램을 요약하여 제한적으로 제시되었음을 양지하여 주시기 바랍니다.

아울러, 각 단과대학의 특성에 따른 자율 계획 수립을 목표로 하고 있으므로, 참여 인원(명/비율), 강좌 수, 참여 횟수 등의 목표 단위도 자유로이 설정하실 수 있습니다.

설문 항목	프로그램 계획 예시
가. 능동적, 협동적 학습(지난 학기 동안 다음 사항들을 얼마나 자주 수행하였습니까?)	
-수업 중에 질문하거나 토의에 참여함 -수업 자료를 이해하기 위해 친구 등 다른 학생들에게 물어봄 -친구 등 다른 학생들에게 수업 자료에 대해 설명해 봄 -친구 등 다른 학생들과 함께 수업 프로젝트나 과제를 수행함 -친구 등 다른 학생들과 수업 자료에 대해 함께 토의 및 공부를 하여 시험을 준비함	-수업 종료 후 질문/건의 스티커 제출 ○○ 강좌 -학생 간 디베이트에 의한 발표, 과제 평가 ○○ 강좌 -기말/중간고사 기간 또래 멘토실 운영 ○○ 시간 -전공과목 스터디 운영 및 지원 ○○개 등
나. 교수-학생 상호작용(지난 학기 동안 다음의 문항을 얼마나 자주 수행하였습니까?)	
-교수님과 나의 진로 계획에 대해 이야기해 봄 -교수님과 수업 외 활동을 함께 해 봄(위원회, 동아리 모임) -교수님과 수업 외 시간에 수업 중 다룬 주제, 생각, 개념 등에 대해 토의해 봄 -교수님과 나의 학업 성과(성적, 과제물, 작품, 프로젝트 결과 등)에 대해 이야기해 봄	-진로 관련 학생 상담 ○○% 시행 -진로 주제 집중 상담 기간 운영 ○○회 -수업 관련 질문, 응답 시간 운영(종합정보시스템 수강생 면담 활용) ○○시간 -○○교수님 주관 읽기/쓰기/토론하기(예: 전공심화도서, 고전 읽기, 4차 산업혁명, 융합 등) ○○회 등

[그림 14-8] TEAM 역량 지수 개선 계획 예시 안내

4) KMU TEAM 역량 지수 환류를 위한 과제

여기서는 데이터 기반의 교육의 질 관리를 위한 대학의 일반적인 과제나 발전 방향에 대한 제언보다 국민대학교가 TEAM 역량 지수를 정착시키고, 교육의 질 관리를 위한 선순환 체계를 고도화하는 과정에서 당면했던 사항들을 중심으로 정리한다. 우선 K-NSSE에 대한 대학 구성원의 인식 개선이다. 교수, 직원 컨설팅에 참여하고 TEAM 역량 지수 개선 계획서 작성에 참여했던 교수 및 직원들의 대다수가 최소한 K-NSSE라는 단어에 대해서 생소함을 느끼지 않았다. 이 점에서 데이터 기반 교육의 질 관리의 도입은 일부 성공적이라고 할 수 있겠다. 또한 교수나 직원들이 학생 실태와 관련해서 경험적으로 직감했던 것을 수치로 보여 주는 작업이 가능하고, 이를 교육의 질 개선 자료로 직접 활용해 본다는 점에서도 국민대학교 구성원들이 긍정적으로 생각했다.

그럼에도 불구하고 K-NSSE를 기준 지표로 한 TEAM 역량 지수 계획은 몇 가지 한계를 지니고 있다. 우선 K-NSSE의 시행 및 결과 산출 시기와 학장 MBO 운영 기간의 간극 문제다. 2018학년도의 경우 학장 MBO 개선 계획서를 5월 중 제출받는 것으로 되어 있으나, 2019학년도부터 학기 개시 즈음인 3월 세출받는 것으로 예정되어 있다. K-NSSE 조사 주관 기관 및 참여 대학 간 협력 및 조율을 통해 대학 학년도, 학기제에 맞추어 결과가 산출될 수 있도록 해야 하겠다.

둘째, 조사 참여자 익명성 보장, 개인정보보호, 제3자 정보제공 등의 법적 이슈에 대비하면서 K-NSSE에 참여한 학생들의 데이터를 우리 대학이 가지고 있는 데이터와 연계하여 분석할 수 있는 장치가 고안되어야 한다. 일례로 우리 대학의 5대 핵심역량의 하위 역량 중 소통 능력, 협동심, 자기주도성, 글로벌 마인드 등은 K-NSSE의 고차원학습 경험, 반성적 · 통합적 학습 경험, 교수-학생 상호작용 및 대학생활을 통한 교육성과 영역의 일부 문항과의 유사하거나 관련성이 높다. 우리 대학이 자체 개발하고 매년 조사를 시행하고 있는 KMU 핵심역량 진단의 경우, 학생들의 동의를 얻어 학번을 수집하고 있으므로 K-NSSE의 항목과 교내 데이터가 연계된다면 교육성과의 변화 추이에 대한 객관적인 해석이 가능할 것이다. 또한 풍부한 데이터를 재생산할 수 있을 것이라고 기대한다.

셋째, 현재는 K-NSSE가 국민대학교 TEAM 역량 지수의 유일한 지표로 설정되어 있고 학장 MBO 정착까지는 이에 대한 변화는 없을 것으로 생각된다. 하지만 중장기 관점에서 학장 MBO 체계가 고도화되면 교육성과관리센터가 관리하는 교육 수요자 만족도 조사나 수업평가 자료 K-CESA, K-NASEL 등도 TEAM 역량 지수의 지표가 될 수 있다. 어느 경우이든 학생들의 참여에 대한 적절한 보상 기제가 필요하고 구성원이 결과에 동의할 수 있는 신뢰로운 조사 체계를 마련하는 것이 절실하다. 현재까지는 교육성과관리센터가 교내에 산재한 유사한 설문과 진단의 업무 통합하고 이를 확장해가는 추세에 있다. 하지만 동시다발적인 설문조사에 학생들의 피로도가 상당히 높아진 것도 사실이다. 2014~2015년까지는 자발적으로 참여한 학생에게 간식이나 기념품, 기프티콘을 제공했고, 이러한 작은 보상으로도 목표로 했던 설문 인원을 달성하기가 용이했다. 하지만 2016년을 기점으로 설문조사 참여자에 대한 보상 규모와 금액이 더욱 커졌음에도 불구하고 참여도는 점점 낮아지고 있다. 응답 기간의 연장도 반복되는 반면, 참석을 독려하는 홍보 비용(문자 발송)도 증가하고 있다는 것이 학생들의 피로도를 입증한다. 학장 MBO 또는 TEAM 역량 지수 개선을 담당하고 있는 단과대학이나 소속 교원들이 데이터의 수집에 관여할 때 평가의 타당성과 신뢰도가 높아진다. 따라서 앞으로는 학사 지도, 상담 또는 수업 연계 설문 등의 방법을 검토해 보아야 할 단계다.

4. 결론

과거 학교는 학생이 공부하는 곳이었다. 보다 진일보한 개념으로 대학은 학생이 공부하는 곳이고, 교수와 학생이 함께 학문을 연구하는 곳으로 보았다. 하지만 현재의 대학은 학생 또는 교수만이 공부하는 곳은 아니다. 4차 산업혁명시대 또는 대학의 미래 생존을 위한 혁신 등을 거론하지 않더라도, 대학은 이미 대학에 쌓인 수많은 데이터를 통해 대학이 스스로를 관찰하고 분석할 수 있게 되었다. 대학이 학생에 대한 연구를 수행할 수 있고, 대학이 교수에 대하여 공부를 할 수 있게 되었다. 대학 차원의 이러한 학습과정의 반복과 확산이 바로 데이터를 활용한 교육의 질 관리를 구축하는 초석이 아닐까 생각한다.

물론 여러 대학에서 교육의 질 관리를 위한 데이터의 수집 및 분석을 전담하는 기관이 신설되고, 전문인력이 보강되며, 관련 예산이 충분하게 지원되면 데이터를 활용한 합리적 의사결정이 촉진되고, 교육의 질 관리 및 환류가 고도화할 수 있다. 그러나 이는 이상적인 바람일 수도 있다. 하지만 제한된 예산으로 부서를 신설하고, 이를 운영하는 데 필요한 인력과 예산을 추가로 배치하는 것에는 의사결정자의 의지가 중요하다. 더욱이 이러한 전담 부서가 신설되었다 하더라도, 교육학적 이론 토대 위에 대학 행정이나 운영 경험을 풍부히 보유한 전문가는 찾아보기 어렵다. 여기에 데이터 마이닝, 데이터 사이언스, 데이터 스토리텔링 역량까지 갖춘 전문가를 찾기는 현실적으로 더욱 어렵다. 그렇다고 대학들이 데이터를 수집하고 분석하는 데 만능인 그 누군가가 나타나기까지 손을 놓고 기다리고 있을 수만은 없다. 교수, 학생, 행정가 모두가 데이터 기반 교육의 질 관리의 당사자가 되어야 한다. 대학을 둘러싼 모든 이슈에 의문을 던지고, 질문하고, 답변을 요구하고, 답이 될 만한 예측을 내놓을 수 있도록 누군가는 실천해야 할 시기다.

대학에 따라서 데이터 기반 교육의 질 관리를 추진하는 주체가 누가 되어야 할지는 대학의 상황이나 여건에 따라 다를 것이다. 다만 각 대학에서 이를 시행함에 있어 우리 대학의 사례를 참고하고자 하는 경우, 다음의 4원칙을 고려해 볼 수 있다.

1. 데이터는 한곳에 모아야 한다. 장기적으로는 데이터를 수집하고 분석하는 전담 조직을 꾸려야 할 것이고 조직 신설이 불가하다면, 각 대학의 여건에 맞게 업무 조정이나 통폐합 등을 통해 전담 조직을 지정해야 할 것이다.

2. 수집한 데이터에 대해서는 읽을거리, 생각거리를 만들어야 한다. 대학기관연구는 데이터에 대한 분석과 보고서의 작성에서 시작된다. 이 과정에서 의사결정자를 위한 보고서와 교육 현장에 있는 교수들을 위한 보고서 등 다양한 관점과 요구를 반영하여 보고서를 작성해야 한다.

3. 자료와 분석 결과는 찾기 전에 준다. 전담 기관은 자신이 작성한 보고서를 유효한 의사소통 채널에 전달할 책무가 있다. 연구자의 서가나 책상에 쌓여 있는 연구 결과물만으로는 대학을 변화시키기 어렵기 때문이다.

4. 수집과 분석을 통해 만들어진 것은 여러 사람이 보게 해야 한다. 대학이 대학을 학습한 결과물에 정답이란 없다. 따라서 연구 결과물을 공유하는 과정에서 직종이나 신분의 장벽이 없어야 한다. 자료를 열람한 구성원의 추가 질문이나 의문에도 성실히 답할 수 있어야 한다. 때로는 과하다 싶을 만큼 친절하고 구체적인 안내를 여러 번 하는 것도 필요하다.

참고문헌

고장완 외(2017). 대학 교수학습지원센터 기능 변화 분석 및 발전 방향 탐색. 대학-교수학습연구, 제9권.

교수신문(2015. 02. 09.). '대학 기관연구 중요성 강조 …… 빅데이터 활용이 교육 가른다' 기사.

국민대학교 교육성과관리센터(2017). 2015~2016 교내외 진단 비교분석.

국민대학교(2017). 대학자율역량강화지원사업 사업계획서.

Predictive Analytics (2017). http://www.theuia.org

제**3**부
해외 대학 사례

제**15**장

데이터 기반의 전략적 의사결정과 책무성 제고: 미국 대학들의 대학기관연구 사례*

☑ 배상훈, 윤수경(성균관대학교)

1. 서론

다른 조직과 마찬가지로 대학에서도 매 순간 다양한 의사결정이 이루어진다. 대학 차원의 학생 모집, 교육과정 운영, 교수 초빙, 중장기 발전계획 수립에서부터 교수 차원의 강의계획 수립, 교육방법 선택, 학생 지도 및 평가에 이르기까지 크고 작은 판단과 결정이 내려진다. 한편, 분석과 평가도 빈번하게 이루어진다. 예컨대, 학생 선발 결과에 대한 체계적인 분석은 이제 대학의 필수적인 기능이 되었고, 이는 다음 해 학생 모집을 위한 전략과 홍보에 적극적으로 반영된다. 최근에는 대학교육의 질 관리를 위한 다양한 분석과 평가가 여러 가지 방법으로 이루어지고, 대학의 책무성 제고 차원에서 부각되는 추세다. 이와 같이 대학이 수행하는 각종 분석과 평가 그리고 이에 따른 전략적 의사결정은 대학의 효율적인 운영과 효과적인 목표 달성에 직접적인 영향을 미치고, 나아가 대학의 경쟁력과 책무성 제고는 물론 생존까지 좌우하게 될 전망이다.

---

*이 원고는 한국대학교육협의회의 고등교육 전문지 '대학교육 188호(pp. 24-31)'에 게재된 내용임을 밝힙니다(magazine.kcue.or.kr).

  이러한 맥락에서 대학들은 보다 객관적이고 과학적인 방법으로 자료를 수집하고 종합하여 분석함으로써 대학 경영자의 전략적인 의사결정과 교수와 학생들의 효과적인 교수–학습 활동을 지원하려는 노력을 펼치고 있다. 특히, 우리에 앞서 급격한 학생 자원의 감소와 대학 간 무한 경쟁을 경험한 바 있는 미국의 대학들은 정확한 자료와 정보를 기반으로 대학을 운영하고 총장을 비롯한 대학 경영진의 전략적인 의사결정과 리더십 발휘를 지원하는 시스템을 구축해 왔다. 그리고 이러한 일련의 대학의 활동들은 '대학기관연구(Institutional Research)'라는 이름으로 발전하고 있다. 우리나라에서도 대학 자체평가, 교육의 질 관리와 인증, 대학 중장기 발전계획의 수립 등이 이루어지고 있지만, 아직 체계적이고 과학적인 수준으로 진행되지 못하고 있다.

  이 장에서는 미국 대학들 사이에서 활발하게 진행되고 있고, 이제 유럽, 중국, 일본의 대학들까지도 도입하고 있는 '대학기관연구'에 대하여 살펴본다. 그리고 대학기관연구가 우리나라 대학의 발전에 어떤 시사점을 줄 수 있는지를 모색한다. 본고는 2015년 성균관대학교 대학교육혁신센터가 주최한 제1회 고등교육혁신 국제 콘퍼런스에서 발표된 자료를 중심으로 설명하고 저자의 생각을 보탠다.

2. 대학기관연구

  일반적으로 대학기관연구란 "대학의 기획, 정책 형성, 그리고 의사결정을 지원하기 위한 일체의 활동(Saupe, 1990: 1)"을 말한다. 그러나 미국 최대의 대학기관연구 전문가 단체인 AIR(Association of Institutional Research)의 사무총장이며, 이 분야의 권위자라 할 수 있는 Swing 박사에 따르면 대학기관연구라는 개념은 맥락에 따라 매우 중의적이고 다의적으로 쓰인다. 또한 고등교육을 둘러싼 시대적 상황, 이해관계자들의 요구, 자료 분석 기법의 발달과 맞물려 끊임없이 진화하고 발전하는 개념이기도 하다. 그럼에도 불구하고 대학기관연구의 핵심적인 개념 요소가 있다면, 그것은 '대학에서 이루어지는 다양한 활동과 관련된 의사결정을 지원(institutional decision-support)하는 기관 차원의 체계적 대응'이라는 것이다. 여기서 의사결정의 영역은 학생의 학업 활동, 교수의 교육 및 연구 활동, 행정부서의 과업

수행 등 다양한 분야를 포괄한다. 예컨대, 대학의 보직교수들이 맡은 과업을 수행함에 있어 결정을 내릴 때 각 대안별로 어떠한 결과가 예상되고 대안별 차이는 어떠한지에 대한 정보를 제공함으로써 최선의 의사결정을 내릴 수 있도록 지원한다. 또한 대학 차원에서 중장기 발전 계획이나 각종 정책을 수립함에 있어 긴 안목에서 의사결정을 내릴 수 있는 정보를 제공하기도 한다. 물론 대학기관연구의 전통적인 고객은 총장 등 최고 의사결정자들이며, 최신의 데이터를 토대로 미래 트렌드를 보여 주고 조언함으로써 최적의 의사결정을 내릴 수 있도록 지원하기도 한다.

　대학기관연구를 제대로 수행하기 위해서는 여러 분야의 역량과 지식이 필요하다. Terenzini(1993)는 이를 세 가지로 제시하였다. 첫째, 기술적 · 분석적 지식(Technical/Analytical Intelligence)은 가장 기본적인 지식으로 기초적인 자료 분석을 위한 도구적 지식, 즉 통계 지식, 조사연구 방법 관련 기술 등을 포함한다. 두 번째로 요청되는 역량은 이슈에 대한 지식(issue intelligence)이며, 대학 차원의 구체적인 현안과 핵심 인물을 파악하는 것이다. 기관의 변화와 혁신을 위해서는 데이터와 고등교육 전반에 대한 이해를 기반으로 이를 실행할 수 있는 핵심 인물이 필요하기 때문이다. 마지막으로 맥락적 지식(contextual intelligence)이 필요한데, 이는 대학의 역사, 문화, 종교적인 배경, 대학 랭킹, 외부 환경 등에 관한 이해를 말하며 대학별로 상이하게 나타난다.

　Swing 박사의 발표에 따르면, 미국 대학에서 대학기관연구를 수행하는 부서가 설립되기 시작한 것은 대학 책무성에 대한 사회적 요구가 높아진 1950년대와 1960년대 사이다. 1955년에 10개에 불과하던 대학기관연구 담당 부서가 1964년에는 115개로 대폭 늘어났다. 특히, 1966년에는 현재 미국 고등교육 통합 데이터 시스템인 IPEDS(Integrated Post-secondary Education Data System)의 전신이라 할 수 있는 HEGIS(Higher Education General Information Survey)가 구축되었고, 이후 대학이 연방정부에 관련 자료를 제출하는 것이 의무화되면서 대학기관연구가 활발해졌다. 우리나라의 경우 대학정보공시제도가 도입되면서 대학마다 이 업무를 담당하는 부서가 생겨난 것과 마찬가지다. 펜 스테이트 대학교(Penn State University)의 고등교육연구센터에서 수행한 대학기관연구 부서에 대한 2008~2009년 전국 조사에 따르면 미국의 경우 총 1,100개 이상의 대학에 관련 기능을 수행하는 부서가 운영되고 있으며, 약 3,300명 이상의 전문가가 대학기관연구 관련 직무를 수행하고 있다(Volkwein, Liu, & Woodell, 2012: 23). 대학기관분석 부서는 데이터의 수집 및 관리, 연구개발, 기획 및 특별 프로젝트의 수행, 법정 필수 보고사항의 보고 기능 등을 담당하고 있으며, 사회과학, 경영학, 교육학, 통계학 등과 같이 다양한 전공 분야의 전문가들이 활동하고 있다(Volkwein, Liu, & Woodell, 2012: 27-29). 대학기관연구 부서의 위치(location of IR office in the college organization)에 대한 2008년 AIR 조사에 따르면(AIR, 2008: 2), 총 1,089명의 응답자 중 499명(47.5%)은 교무행정 조직(Academic affairs)에 속해 있다고 응답했고, 251명(23.9%)은 총장 직속 부서라고 응답했다. 기타 140명(13.3%)은 재정회계 관련 부서 소속이라고 응답했으며, 기획평가 및 효과성 부서 소속이라는 응답도 80명(7.6%)이 있었다.

한편, 미국 대학의 대학기관연구 부서에서는 대학경영과 관련된 다양한 자료를 수집하여 관리하고 있으며, 목적에 따라 교육연구분석, 평가분석, 시스템 분석, 성과측정, 컴퓨터 모델링, 정책연구분석, 전략기획 모델과 같은 광범위한 방법론을 활용하여 분석이 이루어진다(Fincher, 1985). 분석 결과는 학생등록 관리, 강의실 배정, 교육의 질 평가 및 인증, 중장기 발전계획의 수립 등에 활용된다.

〈표 15-1〉 대학기관연구 부서에서 활용되는 자료

유형	예시
Course/Enrollments	enrollment, grades, student evaluations of instruction, admissions projections, etc
Facilities	classroom use, seating capacity, etc
Financial	salaries, costs, revenues, financial aid, performance funding, fund-raising, etc
Staff	appointment types, tenure, demographics, workload, diversity, etc
Student	demographics, enrollment status, satisfaction, learning outcomes, post-attendance status, etc

3. 대학기관연구의 적용 사례

1) 등록관리

미국 대학에서 대학기관연구가 가장 널리 그리고 활발히 적용되고 있는 분야 중의 하나가 등록관리(enrollment management)다. 즉, 대학기관연구의 일환인 통계 분석 및 예측 기법을 적용하여 학생모집 비용을 줄이고, 등록관리 업무를 효율화하겠다는 것이다. 미국 인디애나 대학교의 Hossler 교수에 따르면, 미국 대학들 사이에서 등록관리가 활발해지기 시작한 것은 1970년대부터다. Hossler 교수는 등록관리가 시작된 배경을 인구변화에 따른 학생자원의 감소, 신관리주의(New managerialism) 대두, 정부의 고등교육 지출 축소와 대학 간 경쟁, 수요자의 선택을 강조하는 신자유주의(neo-liberalism) 도래, 기관 차원의 의사결정을 지원하는 계량경제학적(econometric) 분석 기법의 활용, 학생정보 시스템(student information systems) 구축, 전자매체를 통한 의사소통 확대, 대학교육 질에 대한 정량평가 확대, 대학기관 사이의 동형화(institutional isomorphism)로 설명하였다. Hossler 교수에 따르면, 등록관리는 학생들의 실제 등록에 영향을 미치기 위한 체계적인 활동으로 대학의 수입에 영향을 준다는 점에서 중요하다. 이는 학생들의 대학 진학 및 선택, 등록의 유지 및 학업성과의 제고와 연계된 전략적인 계획과 연구 활동의 조합으로, 새로운 학생유치 전략, 학자금 지원 정책, 교육과정 개발, 학생 지원 서비스의 제공 등으로 구체화된다.

등록관리를 위해서는 우선 학생 자료가 중요하다. 어떠한 특징을 가진 학생들이 지원을 하고, 어떠한 학생들이 합격하며, 어떠한 학생이 등록하였는지에 대한 자료가 체계적으로 구축되어야 한다. 등록관리 자료에는 학생과 학부모의 지원 시점, 지원 이유, 지원한 학생의 성적 및 가정의 경제적 배경(가구 수입), 국내 학생과 유학생 비교 자료, 관련 종단 자료가 포함된다. 또한 대학 입학 자원인 17~18세 학생 자료와 이들 학생을 유치하기 위한 대학 이미지 및 홍보 전략도 포함된다. 많은 미국 대학들이 등록관리 자료를 구축하고 있으며, 이들 자료를 학생 모집, 대학 수입 예측, 장학금 등 재정 지원 소요, 등록 예측 모델링 등과 연계하여 활용하고 있다.

한편 Hossler 교수는 학생 등록에 영향을 미치는 요인으로 고정 요인(fixed), 유동적 요인(fluid), 혼합 요인(mixed), 외재적 공공 정책 요인(external public policies)이 있다고 설명한다. 그에 따르면, 고정 요인에는 대학의 미션, 위치, 고정 비용 등이 포함되고, 유동 요인으로는 학생 모집과 순 비용(net price) 등이 있다. 혼합 요인으로는 학업 프로그램, 학생들의 경험, 대학교육의 질에 대한 대중의 평판과 인지도(예: 대학 순위) 등이 있다.

2) 대학의 자체평가 보고서

최근 국내에서도 중요성이 부각되고 있는 것이 대학의 자체평가 보고서다. 미국에서도 대학기관연구를 담당하는 부서에 많은 노력을 기울이는 것 중의 하나가 대학교육의 질과 성과를 담은 보고서의 작성이다. 대학 보고서는 목적과 대상에 따라 다양한 형태를 가지고 있으며, 대학의 성과와 관련된 내용을 담고 있어 대학의 책무성을 제고하고 홍보하기 위한 수단으로도 널리 활용된다. AIR 회장을 역임했던 인디애나 대학교의 Borden 교수에 따르면, 미국 대학에서 많이 활용되는 대학 보고서 형태는 팩트 북(fact books), 대학 홍보 책자(glossy, image-oriented book), 성과 보고서(performance reports) 등의 세 가지다.

먼저, 팩트 북은 학생 규모, 교수 및 강사 현황, 캠퍼스 규모 등과 같이 대학과 관련된 기본적인 자료와 정보를 보여 준다. 학교 홈페이지 등을 통해 온라인으로 제공되는 경우도 많으며, 별도의 자세한 해석이 따르지 않는 수치 정보를 위주로 하는 경우가 많다.

둘째로, 대학 브로슈어 또는 홍보 책자는 주로 학생 모집이나 기부금 모금 등을 목적으로 일반 대중이나 특정 집단의 호감과 지지를 얻어내기 위해 만들어진다. 이에 대학 정보와 자료를 제공하고 대중에게 전달하려는 대학의 스토리를 담는 경우도 많다. 이 자료 또한 팩트 북과 마찬가지로 온라인상에서 주로 e-book 형태로 제공된다.

마지막으로, 대학의 성과 보고서는 대학이 설정한 목표와 달성 정도를 다양한 형태의 증거 자료와 함께 보여 준다. 즉, 대학이 추구하는 핵심 목표와 전략을 제시하고 대학의 교육과 연구 활동에 있어서 목표와 달성 정도를 제시한다.

Borden 교수는 대학 성과 보고서를 작성함에 있어 고려할 점은 '대학 또는 대학 교육의 질에 대하여 어떠한 관점을 갖느냐'와 '누구에게 보여 줄 것인가'라고 말한다. 우선 대학의 질에 대해서는 대학 평판, 대학의 자원들, 학문적 자유와 자율 그리고 리더십을 보여 줄 수도 있고, 학생의 지적, 사회적, 도덕적, 그리고 정신적 성장과 발달을 제시할 수도 있다. 또는 바람직한 학생의 대학생활 경험과 학업성과를 증진하는 교수법을 보여 줄 수도 있다. 보고서의 대상도 학생, 학부모, 교직원, 재단 이사회, 정부, 인증기관, 기업 등에 이르기까지 다양하다. 따라서 Borden 교수는 우선 대학의 비전과 철학을 바탕으로 대학의 질에 대한 관점을 정립하고, 보고서가 대상으로 하는 집단의 특성을 고려하여 보고서 작성을 권한다. 물론 복수의 대상에 대한 다양한 형태의 보고서를 제작할 수도 있다.

　　마지막으로, 그는 대학기관연구를 통해 대학이 얼마만큼 잘하고 있는지를 보여주는 방법으로 동료 벤치마킹(peer benchmarking)을 제시한다. 이는 자신과 유사한 특성을 가진 동료 대학집단(peer institutions)을 정하고 대학의 질과 관련하여 측정가능한 요인을 중심으로 비교 집단에서 해당 대학의 위치를 확인함으로써 강점과 약점을 파악하는 것이다. 물론 이러한 양적 접근법은 지나치게 현상을 단순화하여 바라볼 수 있다는 점에도 유의해야 한다. Borden 교수는 또한 대학이 이러한 과정을 거치면서 어떻게 지속적으로 변화할 것인가를 생각하는 것이 중요하고 이러한 점에서 대학에서도 조직 차원의 학습(organizational learning)이 일어나야 한다고 권고하고 있다.

3) 데이터 관리 및 분석

　　대학기관연구는 데이터가 생명이다. 따라서 데이터의 수집, 관리, 분석이 중요하다. 여기서는 미국 스토니브룩 대학교의 사례를 살펴본다. 스토니브룩 대학교의 대학기관연구 부서에서는 기본적으로 ① 데이터 관리(data management), ② 데이터 리포팅 및 책무성(external reporting & accountability), ③ 대학의 의사결정 지원 및 내부 데이터 지원(decision support & internal data requests), ④ 관련 연구 수행(research), ⑤ 대학교육의 효과성 평가(institutional effectiveness), ⑥ 대학의 전략계획 수립 지원(strategic planning support) 등 여섯 가지 핵심 과업을 가지고 있다.

스토니브룩 대학교의 대학기관연구를 이끌고 있는 Hosch 교수에 따르면, 대학기관연구를 수행함에 있어 가장 중요한 가치는 정확성(accurate), 반응성(responsive), 적시성(timely), 재생가능성(reproducible), 맥락성(contextualized)이다. 또한 이를 위해서는 대학이 가지고 있는 다양한 자료를 한데 모으기 위한 데이터 웨어하우스(Data Warehouse)를 구축하는 것이 중요하다. 그는 스토니브룩 대학교의 경우, 2008년까지는 각 하위 부서별로 자료가 연계되지 않은 채 보관되고 일일이 수작업으로 자료를 확인하였지만, 2008년부터는 데이터 웨어하우스를 구축하여 그곳에 대학의 연관 자료들을 모아 놓고 공동으로 활용하며 분석에 활용하고 있다고 하였다. 또한 그는 앞으로 대학이 보유하고 있는 자료의 관리 체제(data governance)가 중요해질 것이며, 따라서 누가 책임지고 자료를 관리하고, 자료의 질을 보증하며, 필요시 누가 자료를 변경할 것인지 등에 대한 대학 내 역할 분담이 이루어져야 한다고 하였다.

스토니브룩 대학교의 대학기관연구 부서가 주로 사용하는 자료는 ① 대학이 생산한 행정적 자료(administrative enterprise data), ② 조사 자료(survey data: NSSE, student opinion, alumni), ③ 외부 자료(environmental data: IPEDS, rankings), ④ 부가 자료(administrative ancillary data: blackboard, social media) 등이다. 이와 같은 자료의 보관과 분석에는 기본적으로 MS Excel, MS Office, Google Drive, Adobe Acrobat 등이 사용되고, 통계 분석용 도구 및 방법으로는 SPSS, AMOS, Decision trees, Missing data, SAS 등을 사용하고 있다. 또한 특별히 시각적인 분석을 위해서는 Tableau, QGIS, Circos, Google Charts 등을 활용하고 있다고 한다.

Hosch 교수에 따르면, 효과적인 대학기관연구를 위해서는 데이터 관리 체제 구축, 자료의 질 관리, 자료의 소통과 활용(communication)이 중요하다. 스토니브룩 대학교의 경우, 구축된 자료의 분석을 통하여 대학이 당면한 여러 문제의 해결을 돕고 전략적인 의사결정을 내릴 수 있도록 지원하고 있다. 예컨대, 웹 화면에서 바로 원하는 정보(예: 전공별 가을 학기 입학 학부생 수치 등)를 파악할 수 있도록 웹 페이지를 구축하는 일, 학업 및 생활에 문제가 있는 학생들을 효과적으로 파악하고 이들을 위한 지원책을 제시하는 것, 개별 학생들의 학습과정 분석, 전공별 등록 및 졸업률 예측, 대학과 관련된 소셜 미디어 분석 등이 대학기관연구 부서를 통해 이루어진다.

4. 결론

미국의 경우, 대학기관연구는 대학 책무성 제고, 대학교육의 질 관리 차원에서 확산되었고 현재에는 대학의 전략적인 경영과 생존을 위해 꼭 필요한 부서이자 기능으로 정착되었다. 물론 우리나라에서도 대학들이 자체적으로 데이터베이스를 구축하여 분석하고, 대학정보공시제도를 통해 대학 차원의 다양한 자료를 공시하고 있다. 하지만 아직 우리 대학들은 하위 부서별로 자료가 연계되지 않아 전 대학에 걸친 데이터의 통합 관리 및 분석은 이루어지고 있지 않다. 또한 대학 성과 보고서 작성, 등록관리 등이 해당 부서 담당자에 의해 분절적으로 이루어지고 있는 실정이다.

지금 우리 대학도 학생자원은 감소하고, 경쟁은 심화되는 시대를 맞이하고 있다. 이에 따라 어느 때보다 대학 차원의 데이터 기반 전략적인 의사결정과 홍보 및 책무성 제고가 요청된다. 또한 교수와 학생 차원에서도 교수-학습 활동을 효과적으로 수행하기 위한 자료의 제공과 분석이 요청된다. 이제 우리 대학은 대학별로 어떠한 자료를 수집하여 관리하고, 이를 대학 구성원들이 어떻게 서로 공유하여 분석에 활용할지를 고민할 시점에 서 있다. 나아가 단순한 자료의 분석 및 보고에 그치는 것이 아닌 대학교육의 질과 경쟁력을 높이기 위해 대학기관연구를 어떻게 활용할 것인지에 대한 고민과 노력이 필요하다. 이러한 점에서 우리에 앞서 대학기관연구를 발전시켜 온 미국 대학의 사례는 시사하는 바가 크다 할 것이다.

참고문헌

AIR (2008). AIR Survey Fact, e-AIR. Available at http://admin.airweb.org/eAIR/Documents/670.pdf.

Borden, V. M. H. (2015). Developing Annual Performance Reports for Accountability and Improvement. 제1회 고등교육혁신 국제 컨퍼런스 자료집(pp. 45-72). 서울: 성균관대학교 대학교육혁신센터.

Fincher, C. (1985). The Art and Science of Institutional Research. In M. W. Peterson and M. Corcorna (Eds.), *Institutional research in transition* (pp. 17-37). New Directions for Higher Education, no. 46. San Francisco: Jossey-Bass.

Hosch, B. J. (2015). Reconstructing Institutional Research for 21st Century Needs: A Case Study of Stony Brook University. 제1회 고등교육혁신 국제 컨퍼런스 자료집(pp. 75-97). 서울: 성균관대학교 대학교육혁신센터.

Hossler, D. (2015). Tertiary Education Data: Guiding University and Government Policies. 제1회 고등교육혁신 국제 컨퍼런스 자료집(pp. 35-42). 서울: 성균관대학교 대학교육혁신센터.

Saupe, J. L. (1990). *The Functions of Institutional Research* (2nd ed.). Tallahassee, FL: The Association for Institutional Research. Available at http://www.airweb.org/p.asp?page=85

Swing, R. (2015). The Context and Conditions for Institutional Research as Decision-Support. 제1회 고등교육 국제 컨퍼런스 자료집(pp. 19-32). 서울: 성균관대학교 대학교육혁신센터.

Terenzini, P. T. (1993). On the Nature of Institutional Research and the Knowledge and Skills It Requires. *Research in Higher Education, 34*, 1-10.

Volkwein, J. F., Liu, Y., & Woodell, J. (2012). The Structure and Functions of Institutional Research Offices. *The Handbook of Institutional Research*, 22-39. San Francisco: Jossey-Bass.

제**16**장

고등교육 분야 기관연구의 현재와 미래: 해외 전문가 좌담회 결과*

박남기(광주교육대학교)
배상훈(성균관대학교)
이길재(충북대학교)
전재은(고려대학교)
돈 호슬러(인디애나 대학교)
랜디 스윙(AIR)
빅터 보든(인디애나 대학교)
브래든 호시(스토니브룩 대학교)

배상훈(성균관대학교): 호슬러 박사님, 한국의 고등교육과 대학에 대해 어떠한 의견을 가지고 계십니까?

돈 호슬러(인디애나 대학교): 저의 개인적인 인상은 한국의 고등교육 제도가 미국과는 구조적으로 상이하다는 점에 국한되어 있기는 합니다만, 사실 한국에 온 이후로는 생각이 약간 바뀌었습니다. 저는 한국 정부나 교육부가 지금 제가 생각하는 수준보다 훨씬 더 직접적으로 대학에 영향을 미치고 있다고 생각했기 때문입니다. 명확하게 말씀 드리자면, 저는 정부나 교육부가 대학에 영향력을 행사하지 않아야 한다고 제안하는 것이 아닙니다. 다만 때로는 그 영향력이 매우 직접적이라

---

*이 원고는 한국대학교육협의회의 고등교육 전문지 '대학교육 188호(pp. 32-46)'에 게재된 내용임을 밝힙니다(magazine.kcue.or.kr).

고 생각했습니다. 하지만 이는 해야 할 일이기도 하기에 지금은 그와는 다른 인상을 받았습니다. 한국의 대학교들이 상당한 수준의 자율성을 보장받고 있고, 미국과는 달리, 정부 정책 입안자와 대학기관 정책 입안자들 간에 긴장관계가 형성되어 있는 것 같습니다.

저는 인디애나 대학교(블루밍턴 IUB)의 부총장이자 입학저의 부학장을 역임한 바 있습니다. 입학, 재정 지원, 등록, 장학금 그리고 IR과 관련한 업무를 총괄하는 입학처에서 제가 재직했었던 8년간의 임기 말에는 '입학 관리 IR(Enrollment Management IR)' 부서를 별도로 두었습니다. 입학 관리 IR 부서는 IUB 입학생과 입학하지 않는 학생 그리고 우리 학교로 입학시키고자 했던 학생들과 그렇지 않은 학생들의 입학 사유를 분석하고 조사하는 업무를 전담하였습니다. 교수진들은 최고의 교육기관들과의 경쟁도 불사하였으며, 이는 경험적인 실증의 산물이라고 말하였습니다. 그렇습니다. IUB에 지원하는 학생들의 상당수는 미시간 대학교에도 지원하는데, 솔직히 말하면 이 경쟁에서 이긴 적은 많지 않습니다. 그래서 한국의 교육기관이 경쟁에 있어 매우 현실적인 예측 변수라고 생각합니다.

어떠한 대학에라도 입학하는 것과 특정 대학을 선택하는 데 있어 재정 지원이 학생의 의사결정에 어떠한 영향을 미치는지 그리고 대학의 노력에 재정 지원이 미치는 영향에 관하여 상당한 연구를 하였습니다. 제 생각에 한국의 경우 대학의 노력은 문제가 아니라고 판단하였기에 이 부분에 관해 시간과 비용을 들여 연구를 진행하지 않았습니다. 한국에서 학생의 확보와 관련해 추가적인 연구가 필요하다는 생각은 하지 않습니다만, 지금과 같은 인구 변화를 겪는 시기에는 대학의 역할이 무엇인지, '너무 과중한 부담'을 떠안지 않고 질을 보장할 수 있는 정부의 역할이 무엇인가는 현재 한국이 직면한 매우 중요한 문제라고 생각합니다.

배상훈(성균관대학교): 감사합니다. 주요 사안에 대해 계속해서 말씀하시겠습니까?

빅터 보든(인디애나 대학교): 엘리트 교육과 보편적 대중교육에 대해 두 가지 상반된 요구를 충족시킬 수 있는 조화로운 고등교육의 역할이라는 다소 복잡하지만 잘 알려진 이슈를 먼저 말하고자 합니다. 전 세계적으로 이와 같이 상반된 두 개의 힘이 고등교육에 작용을 하며 현재 교육계는 새롭게 등장한 기술과 정보 전달 및 수신 메커니즘으로 인해 상황이 복잡해지고 있습니다.

우리는 와해성 전환(Disruptive Transformation)이라 칭하는 현상을 MOOC에서 확인하였습니다. 현재는 학생들의 행동을 교육적인 측면에서 이해하기 위해 빅데이터를 활용하고 그 분석 기술을 배우고 있으며, 이를 통해 기존 대학교의 틀을 벗어나, 수익 창출자, 언론사 그리고 모든 관련 분야의 종사자를 위해 비즈니스와 산업계에서 고등교육의 미래를 만들어 가는 사람은 누구인가를 파악하면서 새로운 지평을 열어가고 있습니다. 현존하며 가치를 창출하는 모든 구조로까지 그 대상이 세분화되고 있으며, 대중 교육과 함께 이 두 가지 교육 방안을 어떻게 수용해야 하는가를 파악하고, 나아가 긍정적인 방향과 부정적인 방향 모두에서 파괴적일 수 있는 이러한 기술들을 활용하는 방안을 알아보고 있습니다. 전체적으로 우리가 해결할 수 있는 문제라고 생각합니다.

배상훈(성균관대학교): 좋습니다. 미국 교수님의 견해를 들어보았습니다. 한국인 참석자분들 중에서 이번 주제에 대해 덧붙이고 싶은 의견 있으십니까?

이길재(충북대학교): 이곳에 부임하기 전, 뉴욕 주립 대학교에 재직하면서 정책과 관련한 강의를 하였습니다. 과거에 오바마 대통령은 미국 교육자들이 대학민국 교육자들로부터 배워야 한다는 말씀을 수차례 한 적이 있습니다. 이 발언을 언론을 통해 접할 때마다, 저는 대통령이 지칭하는 것이 고등교육 제도가 아닌 K-12 교육 제도라는 생각이 들었습니다. 처음 한국에 돌아와서 제가 무척 놀랐던 적이 있습니다. 한국의 학자들이 한국의 고등교육의 수준을 향상시키기 위해 이미 많은 것을 성취했기 때문입니다. 성균관대학교(SKKU)처럼 말입니다.

하지만 성균관대학교(SKKU)는 보통의 대학교가 아닙니다. 한국의 일류 대학입니다. 그러나 한국 대학생이나 교수진의 평균적인 성과 역시 상당한 수준으로 성장했습니다. 한국은 현재 세계적 수준의 지식체계 구축에 기여를 하고 있는 국가입니다. 제가 받은 인상은 그렇습니다. IR 관련 분야에 연구를 시작한 이후부터 정책 결정과 한국 대학의 리더십을 지원하는 유사한 업무에 매진하고 있습니다만, 여전히 자원이 한정적이라는 사실을 절감하고 있습니다.

예를 들어, '알리미'란 이름으로 운영 중인 한국의 IPEDS는 정책 결정을 목적으로 하는 고등교육연구에 엄격하거나 세심하지 않습니다. 아직 갈 길이 멀기는 하지만 저는 한국의 고등교육이 세계 일류의 고등교육 제도와 경쟁할 준비가 됐다고 생각합니다.

박남기(광주교육대학교): 호슬러 박사님의 의견과 관련해 말씀 드리자면, 한국의 학자들은 한국교육 제도의 강점을 모르고 있는 경우가 많습니다. 한국의 고등교육 제도에는 한국의 학자들조차 알지 못하는 저력이 있습니다. 그중 한 가지가 바로 '고등교육의 사립화'입니다. 우리나라가 가난한 국가는 고등교육을 후원하거나 공급할 수 없기 때문에 사립화 정책을 채택합니다. 현 시점을 기준으로 볼 때, 고등교육기관이 너무나 많아서 정부가 이를 규제하려고 합니다. 사립화에는 성공했을지 몰라도 중요한 한 가지가 있습니다. 빅데이터를 보면, 국립·공립 대학의 비율이 높음에도 불구하고, 인문이나 사회과학 분야는 물론 자연 과학계열이나 공과 계열에서도 사립 대학이 강세입니다. 한국 대학생의 80%는 사립 대학교에 등록하고 있습니다만 놀랍게도 공대나 자연과학 계열에 등록하는 학생으로 보면 한국은 세계 최고 수준입니다. 이러한 현상에는 비밀이 있습니다. 정부가 사립 대학교를 승인할 때 공과대학만을 승인하였기 때문입니다. 정부에는 공과대학 인재가 필요하였으나 자금은 없었고 수요는 많았습니다. 그래서 사립 대학은 공대에서부터 시작해야 했습니다. 한양대학교나 기타 대학의 경우 모두 공대에서부터 출발한 경우입니다. 이러한 이유로 공과대학이 많은 것입니다.

배상훈(성균관대학교): 랜디 스윙 박사님, IR에 대해서 교과서적인 개념을 간략하게 설명시겠습니까? 취지나 목적 그리고 중심 인물에 대해 설명 부탁드립니다.

랜디 스윙(AIR): 간략하게 설명하기는 어렵습니다. 제일 먼저 이해해야 할 부분은 IR은 하나의 개념이 아니라는 사실입니다. 연속적인 혹은 집합체적인 개념이기 때문에 하나로 정의할 수 없고, IR 그 자체로서 의미가 있다고 볼 수 있습니다. 다음은 목적인데, 이것 역시 복수의 개념으로 봐야 합니다. 하나의 목적을 위한 것이 아니라 복합성을 추구합니다. 미국의 IR이 발전한 50년의 역사를 보았을 때, 지속적인 변화가 있었다는 사실을 알 수 있습니다. 고등교육사회가 변화를 겪었기 때문인데, 이로 인해 혼란이 초래되기도 합니다. 제가 생각하는 IR은 간단히 말해서 처음에는 개선이라는 하나의 목적을 갖고 운영되었다는 점입니다. 고등교육의 개선을 지지하는 연구도 진행됐습니다.

그 이후에는 개선을 직접적으로 추구하는 것이라기보다는, 우리의 결과물을 보증하기 위한 목적으로 품질 보증이 생겨났습니다. 그리고 우리가 하는 일을 세상에 보여 주게 되는 투명성이 등장했고, 최근 들어서는 소비자 정보를 다루게 되면서 고등교육의 선택 방법과 학생 및 학부모를 가르치는 방법을 알리기 위해 노력하고 있습니다. 제가 생각하는 변화와 관련한 공통적인 연결고리는 IR이 의사결정을 돕고 의사결정권자를 지원한다는 점입니다. 만약 변화가 있었다는 사실을 인지했다면, 그와 관련된 의사결정도 변화했을 것이며 의사결정권자도 매번 변한다는 사실을 이해해야 합니다. 원래 IR은 총장에게 보고하도록 고안되었습니다만 그때는 총장이 실제로 커리큘럼을 구성하고 교수진도 임명을 하면서 캠퍼스의 실제적인 운영자였을 때의 일입니다. 요즘과 같은 대규모의 캠퍼스에는 더 이상 해당사항이 아니며, 기능도 다변화되어 있습니다. 해당 캠퍼스와 관련한 의사결정은 학장이 내리며, IR은 이를 총장보다는 학장에서 보고를 하는 것에 가깝습니다. 결정 과정이 변했기 때문입니다. 요즘 들어 학장은 외부 일에 집중하는 것이 대세인 것으로 보입니다. 따라서 이전에는 상부에서 결정했던 사항들을 학과장과 부서장이 결정하는 추세입니다. 따라서 학교는 운영 부문에서 학과장, 부서장, 그리고 부서와 협력이 점차 강화되고 있습니다. 여전히 의사결정은 이루어지고 있습니다만 우리가 지원해야 하는 문제나 의사결정권자는 달라진 것입니다.

현재 문제가 더 복잡해지게 된 데는 언제부터인가 캠퍼스의 의사결정에 외부의 힘이 작용하게 되었고, 다시 말해 중앙정부, 주정부 그리고 연방정부가 연루되었고, 이러한 갑작스러운 변화로 인해 이들 의사결정권자를 위한 정책 정보를 지원해야 했습니다. 따라서 우리는 더 이상 캠퍼스 내부의 일에만 집중해서는 안 되는 상황에 직면하였고, 외부의 의사결정권자를 지원하는 것은 물론 종국엔 학부모와 잠재적 학생들에게까지 정보를 제공해야 하는 입장입니다. 그들도 역시 의사결정권자이기 때문입니다.

내일 발표에도 언급하게 될 미래, 즉 제가 생각하는 실제 미래에서는 고등교육의 변화를 이끄는 자가 학생들과 의사결정권자이고, IR이 학생들까지도 의사결정권자로 간주해야 한다고 봅니다. 오랜 역사가 있었지만 우리는 계속해서 변화를 거듭해 왔고 학교별 다양화를 추구했습니다. 예를 들어, 미국의 소규모 사립 전문대학은 학장이 여전히 커리큘럼을 구성하고 IR 직원들은 필요한 주차 공간이나 교수진 수에 대해 총장과 논의합니다. 하지만 이런 대규모 캠퍼스의 경우라면 IR 연구원이 총장과 심층적인 논의를 하기 위해 서로 만나는 상황은 없을 것입니다.

배상훈(성균관대학교): 좋습니다. 브래든 박사님은 현재 스토니브룩 대학교의 IR 부서에 재직 중이십니다. 어떠한 분의 의견에 답변을 하고 싶으신지 그리고 지지하는 의견에 대해 말씀하시겠습니까?

브래든 호시(스토니브룩 대학교): 최근 오피스가 재조직되면서 변화가 있었습니다. 제가 이곳에서 근무하기 몇 년 전에는 총장님께 보고를 했습니다. 그리고 보고서가 학과장님께 전달되고 학과장님은 보고된 사항을 CIO(Chief Information Office)에게 보냅니다. 제가 처음 일할 때에는 지금처럼 전략 이니셔티브를 부총장님께 보고 드리는 방식이었습니다. 실제로 학과장님에게 보고하는 방식에는 장점이 있습니다. 학과장님 보고의 단점은 지시가 있었던 문제들이 학과장님의 중점적인 관심 대상일 가능성이 있다는 것입니다. 지시 받은 질문이 있고, 답변을 제공하는 것은 학과장님이 관심 있는 부분에 자원을 배치하는 것일 수도 있습니다. 캠퍼스, 행정부, 학생 서비스에 다른 부총장님이 있는 경우, 제가 근무하는 부서가 총장님 직속라인이라면, 부총장님은 보좌 인력이기 쉽습니다. IR 오피스가 자주 답하는 질문의 유형에는 정규, 졸업, 졸업률, 인적 자원 그리고 때로는 재정 지원에 관한 문제입니다. 하지만 이는 미국 IR의 가치에 반합니다. 그들의 요구사항은 연방정부에 보고할 통계보고서이기 때문입니다. 그러한 통계 분야의 전문가로서, 상당수의 문제가 이러한 이슈에 집중되어 있습니다.

또 다른 분야는 교과목 개설 및 수업 지원입니다. 수요가 발생할 분야에 대한 등록을 예측하여 우리의 자원을 최적화시킬 수 있습니다. "내게 문제가 있다면 말해 줄 수 있습니까?", "경쟁자와 어떻게 비교할 수 있을까요?" 이러한 질문 유형입니다. 일단 이런 유형의 질문을 접하고 나에게 문제가 있다면, "저의 문제가 무엇인지, 어떻게 고칠 수 있을까요?" 그다음 단계의 복잡성은 다양합니다. 당면한 문제가 복잡할수록 역량 있는 IR 오피스라면 "시나리오와 같은 모델을 제시하시겠습니까? 제가 그것을 수행한다면 결과는 어떨까요?" IR 오피스의 역량은 해당 기관의 직원, 자원 지원 및 기관의 역사와 조직에 근거하여 다양하게 업무를 수행하는 것입니다.

따라서 특히 소규모 학교에서 한 명의 IR 오피스 규모의 경우처럼 자신만의 활동 범위 유형을 확보해야 합니다. 이 경우 요구사항에 응대하고 수많은 설문조사를 하는 것에 주로 집중합니다. 여러분의 시간을 상당 부분 할애해야 하게 되는데, 지의 사무실에서는 업무의 일부입니다. 저는 보다 광범위한 범위로 일합니다. 저는 데이터 관리는 관여하지 않았습니다. 완전히 다른 업무이기 때문입니다.

빅터 보든(인디애나 대학교): 저는 IR 운영 연구원으로 28년간 근무하였습니다. 하지만 마지막 15년 동안은 운영자라기보다는 교사였으며 한동안은 두 가지 일을 겸직하기도 했습니다. 그래서 학생처를 비롯하여 재무 기획, 기획 및 개선, 기관 발전 관련 부서 및 교무처 등 여러 부서에서 근무를 했습니다. 크게 두 가지로 업무를 구분할 수 있는데, 첫째로 우리는 본질적으로 지원 업무를 하고 있기 때문에 어디에서 근무를 하는지는 중요하지 않다는 점입니다. 두 번째로는 어떠한 부서에서 있든 우리가 하는 일은 지원과 같은 유형의 업무를 구성하는 것입니다. 이를 미국에서는 최고 수준의 행정부서로 간주하여 브래든의 오피스(Office)와 같이 공식적으로 IR이라 칭하기도 하지만 IR의 업무는 사실상 매우 분산적인 일입니다. 여러 상이한 부서들에게까지 계속 확신됨은 물론, 기술의 발전과 함께 업무 범위는 더욱 확장되어 학생에서부터 교수진, 어드바이저까지 포괄하게 되어 점차 광범위해지고 있습니다.

따라서 IR을 공식적 분야로 규정하지 않은 다른 수의 국가들에서조차 IR의 기법들을 활용하여 IR의 업무를 하는 사람들이 많은 것이 현실입니다. 그래서 공식 오피스의 대문자 'IR'이 아닌 소문자로 'ir'을 사용하는 경우도 있습니다. 우리 학생들에게 제가 말하기를, 여러분들 중의 대다수가 공식적으로 IR에 가지는 않을 것이며 학사, 학생처, 연구 교수진 혹은 총장 인터뷰 등 어떠한 곳에서 근무를 하더라도 증거에 기반 한 업무 활동에 집중해야 하며 이것이야말로 핵심역량을 향상시키는 것이라고 말합니다.

여러분이 모두 직접 할 수 없을 뿐만 아니라 중앙 오피스에서 다 해결할 수 없기 때문에 IR이 이를 지원하는 것이며, 이것이 우리가 조직에서 역량을 발휘하는 방법이기도 합니다.

전재은(고려대학교): IR 오피스에서 하는 업무는 지루한 일이라고 말하는 사람들도 있을 것입니다. 여러분이 하는 일은 의사결정을 지원하는 일이지 실제로 의사결정을 하는 일은 아니기 때문입니다. 그래서 이에 대해서 어떻게 생각하시는지 궁금합니다. 호시 박사님께 박사님의 연구소(Office)가 학교의 의사결정에서 주도적인 역할도 하는지 여쭙고 싶습니다.

브래든 호시(스토니브룩 대학교): 우리 연구소는 중립을 유지하는 공정성을 매우 중요하게 생각합니다. 어떠한 상황에서도 의사결정권자에게 사실을 전달하는 것이 중요합니다. 의사결정권자는 결정을 내리고, (우리는) 이해관계에 얽매이지 말고 공정한 데이터를 제공해야 합니다. 현재 진행 중인 사항을 데이터로 확인할 수 있는 시절이 있었습니다. 상당한 자원을 활용해 보고서를 작성하고 제출하는 것이 중요합니다. 이를 통해 사람들이 우리가 누구인지 그리고 필요한 일이 무엇인지 파악합니다. 사람들은 기관이 20년 전 처음 일을 시작했을 때의 그 모습이라고 믿으며 상황이 변하지 않았다고 믿는 경향이 있습니다. 따라서 공정성을 추구하기 위하여 공정성을 발휘하는 것이 매우 중요합니다.

빅터 보든(인디애나 대학교): 저는 공정성보다는 균형(balance)이라고 부르고 싶습니다. 객관성과 관련해서 말씀드리면, 여러분이 하는 모든 질문과 여러분이 수집한 모든 정보에는 판단력이 필요합니다. 따라서 진정한 의미로 객관적이기는 불가능합니다. 이것이 분리해서 논의해야 하는 문제라는 의미가 아니라, 우리가 균형을 유지하고 있다는 말을 하고 싶습니다. 왜냐하면 학교에는 너무나 많은 안건이 있기 때문입니다.

배상훈(성균관대학교): 무엇과 무엇 간의 균형을 말씀하시는 것입니까?

빅터 보든(인디애나 대학교): 우리가 균형을 유지하는 대상이 무엇인지를 이해해야 합니다. 학부별, 대학별, 프로그램별 그리고 부서별로 서로 다른 레벨 간에는 이해관계가 형성되어 있다는 사실을 이해해야 합니다. 정치적 환경에서는 모두가 이해관계에 얽혀 있습니다. 우리는 균형을 유지하고 명료해야 하며, 해당 이해관계의 실체를 파악해야 합니다. 우리는 꼭 필요한 경우가 아니라면, 한쪽에 치우치는 정보를 제공하지 않아야 합니다.

이길재(충북대학교): 한 가지 덧붙이자면, 저는 두 차례 각기 다른 수준의 IR을 경험한 적이 있습니다. 첫 번째는 어느 대학교의 IR, 그리고 시스템 방식에 기반한 IR입니다. 다수의 대학교에는 IR 분석가가 단 한 명이기 때문에, 그는 데이터 관리, 데이터 무결성 확보, 데이터 수집, 설문조사 실시와 같은 모든 업무를 다 해야 합니다. 연구 의제를 개발하거나 정책 포지션에 대한 통계적 분석을 선행적으로 할 수 있는 시간은 없을 것입니다. 기술적으로 불가능합니다. 이러한 비판은 한 명의 IR 분석가가 한 가지 수준에서 일을 하는 경우입니다. 저는 시스템 기반에서 정책 오피스를 운영한 적이 있습니다. 산하에 각기 다른 3개의 부서를 두었는데, IR은 행정 관련 하드 데이터를 수집하고, 소프트 데이터용 설문조사를 진행하였으며, 마지막 부서는 학생의 학업 성취도를 평가하는 일을 담당하였습니다. 정책 오피스의 주요 역할은 시스템 차원에서 진행되었으며, 정책 이슈를 개발하고, 총장 및 상부에서 내려오는 질문에 대한 답변을 하기 위한 연구 모델을 개발하였습니다. 각기 다른 시스템이라 해도 미국의 시스템 구성은 미네소타 대학교와 같이 유사하다고 생각합니다. IR은 한 명일지 모르겠으나 정책 연구에는 전문가들이 다수 있습니다. 비평은 미국의 IR 담당자가 적절한 대상에게 적절한 신뢰를 제공하는가의 문제입니다. 데이터 분석가들이 자신들의 주요 업무는 데이터를 제공하는 것이지 정책 보고서의 작성이 아니라고 하는 말을 많이 들었습니다. 하지만 정책 보고서는 하드 데이터가 있다면 그를 근거로 작성하는 것은 어렵지 않습니다. 데이터를 작성하고 수집한 자에게 그에 상응하는 인정을 해 주어야 합니다. 하지만 모든 공은 분석을 한 사람이나 리더십을 발휘한 자에게 돌아가는 것이 보통입니다. 진정한 IR 분석가는 노력에 대한 대가를 받을 수 없습니다.

랜디 스윙(AIR): 미국에도 자신의 역량을 충분히 발휘하지 못한다고 느끼는 IR 연구원들이 분명 있습니다. 하지만 대부분의 IR 연구원들은 담당 업무를 수행하기 위해 고군분투하고 있습니다. 만약 이들이 의사결정을 실행하는 일에 합류하게 된다면 그들이 반드시 해야 하는 담당 업무를 할 시간이 없을 것입니다. 의사결정 과정에 참여하는가의 여부는 개인의 업무 기능에 달렸습니다. 사람들이 여러분이나 여러분의 철학을 신뢰하는가의 여부, 직무를 신뢰하는가의 여부, 혹은 시간이 있고 없고의 어부도 마찬가지입니다. 모든 것이 섞여 있다고 할 수 있습니다. 어떻게 실행하는가 역시 명확하지 않습니다. 정확한 답도 없습니다. 의사결정 과정에 깊게 관여 하고 있는 IR 인력도 있고, 사무실에 앉아서 리더십 근처에 가 보지도 못하는 IR 직원도 있는 만큼 그 간극은 매우 큽니다.

브래든 호시(스토니브룩 대학교): 매우 기능적인 리더십의 문제입니다. 스토니브룩 대학교로 옮기기 전 몇 년 동안 코네티컷 주립대학교에서 정책 및 연구 책임자로 근무했었기 때문에 이해합니다. 제가 스토니브룩 대학교에 고용된 이유는 제가 권고안을 제시하고 보고서를 작성할 수 있었기 때문입니다. IR에서의 이슈에 대해 거리낌이 없는 편입니다. IR은 '여기에 데이터가 많이 있다'를 이야기하는 것이 아니라 IR 이슈 자체에 대해 거리낌 없이 말할 수 있어야 합니다.

빅터 보든(인디애나 대학교): 15년 전에 보고서를 제출하면서 권고안까지 제시한 적이 있었습니다. 총장님께서 제게 오시더니 저는 권고안을 내는 사람이 아니라고 말씀하셨고 학장님께서는 계속 권고안을 제안해 달라고 말씀하였습니다. 결국 모든 것은 내가 생각하는 의사결정이란 무엇인가와 조직의 학습 개념에 달린 것이었습니다.

박남기(광주교육대학교): 총장의 관점에서 보면, 한국에서 IR은 새로운 개념이 아니라는 점을 말씀 드리고 싶습니다. 모든 총장님들은 IR 없이 결정을 내릴 수가 없습니다. 우리에게 없는 것은 IR 센터뿐입니다. 총장으로서 제가 한 일 그리고 제가 한국 사회에 하고 싶은 말을 하자면 대학이 대부분의 박사급 전문가를 보유한 조직이라는 점입니다. 그 어떤 기관도 이렇게 많은 전문인력을 보유하고 있지 않으며, 이들을 데이터 분석에 활용하지도 않습니다. 그래서 저는 기획 및 연구 부총장에게 IR 핵심 인력과 같은 역할을 해 줄 것을 요청하였습니다. 그가 모든 분석 업무를 할 수는 없기 때문에 데이터 분석과 수집에 최고인 대학 교수님들을 찾도록 하였습니다. 또한 소규모 자금을 IR 연구에 지원하며 분석하도록 했습니다. 1990년대 학생 수가 많아 걱정이 없던 시기에 '입학 관리'에 대한 책을 썼습니다. 하지만 갑작스레 정부는 대학이 등록금과 입학 정원 같은 정책을 자체적으로 수립하도록 허용하였습니다. 자치권을 준 것이었습니다. 그 이후, 모든 대학교는 자체적인 IR을 했기 때문에 이는 새로울 것이 없는 개념입니다.

배상훈(성균관대학교): 저는 이 주제가 좋습니다. 왜냐하면 콘퍼런스에서 어떤 총장님이나 부총장님께서 어쩌면 저에게 "어떻게 해야 할까요? 누구를 고용해야 하겠습니까?"와 같은 질문을 하실지도 모르기 때문입니다. 단순한 데이터 분석가를 생각하실까요? 아니면 정책에 익숙한 인재를 원하실까요? 실제 데이터 분석은 상당한 시간과 노동력을 요하는 작업이라는 점에 동의합니다만, 정책 보고서 작성이 쉬운 일이라고는 생각하지 않습니다.

빅터 보든(인디애나 대학교): 서로 상이한 것들이 연관되어 있는 상황이라고 할 수 있는데, 이를 하나의 오피스에 모두 담을 것인지 혹은 여러 범위에 따라 분산시킬 것인지에 달렸습니다. 데이터 관리, 데이터 소멸, 분석가의 해석, 애플리케이션 피드백을 위해선 이 모든 것들이 수행되어야 하며, 대학이 보다 체계적으로 운영되기 위해서 필요한 작업이며, 대학의 역량이 얼마나 되고 요구가 무엇인지를 파악하도록 해 줍니다.

랜디 스윙(AIR): 그것이 바로 대학이 전략을 활용하고, 교수진을 선별하고, 임무를 부여하며 내·외부에서 전문 인력을 조달하기 시작한 이유입니다. 단기적으로는 좋은 해결책이라고 할 수 있습니다만, 이러한 환경을 구축해야 하며, 다른 연구 분야로 옮겨 갈 수도 없는 것은 자명합니다. 궁극적으로 사람들이 그러한 직무를 수행하기 위해 전문가가 될 필요가 있습니다. 그렇지 않으면, 중요한 것을 많이 놓치는 우를 범하게 됩니다.

배상훈(성균관대학교): 브래든 박사님, IR 오피스에서 함께 근무하는 직원들이 몇 명입니까?

브래든 호시(스토니브룩 대학교): 현재는 저를 포함한 4명의 직원들이 일하고 있으며 한 명 더 찾고 있는 중입니다. 우리 학교 학생 수는 24,000명이고 병원 인력을 포함해 직원 수는 14,000명입니다. AAU와 같은 수준 높은 연구 중심 대학은 7~10명까지 보유하는 것이 일반적입니다만, 실제 저희는 한동안 2명의 직원만 근무했던 적도 있었으며 현재는 재구성한 상황입니다. 최근 수석 데이터 과학자, 설문 조사 관리자, 데이터 관리자 그리고 IR 분석가를 영입하였습니다. 앞으로 외부 설문 조사 및 마케팅 연구에 수요가 있어 채용할 계획입니다. 향후 채용인력은 더 많은 정성적 정보를 생성하고 조사를 진행할 인력입니다. 현재 우리는 충분한 데이터를 수집하지 못하고 있으며 '왜'를 묻는 질문에 답변하지 못하고 있는 실정입니다. '무엇'을 묻는 질문에는 데이터로 답을 할 수 있지만 '이유'에 대한 답변을 하기에는 충분하지 않습니다.

랜디 스윙(AIR): 여러분을 놀라게 해드릴 흥미로운 현상이 있는데, 바로 수준 높고 명성 있는 교육기관일수록 대체로 IR의 기능이 작다는 사실입니다. 유명하고 좋은 대학일수록 의사결정을 할 필요가 없다는 의미입니다. 따라서 데이터가 없습니다. 하지만 지금 상황이 바뀌고 있는 중입니다. 유수의 대학들조차 명성만으로 경쟁에서 이길 수 없다는 사실을 깨닫기 시작하였습니다. 하지만 더욱 충격적인 사실은 대부분 등록금에 의존하여 운영되는 캠퍼스에 있습니다. 따라서 캠퍼스에는 의사결정이 중요합니다. 전반적으로 대학 간에 편차가 큽니다.

빅터 보든(인디애나 대학교): 이와 관련한 미묘한 차이에 관해 말씀 드리겠습니다. 저와 제 동료가 개발한 모델이 있습니다. 직능별 구조와 전문직 관료제로 2~3명에서부터 9명까지 속합니다. 다음 레벨에 대해 이야기하면서, 이를 위계질서라고 생각할 수도 있지만 실제로 위계질서가 아니었습니다. 아주 치밀하게 짜여져서 혼란스러운 상태라고 말할 수 있습니다. 대형 연구 중심 대학에서는 더욱 자명합니다. 그들에게는 강력한 IR 오피스가 반드시 필요하지 않았습니다. 시스템 자체에 강력한 IR 기능이 있었을 수도 있겠습니다만, 캠퍼스의 수많은 IR 전문가들은 IR의 직함 없이 학교 조직 전반에서 일을 하였습니다. 행정 예산 분야, 학사 분야 그리고 강의 및 학습 관련 분야에서 다양한 형태로 일하였습니다. 블루밍턴 대학교에서의 난관 그리고 추진하였던 업무는 바로 이러한 인력들 간의 네트워크였습니다. 공통의 데이터 행정 체제를 보유하여 목적에 반하는 일을 하지 않도록 하기 위해서입니다.

박남기(광주교육대학교): 한국의 대학교들은 IR에 많은 공을 들이지 않습니다. 모든 대학이 명문대학은 아니기도 하고, 대학의 순위에 대한 사회적 인식이 꽤 명확하기 때문입니다. 열심히 해도 바꾸기는 힘듭니다. 효과가 없다는 것을 알고 있습니다. 하지만 현재 조금씩 바뀌어 가고 있긴 합니다.

이길재(충북대학교): 제가 한국에 돌아오기 직전, CUNY 시스템이 비즈니스 인텔리전스 실행을 시도하였습니다. 왜일까요? 비즈니스 인텔리전스를 활용하여 시스템의 모든 IR 인력이 동일한 데이터 자료를 바탕으로 협업을 하는 공통의 환경 시스템을 구축하고, 다른 IR 전문가가 실시한 연구도 활용할 수 있도록 하기 위해서였습니다. 우리는 동일한 인텔리전스 기능 내의 분석 자료만 공유가 가능합니다. 이를 통해 말 그대로 학습하는 조직을 창조할 수 있게 됩니다. 추가적인 정보를 입력하고 서로 다른 서식을 추가하기 때문에 결국은 매우 엄격한 의사결정 도구가 탄생할 것입니다. 비용이 상당이 소요되겠지만 장기적으로 우리는 이러한 비즈니스 인텔리전스를 추구해야 한다고 생각합니다.

빅터 보든(인디애나 대학교): 바로 2010년의 일입니다. 비즈니스 인텔리전스가 고등교육의 도약에 걸림돌이었던 시기입니다. 왜냐하면 이 시스템은 학문보다 행정을 우선순위에 두었기 때문입니다. 의사결정과 자원 효율성에 대한 역할 규칙에 대해서는 많이 이야기하지만 정작 연구 및 학문의 교육 결과에는 관심을 두지 않았습니다. 그리고 현재는 분석학, 학습분석, 학문분석에 주목하고 있습니다. 현재는 이 개념에서 벗어나려고 하는 중입니다. 품질 개선이든 품질 관리든 어떻게 부르든지 관계없이 계속해야 합니다. 현재는 훨씬 복잡한 분석학 개념을 배우려고 노력하고 있습니다. 이 개념은 바로 증가하는 지식, 연구, 기술 등의 목표를 향해 우리는 정보를 어떻게 활용할 것인가입니다.

배상훈(성균관대학교): 지금까지 나눈 대화를 정리해 보겠습니다. 이 교수님이나 랜디가 말씀하신 바와 같이 성균관대학교(SKKU)와 같은 명문대학교나 도심의 대형학교는 IR 부서가 별도로 필요하지 않으며 각 부서는 데이터를 분석할 수 있는 역량을 갖추었다고 하셨습니다. 모든 교수진이 스스로를 총장, 의사결정자나 학과장으로 생각하는 것으로 보시는 것 같습니다. 하지만 '네트워크'인 학생처, 입학처는 아니라고 생각합니다. 커뮤니케이션이 부족합니다. 하지만 지방의 소규모 대학의 경우에는 능력 있는 IR 오피스가 필요할 수도 있겠습니다. 왜일까요? 생존해야 하기 때문입니다. 각 부서에 인적 자원이 충분하지 않습니다.

랜디 스윙(AIR): 미국의 IR 상황에 대해 추가 말씀 드리겠습니다. 관심 있게 보았다면 AIR 웹 사이트에 122개의 구인광고를 보실 수 있습니다. 미국의 대학이 겪는 어려움이 바로 구인난입니다. 중요 요인 중 하나는 바로 다수의 대학에는 좋은 기술 인력이 부족하고 우수한 능력을 갖춘 인재를 채용할 수 없다는 점입니다. 따라서 IR은 대학이 원하는 것들 중 후순위로 밀리고 있습니다. 우리는 지금 원하는 것과 갖고 있는 것을 혼동하고 있습니다.

배상훈(성균관대학교): IR을 수행하는 데 겪는 문제나 장애 요인은 무엇입니까? 미국의 IR 접근 방안이 한국의 교육기관에도 적절하다고 생각하십니까?

돈 호슬러(인디애나 대학교): 문화적인 사안에 대해 언급할 만큼 한국에 대해 많이 알지 못합니다만, 지난 8년간의 부총장 경험으로 볼 때 두 가지 사안을 들 수 있겠습니다. 하나는 데이터의 타당성(validity)입니다. 데이터의 타당성은 자료의 내외부 구조와 관련이 있습니다. 입수할 자원이 부족한 상황은 외부 데이터베이스 입수부터 시범 연구까지 의사결정 과정에 정보를 제공해 줄 수 있는 어떠한 단계에서나 발생할 수 있습니다. 때로는 말 그대로 그 누구도 데이터를 취합하지 않는 경우도 발생합니다.

랜디 스윙(AIR): 여러 국가에서 근무하면서 IR을 구축했습니다. 핵심은 학교가 데이터를 필요로 하고, 이미 확보한 데이터를 적극 활용해야 하며, 의사결정권자가 신속하게 데이터에 접근해야 한다는 점입니다. 장시간에 걸쳐 천천히 진행되어야 할 연구를 순식간에 진행할 수는 없습니다. IR의 핵심적인 개념은 어떤 나라에서나 통합니다. 하지만 우리가 알아야 하는 점은 문제가 각기 다르고 의사결정권자도 다르다는 사실입니다. 오피스가 있어야 할까요? 'IR'이란 용어를 사용할 수도 있고 그렇지 않을 수도 있습니다. 일관성 있는 데이터에 대한 수요가 있는지, 신속하게 확보가 가능한지, 해당 사안 그리고 의사결정권자와 긴밀한 협력이 이루어지고 있는지 살펴보아야 합니다. 이것이 바로 핵심이며, 한국도 이러한 수요를 가졌다는 측면에서 다르지 않다고 생각합니다. 어떻게 하는가는 전적으로 한국의 경험에 달렸습니다. 미국식 IR 오피스 개념을 채택한다면 그대로 받아들이면 됩니다. 한국의 대학에서 전부다 효과를 발휘하지는 않겠지만 일부는 가능하리라 봅니다.

배상훈(성균관대학교): 미국의 접근 방식이 한국 대학에도 유효하리라 생각하십니까?

랜디 스윙(AIR): 저는 앞으로 CIR(Chief IR Officer)이 부상할 것으로 믿습니다. CIR이 한 명이 되지는 않을 것이지만 고도의 통계적 역량은 갖추어야 합니다. 물론 IR의 책임자로서 다방면에서 기량을 겸비해야 할 것입니다. 성공한 다수의 IR 책임자들은 부총장 수준까지 진급하지는 못한다고 말합니다. 하지만 이것이 가능하리라 봅니다. 컴퓨터 책임자들 중 다수가 CIO(Chief Information Officer)가 되지 못했습니다. 하지만 여전히 운영되고 있습니다. 여러 부서를 넘나드는 새로운 자리에 대한 투자가 이루어지고 있으며, 어느 시점부터 부서는 별도의 IR 오피스를 갖추게 되었습니다. 중앙에서 설문조사를 제대로 하지 않은 경우, 누군가는 결정을 해야 합니다. 모든 부서가 각기 이런 업무를 하도록 방치해서는 안 됩니다. 너무 비효율적이기 때문입니다. IR에 대해 은유적으로 말씀 드렸습니다.

배상훈(성균관대학교): 조직의 사일로 효과라는 말 들어보셨습니까? 조직이 다른 부서로부터 정보를 수집하고자 합니다만, 각 부서는 각자의 데이터 공유를 원치 않는 것을 말합니다. 이러한 상황은 어떻게 해결할 수 있을까요?

빅터 보든(인디애나 대학교): 두 가지가 있습니다. 하나는 모두가 각자의 IR 역량을 갖추고 데이터를 수집합니다. 각기 다른 데이터를 수집해서 같은 회의에 참석하게 되고 회의하는 내내 누구의 데이터가 정확한가에 대해 이야기하고 실제 문제에 대해서는 논의하지 않게 됩니다. 중개, 정보처리기관, 데이터 조율과 같은 기능에 이러한 상황이 발생하면, 환경, 역량, 비즈니스 인텔리전스는 우리가 생성한 인프라를 위한 정보를 제공하게 되고 업무 규칙도 데이터에 포함됩니다. 데이터 통합 방안에 대한 자체적인 규칙을 사람이 결정할 수 없게 되는 것입니다. 모든 기능이 제대로 작동해야 합니다. 하지만 이는 곧 대학에서 모두 협동해야 함을 가정합니다. 따라서 문제는 어떻게 협동해야 하는가입니다. 또는 우리의 협력 구심점은 무엇인가입니다. 이는 IR 오피스의 문제가 아니고 전략적인 계획과 이니셔티브의 문제이며, 이는 문화와 주변 환경 그리고 미국식 IR 모델을 언급하는 방식에 대한 문제입니다. 미국에는 7,000개의 중등교육기관이 있으며 4,000개의 대학교가 있습니다. 참고할 수 있는 형태나 유형은 너무 많지만 동일한 시스템의 학교를 다른 인디애나 폴리스 캠퍼스, 블루밍턴 캠퍼스로 이식하는 것은 다른 문제입니다. 정보를 사용하는 방식이 완전히 다르기 때문입니다.

배상훈(성균관대학교): 마지막 질문이 될 것 같습니다. 급격한 학생 수 감소나 등록금 부족 문제에 직면하게 될 한국의 고등교육기관을 위해 넓은 의미에서 권고를 한다면 무엇이 있겠습니까?

빅터 보든(인디애나 대학교): IR의 실행에 관하여 이야기했었던 기능을 살펴볼 수 있는 매트릭스 기법을 제안합니다. 데이터 행정, 분석 표준, 정보처리기관과 모든 것을 매트릭스에 단계적으로 분류합니다. 그다음 누가 조직의 부서에 연관되어 있는지 살펴보고 그리고 세밀하게 계획합니다. 동일한 기능에 다수의 부서와 연관되어 있다면 이들을 어떻게 조율해야 할까요? 문제점이 무엇이고 이 문제점을 어떻게 해결할 수 있을까를 세밀히 계획합니다. 전체적인 맥락에서 우리가 해결하고 조정해야 할 중요한 것들을 생각해야 합니다.

랜디 스윙(AIR): 핵심은 필요한 의사결정과 업무의 우선순위를 명확하게 결정하는 것입니다. 이처럼 대규모 교육기관에서 캠퍼스, 학부, 학과를 갖추고 각 부처의 이해관계가 타 부처의 이해와 상충하지 않는 경우에는 쉬울 수 있습니다. 중요한 의사결정의 관리에 대한 조율이 안 된다면, 학교 전체에 전혀 도움이 되지 않는 방향으로 데이터가 소모되는 상황이 발생하기 쉽습니다. 의사결정에서의 경쟁은 해결해야 하는 문제의 하나입니다. 두 번째로 기관 내의 변화는 기관들 간의 변화보다 더 크고 중요합니다. 대규모 기관은 상향식을 도입하고 하부에 투자를 하는데 단순히 상부에게 보상하기 위해 실행하지는 않습니다. 기관의 상부는 오직 개선과 향상을 추구합니다. 평균치를 파악하는 것은 기관에서 큰 의미가 없다는 사실이 중요합니다. 시스템 구축을 위해 무엇을 하든, 반드시 그렇게 되어야만 합니다. 그래서 데이터를 학과, 부서, 학생에게까지 분산시킬 수 있습니다. 캠퍼스에서 무엇이든 평균을 찾는 것은 학교 전체에 도움이 되지 않습니다.

돈 호슬러(인디애나 대학교): 제가 컨설턴트로 일할 때, 저의 업무 방식은 학교의 원동력이 되는 두 가지 요인이 무엇인지 이해하려고 노력하는 것이었으며, 사실 믿지 않았지만 기관의 고위층은 학생들을 위해 최선을 다하기를 원한다고 생각했습니다. 이는 돈과 명성을 위한 것이었습니다. 고위층은 명성을 추구하는 데 상당한 시간을 사용할 것이고, 자원을 보유한 부처는 자원 의존 이론에 따라, 대부분의 자원과 시간을 수익 추구에 사용할 것입니다. 따라서 기관 내의 어떤 부서라도 IR 기능을 수행할 수는 있지만, 우려되는 사안이 무엇인지를 이해하는 것은 중요하며, 이를 통해 목적에 부합하는 정보를 효과적으로 제공할 수 있습니다. 의사결정에 영향을 미치는 자리가 많을수록, 인센티브를 이해하려면 정보를 제공하고 지도층이 중요하게 생각하는 인센티브와 연계해야 합니다.

브래든 호시(스토니브룩 대학교): 우리가 그동안 나누지 않았던 부분에 대한 이야기를 해 보겠습니다. 기관들 간의 데이터 공유에 관한 내용입니다. 경쟁적인 환경에서 이것이 반교육적으로 들릴 수도 있겠습니다만 이는 중요한 문제입니다. 기관들 간의 데이터 공유는 이에 대한 규칙을 준수하고 데이터 사용 방법에 대한 이해가 선행된다면 결국 우리 모두에게 유익할 것입니다. 이미 연방 시스템은 구축되어 있고, AAU, 최우수 대학들 간의 데이터 공유 체제도 갖추어져 있습니다만, 우리는 너무나 세부적으로 데이터를 공유하고 있습니다. 전문 규정 결정안이 있습니다. 현재 발생하고 있는 일을 이해하는 데 정말 도움이 되는 방안으로만 사용하게 될 것입니다. 왜냐하면 같은 학교의 음악학부와 물리학부를 비교하는 것은 큰 도움이 되지 않겠지만, 우리 학교의 음악학부를 인디아나 대학교의 음악학부와 비교하는 것은 많은 정보를 줄 것이기 때문입니다. 요점은 대규모 연간 상세 정보를 확보한다면 정보화 사회에서 우리가 무엇을 할 수 있는지 더욱 잘 진단할 수 있게 됩니다. 우리가 규칙만 준수한다면 이러한 정보의 공유는 유익한 것입니다.

찾아보기

집필 책임

배상훈(Bae, Sang Hoon)
미국 Pennsylvania State University 박사(교육정책 및 인적자원개발)
현 성균관대학교 교육학과 교수

공동 집필

김경언(Kim, Kyeong Eon)
충남대학교 박사(교육과정)
현 한국기술교육대학교 교육성과관리센터 연구교수

김우성(Kim, Woo Sung)
KAIST 박사(생산운영관리)
현 한동대학교 경영경제학부 교수, 한동교육개발원 IR지원실장

박남기(Park, Nam Gi)
미국 University of Pittsburgh 박사(교육행정 및 정책)
현 광주교육대학교 교수, 학급경영연구소 소장, 교육나눔운동본부 이사장

방진섭(Bang, Jin Sub)
고려대학교 석사(교육정책)
현 한국과학기술원(KAIST) 미래전략실장 겸 총무부장

변수연(Byoun, Su Youn)
고려대학교 박사(교육행정학 및 고등교육학)
현 부산외국어대학교 교수, 교육평가혁신센터 센터장

송홍준(Song, Hong Jun)
필리핀 The University of the City of Manila 박사(교육심리 및 교육방법)
현 남서울대학교 교육혁신원 성과관리센터 연구교수

신종호(Shin, Jong Ho)
한양대학교 박사(교육공학)
현 아주대학교 다산학부대학 교수, 교수학습개발센터 센터장, 교육평가인증센터 센터장

윤수경(Yoon, Soo Kyung)
이화여자대학교 박사(교육행정)
전 성균관대학교 교육정책연구원 선임연구원

이윤선(Lee, Yoon Sun)
미국 University of Washington 박사(교육측정 및 평가)
현 서울여자대학교 교육심리학과 교수

이훈병(Lee, Hun Byoung)
성균관대학교 박사(교육과정)
현 안양대학교 아리교양대학 교수, ACE⁺ 사업단 부단장, 교육품질관리센터 센터장

전재은(Jon, Jae Eun)
미국 University of Minnesota 박사(교육행정 및 국제교육)
현 한국외국어대학교 교직부 조교수

조은원(Cho, Eun Won)
성균관대학교 박사과정(교육행정)
현 성균관대학교 대학혁신과공유센터 연구원

최옥임(Choi, Ock Im)
고려대학교 석사(아동학)
현 국민대학교 교육성과관리센터 팀장

한송이(Han, Song Ie)
성균관대학교 박사(교육행정)
현 성균관대학교 대학혁신과공유센터 연구원

황수정(Hwang, Soo Jeong)
성균관대학교 석사(교육학)
전 성균관대학교 대학혁신과공유센터 연구원

데이터로 교육의 질 관리하기 이론과 실천

Evidence-based
Education Quality Management
in Higher Education

Concepts and Best Practices

2018년 9월 28일 1판 1쇄 발행
2019년 4월 10일 1판 2쇄 발행

지은이 • 배상훈 외
펴낸이 • 김진환
펴낸곳 • (주) **학지사**

　　　　04031 서울특별시 마포구 양화로 15길 20 마인드월드빌딩
대표전화 • 02)330-5114　　　팩스 • 02)324-2345
등록번호 • 제313-2006-000265호

홈페이지 • http://www.hakjisa.co.kr
페이스북 • https://www.facebook.com/hakjisa

ISBN 978-89-997-1629-4　93370

정가 20,000원

이 도서의 국립중앙도서관 출판시도서목록(CIP)은 서지정보유통지원
시스템 홈페이지(http://seoji.nl.go.kr)와 국가자료공동목록시스템
(http://www.nl.go.kr/kolisnet)에서 이용하실 수 있습니다.
(CIP 제어번호: CIP2018029528)

교육문화출판미디어그룹 **학지사**

심리검사연구소 **인싸이트** www.inpsyt.co.kr
원격교육연수원 **카운피아** www.counpia.com
학술논문서비스 **뉴논문** www.newnonmun.com
간호보건의학출판 **학지사메디컬** www.hakjisamd.co.kr